I0212968

Tusculum-Bücherei

herausgegeben von H. Färber und M. Faltner

PHILOGELOS
DER LACHFREUND

von Hierokles und Philagrios

Griechisch-deutsch
mit Einleitungen und Kommentar

herausgegeben von
Andreas Thierfelder

HEIMERAN VERLAG MÜNCHEN 1968

HANS JOACHIM METTE
IN FREUNDSCHAFT GEWIDMET

EINFÜHRUNG

„Erasmons Sohn, Charilaos, ein spaßiges Ding
will ich dir, liebster Freund, erzählen.
Hör zu! Es wird dir Freude machen."

So läßt sich im siebenten Jahrhundert vor Chr. Archilochos von
Paros (fr. 107 D.) vernehmen und liefert damit das erste literarische Beispiel eines Vorganges, der wohl zu allen Zeiten häufig
war, wie er es heute noch ist: daß einer einem guten Freunde an-
kündigt, er wolle ihm einen guten Witz erzählen. Leider bleibt es –
für uns – bei der Ankündigung, denn der Fortgang des Gedichtes
ist verloren gegangen, die Verse sind Fragment.

Beinahe übrigens käme spätere literarische Überlieferung zu
Hilfe, daß wir den Witz des Archilochos doch noch erführen, oder
wenigstens die Art seiner Pointe. Der Römer Catull, der sich Jahrhunderte später den großen Archilochos vielfach zum Vorbild
nahm, steht wahrscheinlich unter dem Einfluß der Verse an Charilaos, wenn er ein kurzes Gedicht (56) an seinen Freund Cato –
gewiß nicht den berühmten Stoiker, sondern einen anderen Träger
des verbreiteten Cognomens – in ähnlicher Weise beginnt:

„O ein köstlicher Spaß und Scherz, mein Cato,
würdig deines Gelächters, deiner Ohren!
Lache, Cato, so lieb du den Catull hast!
Äußerst witzig und spaßhaft ist die Sache."

Nach diesen vier Versen der Ankündigung folgt der Witz in nur
dreien; er ist ohne Zweifel unanständig, aber was schlimmer ist:
wir können ihn nicht einmal recht verstehen, woran das immer
liegen mag, und finden uns darum nicht viel besser bedient als bei
Archilochos.

So beginnt das heitere Kapitel des Witz-Erzählens im klassischen
Altertum, wie es scheint, etwas trübe, mit Enttäuschung und

philologischer Aporie. Und auch ein weiterer Zeuge aus alter Zeit
kann uns nicht zufriedenstellen: in den ‚Wespen' des Aristophanes
werden „Äsopische" und „Sybaritische Witze" angekündigt
(1259), aber wenn sie dann erzählt werden (1401–1449), besteht
der Witz im Sinne der aristophanischen Handlung gerade darin,
daß kein Witz bei den Geschichten ist.

Ins Auge gefaßt ist, wie man beachten wolle, der ausdrücklich
angekündigte *Einzel-Witz*. Denn was sonstige humoristische Darstellungen, Erzählungen, Aussprüche betrifft, so versorgt uns das
klassische Altertum damit freigebig: Komödie und Mimus, allerlei
satirische Poesie und Prosa, die Rhetorik nicht zu vergessen:
überall finden wir Scherzhaftes in längere Zusammenhänge eingebettet. Selbst bei Homers Phäaken unterhält der Sänger seine
Zuhörer mit einer gewagten Geschichte von Ares und Aphrodite,
die von anderen Göttern mit frivolen Bemerkungen kommentiert
wird (Odyssee VIII 266–366). Dem römischen Senator Sisenna
schien ein historisches Werk, das er verfaßte, nicht zu seriös, um
Scherze darin anzubringen, die selbst Ovid „schändlich" fand
(Tristia II 444). Die Theoretiker der Redekunst hatten interessante Anweisungen darüber ausgearbeitet, wie ein Anwalt oder
Volksredner seinen Gegner durch witzige Bemerkungen der
Lächerlichkeit preisgeben könnte[1]. Aber von alledem soll hier
weiter nicht die Rede sein, sondern von dem bescheidenen Pflänzchen, das in dem großen und schönen Garten griechisch-römischen
Humors eben auch mit gedieh: dem Einzel-Witz, der von vornherein als solcher eingeführt wurde und dem man eine kurze Erzählung irgendwelchen Sachverhaltes lediglich zu dem Zwecke
vorausschickte, den Hörer auf das Verständnis der Pointe vorzubereiten.

Gewiß wurzeln alle diese Gewächse in einem gemeinsamen
Boden, eben dem des Komischen, das wir als einheitliche Erscheinung empfinden, wenn es sich auch der Definition weitgehend entzieht, trotz viel philosophischer und psychologischer
Bemühung seit den Tagen des Altertums[2]. Auch besteht eine

---

[1] W. Kroll *Rhetorik* RE Suppl. VII 1076 f. § 19.
[2] W. Süss, Das Problem des Komischen im Altertum, Neue Jahrbücher f. d.
klass. Altertum etc. 23, 1920, 28.

gewisse Durchlässigkeit, eine Kommunikation zwischen den verschiedenen humoristischen Gattungen: sie nehmen voneinander Notiz, ausdrücklich, oder indem Motive und Typen übernommen werden. Personen der Komödie erwähnen Witzbücher oder den Einzelwitz ebenso wie das Witzbuch den Komödienschauspieler (§ 226) und den witzigen Redner (§ 149). Ein Mimendichter soll die älteste Form des Witzbuches ‚Philogelos' verfaßt haben (worüber später). Der verdiente Erforscher der antiken Mimendichtung, Hermann Reich, hatte daraufhin und wegen einer gewissen Typenverwandtschaft auf sehr enge Beziehungen unseres Philogelos zum Mimus geschlossen[3]. Das bewahrheitet sich nicht: die Philogelos-Witze haben vielfach undramatischen Charakter, zur mimischen Vorführung würden sich die meisten nicht eignen, auch manche nicht, von denen Reich das annahm.

Dagegen bestehen enge Beziehungen zum Spott-Epigramm, wovon noch die Rede sein wird, und dann zu zwei Literaturgattungen, die, im ganzen betrachtet, nicht humoristisch sind: dem Apophthegma und der Äsopischen Fabel.

Apophthegma[4], Ausspruch, nennt man in prägnantem Sinne eine kurze, treffende Formulierung, die wohl auch allgemeinen Bezug haben kann, in der Regel aber aus einer besonderen Situation heraus gesprochen ist und diese schlagartig kennzeichnet oder entscheidet. Das geschieht oft in witziger Form, doch gehört der Witz nicht zum Wesen der Sache, und z. B. in den bekanntesten derartigen Sammlungen, die uns in zwei Schriften Plutarchs[5] vorliegen, finden sich viele ernsthafte Sentenzen, und ebenso steht es in den anekdotischen Teilen der Philosophenbiographien des Diogenes Laërtius. Von ähnlichen Sammlungen, die uns nicht erhalten sind, gewinnen wir durch Zitate den Eindruck rein humori-

---

[3] Herm. Reich, Der Mimus, I. (einziger) Band, Berlin 1903, S. 467 f. Dazu vgl. die wichtige Rezension von A. Körte, Neue Jahrbücher f. d. klass. Altertum etc. 11, 1903, 537 ff., über Philogelos 546–548, überall mit starker Kritik an Reichs Aufstellungen.

[4] W. Gemoll, Das Apophthegma, Wien-Leipzig 1924 (über Philogelos dort S. 27 und 32).

[5] Moralia 172-242: 15. Βασιλέων ἀποφθέγματα καὶ στρατηγῶν. 16. ᾿Αποφθέγματα Λακωνικά.

stischen Inhalts[6]; für die Γελοῖα ἀπομνημονεύματα eines Aristodemos[7] beweist es der Titel. Unter den Römern betätigten sich als
Sammler von Dicta neben anderen der ältere Cato und Julius
Caesar; als Urheber geistvoll-witziger Aussprüche, die besonders
gesammelt wurden, ragte Cicero hervor: von ihm, von Augustus
und mehreren anderen historischen Persönlichkeiten hat die
besten Witzworte Macrobius im II. Buch der ‚Saturnalien' verzeichnet[8].

Zum Wesen des Apophthegma gehört, daß sein Urheber mit
Namen genannt wird; nur selten tritt dafür die bloße National-
bezeichnung (Ethnikon) ein: „Ein spartanischer Knabe" u. dgl.
Hingegen sind die Philogelos-Witze anonym und kennen höchstens das Ethnikon; auch in den Stücken, deren Herkunft aus
Apophthegmensammlungen sich nachweisen läßt (§§ 140, 148–150,
193, 206, 263, 264), ist der Name, ja selbst das Ethnikon im
Philogelos beseitigt. Das war leicht, und da auch in den Erzählungen des Philogelos die Pointe meist[9] in einem Ausspruch besteht,
war eigentlich eine breite Berührungsfläche mit dem Apophthegma
gegeben. Doch wurde sie dadurch geschmälert, daß Philogelos
sich hauptsächlich für die *Mängel* der Menschen interessiert, ganz
besonders für ihre Dummheit, geistvolle Apophthegmen also kaum
gebrauchen konnte außer in dem kurzen Kapitel über Witzbolde
(εὐτράπελοι). Nur ausnahmsweise konnte einmal die Äußerung
eines römischen Feldherrn zitiert werden (§ 78), die, von bar-
barischer Unbildung zeugend, deshalb unter die historischen
Exempel aufgenommen worden war: sein Name freilich, L. Mummius, wird nicht genannt, aber historisch richtig die Stadt
Korinth.

Den alten Zusammenhang von Witzgeschichten mit *Äsopischen
Fabeln* entnehmen wir dem erwähnten Zitat aus Aristophanes:

---

[6] Hegesandros von Delphi, Lynkeus von Samos, Machon.
[7] Ed. Schwartz *Apomnemoneumata* RE II 170f. u. *Aristodemos 29* ebda. 925.
[8] Die 150 (und mehr) Bücher *Ineptiarum* oder *Iocorum*, die in augusteischer
Zeit C. Melissus verfaßte (Sueton. gramm. 21), gelten allgemein (P. Wessner
Melissus RE XV 532f.) als Anekdotensammlung. Da es kein sicheres Fragment
gibt, könnte die Sammlung auch aus Witzen bestanden haben wie Philogelos.
[9] Von 265 Witzen sind nur rund 40, bei denen die Pointe in einem Tun, nicht
in Worten besteht.

Αἰσωπικὸν γέλοιον ἢ Συβαριτικόν (Vesp. 1259). Freilich ist die typische Äsopische Tierfabel, an die man bei dem Namen zunächst denkt, im Stoff weit verschieden und auch in der Struktur nicht sehr ähnlich: wohl gipfelt auch diese Fabel meistens in einem Ausspruch, doch hat die vorausgehende Erzählung ihr eigenes Gewicht und gibt nicht bloß den Anlaß für das, was geredet wird. Jedoch besteht eine Sonderform von Erzählungen Äsops und seiner Nachahmer wie Phädrus u. a., die von Witzgeschichten nach Art des Philogelos nicht verschieden ist, meist auch im menschlichen Bereich spielt[10]. Sie würden in die Kapitel über Witzige, Ungeschickte u. a. gehören, auch ein lüsternes altes Weib kommt vor[11]. In einem Falle stimmt der sachliche Gehalt völlig überein, so daß man sogar mit Hilfe des Äsop (57 Hausrath) den verschriebenen Text des Philogelos (§ 142) verbessern kann; in anderen Fällen ist wenigstens das Motiv gleich (34 H. ~ § 27; 47 II H. ~ § 180). Die Verwandtschaft von Witzgeschichte und Fabel ist auch von den Abschreibern der Texte bemerkt worden: von den Handschriften, in denen Philogelos überliefert ist, enthält die Mehrzahl auch Fabeln des Äsop oder die Beschreibung seines Lebens. Und auch die Freiheit, mit welcher die Schreiber dem Text, den sie kopieren, gegenüberstehen, ist in beiden Fällen die gleiche, so daß die einzelne Erzählung oft in mehreren verschiedenen Formulierungen vorliegt.

Was den Sammlungen von Apophthegmen und dem Corpus der Äsopischen Fabeln gemeinsam ist, nämlich das Aneinanderreihen einzelner kurzer Einheiten ohne Zusammenhang unter sich, das hat man nun auch auf kurze anonyme Erzählungen angewandt, die bloß witzig waren, denen keine lehrhafte Absicht innewohnte und die man auch nicht mit ernsteren Erzählungen untermischte. So entstanden *Witzsammlungen*, die vielleicht zunächst praktischen Zwecken dienten: jedenfalls weist darauf die älteste Nachricht, die wir über sie haben. Eine seltsame Klasse von Menschen lebte an verschiedenen Orten der griechischen Welt besonders

---

[10] z. B. nach Hausraths Zählung fab. 5 oder die Arzt-Geschichten 180 und 310, doch auch die Tierfabel 232.
[11] fab. 345 Hausr. = Syntipas 54, vgl. Philogel. § 245.

in der Zeit des Hellenismus, die sogenannten *Parasiten*[12] (Bei-
Esser), Leute ohne Vermögen, aber den Freuden der Tafel ergeben,
die sich darum als Kostgänger einem reichen Herrn anschlossen.
Dessen Gunst verdienten sie sich durch Schmeicheleien und aller-
hand Gefälligkeiten, unter anderem indem sie bei Tisch für Unterhaltung sorgten: dabei spielte Witzemachen eine große Rolle[13].
Wir kennen das Treiben der Parasiten hauptsächlich aus Zeug-
nissen der griechischen Komödie, die sich gern dieser lustigen oder
auch armseligen Figur bediente. Durch Entlehnung kommt sie
dann auch auf die römische Komödienbühne, und von Parasiten
in den Lustspielen des Plautus[14] wird uns gelegentlich verraten,
daß man vor dem Witze-Erzählen, um ganz sicher zu gehen, erst
seine „Bücher" nachschlägt, deren man eine ganze „Kiste" voll
zuhause hat. Daraus kann man auswählen, denn die Witze sind
nicht alle von gleichem Wert und gleicher Wirkung: am besten
sind die „attischen" Witze, der sizilische Geschmack ist schlechter[15]. Obwohl es sich da nicht gerade um ‚Literatur' gehandelt
haben mag, ist der Verlust dieser Bücher nicht nur für den Philologen bedauerlich. Übrigens hat man auf einem Papyrus, der in
Heidelberg entziffert wurde, Reste eines hellenistischen Spaß-
macherbuches entdeckt[16]. Freilich weist dieser Text keine Verwandtschaft mit Philogelos auf; er gibt Beispiele für das Ziehen
scherzhafter Vergleiche: eine Witztechnik, die im Philogelos keine
Rolle spielt.

Es ist ungewiß, ob von jenen Handbüchern der Parasiten ein
Weg zu dem einzigen Witzbuch führt, das uns aus antiker Tradition erhalten ist. In unserem Philogelos weist nichts auf einen

---

[12] E. Wüst und A. Hug *Parasitos* RE XVIII 1381.
[13] O. Ribbeck, Kolax, Abh. Akad. Leipzig IX 1, 1883, 15f. u. 36. Ph.-E.
Legrand, Daos (Ann. Univ. Lyon, N.S. fasc. 26), Lyon-Paris 1910, 97.
[14] Stichus 400, 454; Persa 392; Captivi 482.
[15] Vorrang der attischen Witze gegenüber den sizilischen, ferner denen von
Rhodos und Byzantion, bezeugt auch Cicero, De oratore II 217.
[16] Pap. Heidelberg. 190: E. Siegmann, Literarische griech. Texte der Heidel-
berger Papyrussammlung, Heidelberg 1956, S. 27ff.; R. Kassel, Rh. Mus. 99,
1956, 242. – Als „Vademecum" für antike Witz-Erzähler (jesters) werden auch
die sog. Χρεῖαι des Machon von ihrem Herausgeber A. S. F. Gow (Cambridge
1965) p. 24 angesprochen. Es waren jedoch Apophthegmen bestimmter Personen und darum für unsere Betrachtung abzutrennen.

praktischen Gebrauchszweck dieser Art, man müßte denn das auf-
fallende Überwiegen der Dummheitswitze damit in Zusammenhang bringen, daß es dem Menschen schmeichelt, sich anderen an
Klugheit überlegen zu fühlen. Das Adjektiv φιλόγελως „lach-
freudig, gern lachend" begegnet uns in frühesten Belegen aus
philosophischer Literatur, ist aber keine wissenschaftliche Vokabel,
sondern dient allgemein zur Kennzeichnung einer wohlbekannten
Menschensorte. Später nennen Dichter der neueren griechischen
Komödie so die Siegesgöttin, die ihrem Lustspiel den Siegespreis
verschaffen soll: ἡ φιλόγελως παρθένος oder θεὰ Νίκη[17]. „Philogelos"
als Buchtitel soll von _Philistion_[18] verwendet worden sein, der in der
Zeit des Kaisers Augustus als dramatischer Autor hervortrat: er
verfaßte ‚Mimen', kurze Spiele für einfache Vorführungen von
possenhaft lustigem Inhalt. Diese Art der Produktion war bei Kunst-
freunden und besonders Moralisten wenig geachtet, aber beim Volk
ungeheuer beliebt; darum ist auch dem Philistion großer Nachruhm
beschieden gewesen, obwohl uns von seinen Mimen keine Über-
reste erhalten geblieben sind. Nun weiß das byzantinische Sach-
lexikon ‚Suda' über Philistion zu berichten: „Dieser ist es, der den
Philogelos geschrieben hat bzw. das Buch, das dem Barbier beigelegt (?) wird[19]." Der letzte Teil dieses Satzes ist rätselhaft; unser
Philogelos enthält wohl einzelne Witze, in denen ein Barbier vorkommt[20], aber wer käme darauf, selbst wenn es mehr wären, den
Verfasser deswegen für einen solchen zu halten? Eher kann man
daran denken, daß in Barbierstuben viel unnütz geschwatzt wird
und man sich gewiß auch Witze erzählt hat. Aber alles Nachden-

---

[17] Ende von Menanders Δύσκολος, Μισούμενος, Σικυώνιος und von
Poseidippos' Ἀποκλειομένη (pap. Heidelberg. 183): E. Vogt, Rh. Mus. 108,
1965, 292. – Zu dem Adjektiv φιλόγελως vgl. Ritter 21 f.
[18] E. Wüst RE XIX 2402, der aber (mit Körte 547) keinen Zusammenhang
zwischen Philistion und unserem Philogelos gelten lassen will. Positiver Schmid-
Stählin, Gesch. d. griech. Literatur II 2 § 817, wonach jener Ur-Philogelos in
iambischen Trimetern geschrieben gewesen sein könnte (also wie Machon, vgl.
oben S. 10 Anm. 16).
[19] οὗτός ἐστιν ὁ γράψας τὸν Φιλόγελων ἤγουν τὸ βιβλίον τὸ φερόμενον εἰς
τὸν κουρέα. Reinesius vermutete εἰς ⟨Ἑρμείαν⟩ τὸν Κουρ⟨ι⟩έα, wofür Athen.
XIII 563d ungenügenden Anhalt bietet.
[20] §§ 56, 148, 198, 199, 200. Mit § 56 schließt die Auswahl, die in der Handschrift P vorliegt, doch scheint diese Auswahl nicht so alt, daß sie Anlaß zu der
Bemerkung der Suda gegeben haben könnte.

ken bleibt fruchtlos. Indem der Lexikograph um das Jahr 1000 n.Chr., also ungefähr zu der Zeit der Entstehung unserer ältesten Philogelos-Handschrift (G)[21], „den Philogelos" nennt, legt er uns die Annahme nahe, daß er damit die Witzsammlung meint, die uns unter diesem Titel erhalten ist. Ein humorbegabter Mann muß sie ja zusammengestellt haben – warum also nicht jener Verfasser mimischer Possen?

Aber in der handschriftlichen Überlieferung unseres Witzbuches erscheinen zwei andere Verfassernamen: *Hierokles* und der Grammatiker *Philagrios*. Von einem griechischen[22] Grammatiker Philagrios ist sonst nichts bekannt, über Hierokles wird außer dem Namen nichts angegeben; daß er Philosoph gewesen sei, wird nur in der ältesten gedruckten Ausgabe (1605) behauptet und ist ohne Zweifel ein haltloser Einfall des Herausgebers, der wohl an den bekannten Neuplatoniker gleichen Namens dachte (5. Jh. n.Chr.). Die Persönlichkeiten der beiden Verfasser bleiben also für uns im Dunklen[23]. Ihre Witzsammlungen müssen größeren Umfang gehabt haben, denn unsere Handschriften, auch die reichhaltigste (A), behaupten nur Auswahlen zu geben.

Die Witzsammlung, wie sie uns vorliegt, kann nicht in augusteischer Zeit entstanden sein. Für eine große Anzahl der verwendeten Wörter stammt der erste Beleg außerhalb des Philogelos aus einer weit späteren Entwicklungsperiode der griechischen Sprache, aus der spätrömischen oder gar byzantinischen Zeit, seit

---

[21] Freilich erscheint der Titel ‚Philogelos' noch nicht in G (wo überhaupt kein Titel der Sammlung gegeben ist), sondern erst in A (11. Jh.).

[22] Auf lateinischem Gebiet kommt, nach dem Nachweis von W. Heraeus, Rh. Mus. 79, 1930. 391, Filagrius als Name eines Grammatikers unbestimmter Zeit vor, der Vergils ländliche Gedichte erklärt hat und bisher gewöhnlich Juni(li)us Philargyrius genannt wurde (Tolkiehn RE X 1077, wonach frühestens um 400 n.Chr.); überlieferte Namensform *Flagrius* oder *Filagirius*. – Eberhard (p. 61) weist darauf hin, daß ein Rhetor Φίλαγρος ὁ Κίλιξ (F. Solmsen *Philagros 3* RE XIX 2108) nach Philostr. vit. soph. II 8 p. 250 Schüler des Ephesiers Lollianos war, auf den § 162 ursprünglich gehen könnte.

[23] Es ist ein Versehen Ritters (S. 104), daß zwei Schriftsteller über Pferdeheilkunde die Namen Hierokles und Philagrios hätten, womit er einige Witze, die dieses Gebiet berühren (§§ 4, 10, 37, 74), zweifelnd in Zusammenhang bringt. Philagrios ist Humanmediziner (RE XIX 2103): dies ist die richtige Voraussetzung auch bei G. Björck, Zum Corpus Hippiatricorum Graecorum, Diss. Uppsala 1932 (= Upps. Univ. Arsskr. 1932, 5) 39 u.ö., auf den Ritter sich irrtümlich beruft.

dem 3. bzw. 5. Jh. n. Chr. Diesen Nachweis hat in sorgfältiger Weise G. Ritter[24] geführt. Wohl kann im einzelnen Falle das Fehlen eines früheren Beleges auf Zufall beruhen, aber die Masse der Beispiele führt mit Sicherheit zu Ritters Ergebnis, daß unser Philogelos, als Ganzes betrachtet, seine endgültige Form erst in der byzantinischen Epoche erhalten hat. Das schließt nicht aus, daß viele einzelne Erzählungen, die keine solchen Spracheigentümlichkeiten enthalten, in ihrer Formulierung älter sind. Und überhaupt beweist die sprachliche Form für sich allein nicht viel; denn sie liegt bei solchen ‚Volksbüchern' wie Äsop oder eben Philogelos weit weniger fest als in der Überlieferung eigentlicher, womöglich klassischer ‚Autoren', deren Formulierungen gegenüber der Abschreiber mehr Verantwortung fühlte. Der Fall läßt sich selten ausschließen, daß ein sprachlicher Byzantinismus erst von einem der letzten Abschreiber in den Text gebracht worden ist. Trotzdem hat Ritter versucht, auf unsere Sammlung gleichsam ein chronologisches Feinsieb anzuwenden; ich halte diese Bemühung nicht für fruchtbar.

Mehr Gewähr bietet eine Betrachtung des *Inhaltes* mancher Erzählungen, der sich ja beim Abschreiben nicht so leicht und gleichsam unwillkürlich ändert, wie es mit der Sprachform geschehen kann – besonders wenn der Witz auf diesem Inhalt beruht, wie in § 62 auf der Jahrtausendfeier der Stadt Rom am 21. April 248 n. Chr. Andere Spätdatierungen auf Grund von Realien sind weniger sicher, z. B. Folgerungen aus der Geldwährung, da sich hier die jeweils geläufigen Ausdrücke im Laufe der Überlieferung einschleichen können, gewissermaßen ‚Mark' für ‚Taler'. Aber § 62 ist in seiner grotesken Hyperbel wirksamer so wie er ist, als wenn man ihn auf die ‚Säkularspiele' des Kaisers Augustus umstellen wollte.

Und doch braucht an der Nachricht betreffs Philistion nicht durchaus gezweifelt zu werden. Eine ursprüngliche Form der Witzsammlung könnte auf ihn zurückgehen. Merkwürdig freilich, daß sein Name in unseren Handschriften nicht erscheint. Doch

---

[24] Gerhard Ritter, Studien zur Sprache des Philogelos, Diss. Basel 1955. Ein Neudruck dieser vorzüglichen Arbeit wäre zu wünschen.

kann hier Ehrgeiz eines Hierokles und eines Philagrios gewirkt haben, die, so möchte man dann vermuten, die ältere Sammlung umarbeiteten und erweiterten. Wurde doch das Recht am geistigen Eigentum in der Antike oft gering geachtet, und daß gerade auf dem Gebiet des Witzes sich jemand mit fremden Federn schmückt, kommt wohl auch heute noch vor. Kenntnis des ursprünglichen Verfassers könnte man bei Ammianus Marcellinus vermuten, der einmal[25] Philistion zusammen mit Äsop nennt, dessen Fabeln so oft in den Handschriften mit Philogelos vereinigt sind (vgl. oben S. 9). Und gut paßt in die frühe Kaiserzeit die Erwähnung des „Grabmals der Scribonia" in § 73, falls damit die erste Frau des Octavian-Augustus gemeint ist. Ist es Zufall, daß allein in dieser Erzählung das häufige Wort καλός in der klassischen Bedeutung ‚schön', nicht ‚gut', begegnet?

Sicher ist, daß der Inhalt mancher Geschichten eine zu späte Datierung verbietet; *hier* haben Realien von begrenzter Geltungsdauer selbstverständlich Beweiswert. Das gilt z.B. für Münzbezeichnungen wie die öfter genannten Drachmen („attische" § 81) oder die Inflationswährung der „Myriaden" (= 10000 Drachmen), die C. Wessely[26] auf das 4./5. Jh. n.Chr. festgelegt hat (§§ 80 und 97). Und bestimmt vorbyzantinisch, spätestens dem 4. Jh. n.Chr. angehörig sind alle Geschichten, die den heidnischen Götterglauben oder Einzelheiten des Kultus oder religiösen Brauchtums voraussetzen: Schwur bei „den Göttern" §§ 5, 18, 121; Namen einzelner Götter §§ 232, 242; Sarapeion (Tempel des griechisch-ägyptischen Gottes Sarapis), vielleicht das berühmte von Alexandria (zerstört 391 n.Chr.) § 76; allerlei Wahrsager, von denen mindestens der ‚Seher' von § 205 eine anerkannte Funktion hat (andere ‚Seher' §§ 201, 203, Astrologen §§ 187, 202); Opfer § 180; Leichenverbrennung § 123; Mumien § 171; Gladiatoren § 87; Auf-

<hr>

[25] XXX 4, 21 bei Schilderung von Verhältnissen des J. 375 n.Chr., d.h. seiner eigenen Zeit: *iudices ... doctos ex Philistionis aut Aesopi cavillationibus*. Freilich würde der Ausdruck *cavillatio* auch auf Mimen passen. – Zu § 206 gibt es eine Nebenüberlieferung unter dem Namen des Philistion; das hebt Reich 456 mit Recht hervor, und der Einwand Körtes 547, daß die Anekdote in anderer Überlieferung auf andere Namen gestellt sei, besagt nicht viel.

[26] C. Wessely, Ein Altersindizium im Philogelos, SB Akad. Wien CXLIX 5, 1904.

14

führung klassischer Komödien (§ 226) und Tragödien (§ 239). Nur auf antike Verhältnisse kann auch die demokratische Abstimmung in § 181 bezogen werden, während die oft erwähnte Sklaverei[27] auch in byzantinischer Zeit fortdauerte.

Demgegenüber sind Anklänge an christliches Gedankengut selten. Auf Bibelstellen wird in § 223, vielleicht auch § 24 angespielt, und biblisch scheint auch der Begriff des ‚Ärgernisses‘ (§ 44 β) zu sein. Dagegen ist der Schwur bei jemandes ‚Heil‘ (§§ 47, 157; dem des Vaters § 10), worunter Boissonade das christliche ‚Seelenheil‘ verstehen wollte, schon in vorchristlicher Zeit gebräuchlich gewesen.

Im ganzen haben wir ein Buch des Altertums, wenn schon des späten Altertums, aber nicht des byzantinischen Mittelalters vor uns. Die späten Sprachformen können das Zeugnis des Inhalts nicht entkräften. Vielleicht sind die Witze kein sehr bemerkenswertes Dokument antiken Geistes: ,,Facetiae vel potius ineptiae'' (Witze oder besser Albernheiten) wären sie im Urteil ihres Herausgebers Eberhard (p. 58), das man schon im Hinblick auf den Buchtitel des Melissus (s. oben S. 8 Anm. 8) nicht zu wörtlich nehmen darf: manche sind doch wirklich recht hübsch und die völligen Versager selten. Was ich von byzantinischem[28] und überhaupt mittelalterlichem Humor direkt oder indirekt kenne, dem allem scheinen mir die Philogelos-Witze nicht nahezustehen: ihre Art ist antik[29].

Die Vielfalt der altgriechischen Kleinstaaten begünstigte nachbarschaftliche Neckereien, wie sie auch in Deutschland und anderwärts, meist auf Grund ähnlicher Verhältnisse, aufgekommen sind: man sagt den Bewohnern des Nachbarstädtchens oder -ländchens insgesamt irgendwelche Fehler vorzugsweise des Charakters oder

---

[27] Helga Köpstein, Zur Sklaverei im ausgehenden Byzanz (Berliner Byz. Arbeiten 34) Berlin 1966.

[28] G. Soyter, Humor und Satire in der byz. Literatur, Bayerische Blätter f. d. Gymnasialschulwesen 64, 1928, 147 ff. u. 224 ff.

[29] So wird denn auch, wenn man die Sammlung als Ganzes nimmt, das römische Reich in seinem vollen Umfang vorausgesetzt: die Stadt Sidon ist noch römisch (§ 138: also *vor* der Eroberung Syriens durch die Araber i. J. 636; Ritter 107), andererseits wird ein Schiffsuntergang, der die Hilfsbereitschaft des Dummkopfes hervorruft, auf dem Rhein vorgestellt (§ 83).

Verstandes nach, erklärt sie etwa für diebisch, großsprecherisch, dumm u. dgl. Durch irgendwelche Umstände kann es geschehen, daß sich ein derartiges Kollektivurteil über den nachbarlichen Kreis hinaus verbreitet und z. B. die Dummheit irgendeiner Gruppe im ganzen Lande sprichwörtlich wird. Man denkt gleich an unsere Schildbürger, bei denen freilich der regionale Ursprung des Namens – von der kleinen Stadt Schildau zwischen Wurzen und Torgau – strittig ist. Die altgriechischen Dokumente solcher nachbarschaftlicher Bosheit sind in zwei Dissertationen[30] gesammelt. Während wir uns von den Sybariten-Witzen, die Aristophanes, wie wir sahen, mit solchen des Äsop zusammenstellt, leider kein genaues Bild machen können[31], finden wir als Witzobjekte des Philogelos die Bevölkerungen dreier Städte herausgegriffen, die allesamt für dumm galten. Diese Narrenburgen sind Abdera an der Nordküste des Ägäischen Meeres; Kyme an dessen Ostküste, also in Kleinasien; drittens die hellenisierte Phönikerstadt Sidon. Die Abderiten sind in Deutschland besonders durch einen Roman von Chr. M. Wieland bekannt geworden; der Ruf von ihrer Dummheit scheint dadurch veranlaßt, daß ein berühmter Abderit, der Philosoph Demokritos, über die Torheit der Menschen – offenbar zunächst doch seiner Mitbürger – zu lachen pflegte[32]. Langsamkeit im Denken, besonders im Wahrnehmen ihres Vorteils, soll den Kymäern denselben Ruf verschafft haben[33], während von der Dummheit der Sidonier außerhalb des Philogelos nichts verlautet[34].

---

[30] M. Göbel, Ethnica, de Graecarum civitatum proprietatibus proverbio notatis, Diss. Breslau 1915 – K. Dietz, Kleine Beiträge zu den griech. τοπικά σκώμματα, Diss. Gießen 1923.

[31] Vgl. Göbel 130. Wenn man mit O. Crusius (bei Hausrath Fabel RE VI 1720f.) und Früheren das Wesen der sybaritischen Geschichten in ihrer „Albernheit", d. h. Pointenlosigkeit sieht, so heißt das m. E. auf den Witz des Aristophanes hereinfallen. Treffender Hausrath 1721; Athen. IV 138 d; XII 518-521.

[32] Schmid-Stählin, Gesch. d. griech. Literatur I 5, 238 Anm. 3.

[33] Vgl. Göbel 107 f.; Weiß Kyme RE XI 2475.

[34] „Doch kann auf arabische Geographen hingewiesen werden, die bei der Beschreibung von Emesa (Ḥimṣ) die Bemerkung fallen lassen, ‚daß die Luft und der Boden von Syrien sich dem Verstand der Einwohner schädlich erweisen'. Ḥimṣi ‚Emessner' kann so geradezu ‚Dummkopf' bedeuten." Ritter S. 108 nach J. Horovitz, Spuren griech. Mimen im Orient, Berlin 1905, 53, mit Verweis auf E. Honigmann Syria RE IV A 1712. Vgl. auch Hariri, Die Verwandlungen des Abu Seid von Serug, übtr. v. Friedr. Rückert, Stück 39 ‚Der Schulmeister von

Witze über diese drei regionalen Typen sind eine Besonderheit der ausführlichsten Fassung (A), in der Philogelos überliefert ist. Enttäuscht würde, wer in den Abderiten-, Kymäer- und Sidonier-Witzen des Philogelos viel regionale Eigentümlichkeiten erwartete: diese beschränken sich auf ein paar Eigennamen (von Kymäern), deren Träger wir nicht zu identifizieren vermögen. Auch gibt es unter diesen Witzen eine größere Anzahl solcher, die mit Gemeinschaft, Regierung, Rechtspflege u. dgl. zu tun haben, wie wir es ebenfalls von den Schildbürgern kennen. Vielleicht ist es eine verwandte Erscheinung, daß für jeden der Sidonier im Witz ein Beruf angegeben wird. Aber das bringt doch alles keine lokale Färbung. In Wahrheit reagieren alle diese Leute als bloße Dummköpfe, man könnte sie auch einfach so bezeichnen und hat es getan, indem man aus manchen der Geschichten die Bezeichnung Sidonier oder Kymäer wegstrich und sie in das Kapitel der Dummen aufnahm, wo sie in unserer Überlieferung ebenfalls erscheinen: die Deutung dieser, und einiger anderer, ‚Doubletten' ist eine interessante philologische Aufgabe.

Der eigentliche Erz-Dummkopf, die Lieblingsfigur des Philogelos, wird mit einem merkwürdigen Wort benannt: Scholastikos σχολαστικός, was eigentlich einen Menschen bezeichnet, der Lehrvorträge, σχολάς, hält oder anhört, also einen Professor oder Studenten. In dieser ernsthaften Art wird das Wort oft verwendet, auch in das Lateinische entlehnt. Daß nun dasselbe Wort zur Bezeichnung des Narren wird, dazu mag von dem sogenannten gesunden Volksempfinden aus wohl irgendein Weg des Verständnisses gefunden werden: aber völlig überraschend und wahrhaft pikant ist, daß sich diese Entwicklung ausgerechnet bei den Griechen, den großen Theoretikern und Lehrern aller Völker, vollzogen hat[35]. Nun ist sicherlich Philogelos nicht gerade reprä-

---

Hims': „Hims, das berühmt ist durch die Zucht von Torheitsgewächs und Narrenfrucht." – Wenn in der Bezeichnung Σιδώνιος σοφιστής bei Lukian (Demonax 14) Schmid-Stählin, Gesch. d. griech. Literatur II 2 § 817 Anm. 3, „eine Bosheit" zu sehen geneigt sind, so ist mir das zweifelhaft im Hinblick auf E. Honigmann *Sidon* RE II A 2226, 36ff.

[36] Leichter begreift man, daß in Rom bei den Ungebildeten σχολαστικός ein geläufiges Schimpfwort für den *Graeculus* war, der sich durch Bildung verdächtig machte: Plutarch, Vita Ciceronis 5,2.

sentativ für griechische Geisteshaltung. Aber gewisse Schichten einfach organisierter Menschen muß es doch im griechischen Volke gegeben haben, die so empfanden. Epiktet (um 100 n. Chr.) hat diese Auffassung, die er nicht etwa teilt, bei der Allgemeinheit vorausgesetzt, wenn er einen vornehmen Mann mit folgenden Worten zum Studium der Philosophie ermahnte: ,,Siehst du wohl? Ein Scholastikos mußt du werden, das Wesen, das alle verlachen.[36]'' Die Entwicklung scheint ähnlich wie bei dem ,Dottore' der italienischen Commedia dell'arte (H. Reich), doch ist dieser, soviel mir bekannt, seinem ursprünglichen Wesen als gelehrter Pedant und Jurist treugeblieben. Mit dem Scholastikos steht es anders: er ist meistens ein Dummkopf schlechthin, und nur eine Minderheit von Erzählungen verrät etwas von seinen akademischen Ursprüngen.

Wir sehen ihn als auswärtigen Studenten in Athen, wo er sich auf den Beruf des ῥήτωρ, Rechtsanwaltes, vorbereitet (§ 54); seine Bücher werden erwähnt (§§ 8, 16, 17); seine Kommilitonen, συμφοιτηταί (§§ 67, 69), die er zum Essen einlädt (§ 91). Als er in Geldverlegenheit seine Studienbücher verkauft hat, berichtet er mit witzigem Doppelsinn in einem Brief an den arglosen alten Herrn (§ 55): dies einer der seltenen Fälle, wo der Mann nicht als dumm erscheint, so daß ,Scholastikos' hier lediglich den ,Studenten' bezeichnet[37]. Oder aber Lernen aus Büchern sowie Allotria werden

---

[36] Σχολαστικόν σε δεῖ γενέσθαι, τοῦτο τὸ ζῷον, οὗ πάντες καταγελῶσιν Arrian. Epict. I 11, 39. Vielleicht setzt diese Äußerung schon eine Sammlung von Scholastiker-Witzen (des Philistion?) voraus. Noch wahrscheinlicher ist diese Annahme für eine Bemerkung des Arztes Galenos (129–199 n. Chr.), auf die Moriz Haupt (Opuscula III 2, Lips. 1876, 432) hingewiesen hat: De methodo medendi II 5 (X 111 Kühn) πρὸς ταῦτ' οὖν οἱ τὸ θερμὸν καὶ ψυχρὸν βαλανέων. οὐκ ἰατρῶν ὀνόματα φάσκοντες εἶναι βωμολοχεύσονται δηλονότι καὶ γελωτοποιήσουσιν ἢ μωροὺς ἢ Φρύγας ἢ σχολαστικοὺς διηγούμενοι· συνίσασι γὰρ ἑαυτοῖς οὐ μόνον ἀποδεικτικὸν ἐπιστάμενοις οὐδέν, ἀλλ' οὐδ' ὅ τι ποτέ ἐστιν ἀπόδειξις ἐπαΐουσιν. In einem gelehrten Streit hatten Gegner sich eines höhnischen Ausdrucks bedient. Galen wirft ihnen vor, sie machten Witze und Späße, indem sie (gleichsam) ,,von Narren oder Phrygern oder σχολαστικοί reden." Über Barbarei und Dummheit der Phryger s. Otto Sprichw. s. Phryx.

[37] Daher σχολαστικός εὐτράπελος ,witziger Scholastikos' genannt. Dasselbe Lob würde auch der ,Assessor' von § 63 verdienen. Berufsbezeichnung (,Gelehrter' o. dgl.) soll Scholastikos bei dem Sidonier in § 131 sein, aber ohne Einfluß auf den Witz.

im Vaterhause betrieben (§ 87). Aber auch als erwachsener Träger
eines akademischen Berufes begegnet uns der Scholastikos: er ist
Arzt (§ 3), Rechtsanwalt[38] (§ 68), Assessor (§ 63), „Sophist‘, der den
Bürgern der Stadt die Grabreden halten muß (§ 90), oder wenigstens Schulmeister (§§ 61, 258). Entsprechend hoch ist seine
Lebensstellung: man grüßt ihn ehrerbietig mit „Herr Scholastikos‘‘ (§ 5), und zum Begräbnis seines Söhnchens findet sich eine
große Trauerversammlung ein, so daß er sich wegen des Form-
fehlers entschuldigt, zu einer so großen Menge bloß ein so kleines
Kind herauszubringen (§ 40). Der Versuch freilich, den A. Rapp[39]
in einer anregenden Plauderei macht, bei dem Scholastikos ausgesprochen professorale Eigenschaften und Betätigungen zu entdecken, scheint mir nicht gelungen. Übrigens treffen wir auch
Vertreter nicht gelehrter Berufe unter den Scholastikoi: einen
Finanzmann, der Kapitalien ausleiht (§ 50), und mehrere Soldaten
oder Offiziere (§§ 82, 84, 96?), wobei es nicht sicher ist, ob der
Witz über die Kunstschätze von Korinth (§ 78) noch als militärisches Beutemachen verstanden ist.

Im häufigeren Fall finden wir den Scholastikos, ohne berufliche
Charakteristik, rein nach der menschlichen Seite aufgefaßt: bald
als jungen Menschen (§ 43, 44), der seinem Vater knabenhaft
dumme Fragen stellt (§§ 49, 92), mit ihm Streit hat (§§ 24, 57),
von ihm Schelte (§ 36) oder Schläge bezieht (§ 86), weil er der
Großmutter zu nahe getreten ist (§ 45). Oder aber wir hören von
seiner Gattin (§ 97), seinem Schwiegervater (§ 67), seinen Söhnen
im zarten, doch auch im erwachsenen Alter (§§ 33, 40, 77, 95, 97,
98, 257 – § 65), seinem Haus (§§ 14, 41, 85, 89), seinem Land-

---

[38] Über σχολαστικός als offizielle Bezeichnung eines Rechtsbeistandes in
spätrömisch-byzantinischer Zeit vgl. die Belege in dem Lexikon von Liddell-
Scott-Jones s. v. III; Preisigke Σχολαστικός RE II A 624. Doch hat man nicht
deswegen den σχολαστικός unserer Witzsammlung grundsätzlich für einen
Advokaten zu halten, wie es bei Schmid-Stählin, Gesch. d. griech. Literatur
II 2 § 817 geschieht. Leider ungedruckt blieb die Dissertation von E. Manuwald,
Σχολή und σχολαστικός vom Altertum bis zur Gegenwart, eine wortbiographische
Untersuchung, Freiburg i. Br. 1923 (angeregt von O. Immisch; vgl. G. Lehnert,
Bursians Jahresber. 285, 1944/55, 44 f.), wo die Bedeutung ‚(gelehrter) Dümm-
ling‘ auf S. 170 ff. des Schreibmaschinenmanuskripts behandelt ist.
[39] A. Rapp, A Greek „Joe Miller‘, The Classical Journal 46, 1951, 286 u. 318.

19

besitz (§§ 46, 47, 51), dessen lästige Entfernung von der Stadt er in sinnreicher Weise dadurch vermindern will, daß er sieben Meilensteine umwirft (§ 60). Zumeist freilich steht der Scholastikos außerhalb aller besonderen Bezüge: er ist dumm und weiter nichts[40].

Für einen derart variablen Typus einen einheitlichen deutschen Namen zu finden ist eine schier unlösbare Aufgabe, und wir sehen schon den ersten Herausgeber von Philogelos-Witzen im Jahre 1605 bemüht, diese Schwierigkeit zu meistern. Da er ein Wort vorschlägt, das inzwischen aus dem deutschen Sprachgebrauch verschwunden ist, scheint mir dieses heute sehr wohl geeignet, einen Sammelnamen abzugeben, unter dem sich wenigstens niemand etwas Falsches vorstellt: *Kalmäuser* nannte man damals einen Schulpedanten und Federfuchser, ,,weil er gleichsam wie eine Maus am Schreibrohr (*calamus*) nagt", wie der Herausgeber mit kühner Etymologie behauptet[41]. Der Leser wird es verzeihen, wenn ihn der ungeläufige Ausdruck zunächst befremdet. Ein klein wenig Hoffnung, daß damit ein verschollenes deutsches Wort wieder zu Ehren gebracht werden könnte, wird er dem Übersetzer zugute halten.

Beliebige dumme Sprüche oder Handlungen sind nicht witzig. Um witzig zu wirken, müssen die Dinge neben dem Unsinn einen gewissen Sinn enthalten. Die Kalmäuserwitze, ebenso wie die übrigen Dummheitswitze unserer Sammlung[42], funktionieren meistens nach dem Prinzip der falschen Analogie. Auf andere Personen, Gegenstände, Verhältnisse oder Zeiten angewandt, wäre das Gesagte oder Getane richtig. Aber das Denkschema, wie es einmal entworfen ist, wird dahin übertragen, wo es nicht paßt, so daß sich absurde Konsequenzen ergeben: der Dumme über-

---

[40] Das hebt mit Recht Körte 547 hervor.

[41] Calamysii, Kalmeuser, id est (nam Graece melius exprimitur) μύες καλαμοτρωγοι, quod instar murium in antris suarum scholarum calamos arrodant (nota in facet. [I]). – Etymologie nach Fr. Kluge, Etymol. Wörterbuch der deutschen Sprache (da die neueste Auflage das Wort nicht mehr verzeichnet, zitiere ich nach der 11. Aufl. Berlin-Leipzig 1934): ,,Gewiß ist an lat. cal(a)mus ,Schreibrohr' anzuknüpfen; auf Endung und Bed(eutung) mag das ältere ,Duckmäuser' eingewirkt haben" (mit Literatur).

[42] Zu den Kalmäusern (§§ 1–103, 253–259, 265), Abderiten (§§ 110–127), Sidoniern (§§ 128–139) und Kymäern (§§ 154–182) kommen noch 2 vereinzelte Witze über Dumme §§ 109 und 241 (nicht 251).

sieht irgendeinen Umstand, der die Sachlage entscheidend verändert, wie gesundem Menschenverstand ohne weiteres klar ist[43]. Man erinnert sich, daß es nach Henri Bergsons Lehre[44] das Starre und Mechanische, die Unfähigkeit der Anpassung an die wechselnden Situationen des Lebens ist, was die komische Wirkung hervorruft.

Die Analogie wird in seltenen Fällen ausdrücklich im Text angegeben, z. B. in § 103 und (mehr witzig als dumm) § 45. Aber wirksam ist sie auch, wo sie weniger zutage liegt. Gleich zu dem ersten Witz der größeren Sammlung (§ 1) hat deren erster Übersetzer Jac. Pontanus die richtige Erklärung gegeben: „Wenn er beim Bäcker ein Brot bestellt und so geantwortet hätte, wäre es richtig gewesen." Noch ein Beispiel, das (gleich vielen anderen Philogelos-Witzen) heute noch erzählt wird: Wenn ich mein Pferd irgendeine besondere Kunst lehre und es stirbt gleich danach, dann habe ich mich leider umsonst gemüht. Nun hatte der Kalmäuser seinem Pferd oder Esel die Kunst beigebracht, ohne Futter auszukommen, und gerade als es das gelernt hatte – welch ein unglückliches Zusammentreffen! – stirbt das Tier (§ 9).

Ohne Pedanterie – vor der wir als Kritiker des Kalmäusers uns ja doppelt hüten müssen – kann man das Prinzip der falschen Analogie in der Mehrzahl der Beispiele entdecken, mag nun der Kalmäuser sich bei dem Arzt entschuldigen, weil er lange nicht krank gewesen ist (§ 253); einen Baum schütteln, damit die Spatzen herunterfallen (§ 19); einem Bekannten auf den Kopf zusagen, daß er gestorben ist, weil ihm das ein glaubwürdiger Gewährsmann versichert habe (§ 22); einen Stein des Hauses, das er verkaufen will, zur Probe vorzeigen (§ 41); fürchten, daß ein Schiff überflutet wird, wenn das Wasser steigt (§ 66), usw. usw.

Wo nicht um Analogie, handelt es sich meistens um Mißverständnisse: entweder mißversteht der Kalmäuser ein Wort, wie

---

[43] Kuno Fischer, Die Entwicklungsformen des Witzes, Kap. VI 1 = Kleine Schriften I Heidelberg 1896, 151: Einem urteilslosen Menschen wurde weisgemacht, „man habe die Kunst erfunden, mit Kanonen um die Ecke zu schießen ... bekanntlich beschreibe das Geschoß eine Curve, daher brauche man die Kanone nur auf die Seite zu legen, so gehe die Kugel um die Ecke."

[44] Henri Bergson, Le Rire, seit 1899 oft gedruckt; ,Das Lachen', deutsch von Frankenberger und Fränzel, Jena ³1921, Neudruck Meisenheim a. Gl. 1948.

21

z. B. den Kunstausdruck von dem „ersten Abwurf" des Pferdes (§ 4); oder (seltener) ein Ding, z. B. sein Spiegelbild im Wasser, das er für einen Menschen hält (§ 33); oder er wählt seine eigenen Worte so ungeschickt, daß ein lächerlicher Doppelsinn entsteht, den er freilich nicht merkt (§ 65). In beiden Fällen kann man auch wieder eine Art von Starre feststellen: es würde geistiger Elastizität bedürfen, um alle Möglichkeiten des Verständnisses zu überschauen.

Hübsche Wirkung entsteht bisweilen dadurch, daß eine Dummheit von einer anderen überboten wird: §§ 15 und 43 (ob auch § 83?); 136 (Sidonier). Dann sind zwei Kalmäuser am Werke, wie sie denn auch sonst manchmal, mit oder ohne besonderen Witz, paarweise eingeführt werden: §§ 13, 20, (22 β), 39, 42, 96, 254 (3 Kymäer § 178).

Ferner sei an dieser häufigsten Sorte von Witzen gezeigt, was von allen anderen auch gilt: daß sie zu stärkerer komischer Wirkung mit gewissen stofflichen Motiven aufgeladen werden können, von denen hier insbesondere drei Arten genannt seien: Erotik sowie Bezug auf die niederen Funktionen des Körpers; Formen und Phrasen der gesellschaftlichen Höflichkeit in absichtlich unpassender und übertriebener Anwendung (z. B. §§ 20, 32); schließlich ein Spiel mit dem Grausigen, dessen Ernst an und für sich die Komik ausschließen müßte, aber durch eine gewisse galgenhumoristische Frechheit neutralisiert werden kann. Zwei Beispiele für die Verflechtung: die höfliche Erwiderung auf den Glückwunsch zu irgendeinem Erfolg, z. B. geschäftlicher Art: „Das danke ich der Mitwirkung meiner Freunde" – diese Erwiderung gebraucht der Kalmäuser, als ein Freund ihm zur Geburt eines Söhnchens gratuliert (§ 98; ähnlich § 72); makabre Höflichkeitswitze: §§ 38, 40, 77. Das Makabre allein: §§ 97, 123 und in den heute noch so beliebten Delinquentenwitzen: §§ 168, 169.

Der Aufbau der Witzgeschichten läßt sich wegen des verhältnismäßig reichen Materials hier ebenfalls am besten zeigen. Wegen der Kürze der einzelnen Erzählungen ist nicht viel zu sagen. Daß die Pointe in der Regel in einem Ausspruch besteht, viel

weniger oft in einem Tun, wurde schon erwähnt; als Beispiel
für den selteneren Typus nenne ich §§ 8, 11, 19, 20, 35, 41, 44
usw. Mit seiner lächerlichen Äußerung oder Handlung reagiert
der Dumme auf eine Situation, die am Anfang kurz dargelegt
wird, meist mit Hilfe von Partizipialkonstruktionen. Dabei handelt
es sich oftmals um einen bloßen Sachzusammenhang (§§ 2, 9,
14, 23, 28, 29 usw.), noch häufiger ist eine andere Person spre-
chend, fragend usw. beteiligt, also die Exposition dialogisch gegeben: §§ 1, 3, 5, 10, 12, 13, 16 usw. Für die Reden des einen
wie des anderen macht es nichts aus, ob sie wörtlich wiedergegeben werden, was besonders bei der Witzperson selbst der
häufigere Fall ist, oder bloß referierend, als Oratio obliqua oder
noch kürzer: das kann sogar in den verschiedenen Textfassungen derselben Geschichte wechseln[45]. Ohne besonders häufig zu
sein, zeigt folgender Typus eine gewisse Festigkeit: der Kalmäuser tut (oder sagt) etwas Auffälliges, jemand fragt nach dem
Grunde oder drückt seine Verwunderung aus, und der Kalmäuser gibt eine Begründung, die den Witz liefert: so §§ 4, 6,
15, 31, 32, 68, 174[46].

Die Dummheitswitze nehmen rund zwei Drittel der Philogelos-
sammlung ein. In den Rest teilen sich ziemlich viele andere
Typen, über die sich der Spott des ,Lachfreundes‘ ergießt oder
die ihrerseits Witze machen. Natürlich können die einzelnen
Gruppen jeweils nicht viele Geschichten enthalten. Verhältnismäßig am stärksten vertreten sind ,Witzbolde‘ und ,Grobiane‘.
Diese beiden Typen stehen einander insofern nahe, als auch die
Grobheiten in mehreren Fällen witzig sind, z.B. § 183, also das
Verhältnis der beiden Typen zur Komik ein wesentlich aktives
ist. Die Aussprüche der *Witzbolde* sind, wie schon früher gesagt,
teilweise eigentlich Apophthegmen, zu denen uns in Parallel-
berichten die Namen der Urheber genannt werden (§§ 140, 148–
150, 263, 264; dazu § 142 aus Äsop). Der umgekehrte Weg bleibt
freilich im einzelnen Falle auch möglich: daß ein anonym um-

---

[45] § 31. A: σπουδάζω, ἔφη. – β: ἔφη σπουδάζειν. § 6. A: ἐπερωτηθεὶς ... διὰ
τί αὐτὸ ποιεῖ. – β: τινὸς δὲ πυθομένου τὴν αἰτίαν.
[46] So auch andere Typen: §§ 105 φιλάργυρος, 147 εὐτράπελος, 246 und
249 μισογύναιος. – Vgl. auch den Kommentar zu § 15.

laufendes Witzwort nachträglich auf einen bestimmten Namen
gestellt wurde. Der *Grobian* δύσκολος ist ein Typus der griechischen Komödie, der in letzter Zeit stärker in das allgemeine
Interesse getreten ist, als eine Komödie dieses Titels von Menander gefunden wurde. In der Komödie ist der Grobian gewöhnlich
ein Bauer[47]; im Philogelos erscheinen andere Berufe: Arzt, Wahrsager, Schiffskapitän, sogar ein grober Senator (§ 195). Auch der
Großtuer, schon in der wissenschaftlichen Charakterkunde (Kap.
23) von Theophrast beschrieben, war eine beliebte Figur der
griechischen Komödie, seine griechische Benennung *Alazon*[48]
bildete den Titel des heute verlorenen griechischen Originals
zu dem Miles Gloriosus des Plautus. Das Wort ἀλαζών erscheint
in § 108, der Typus liegt auch in den beiden vorhergehenden Geschichten vor, überall in der Ausprägung des sogenannten πτωχαλαζών, der bettelarm ist und, als eine Art Hochstapler, Reichtum vortäuscht. Die entgegengesetzte Figur des *Geizigen* ist
ebenfalls von Theophrast (10 u. 30) beschrieben und aus der
griechischen Komödie[49], z.B. fortwirkend in Plautus' Aulularia,
erinnerlich. Philogelos hat zwei Geschichten von ihm, und sie
zeigen eine Technik, die in den folgenden Rubriken immer wieder
begegnen wird und da vielfach den eigentlichen Witz ausmacht.
Ich meine die Steigerung des einen Fehlers, der verspottet werden soll, zu einem absoluten non plus ultra: der Mensch, der sich
selbst zum Erben seines Vermögens einsetzt (§ 104), oder der
andere, der aus Sparsamkeit bloß Oliven ißt (§ 105), könnte
geiziger nicht gedacht werden. Dieser *hyperbolische* Zug ist wohl
an und für sich jeder satirischen Kunst eigen, läßt sich aber in
größeren Einheiten, etwa längeren Gedichten oder einem satirischen Roman, mit einem gewissen Grad von Lebenswahrheit
vereinigen. In kleineren Gebilden ist das nicht möglich und wird
darum von vornherein nicht versucht, sondern im Gegenteil
diejenige Wirkung angestrebt, die dem Groteskkomischen in der

---

[47] O. Ribbeck, Agroikos, Abh. Akad. Leipzig X 1, 1885. Ph.-E. Legrand
(zit. Anm. 13) 215ff. Ménandre, Le Dyscolos, p. J.-M. Jacques, Paris 1963,
p. 33ff.
[48] O. Ribbeck, Alazon, Leipzig 1882. Legrand 212–214.
[49] Legrand 218–221.

bildenden Kunst entspricht. Man wird sich erinnern, wie geist-
voll und kühn H. Bergson auch die verzerrende Karikatur seiner
allgemeinen Deutung des Komischen als eines Starren, Mechanischen unterordnet; bei dem Grad von Übertreibung, von Konsequenz im Fehlerhaften, mit dem wir es hier zu tun haben,
leuchtet diese These sicherlich ein. In ähnlicher Weise wie in den
Philogelos-Geschichten ist die Entfaltung des Witzes in dem
satirischen (skoptischen) *Epigramm* auf engsten Raum beschränkt.
Darum finden wir denselben Zug zur Hyperbel z. B. in den vielen
Spott-Epigrammen, die in der Griechischen Anthologie besonders
das XI. Buch füllen. Die Verwandtschaft des Philogelos mit der
skoptischen Epigrammatik hat F. J. Brecht bemerkt, dem wir
eine gute Untersuchung der letzteren verdanken[50]. Diese Verwandtschaft bezieht sich auch auf den Stoff, denn als Witzobjekte
dienen dort ebenfalls Dumme, Geizige und nahezu alle Typen,
die im folgenden noch aus Philogelos zu nennen sind.

Übrigens kennt das griechische Spottepigramm noch mehr
Typen, und das führt auf einen Punkt, der unserem Philogelos
Ehre macht: die Masse der Spottepigramme auf rein körperliche
Fehler, also auf zu Dicke oder zu Dünne, auf Leute mit großen
Nasen usw.[51] hat im Philogelos keine Entsprechung. Der *üble
Geruch aus dem Munde*, der freilich im Philogelos recht eingehend
bewitzelt wird (§§ 231–240, 242), hat ja bekanntlich nicht *bloß* körperliche Ursachen[52] und bildet darum keine wirkliche Ausnahme.
Öfters erwähnt Philogelos auch Männer, die durch ein *Bruch*-
leiden körperlich verunstaltet sind, aber nur vereinzelt als Witzobjekte (§ 116 ~ 252), sonst um an ihnen die Dummheit anderer
zu demonstrieren (§§ 113, 117, 118, 119) oder den Mann selbst
über sein Leiden witzeln zu lassen (§ 262); ähnlich die *Eunuchen*
(§§ 114–116 ~ 252).

Es folgt eine Übersicht der Typen, die dem Philogelos und der
Epigrammatik gemeinsam sind. Wir erwähnen an erster Stelle

---

[50] F. J. Brecht, Motiv- und Typengeschichte des griech. Spottepigramms
(Philologus, Supplementband XXII 2) Leipzig 1930.
[51] Brecht 88 ff.
[52] Ulpian. Dig. XXI 1, 12, 4 *Trebatius ait non esse morbosum os alicui olere ...
hoc enim ex illuvie oris accidere solere.* Spott auf solchen Geruch wird übelge-
nommen nach Plutarch. mor. 633c (q. conviv. II 1,9).

die beliebten *Unfähigen*, die ihren Beruf schlecht verstehen. Diese Berufe müssen natürlich genannt werden: im Philogelos sind es drei, auffallenderweise fehlt der Arzt, der doch an anderen Stellen der Witzsammlung und in den Epigrammen mancherlei Spott abbekommt. Es bleiben unwissende Lehrer (§§ 196, 197), schlechte Barbiere (§§ 198–200) und, als verhältnismäßig stärkste Gruppe, Wahrsager (§§ 201–205), die sich mit größter Unverschämtheit herausreden, wenn ihre Prophezeiungen nicht eingetroffen sind. Die Ausreden der Nichtskönner sind entweder so fadenscheinig, daß man sie verlacht, oder so pfiffig, daß diese Figuren die Lacher auf ihrer Seite haben. Dazwischen bestehen Übergänge. Kurz übergehe ich die *Feiglinge*, auch von Theophrast (25) behandelt. Unter den Witzen auf sie (§§ 206–210, 217, 218) ist der erste eine Wanderanekdote, die unter verschiedenen Namen – darunter dem des Philistion – erzählt wird. *Faule* und *Neidische* werden mit je drei Witzen bedacht (§§ 211–216). Bei den *Gefräßigen* (§§ 219–226, 244, 261) findet sich eine bunte Gesellschaft zusammen: ein Turnlehrer, ein Arzt, ein Schauspieler, ein Landrat – nur kein Parasit, den man eigentlich erwarten könnte Von den vier *Trunksüchtigen* (§§ 227–230) wird an erster Stelle ein glänzender Witz beigesteuert. Nachdem wir nun noch die bereits erwähnten Leute mit dem üblen Mundgeruch, elf an der Zahl, über uns haben ergehen lassen, bilden den Schluß der Sammlung Geschichten über *Weiber* (§§ 244–251). Wie das Thema vermuten läßt, ist ein Teil der Witze frivol. Teils werden Frauen, auch noch höheren Alters, in ihrer Begehrlichkeit vorgeführt, teils erschallt die bekannte Klage über das Hauskreuz, wobei als Subjekt der Erzählung der Ehemann, als *Weiberhasser* gekennzeichnet, eingeführt wird. Übrigens hat es vielleicht in einem früheren Stadium der Sammlung eine Rubrik „*Pechvögel*" gegeben: darauf könnten versprengte Reste am Ende unserer Haupt-Handschrift (§ 252 ~ 116) und anderswo (§ 229) weisen.

Die Philogelos-Sammlung erscheint hier zum ersten Male mit vollständiger deutscher Übersetzung. Diese ist zugleich ein Versuch, zwischen den verschiedenen Versionen, in denen dieselbe Anekdote überliefert ist, auszugleichen, ferner durch gewisse Freiheiten des Übersetzens die Witze für den heutigen Leser ansprechender zu gestalten. Im Kommentar konnte eines nicht geleistet werden, was mancher vielleicht erwartet: ein Bericht über das Fortleben der Philogelos-Witze in neuerer Zeit. Denn während die Sammlung als Ganzes, soviel bekannt, nicht in andere Literaturen übernommen worden ist, haben viele einzelne Witze ein außerordentlich zähes Nachleben geführt, und es kann passieren, daß man heutzutage noch den einen oder anderen als ‚neu' erzählt bekommt[53]. Bestimmt wäre es eine reizvolle Aufgabe, das im einzelnen zu verfolgen. Aber dazu fehlen die wichtigsten Vorarbeiten und werden wohl noch lange fehlen.

---

[53] Über einen Politiker, der im biblischen Alter erstaunliche Vitalität entfaltete, erzählte man vor einigen Jahren: „Kennen Sie das neueste Hobby von A.? Er züchtet Riesenschildkröten, er will ausprobieren, ob die Biester wirklich 300 Jahre alt werden." Das ist § 255. Natürlich kann derselbe Witz unabhängig immer wieder entstehen: nur mit dieser Einschränkung darf man von ‚Fortleben' reden.

SIGLA CODICUM

G   cod. Cryptoferratensis A 33 New York s. X/XI
A   Parisinus Suppl. Gr. 690 s. XI
C   Vaticanus Gr. 112 s. XIV
M   Monacensis Gr. 551 s. XV (non fere adhibetur)
V   Vindobonensis Gr. 192 s. XV
E   Estensis α. P. 7.16 s. XV
P   Palatinus Gr. 146 Vatic. s. XV

Littera β codices V et E et, ubicumque adest, P complectitur.
→ vel ← narratiunculas repetitas (Doubletten) designat,
~ et ≈ varios gradus similitudinis.

ΦΙΛΟΓΕΛΩΣ

ΕΚ ΤΩΝ

ΙΕΡΟΚΛΕΟΥΣ

ΚΑΙ

ΦΙΛΑΓΡΙΟΥ ΓΡΑΜΜΑΤΙΚΟΥ

Ut supra A ἐκ τοῦ Ἱεροκλέους E ἐκ τοῦ Ἱεροκλέους συντάγματα· οἶσπερ ἐντυχών τις σωφρόνως μειδιάσει V ἀστεῖα τοῦ Ἱεροκλέους τινά (σημείωσαι per compend. praemis. alia m.), tum bis Ἱεροκλέους P nihil inscr. GC ||

§ 1. Σχολαστικὸς ἀργυροκόπῳ ἐπέταξε λύχνον ποιῆσαι. τοῦ δὲ ἐξετάσαντος, πηλίκον ποιήσει, ἀπεκρίνατο· Ὡς πρὸς ὀκτὼ ἀνθρώπους.
A 1 ||

§ 2. A: Σχολαστικὸς κολυμβῶν παρὰ μικρὸν ἐπνίγη· ὤμοσε δὲ εἰς ὕδωρ μὴ εἰσελθεῖν, ἐὰν μὴ μάθῃ πρῶτον καλῶς κολυμβᾶν.
β: Σχολαστικὸς κολυμβᾶν βουλόμενος παρὰ μικρὸν ἐπνίγη· ὤμοσεν οὖν μὴ ἅψασθαι ὕδατος, ἐὰν μὴ πρῶτον μάθῃ κολυμβᾶν.
A 2 | — β: VEP 1 ||

§ 3. Σχολαστικῷ τις ἰατρῷ προσελθὼν εἶπεν· Ἰατρέ, ὅταν ἀναστῶ ἐκ τοῦ ὕπνου, ἡμιώριον ἐσκότωμαι καὶ εἶθ' οὕτως ἀποκαθίσταμαι. καὶ ὁ ἰατρός· Μετὰ τὸ ἡμιώριον ἐγείρου.
A 3 → § 175 b | Ἰητρῶ (sed Ἰατρέ, Ἰατρός) cf. §§ 6.A, 7, 27 ||

§ 4. A β: Σχολαστικοῦ ἵππον πιπράσκοντος ἠρώτησέ τις, εἰ πρωτοβόλος ἐστίν. τοῦ δὲ εἰπόντος δευτεροβόλον εἶναι, εἶπε· Πῶς

LACHFREUND

AUS DEN PAPIEREN DES

HIEROKLES

UND DES

GRAMMATIKERS PHILAGRIOS

KALMÄUSER (1)

1. Ein Kalmäuser gab einem Silberschmied den Auftrag, eine Lampe anzufertigen. Der Schmied fragte, wie groß er sie machen sollte. Der Kalmäuser erwiderte: „Ungefähr für acht Personen."
Kalmäuser] siehe oben S. 7.

2. Ein Kalmäuser, der schwimmen wollte, wäre fast ertrunken. Er schwur, nicht mehr ins Wasser zu gehen, ehe er schwimmen gelernt hätte.

3. Jemand kam zu einem Arzte, der ein Kalmäuser war, und sagte: „Herr Doktor, wenn ich vom Schlaf aufstehe, bin ich eine halbe Stunde schwindlig, und dann erst wird mir besser." Und der Arzt: „Stehe eine halbe Stunde später auf!"

4. Ein Kalmäuser wollte ein Pferd verkaufen. Jemand fragte, ob das Pferd seinen ersten (Zahn-) „Abwurf" schon hinter sich

οἶδας; ὁ δὲ ἀπεκρίνατο· Ὅτι ἅπαξ ἐμὲ ἔβαλε κάτω καὶ ἅπαξ τὸν πατέρα μου.

A 4 — β: VEP 2 → § 155 | προτόβολός V | ἐστι β | εἰπόντος A φήσαντος β | εἶπε πῶς ὁ δὲ ἀπεκρίνατο A ἔφη πῶς οἶδας (it. § 155) ὁ δὲ εἶπεν β | ὅτι om. EP · ἐμὲ ἔβαλε κάτω A ἐδούλευσεν ἐμὲ β | ἅπαξ om. β |

§ 5. Α: Σχολαστικῷ τις ἀπαντήσας ἔφη· Κύριε σχολαστικέ, καθ' ὕπνους σε εἶδον. ὁ δέ· Μὰ τοὺς θεούς, εἶπεν, ἀσχολῶν οὐ προσέσχον.

β: Σχολαστικὸς φίλον συναντήσας εἶπε· Καθ' ὕπνους σε ἰδὼν προσηγόρευσα. ὁ δὲ· Σύγγνωθί μοι, ὅτι οὐ προσέσχον.

A 5 | — β: VEP 3 | post ὁ δὲ in P εἶπε ab ipso librario del. | σύγνωθί VE |

§ 6. Α: Σχολαστικὸς ἰδὼν τὸν κατὰ συνήθειαν αὐτοῦ ἰατρὸν ἐρχόμενον περιεστέλλετο αὐτῷ ὀφθῆναι. ἐπερωτηθεὶς δὲ παρά τινος αὐτοῦ ἑταίρου, διὰ τί αὐτὸ ποιεῖ, ἀπεκρίθη· Πολὺς χρόνος ἐστὶν ἀφ' οὗ οὐκ ἐνόσησα, καὶ ἐντρέπομαι αὐτόν.

β: (264 Eberh.) Σχολαστικὸς ἰατρὸν συναντήσας ὑπὸ τοῖχον ἐκρύβη. τινὸς δὲ πυθομένου τὴν αἰτίαν ἔφη· Καιρὸν ἔχω μὴ ἀσθενήσας καὶ αἰσχύνομαι εἰς ὄψιν ἐλθεῖν τοῦ ἰατροῦ.

A 6 | ἰητρόν, cf. § 3 | — β: VEP 14 (264 Eberh.) ~ § 253 (β 6) | ἰατρὸν VE ἰατρῷ P |

§ 7. Σχολαστικῷ τὴν σταφυλὴν τμηθέντι παρήγγειλεν ὁ ἰατρὸς μὴ λαλεῖν. ὁ δὲ τῷ δούλῳ αὐτοῦ ἐπέταξεν ἀντασπάζεσθαι ἀντ' αὐτοῦ τοὺς προσαγορεύοντας. εἶτα αὐτὸς πρὸς ἕκαστον ἔλεγε· Μὴ πρὸς ὕβριν αὐτὸ δέξῃ, εἰ ὁ δοῦλός μου ἀντ' ἐμοῦ ἀσπάζεταί σε· ἐκέλευσε γάρ με ὁ ἰατρὸς μὴ λαλεῖν.

A 7 | ἰητρός bis, cf. § 3 ||

§ 8. Α β: Σχολαστικὸς θέλων πιάσαι μῦν συνεχῶς τὰ βιβλία αὐτοῦ τρώγοντα κρέας δακὼν ἐν τῇ σκοτίᾳ ἐκάθισεν.

A 8 — β: VEP 7 | μῦν θέλων πιάσαι V μῦν ἐθέλων πιάσαι EP συνεχῶς β τὸν A | τῇ om. β ||

hätte. Der Kalmäuser sagte: „Schon den zweiten Abwurf." Der andere: „Wie weißt du das?" Antwort: „Weil es einmal mich abgeworfen hat und einmal meinen Vater."

Der Zahnwechsel, nach dem das Alter des Pferdes bestimmt wird.

5. Jemand begegnete einem Kalmäuser und sagte: „Herr Scholastikos, ich habe dich im Traum gesehen und gegrüßt." Dieser erwiderte: „Verzeih! Ich habe es, bei den Göttern, nicht beachtet, weil ich beschäftigt war."

6. Ein Kalmäuser begegnete seinem Hausarzt und versteckte sich hinter einer Wand. Als man ihn nach dem Grunde fragte, sagte er: „Ich bin lange nicht krank gewesen und schäme mich vor ihm."

7. Einem Kalmäuser, der am Zäpfchen operiert war, verbot der Arzt das Sprechen. Da trug er seinem Diener auf, die Grüße der Leute zu erwidern, sagte dann aber selbst zu jedem: „Sieh es nicht für Hochmut an, wenn dich statt meiner mein Diener grüßt! Der Arzt hat mir nämlich das Sprechen verboten."

8. Ein Kalmäuser wollte eine Maus fangen, die andauernd seine Bücher benagte: er biß in rohes Fleisch und setzte sich im Dunkeln hin.

§ 9. A: Σχολαστικὸς θέλων αὐτοῦ τὸν ὄνον διδάξαι μὴ τρώγειν οὐ παρέβαλεν αὐτῷ τροφάς. ἀποθανόντος δὲ τοῦ ὄνου ἀπὸ λιμοῦ ἔλεγε· Μεγάλα ἐζημιώθην· ὅτε γὰρ ἔμαθε μὴ τρώγειν, τότε ἀπέθανεν.

β: Σχολαστικὸς θέλων τὸν ἵππον αὐτοῦ διδάξαι μὴ τρώγειν πολλὰ οὐ παρέβαλλεν αὐτῷ τροφάς. ἀποθανόντος δὲ τοῦ ἵππου τῷ λιμῷ ἔλεγε· Μεγάλως ἐζημιώθην· ὅτε γὰρ καλῶς ἔμαθε μὴ τρώγειν, τότε ἀπέθανεν.

A 9 | — β: VEP 8 | μεγάλως VE   μέγα P ||

§ 10. Σχολαστικὸς ἵππον πιπράσκων ἠρωτήθη, μὴ δειλὸς εἴη. ὁ δὲ εἶπεν· Οὐ μὰ τὴν τοῦ πατρός μου σωτηρίαν· ἐν τῷ σταύλῳ γὰρ μόνος ἔστηκεν.

A 10 → § 157 ||

§ 11. A β: Σχολαστικὸς θέλων ἰδεῖν, εἰ πρέποι αὐτῷ κοιμᾶσθαι, καμ⟨μ⟩ύσας ἐνωπτρίζετο.

A 11 — β: VEP 10 | ἰδεῖν om. EP | πρέπει β | καμύσας codd., corr. Needham; cf. § 124 | ἐσοπτρίζετο β ||

§ 12. Σχολαστικῷ ἀποδημοῦντι φίλος αὐτοῦ ἔλεγεν· Ἀξιῶ σε δύο παῖδας ἀγοράσαι μοι, ἑκ⟨άτερον⟩ πεντεκαίδεκα ἐτῶν. ὁ δὲ εἶπεν· Ἐὰν τοιούτους μὴ εὕρω, ἀγοράσω σοι ἕνα τριάκοντα ἐτῶν.

A 12 ἐκ A, suppl. Eberhard ||

§ 13. Σχολαστικοὶ δύο πατραλοῖαι ἐδυσφόρουν πρὸς ἀλλήλους ἐπὶ τῷ τοὺς πατέρας αὐτῶν ζῆν. τοῦ δὲ ἑνὸς εἰπόντος· Θέλεις οὖν ἀποπνίξει ἕκαστος ἡμῶν τὸν ἴδιον; Μὴ γένοιτο, εἶπεν ὁ ἄλλος, ἵνα μὴ πατραλοῖαι ἀκούσωμεν. ἀλλ' εἰ βούλει, σὺ τὸν ἐμὸν σφάξον, κἀγὼ τὸν σόν.

A 13   → § 152 (A β) | πατραλοῖαι priore loco del. Eberhard, ego posteriore loco in πατροκτόνον mutandum censeo, cf. § 152 et v. comm. ||

§ 14. A β: Σχολαστικὸς οἰκίαν πριάμενος, εἶτα διὰ τῆς θυρίδος παρακύψας ἠρώτα τοὺς παρερχομένους, εἰ πρέπει αὐτῷ.

A 14 — β: VEP 11 | οἰκίας A | εἶτα A   καὶ β | διὰ om. EP | προκύψας β | παριόντας β | ἡ οἰκία in fine add. β ||

9. Ein Kalmäuser wollte seinen Esel lehren, nicht zu fressen, und warf ihm kein Futter vor. Als der Esel nun Hungers starb, sagte der Kalmäuser: „Wie schade! Als er gelernt hatte, nicht zu fressen, da ist er gestorben!"

10. Ein Kalmäuser, der sein Pferd verkaufen wollte, wurde gefragt, ob es etwa furchtsam wäre*. Er sagte: „Nein, bei dem Wohle meines Vaters! Denn im Stall hat es allein gestanden."
* d.h. ob es leicht scheu würde.

11. Ein Kalmäuser, der sehen wollte, ob ihm das Schlafen gut zu Gesicht stünde, schaute mit geschlossenen Augen in einen Spiegel.

12. Einem Kalmäuser, der auf Reisen ging, sagte sein Freund: „Ich bitte dich, mir zwei Burschen (junge Sklaven) zu kaufen, beide von fünfzehn Jahren." Er sagte: „Wenn ich solche nicht finde, werde ich dir *einen* von dreißig Jahren kaufen."

13. Zwei Kalmäuser, die als Söhne lieblos und brutal waren, beklagten sich gegeneinander darüber, daß ihre Väter noch am Leben seien. Als der eine sagte: „Soll also jeder von uns den seinigen erwürgen?" sagte der andere: „Das sei ferne, damit wir nicht Vatermörder heißen! Vielmehr, wenn du willst, bring du meinen um, und ich deinen!"

14. Ein Kalmäuser hatte ein Haus gekauft, lehnte sich dann zum Fenster hinaus und fragte die Vorübergehenden, ob es (das Haus) ihm gut zu Gesicht stünde.

§ 15. Α: Σχολαστικὸς καθ' ὕπνους ἧλον πεπατηκέναι δόξας τὸν πόδα περιέδησεν. ἑταῖρος δὲ αὐτοῦ πυθόμενος τὴν αἰτίαν καὶ γνούς· Δικαίως, ἔφη, μωροὶ καλούμεθα. διὰ τί γὰρ ἀνυπόδητος κοιμᾶσαι;

β: Σχολαστικὸς κατ' ὄναρ ἰδὼν ἧλον πεπατηκέναι καὶ δόξας ἀλγεῖν, τὸν πόδα περιεδήσατο. ἕτερος δὲ μαθὼν τὴν αἰτίαν ἔφη· Διὰ τί γὰρ ἀνυπόδητος κοιμᾶσαι;

A 15 | — β: VEP 12 | ante τὸν distinx. AVE, post πόδα P | ἀνυπόδητος καθεύδεις. κοιμᾶσαι P (omnia sine dubio ab eadem manu in textu perscripta) ||

§ 16. Σχολαστικὸς βιβλίον αὐτοῦ ἐπιζητῶν ἐπὶ πολλὰς ἡμέρας καὶ μὴ εὑρίσκων, ὡς κατὰ τύχην μαρούλια ἤσθιεν, ἐπιστραφεὶς ἐπί τινος γωνίας εἶδε κείμενον τὸ βιβλίον. ὕστερον δὲ φίλῳ ἀπαντήσας ὀδυρομένῳ, ὡς τὴν στολὴν τῶν ἱματίων αὐτοῦ ἀπολέσαντι· Μὴ δυσφόρει, ἔφη, ἀλλὰ μαρούλια ἀγοράσας καὶ ἐσθίων αὐτὰ πρὸς τὴν γωνίαν ἐπιστραφεὶς πρόσσχες, καὶ εὑρήσεις αὐτά.

A 16 | ἀπολέσαντα, corr. Minas | προσ͞χ͘ ||

§ 17. Α: Σχολαστικῷ ἑταῖρος ἀποδημῶν ἔγραψεν, ἵνα αὐτῷ βιβλία ἀγοράσῃ. ὁ δὲ ἀμελήσας, ἐπανελθόντι αὐτῷ ἀπαντήσας· Τὴν ἐπιστολήν, εἶπεν, ἣν περὶ τῶν βιβλίων ἀπέστειλας, οὐκ ἐδεξάμην.

β: Σχολαστικῷ φίλος ἔγραψεν εἰς Ἑλλάδα ὄντι, βιβλία αὐτῷ ἀγοράσαι. τοῦ δὲ ἀμελήσαντος, ὡς μετὰ χρόνον τῷ φίλῳ συνωψίσθη, εἶπεν· Τὴν ἐπιστολήν, ἣν περὶ τῶν βιβλίων ἀπέστειλάς μοι, οὐκ ἐκομισάμην.

A 17 et 45 (§ 44b) | ἕτερος et ἵν' 44b | ἀγοράσῃ 17 (cf. β) πρίηται 44b | ἀμελήσας 17 (cf. β) ὀλιγωρήσας 44b | τὴν περὶ τῶν βιβλίων ἐπιστολὴν εἶπεν, ἣν οὐκ ἐδεξάμην ἀπέστειλας 17; ut supra 44b | — β: VE 34 P 29 | ἔγραψε E | συνωψίσθη V | εἶπε P | ἀπέστειλλάς V ||

§ 18. Σχολαστικῷ τις ἀπαντήσας εἶπεν· Ὁ δοῦλος, ὃν ἐπώλησάς μοι, ἀπέθανε. – Μὰ τοὺς θεούς, ἔφη, παρ' ἐμοὶ ὅτε ἦν, τοιοῦτον οὐδὲν ἐποίησεν.

A 18 ||

34

15. Ein Kalmäuser hatte geträumt, er sei in einen Nagel getreten. Er verband sich deshalb den Fuß. Ein anderer Kalmäuser fragte ihn nach dem Grunde, und als er ihn erfuhr, sagte er: „Mit Recht werden wir dumm genannt. Warum gehst du auch ohne Schuhe zu Bett?"

16. Ein Kalmäuser suchte eines seiner Bücher viele Tage lang und konnte es nicht finden. Als er zufällig einmal Salat aß, drehte er sich um und sah das Buch in einer Ecke liegen. Später traf er einen Freund, der darüber jammerte, daß er seine sämtlichen Kleider verloren hätte. „Sei nicht traurig", sagte er zu ihm, „sondern kaufe Salat, iß ihn und schau in die Ecke! Dann wirst du sie finden."

17. Einem Kalmäuser, der auf Reisen in Griechenland war, schrieb ein Freund, er solle ihm Bücher besorgen. Der Kalmäuser versäumte das, und als er nach seiner Rückkehr den Freund traf, sagte er: „Den Brief, den du mir wegen der Bücher geschrieben hast, habe ich nicht bekommen."

18. Jemand begegnete einem Kalmäuser und sagte: „Der Sklave, den du mir verkauft hast, ist gestorben." – „Bei den Göttern", sagte er, „solange er bei mir war, hat er nichts dergleichen getan!"

§ 19. A: Σχολαστικὸς Ιδὼν πολλοὺς στρουθοὺς ἐπὶ δένδρου ἑστῶτας, ἁπλώσας τὸν κόλπον ἔσειε [καὶ] τὸ δένδρον ὡς ὑποδεξόμενος τοὺς στρουθούς.

β: Σχολαστικὸς Ιδὼν στρουθοὺς ἐπὶ δένδρου, λάθρα ὑπεισελθών, ὑφαπλώσας τὸν κόλπον ἔσειε τὸ δένδρον ὡς ὑποδεξόμενος τὰ στρουθία.

A 19 | καὶ om. Minas | — β: VEP 18 | Σχολαστικοῦ (?) P | τὸν om. V ||

§ 20. Σχολαστικοὶ δύο ἀπὸ δείπνου ἀλλήλους ἀποκαθιστῶντες κατὰ τιμὴν οὐκ ἐκοιμήθησαν.

A 20 ||

§ 21. Σχολαστικὸς καθευδῆσαι βουλόμενος, μὴ ἔχων προσκεφάλαιον ἐκέλευσε τῷ δούλῳ κεράμιον ὑποθεῖναι. τοῦ δὲ εἰπόντος, ὅτι σκληρόν ἐστι, πτερῶν αὐτὸ γεμισθῆναι ἐκέλευσεν.

A 21 | πτερὸν, corr. Minas | αὐτῶ, corr. Eberhard ||

§ 22. A: Σχολαστικὸς ἀπαντήσας τινὶ φίλῳ αὐτοῦ εἶπεν· "Ηκουσα, ὅτι ἀπέθανες. ὁ δὲ ἀπεκρίνατο· 'Αλλ' ὁρᾷς με ζῶντα. καὶ ὁ σχολαστικός· Καὶ μὴν ὁ εἰπών μοι κατὰ πολὺ σοῦ ἀξιοπιστότερος ἦν.

G: Σχολαστικὸς ὑπαντήσας γνωρίμῳ εἶπεν· ⟨...⟩ Καὶ μὴν ὁ εἰπών ⁺με κατὰ πολὺ σοῦ ἀξιοπιστότερός ἐστιν.

β: Σχολαστικὸς σχολαστικῷ συναντήσας εἶπεν· "Εμαθον, ὅτι ἀπέθανες. κἀκεῖνος· 'Αλλ' ὁρᾷς με ἔτι, ἔφη, ζῶντα. καὶ ὁ σχολαστικός· Καὶ μὴν ὁ εἰπών μοι πολλῷ σοῦ ἀξιοπιστότερος ὑπάρχει.

A 22 | — G 3 sine indicio lacunae; ubi quae perierunt in εἶπεν exisse suspicatur Perry 165 | ultima vox corrigendo obscurata fort. ἐστὴν legitur (cf. Perry ib.), cf. ἦν (A) | — β: VE 21 P 20 | ἔτι om. V με, tum ἔφη expunct., tum ἔτι + ζῶντα et in marg. ἔφη P ||

§ 23. Σχολαστικὸς κατὰ πρώτην ἄνοιξιν τοῦ βαλανείου εἰσελθὼν καὶ μηδένα εὑρὼν ἔσω λέγει πρὸς τὸν δοῦλον αὐτοῦ· 'Εξ ὧν βλέπω, [μὴ] οὐ λούει τὸ βαλανεῖον.

A 23 → § 130 | μὴ delevi coll. § 130 ||

19. Ein Kalmäuser sah auf einem Baum viele Sperlinge sitzen. Er schüttelte den Baum und hielt seine Schürze unter, um die Sperlinge aufzufangen.

20. Zwei Kalmäuser begleiteten von einer Abendgesellschaft einander aus Ehrerbietung wechselseitig nach Hause und kamen so nicht zum Schlafen.

21. Ein Kalmäuser wollte schlafen und hatte kein Kopfkissen. Da befahl er seinem Diener, ihm einen tönernen Krug unterzulegen. Als der Diener sagte, der Krug wäre zu hart, befahl er, ihn mit Federn zu füllen.

22. Ein Kalmäuser traf einen Bekannten und sagte: „Ich habe gehört, daß du gestorben bist." Der erwiderte: „Du siehst doch, daß ich noch lebe." Darauf der Kalmäuser: „Aber der es mir gesagt hat, war viel glaubwürdiger als du."

23. Ein Kalmäuser betrat die öffentliche Badeanstalt in dem Augenblick, als sie eben geöffnet wurde. Als er niemand darin fand, sagte er zu seinem Diener: „Nach dem, was ich sehe, ist das Bad nicht in Betrieb."

§ 24. AG: Σχολαστικὸς μαχόμενος τῷ πατρὶ λέγει πρὸς αὐτόν·
Κακὲ δοῦλε, οὐχ ὁρᾷς, οἷά με ἐζημίωσας; εἰ γὰρ σὺ μὴ ἐγεννή-
θης, ἐγὼ ἂν τὸν πάππον μου ἐκληρονόμησα.

A 24 — G 4 | τῷ πατρὶ μαχόμενος ἔλεγεν G | πρὸς αὐτόν· κακὲ δοῦλε om. G |
ἐγὼ fere detritum in G ||

§ 25. Σχολαστικὸς ἐν τῷ πλέειν χειμῶνος ὄντος σφοδροῦ καὶ
τῶν οἰκετῶν κλαιόντων· Μὴ κλαίετε, ἔφη· πάντας γὰρ ὑμᾶς ἐν
διαθήκαις ἐλευθέρους ἀφῆκα.

A 25 ~ § 30. β | ἡμᾶς, corr. Boissonade ut vid. ||

§ 26. Σχολαστικὸς ἐρευνῶν, ποῦ ὀφείλει κτίσαι ἑαυτῷ οἴκημα
[ἤγουν μνῆμα], εἰπόντων δὲ τινῶν, ὅτι καλὸν εἴη ὧδέ που, ἔφη·
Ἀλλὰ νοσώδης ὁ τόπος.

A 26 ~ § 73 | glossam del. Boissonade ||

§ 27. Σχολαστικὸς νοσῶν συνετάξατο τῷ ἰατρῷ, εἰ θεραπευ-
θείη, μισθὸν δώσειν. ὡς οὖν οἶνον ἐν τῷ πυρέττειν πίνοντι αὐτῷ
ἐπετίμα ἡ γυνή· Σὺ δὲ βούλει με ὑγιάναντα, ἔφη, ἀναγκασθῆναι
τῷ ἰατρῷ τὸν μισθὸν ἐκτῖσαι;

A 27 et 81 (§ 79b) | θεραπεύει 79b | πυρέσσειν 27 | ὑγιάναντα βούλει
με 27 | τῶ ἰητρῶ (cf. ad § 3) τὸν μισθὸν δώσειν 27 θᾶττον τῶ ἰατρῶ τὸν
μισθὸν ἐκτῖσαι 79b ||

§ 28. Σχολαστικοῦ τὸν ἀντίχειρον κύων ἔδακεν. ὁ δὲ εἶπεν·
Εἰ τὸ ἱμάτιον ἐπίασεν, ἐσχισμένον ἂν εἴη.

A 28 ||

§ 29. A G β: Διδύμων ἀδελφῶν ὁ ἕτερος ἐτελεύτησεν. σχολαστικὸς οὖν ἀπαντήσας τῷ ζῶντι ἠρώτα· Σὺ ἀπέθανες ἢ ὁ ἀδελφός σου;

A 29 — G 5 — β: VE 26 P 23 | ὁ ἕτερος AG εἰς VEP | ἐτελεύτησε AV |
ἀπαντήσας τῶ ζῶντι VEP προσελθὼν τῶ ζῶντι A τῶ ζῶντι συναντήσας
G | ἠρώτα GVEP εἶπε A ||

§ 30. A: Σχολαστικὸς ναυαγεῖν μέλλων ᾔτει πινακίδας, ἵνα
διαθήκας γράψῃ.

24. Ein Kalmäuser sagte im Streit zu seinem Vater: „Schlechter Kerl, siehst du nicht, wie du mich geschädigt hast? Wenn du nicht geboren wärest, hätte ich meinen Großvater beerbt."

25. Ein Kalmäuser geriet auf einer Seefahrt in einen starken Sturm. Als seine Sklaven jammerten, sagte er: „Weint nicht! Ich lasse euch nämlich alle in meinem Testament frei."

26. Ein Kalmäuser suchte, wo er sich eine Grabstelle anlegen sollte. Als einige Leute sagten, da und da sei es gut, äußerte er: „Nein, die Gegend ist ungesund."

27. Ein Kalmäuser vereinbarte mit seinem Arzt, ihm, wenn er geheilt würde, ein Honorar zu zahlen. Als er nun Wein trank, während er Fieber hatte, schalt ihn seine Frau aus. Da sagte er: „Du willst wohl, daß ich gesund werde und dem Doktor das Honorar zahlen muß?"

28. Einen Kalmäuser biß ein Hund in den Daumen. Da sagte er: „Wenn er das Gewand erwischt hätte, wäre es zerrissen."

29. Von zwei Zwillingsbrüdern starb der eine. Als ein Kalmäuser den Überlebenden traf, fragte er: „Bist du gestorben oder dein Bruder?"

30. Aβ: Ein Kalmäuser, im Begriff, Schiffbruch zu erleiden verlangte eine Schreibtafel, um sein Testament zu schreiben. –

β: Σχολαστικός ναυαγεῖν μέλλων πινακίδας ᾔτει, ἵνα διαθήκας γράψῃ. τοὺς δὲ οἰκέτας ὁρῶν ἀλγοῦντας διὰ τὸν κίνδυνον ἔφη· Μὴ λυπεῖσθε· ἐλευθερῶ γὰρ ὑμᾶς.

A 30 et 93 (§ 90 b) | — β: VE 27 P 24 ~ § 25 | λυπεῖσθαι EP ‖

§ 31. A: Σχολαστικός διαπερᾶσαι ⟨ποταμὸν⟩ βουλόμενος ἀνέβη εἰς τὸ πλοῖον μετὰ τοῦ ἵππου ἐποχούμενος. πυθομένου δέ τινος, διὰ τί οὐ κάτεισι· Σπουδάζω, ἔφη.

β: Σχολαστικός ποταμὸν βουλόμενος περᾶσαι ἀνῆλθεν εἰς τὸ πλοῖον ἔφιππος. πυθομένου δέ τινος· Διὰ τί οὐ κατέβης; ἔφη σπουδάζειν.

A 31 et 95 (§ 91b) | διαπερᾶσαι 91 b | add. Eberhard ex β | ἀνέβη 91 b | τὸ et τοῦ om. 91 b | σπουδάζω 31 σπεύδειν 91b | — β: VE 28 P 25 | περᾶσαι EP ‖

§ 32. Σχολαστικός ἐπὶ δεῖπνον κληθεὶς οὐκ ἤσθιεν. ἐρωτήσαντος δέ τινος τῶν κεκλημένων· Διὰ τί οὐκ ἐσθίεις; ἔφη· Ἵνα μὴ τοῦ φαγεῖν ἕνεκα δόξω παρεῖναι.

A 32 et 101 (§ 96 b) | ἐρωτήσαντος δέ 32 ἐρομένου οὖν 96 b | ἐσθίεις. ἔφη· ἵνα 32 ἐσθίοι· ὁ δὲ ἵνα 96 b ‖

§ 33. Σχολαστικοῦ υἱὸς ἐσφαίριζε. πεσούσης οὖν εἰς φρέαρ τῆς σφαίρας, παρακύψας καὶ ἰδὼν τὴν ἑαυτοῦ σκιὰν ᾔτει τὴν σφαῖραν. εἶτα πρὸς τὸν πατέρα κατηγόρει ὡς μὴ ἀπολαβὼν αὐτήν. ὁ δὲ προκύψας εἰς τὸ φρέαρ καὶ ἰδὼν τὴν ἑαυτοῦ σκιὰν [ᾔτει τὴν σφαῖραν]· Οἰκοδέσποτα, φησίν, ἀπόδος τῷ παιδὶ τὴν σφαῖραν.

A 33 | delevi verba propter homoeoteleuton repetita | οἰκοδεσπότα ‖

§ 34. A: Σχολαστικός νοσοῦντα ἑταῖρον ἐπισκεπτόμενος ἠρώτα περὶ τῆς νόσου. τοῦ δὲ μὴ ἀποκρινομένου ὀργισθείς· Ἐλπίζω, εἶπε, κἀγὼ νοσῆσαι, καὶ οὐκ ἀποκρινοῦμαί σοι.

G: Σχολαστικός νοσοῦντα ἕτερον ἐπισκεπτόμενος ἠρώτα περὶ τῆς ὑγίας. τοῦ δὲ ἐκ τοῦ πυρετοῦ καταχθονηθέντος καὶ λαλεῖν μὴ δυναμένου ὀργισθεὶς ἐξιὼν ἔλεγεν· Ἐλπίζω κἀγὼ νοσῆσαι καὶ ἐλθόντος σου μὴ ἀποκρίνασθαι.

40

β: Als er sah, daß seine Sklaven wegen der Gefahr bekümmert waren, sagte er: „Grämt euch nicht! Denn ich lasse euch frei."

31. Ein Kalmäuser, der über einen Fluß setzen wollte, ritt auf das Fährboot und blieb da auf seinem Pferde sitzen. Als man fragte, warum er nicht absteige, sagte er: „Ich habe Eile."

32. Ein Kalmäuser, der zu einem Mahle eingeladen war, aß nicht. Als ihn einer der Geladenen fragte: „Warum ißt du nicht?" antwortete er: „Damit es nicht so aussieht, als ob ich des Essens wegen gekommen wäre."

33. Der Sohn eines Kalmäusers spielte mit einem Ball. Als der Ball in einen Brunnen gefallen war, beugte er sich darüber, sah sein eigenes Spiegelbild und verlangte den Ball zurück. Danach klagte er seinem Vater, daß er den Ball nicht zurückbekommen hätte. Der Vater beugte sich über den Brunnen, sah sein eigenes Spiegelbild und sagte: „Herr, gib dem Jungen den Ball wieder!"

34. Ein Kalmäuser besuchte einen kranken Freund und fragte ihn nach seinem Befinden. Als dieser ihm nicht antwortete, wurde er zornig und sagte im Weggehen: „Hoffentlich werde ich auch einmal krank. Wenn du dann zu mir kommst, werde ich dir nicht antworten."

β: Σχολαστικός νοσοΰντα έπισκεπτόμενος ήρώτα περί τής ύγείας. ό δέ ούκ ήδύνατο άποκριθήναι. όργισθείς οΰν +έξήλεγ-χεν· 'Ελπίζω κάγώ νοσήσαι καί έλθόντι σοι μή άποκριθήναι.

A 34 | post είπε litt. ν erasa | — G 2 | όργησθείς | ultimae vocis pars posterior valde detrita, fort. άποκρινασθε fuit | — β: VEP 4 | κάγώ VE κάμέ P ||

§ 35. Σχολαστικός κλεψιμαῖα άμφῶτα πριάμενος, ίνα μή γνωσθῶσιν, έπίσσωσεν αύτά.

A 35 → § 158 | χολαστικός oblito auratore ||

§ 36. Σχολαστικός τῶν άπαντώντων τά ίμάτια έτιμᾶτο. τού-του δέ τοΰ πατρός παρά τινων τοΰτο άκούσαντος καί έπιτιμῶν-τος αύτῷ· Πάτερ, είπεν, ύπό διαβολῆς πέπεισαι τοΰτο, καί ίσως ούδ' ύπό άνθρώπου. τοΰ δέ είπόντος· 'Ο δεῖνά μοι είρηκε – Καί σύ, έφησεν, έκείνῳ προσέχεις, ὅς ούδέ πεντήκοντα δραχμῶν ίμάτιον έχει;

A 36 | τοΰ δέ πατρός αύτοΰ Minas | τινων A τινος M | post είρηκε rasura unius litterae A ||

§ 37. A β: Σχολαστικός ίππον έπίπρασκεν. έλθόντος δέ τινος καί καταμανθάνοντος αύτοΰ τόν βόλον είπεν πρός αύτόν· Τί τούς όδόντας αύτοΰ καταμανθάνεις; είθε ώς τρώγει, ούτως καί περιεπάτει.

A 37 — β: VEP 5 → § 158 b, ubi narratio cum A 37 fere ad verbum con-gruit nisi quod est Κυμαῖος pro scholastico | καταμαθόντος A μανθάνοντος β, quamobrem καταμανθάνοντος ex § 158 b ascivi | αύτοΰ om. β | βῶλον V | είπε § 158b et P | πρός αύτόν om. β | καταμανθάνεις A hic et § 158b τηρεῖς β | τρώγοι V | ούτως om. β ||

§ 38. Σχολαστικός πρεσβύτου πατρός σφόδρα νοσοΰντος τούς έταίρους ήξίωσε στεφάνους φέρειν έπ' έκφορᾷ. τῇ δέ έπιούσῃ ήμέρᾳ βέλτιον αύτοΰ σχόντος, ώς ήγανάκτουν οί έταῖροι· Κάγώ, έφη, αίσχύνομαι ζημιουμένων ύμῶν. αύριον οΰν φέρετε τούς στεφάνους· τοΰτον γάρ ώς άν έχῃ έξοίσω.

A 38 ||

§ 39. A: Σχολαστικοί δύο όμοΰ έβάδιζον. ίδών οΰν ό έτερος αύτῶν μέλαιναν ὄρνιν· 'Αδελφέ, φησίν, ίσως ταύτης ὁ άλεκτρυών άπέθανεν.

35. Ein Kalmäuser hatte gestohlene Kleider gekauft. Damit sie nicht erkannt würden, beschmierte er sie mit Pech.

36. Ein Kalmäuser pflegte von den Leuten, die ihm (auf der Straße) begegneten, den Wert der Kleider zu taxieren. Sein Vater, dem dies hinterbracht wurde, schalt ihn deswegen. „Vater", sagte der Kalmäuser, „Verleumdung hat dir das zugetragen, und vielleicht überhaupt kein Mensch." Als der Vater nun sagte: „Der und der hat es mir gesagt", erwiderte er: „Und du glaubst einem, dessen Anzug keine fünfzig Drachmen wert ist?"

37. Ein Kalmäuser wollte sein Pferd verkaufen. Als jemand kam und dessen Zahnwechsel nachprüfte, sagte er zu ihm: „Was untersuchst du seine Zähne? Ich wollte, es liefe so, wie es frißt!"

Zahnwechsel, vgl. zu 4.

38. Ein Kalmäuser, dessen alter Vater schwer krank war, bat seine Freunde, Kränze zu der Leichenfeier zu bringen. Am folgenden Tage ging es dem Vater besser. Als die Freunde sich beschwerten, sagte der Kalmäuser: „Es ist mir auch peinlich, daß ihr Schaden habt. Bringt also morgen die Kränze! Ich schaffe ihn dann auf jeden Fall hinaus (auf den Friedhof), so wie er ist."

39. Zwei Kalmäuser gingen miteinander. Einer von ihnen sah eine schwarze Henne und sagte: „Bruder, vielleicht ist der ihr Hahn gestorben."

43

β: Σχολαστικοὶ δύο ἐβάδιζον. Ἰδὼν δὲ αὐτῶν ὁ εἶς μέλαινα ὄρνιν εἶπεν· Ἀδελφέ, ἴσως ταύτης ὁ ἀλέκτωρ ἀπέθανε, καὶ διὰ τοῦτο μέλαινα ἐνεδύσατο.

A 39 | ἑταῖρος, corr. Minas | ἀδελφε sine accentu | — β: VE 35 | ἀδελφὲ ||

§ 40. A: Σχολαστικὸς μικρὸν υἱὸν ἀπολέσας, θεασάμενος πολλοὺς ἐπὶ τὸ κῆδος ἀπαντήσαντας διὰ τὴν ἐξουσίαν αὐτοῦ ἔλεγεν· Αἰδοῦμαι μικρὸν παιδίον εἰς τοσοῦτον ὄχλον ἐκφέρων.

β: Σχολαστικοῦ παιδίον ἀπέθανεν. Ἰδὼν οὖν πλῆθος λαοῦ συνελθὸν ἔλεγεν· Αἰσχύνομαι εἰς τοσοῦτον ὄχλον μικρὸν παιδίον προφέρειν.

A 40 | ἀπουσίαν, corr. Eberhard | — β: VE 31 P 27 | οὖν VE δὲ P | συνελθὼν P ||

§ 41. A β: Σχολαστικὸς οἰκίαν πωλῶν λίθον ἀπ' αὐτῆς εἰς δεῖγμα περιέφερεν.

A 41 — β: VEP 9 → § 156 ||

§ 42. Σχολαστικῶν δύο ὁδευόντων ὁ ἕτερος τῆς γαστρὸς ἀναγκαζούσης μικρὸν ἀπελείφθη. εὑρὼν δὲ ἐν τῷ μιλίῳ ἐπιγεγραμμένον παρὰ τοῦ ἑτέρου· Κατάλαβέ με ⟨....

A 42 → § 132 | in fine Eberhard secutus § 132 haec supplevit: ⟨αὐτὸς ἐπέγραψε· Καὶ σὺ μεῖνόν με⟩ ||

§ 43. Σχολαστικὸς ἀκούσας παρά τινων ὅτι Ὁ πώγων σου ἤδη ἔρχεται – ἀπελθὼν εἰς τὴν πύλην ἐξεδέχετο αὐτόν. ἕτερος δὲ τὴν πρόφασιν ἐρωτήσας καὶ γνούς· Εἰκότως, εἶπε, μωροὶ νομιζόμεθα· πόθεν γὰρ οἶδας, εἰ διὰ τῆς ἑτέρας πύλης ἔρχεται;

A 43 | post εἶπε rasura unius litterae ||

§ 44. A: Σχολαστικὸς μετὰ τοῦ πατρὸς καθεύδων, ἀνιστάμενος ἐπὶ τῆς κλίνης νυκτὸς ἔτρωγε σταφυλὰς ὑπεράνω κρεμαμένας. τοῦ δὲ πατρὸς αὐτοῦ ὑπὸ χύτραν λύχνον κρύψαντος, εἶτα, ὅτε ἀνέστη, τὸ φῶς ἄφνω δείξαντος, ὁ δὲ ὀρθὸς ἑστὼς ἔρεγχε καθεύδειν προσποιούμενος.

44

40. Ein Kalmäuser hatte ein Söhnchen verloren. Als er sah, daß seines hohen Ranges wegen sich zu dessen Begräbnis viele Leute eingefunden hatten, sagte er: „Es ist mir peinlich, zu einer so großen Menge (nur) ein kleines Kind herauszubringen."

41. Ein Kalmäuser, der sein Haus verkaufen wollte, trug einen Stein von ihm als Muster herum.

42. Zwei Kalmäuser wanderten usw. wie § 132.

43. Zu einem Kalmäuser hatten einige Leute gesagt: „Dein Bart kommt schon." Da ging er an das Tor, um ihn zu erwarten. Ein anderer, der den Grund erfuhr, sagte: „Mit Recht hält man uns für dumm. Woher weißt du denn, ob er nicht zu dem anderen Tor hereinkommt?"

44. Ein Kalmäuser, der mit seinem Vater schlief, stellte sich manchmal auf sein Bett und aß von den Trauben, die darüber aufgehängt waren. Der Vater, den das ärgerte, versteckte ein Licht unter einem Topf, und als der Sohn aufgestanden war, machte er plötzlich hell. Da machte der Sohn (schnell) die

β: Σχολαστικὸς μετὰ τοῦ πατρὸς κοιμώμενος, τῇ νυκτὶ ἀπὸ τῆς κλίνης ἀνιστάμενος τὰς σταφυλὰς ἔτρωγεν ἐπάνω κρεμαμένας. τοῦ δὲ πατρὸς σκανδαλισθέντος καὶ ὑπὸ χύτραν λαμπάδα κρύψαντος, ἐν τῷ ἐκεῖνον τῇ νυκτὶ ἀναστῆναι πρὸς τὸ ἔθος ὁ πατὴρ ἄφνω τὸ φῶς ἔδειξε. κἀκεῖνος ἑστὼς καμμύων ⁺ἔτρεχε κοιμᾶσθαι προσποιούμενος.

A 44 | ὀρθῶς | — β: VE 36 | ἔτρεχε E ἔτρωγε V ||

§ 44 b. vide § 17.
A 45 ← § 17 ||

§ 45. A β: Σχολαστικὸς νυκτὸς ἐπανέστη τῇ μάμμῃ αὐτοῦ. πληγὰς δὲ διὰ τοῦτο ὑπὸ τοῦ πατρὸς λαβών· Σύ, εἶπεν, τοσοῦτος χρόνος ἐστὶν ἐξ οὗ τὴν μητέρα μου ὀχεύεις, μηδὲν ὑπ' ἐμοῦ παθών, καὶ νῦν ὀργίζῃ ἐπὶ τῇ μητρί σου ἅπαξ με εὑρών;

A 46 — β: VEP 13 | νυκτὶ β | μάμη β | ἑαυτοῦ A | τοῦ om. P | τοσοῦτος radendo ex -ους A | λαβών, εἶπε σὺ τοσοῦτον χρόνον τὴν β | ὀχλεύεις β | νῦν A σὺ β | ἅπαξ εὑρών με σὺν αὐτῇ A, ubi interpolationem agnovit Eberhard ||

§ 46. A: Σχολαστικῷ πραγματευτὴς ἀπήγγειλεν, ὅτι τὸ χωρίον αὐτοῦ ὁ ποταμὸς ἔλαβεν. ὁ δὲ ἀνακραγὼν ἀπεκρίνατο λέγων· Βιάζεται ἡμᾶς.

β: Σχολαστικῷ πραγματευτὴς εἶπεν, ὅτι Ποταμὸς ἔλαβε τὸν ἀγρόν σου. κἀκεῖνος ἔφη· Καὶ τί λέγω;

A 47 | — β: VEP 15 | πραγματευτὴς VE (ut A) ἔμπορος P πραγματικὸς ocnieci, v. oomm. | ὁ ποταμὸς ed. princ. (ut A) cf. infra p. 156 ||

§ 47. Σχολαστικὸς διὰ χρόνου εἰς τὸν ἀγρὸν παραγενόμενος ἐθεάσατο τὰ θρέμματα ἐξιόντα ἐπὶ βόσκησιν. καὶ ὡς εἴωθε βληχώμενα ἰδὼν ἠρώτα τὴν αἰτίαν. τοῦ δὲ οἰκονόμου προσπαίξαντος καὶ εἰπόντος· Ἀσπάζονταί σε — Τὴν ἐμήν σοι σωτηρίαν, φησίν, ἐμοῦ ἕνεκα ἀργίαν αὐτοῖς δὸς καὶ τρεῖς ἡμέρας μὴ ἐξαγάγῃς αὐτὰ εἰς νομήν.

A 48 | βληχόμενα ||

Augen zu und schnarchte im Stehen, indem er tat, als ob er schliefe.

45. Ein Kalmäuser stieg nachts auf seine Großmutter. Als er deswegen Schläge von seinem Vater bekam, sagte er: „Bei dir ist es schon so lange, daß du meine Mutter ··· st, und ich habe dir niemals etwas zu Leide getan. Und jetzt bist du böse, weil du mich ein einziges Mal auf deiner Mutter gefunden hast?"

46. A: Einem Kalmäuser wurde von seinem Rechtsberater gemeldet, daß der Fluß (d.h. das Hochwasser) sein Grundstück weggenommen (weggerissen) habe. Da rief er: „Er tut uns Gewalt an!"

β: Zu einem Kalmäuser sagte sein Rechtsberater: „Der Fluß hat dein Grundstück weggenommen." Darauf jener: „Und was sage ich da?"

β meint: In welcher Form muß ich mich über ihn beschweren? Auch A redet so, als ob der Fluß ein Mensch wäre, gegen den man klagbar werden könnte.

47. Ein Kalmäuser kam nach langer Zeit wieder auf sein Landgut und sah die Schafe zur Weide gehen. Er hörte sie blöken, wie es ihre Gewohnheit ist, und fragte nach dem Grunde. Der Verwalter antwortete im Scherz: „Sie begrüßen dich." – „Bei meinem Wohlergehen", sagte er, „um meinetwillen gib ihnen Urlaub und führe sie drei Tage nicht auf die Weide!"

§ 48. Σχολαστικὸς καινὰ ὑποδήματα ὑπεδήσατο. τριζόντων οὖν αὐτῶν ἐπισχών· Μὴ τρίζετε, εἶπεν, ἐπεὶ τὰ σκέλη ὑμῶν κλάσετε.

A 49 | τρίζεται et κλάσητε, utrumque corr. Minas ||

§ 49. Α: Σχολαστικὸς τὴν σελήνην ἰδὼν ἐπυνθάνετο τοῦ πατρός, εἰ καὶ ἐν ταῖς ἄλλαις πόλεσιν τοιαῦται σελῆναί εἰσιν.

β: Σχολαστικὸς ἐν τῇ πόλει ὢν καὶ τὴν σελήνην ἰδὼν ἐπυνθάνετο τοῦ πατρός, εἰ καὶ αἱ λοιπαὶ πόλεις ἔχουσι τοιαύτην σελήνην.

A 50 | — β: VEP 17 ||

§ 50. Σχολαστικὸς δανειστὴς ναυκλήρῳ χρεώστῃ ἐνετέλλετο σορὸν αὐτῷ κομίσαι καὶ δύο παιδικὰς τοῖς ὀκταέτεσι παιδίοις αὐτοῦ, δικαίου μέτρου ὡς εἰς αὔξησιν.

A 51 | παιδίσκας, corr. Kurtz ||

§ 51. Α: Σχολαστικὸς ἰδὼν ἐν τῷ ἀγρῷ αὐτοῦ φρέαρ ἠρώτα, εἰ καλὸν ἦν τὸ ὕδωρ. τῶν δὲ γεωργῶν εἰπόντων, ὅτι Καλόν· καὶ γὰρ οἱ γονεῖς σου ἐντεῦθεν ἔπινον – Καὶ πηλίκους, φησίν, εἶχον τραχήλους, ἵνα ἀπὸ τοσούτου βάθους πίνειν ἐδύναντο;

β: Σχολαστικὸς ἐν τῷ ἰδίῳ ἀγρῷ ἐξιὼν ἠρώτα πιεῖν ὕδωρ εἰ καλὸν ἐν τῷ αὐτόθι φρέατι. τῶν δὲ φησάντων, ὅτι Καλόν· καὶ γὰρ καὶ οἱ γονεῖς σου ἐξ αὐτοῦ ἔπινον – Καὶ πηλίκους, ἔφη, εἶχον τραχήλους, ὅτι εἰς τοσοῦτον βάθος πίνειν ἐδύναντο;

A 52 | — β: VEP 19 | ποιεῖν P primitus, corr. m.rec.|καὶ ante οἱ om. P (cum A), fort. recte ||

§ 52. Α: Σχολαστικὸς εἰς λάκκον πεσὼν συνεχῶς ἐβόα ἀνακαλῶν ἑαυτῷ βοηθούς. ὡς δ' οὐδεὶς ὑπήκουε, λέγει πρὸς ἑαυτόν· Μωρός εἰμι, ἐὰν μὴ ἀνελθὼν πάντας μαστιγώσω, ἵνα ⁺αὐτῶ γοῦν μοι ὑπακούσωσι καὶ κλίμακα κομίσωσιν.

β: Σχολαστικὸς εἰς λάκκον ἐμπεσὼν συνεχῶς ἔκραζε βοήθειαν ζητῶν. ὡς δὲ οὐδεὶς ὑπήκουεν, ἔφη· Μωρός εἰμι, ἐὰν μὴ ἀνελθὼν πάντας τύψω, ἵνα κἂν οὕτως δραμόντες κλίμακά μοι κομίσωσιν.

A 53 | αὐτῶ] οὕτω agnovit Eberhard ex β | — β: VE 20 | λάκον | ὑπήκουεν in ἐπήκουεν mutavit m. pr. E ||

48. Ein Kalmäuser zog neue Schuhe an. Als die knarrten, hielt er inne und sagte: „Knarrt nicht! Denn sonst werdet ihr eure Beine brechen." (?)

49. Ein Kalmäuser, der den Mond sah, fragte seinen Vater, ob auch in den anderen Städten solche Monde wären.

50. Ein Kalmäuser, der Kapitalien auslieh, trug einem Schiffskapitän, der sein Schuldner war, auf, ihm einen Sarg zu besorgen und dazu zwei Kindersärge für seine beiden achtjährigen Kinder nach Maß auf Zuwachs.

51. Ein Kalmäuser sah auf seinem Landgut einen Brunnen und fragte, ob das Wasser gut wäre. Als die Bauern antworteten: „Es ist gut, denn schon deine Eltern haben aus diesem Brunnen getrunken", sagte er: „Wie lange Hälse hatten sie denn, daß sie aus einer solchen Tiefe trinken konnten?"

52. Ein Kalmäuser war in eine Grube gefallen und rief andauernd um Hilfe. Als aber niemand hörte, sagte er: „Ich bin ja dumm, wenn ich nicht hinaufgehe und sie alle durchprügele, damit sie wenigstens dann laufen und mir eine Leiter bringen."

§ 53. Σχολαστικός συνδειπνῶν τῷ πατρὶ παρακειμένης θριδακίνης μεγάλης καὶ ἐχούσης πολλοὺς θύρσους καλούς· Σύ, πάτερ, ἔφη, φάγε τὰ τέκνα, καὶ ἡμεῖς τὴν μητέρα.

A 54 | σύ Eberhard εὖ A ||

§ 54. Σχολαστικός γράφων πρὸς τὸν πατέρα ἀπὸ τῶν Ἀθηνῶν καὶ ἐναβρυνόμενος, ὅτι πεπαίδευται, προσέθηκεν· Εὔχομαι δέ σε εὑρεῖν κεφαλικὴν ἔχοντα δίκην, ἵνα σοι δείξω τὸν ῥήτορα.

A 55 | κεφαληκ A in exitu, supra κ signo ¯ et insuper ' posito; perscripserunt M, Minas ||

§ 55. A β: Σχολαστικός εὐτράπελος ἀπορῶν δαπανημάτων τὰ βιβλία αὐτοῦ ἐπίπρασκε· καὶ γράφων πρὸς τὸν πατέρα ἔλεγε· Σύγχαιρε ἡμῖν, πάτερ, ἤδη γὰρ ἡμᾶς τὰ βιβλία τρέφει.

A 56 — β: VE 29 P 26 | εὐτράπελος A ἀμαθὴς β | ἑαυτοῦ A | ἐπίπρασκεν EP | πάτερ om. A ||

§ 56. A: Σχολαστικός καὶ φαλακρὸς καὶ κουρεὺς συνοδεύοντες καὶ ἔν τινι ἐρημίᾳ μείναντες συνέθεντο πρὸς τέσσαρας ὥρας ἀγρυπνῆσαι καὶ τὰ σκεύη ἕκαστος τηρῆσαι. ὡς δὲ ἔλαχε τῷ κουρεῖ πρώτῳ φυλάξαι, μετεωρισθῆναι θέλων τὸν σχολαστικὸν καθεύδοντα ἔξυρεν καὶ τῶν ὡρῶν πληρωθεισῶν διύπνισεν. ὁ δὲ σχολαστικὸς ψήχων ὡς ἀπὸ ὕπνου τὴν κεφαλὴν καὶ εὑρὼν ἑαυτὸν ψιλόν· Μέγα κάθαρμα, φησίν, ὁ κουρεύς· πλανηθεὶς γὰρ ἀντ' ἐμοῦ τὸν φαλακρὸν ἐξύπνισεν.

β: Σχολαστικός καὶ φαλακρὸς καὶ κουρεὺς συνοδεύοντες συνέθεντο πρὸς τέσσαρας ὥρας βιγλεῦσαι. ἔλαχεν οὖν πρῶτον τῷ κουρεῖ. ὁ δὲ μετεωριζόμενος τὸν σχολαστικὸν κοιμώμενον ἐξύρισεν καὶ τῶν ὡρῶν πληρωθεισῶν διύπνισεν. ὁ δὲ κνηθόμενος ἀπὸ ὕπνου τὴν κεφαλὴν καὶ εὑρὼν αὐτὴν ψιλὴν ἔφη· Μέγα κάθαρμα ὁ κουρεύς· πλανηθεὶς γὰρ ἀντὶ ἐμοῦ τὸν φαλακρὸν διύπνισεν.

A 57 | ὡρῶν] ὁρῶν A — β: VE 22 P 30 | μετεωριζόμενος] τε aliquid corr. habet in P | ἐξύρισε V | διύπνησεν V priore loco | κνιθόμενος β | ψιλὴν om. EP | διύπνυσεν V posteriore loco ||

§ 57. Σχολαστικῷ ἐκ δούλης τεκνώσαντι ὁ πατὴρ συνεβούλευε τὸ παιδίον ἀποκτεῖναι. ὁ δέ· Πρῶτον, ἔφη, σὺ τὰ τέκνα σου κατόρυξον, καὶ οὕτως ἐμοὶ συμβούλευε τὸν ἐμὸν ἀνελεῖν.

A 58 | συμβούλευε] συνεβούλευε A ut ante, corr. Minas | τὸν ἐμὸν A de puero non improbabiliter, τοὐμὸν Eberhard ||

50

53. Ein Kalmäuser speiste am väterlichen Tisch. Eine Salat-staude war aufgetragen, die viele gute Nebensprossen hatte. Da sagte er: „Du, Vater, iß die Kinder, und wir die Mutter!"

54. Ein Kalmäuser schrieb an seinen Vater von Athen und rühmte sich des Erfolgs seiner Studien. Er fügte hinzu: „Ich wünsche, wenn ich heimkomme, daß du unter einer schweren Anklage auf Leben und Tod stehst, damit ich dir meine Tüchtig-keit als Advokat beweise."

55. Ein witziger Student verkaufte, weil er kein Geld hatte, seine Bücher, und in einem Brief an seinen Vater sagte er: „Gra-tuliere mir, Vater, denn meine Bücher ernähren mich schon!"

56. Ein Kalmäuser, ein Kahlköpfiger und ein Barbier wander-ten miteinander. Sie mußten an einem einsamen Ort übernachten und machten aus, daß abwechselnd jeder vier Stunden wachen sollte. Der Barbier, dem die erste Wache zufiel, wollte sich einen Spaß machen und schor den Kalmäuser im Schlafe kahl; dann, als die Stunden um waren, weckte er ihn. Der Kalmäuser kratzte sich beim Erwachen den Kopf, fand, daß er kahl war, und sagte: „Jetzt hat der gemeine Kerl von Barbier sich versehen und anstatt meiner den Kahlköpfigen geweckt."

57. Ein Kalmäuser hatte von einer Sklavin ein Kind gezeugt, und der Vater riet, es zu töten. Da sagte er: „Begrabe du erst deine Kinder, und dann rate mir, meines umzubringen!"

§ 58. Σχολαστικοῦ εἰς βαλανεῖον εἰσελθόντος παραχύτης θερμὸν τοῖς ποσὶ προσέχεεν. ὁ δέ· Κάθαρμα, εἶπε, ψυχρῷ ἀνθρώπῳ θερμὸν προσχεῖς;

A 59 ||

§ 59. Σχολαστικὸς ἀκούσας τινός, ὅτι καλὴν ὄρνιν ἔωλον σιτευτὴν ἐδείπνησε, προσελθὼν τῷ σιτευταρίῳ ἔλεγεν· Ἔωλον μοι ὄρνιν θῦσον.

A 60 | θύσον ||

§ 60. Σχολαστικὸς ἀπὸ πολλῶν μιλίων χωρίον ἔχων, ἵν' αὐτὸ ἐγγύτερον ποιήσῃ, ἑπτὰ μίλια κατέβαλεν.

A 61 → § 131 | μίλια cf. § 42; an μιλιά⟨ρια⟩? ||

§ 61. Σχολαστικὸς χαμαιδιδάσκαλος ἄφνω ἀποβλέψας εἰς τὴν γωνίαν ἐβόησε· Διονύσιος ἐν τῇ γωνίᾳ ἀτακτεῖ. εἰπόντος δέ τινος, ὅτι οὔπω πάρεστιν, ὁ δὲ ἔφη· Ὅταν ἔλθῃ.

A 62 | χαμαὶ διδάσκαλος ||

§ 62. Σχολαστικὸς τῇ ἑτηρίδι, ἢ διὰ χιλίων ἐτῶν ἄγεται ἐν Ῥώμῃ, ἡττηθέντα ἀθλητὴν καὶ δακρύοντα ἰδών, παραμυθούμενος· Μὴ λυποῦ, ἔφη, τὴν γὰρ ἄλλην χιλιετηρίδα σὺ νικήσεις.

A 63 | ἑταιρίδι, corr. Minas ||

§ 63. Σχολαστικὸς συνεκάθητο ἡγεμόνι δεξιοπήρῳ. εἰς ἑώραν οὖν ἐξελθόντος αὐτοῦ καὶ ἐπαινοῦντος ⟨τὰς⟩ ἐν τοῖς ἀριστεροῖς μέρεσιν ἀμπέλους· Ὅταν ἐπανερχώμεθα, φησί, καὶ τὰ ἄλλα μέρη ἀρέσει σοι.

A 64 | οὖν errore bis scr. | τὰς add. Eberhard ||

§ 64. Σχολαστικὸς βράκας ἀγοράσας, ἐπεὶ δὲ στενὰς οὔσας μόγις ὑπεδύσατο, ἐδρωπακίσατο.

A 65 | ἐπειδή Eberhard | ἐδροπακίσατο ||

52

58. Einem Kalmäuser, der in ein Bad gekommen war, goß ein Badewärter heißes Wasser auf die Füße. „Gemeiner Kerl", rief er, „wie kannst du einem ‚kalten' Menschen heißes Wasser übergießen?"

Doppelsinn: kalt – geistlos.

59. Ein Kalmäuser hatte von einem gehört, er hätte ein gutes abgehangenes Masthuhn verspeist. Da ging er zu dem Geflügelhändler und sagte: „Schlachte mir ein abgehangenes Huhn!"

60. Ein Kalmäuser hatte ein Grundstück, das viele Meilen (von der Stadt) entfernt war. Um die Entfernung zu verringern, warf er sieben Meilensteine um.

61. Ein Kalmäuser, der Elementarlehrer war, sah plötzlich in die Ecke und rief: „Dionysios in der Ecke ist ungezogen!" Als einer sagte, der wäre noch gar nicht da, fügte er hinzu: „Wenn er kommt."

62. Bei der Jubiläumsfeier, die alle tausend Jahre in Rom begangen wird, sah ein Kalmäuser einen der Wettkämpfer weinen, weil er unterlegen war. Er tröstete ihn mit den Worten: „Gräme dich nicht! Bei der nächsten Jahrtausendfeier wirst *du* siegen."

63. Ein Kalmäuser war Assessor bei einem Richter, der auf dem rechten Auge blind war. Als dieser (mit ihm) in einen Weinberg ging und die Weinstöcke auf der linken Seite lobte, sagte der Kalmäuser: „Auf dem Rückweg wird dir auch die andere Seite gefallen."

64. Ein Kalmäuser hatte sich Hosen gekauft. Da sie zu eng waren und er nur mit Mühe hineinschlüpfen konnte, machte er eine Kur zur Entfernung der Körperhaare.

53

§ 65. Α: Σχολαστικοῦ υἱὸς ὑπὸ τοῦ πατρὸς εἰς τὸν πόλεμον ἐκπεμπόμενος ὑπέσχετο κεφαλὴν ἑνὸς τῶν ἐχθρῶν ἔχων ἐλεύσεσθαι. ὁ δὲ ἔφη· Κἂν χωρίς σε κεφαλῆς ἐλθόντα ἴδω, εὐφρανθήσομαι.

β: Σχολαστικοῦ υἱὸς ὑπὸ τοῦ πατρὸς εἰς πόλεμον ἐκπεμπόμενος ὑπέσχετο ἑνὸς τῶν ἐχθρῶν κεφαλὴν ἀγαγεῖν. ὁ δὲ ἔφη· Εὔχομαι καὶ χωρὶς κεφαλῆς σε ἐλθόντα, μόνον ὑγιᾶ ὄντα ἰδεῖν καὶ εὐφρανθῆναι.

A 66 | — β: VE 33 P 28 | Σχολαστικοῦ υἱὸς εἰς πόλεμον ὑπὸ τοῦ πατρὸς αὐτοῦ ἀποπεμπόμενος V ||

§ 66. Σχολαστικὸς ἐν ποταμῷ θεασάμενος ἁλιάδα σίτου μεστὴν καὶ βεβαρημένην· Ἐὰν μικρόν, εἶπεν, ὁ ποταμὸς αὐξήσῃ, βυθισθήσεται.

A 67 | ἁλιά $\overset{\Delta}{}$ ||

§ 67. Σχολαστικὸς ἐξ ἀποδημίας ἐπανερχομένῳ τῷ πενθερῷ ἀπαντήσας, πυνθανομένου ἐκείνου, πῶς πράττοι αὐτοῦ ὁ συμφοιτητής, ὁ δέ· Πάνυ, ἔφη, αὐτῷ καλῶς ἐστι νῦν καὶ εὐθυμεῖ· τὸν γὰρ πενθερὸν αὐτοῦ κατώρυξεν.

A 68 | ἐξερχομέν$\overset{ω}{}$, correxi duce Eberhardio, qui ἐπανερχόμενος | πενθερὸν ἑαυτοῦ, corr. Minas ||

§ 68. Σχολαστικὸς γράψας δίκην ὑπέρ τινος, δημοσίᾳ προανεγίνωσκε. τοῦ δὲ συνηγορουμένου εἰπόντος, ὅτι ἄτοπον ποιεῖ τὰ ἀπόρρητα τῆς δίκης τοῖς ἀντιδίκοις φανερὰ ποιῶν· Κάθαρμα, εἶπε, μὴ γάρ τι τῶν συνεκτικῶν λέγω;

A 69 | δίκην ὑπέρ Minas διαθήκην ὑπό A ||

§ 69. Σχολαστικὸς ἀποθανόντος συμφοιτητοῦ ἐπεσκέπτετο τοὺς γονέας. τοῦ δὲ πατρὸς αὐτοῦ ὀδυρομένου καὶ λέγοντος· Τέκνον, ἠπόρησάς με – τῆς δὲ μητρὸς λεγούσης· Τέκνον, ἐτύφλωσάς με – ὁ σχολαστικὸς πρὸς τοὺς ἑταίρους εἶπεν· Εἰ ταῦτα αὐτῷ πέπρακται, ἐχρῆν αὐτὸν καὶ ζῶντα καυθῆναι.

A 70 | ὀδυρωμένου | ἠπόρησάς] ἐπήρωσάς Boissonade ἐταλαιπώρησάς Eberhard | κλαυθῆναι, corr. Boissonade ||

54

65. Eines Kalmäusers Sohn mußte in den Krieg ziehen und bekam von seinem Vater das Geleit. Der Sohn versprach, mit dem Kopfe eines (getöteten) Feindes zurückzukehren. Darauf der Vater: „Auch wenn du ohne Kopf wiederkommst, werde ich mich freuen."

66. Ein Kalmäuser sah auf einem Fluß einen Kahn voll Getreide, der (von der Ladung) tief niedergedrückt war. Da sagte er: „Wenn der Fluß ein bißchen steigt, geht das Schiff unter."

67. Ein Kalmäuser begegnete seinem Schwiegervater, der eben von einer Reise zurückkam und ihn fragte, wie es seinem (des Kalmäusers) Kommilitonen ginge. Er erwiderte: „Es geht ihm sehr gut, und er ist vergnügt. Er hat nämlich seinen Schwiegervater begraben."

68. Ein Kalmäuser hatte für jemanden eine Verteidigungsrede geschrieben und las sie vor dem Prozeß in der Öffentlichkeit vor. Als sein Klient bemerkte, es sei unzweckmäßig, die Geheimnisse des Prozesses den Gegnern (vorher) bekannt zu machen, sagte er: „Gemeiner Kerl! Sage ich denn vielleicht etwas Wesentliches?"

69. Ein Kalmäuser, dessen Kommilitone gestorben war, machte dessen Eltern einen Besuch. Der Vater wehklagte: „Kind, du hast mich ins Unglück gestürzt!", die Mutter sagte: „Kind, du hast mir das Augenlicht geraubt!" Da sagte der Kalmäuser zu seinen Freunden: „Wenn er das getan hat, müßte er sogar, wenn er noch lebte, verbrannt werden."

§ 70. Σχολαστικὸς νοσοῦντα φίλον ἀπῆλθεν ἐπισκέψασθαι. τῆς γυναικὸς δ' αὐτοῦ εἰπούσης, ὅτι ἐκεῖνος ἤδη ἔξω ἐστίν· 'Εὰν οὖν ἐπανέλθῃ, φησίν, ἐρεῖς παραγεγενῆσθαί με.

A 71 ||

§ 71. Σχολαστικὸς ὑπόδειγμα λαβὼν μήκους καὶ πλάτους ἐπὶ τῷ ἀκρόπτυχα εἰσκομίσαι [ζητῆσαι] ἐπυνθάνετο, ποῖόν ἐστι τὸ μῆκος καὶ ποῖον τὸ πλάτος.

A 72 | delevi; ζητήσας Minas ||

§ 72. Σχολαστικὸς ἐν γάμοις ἑστιαθεὶς εἶτα ἀναχωρῶν· Εὔχομαι, εἶπεν, εὐτυχῶς καὶ ἀεὶ ταῦτα ὑμᾶς ποιεῖν.

A 73 ||

§ 73. Ὁ αὐτὸς τὸ Σκρηβωνίας μνῆμα καλὸν ἔφη καὶ πολυτελὲς εἶναι, ἀλλὰ ἐπινόσῳ τόπῳ οἰκοδομῆσθαι.

A 74 ~ § 26 | Σκριβωνίας scribendum vid. | ⟨ἐν⟩ ἐπινόσῳ Boissonade | οἰκοδομῆσθαι in -μεῖσθαι mut. m. rec. ||

§ 74. Σχολαστικῷ λεπτὸν ἵππον ἔχοντι προσελθών τις· Ὁ ἵππος σου, ἔφη, εἰς Ἅιδου ὁρᾷ. καὶ ὁ σχολαστικός· Κἀγὼ βλέπω.

A 75 | βλέπω] ὁρῶ vid. opus esse ||

§ 75. Σχολαστικὸς νοσῶν, εἶτα πεινῶν, ὡς οὐδέπω τετάρτην ὥραν ἀπηγγέλη, ἀπιστῶν πρὸς ἑαυτὸν τὸ ὡρολόγιον ἐκέλευσε κομισθῆναι.

A 76 ||

§ 76. Σχολαστικῷ εἰς τὸ Σαραπεῖον ἀνελθόντι θαλλὸν ὁ ἱερεὺς διδούς· Ἵλεώς σοι, εἶπεν, ὁ κύριος. καὶ ὁ σχολαστικός· Ἵλεως, ἔφη, ὁ κύριος τῷ + παρίω μου· ἐγὼ γὰρ ἐλεύθερός εἰμι.

A 77 | σαραπίον | θαλὸν ||

70. Ein Kalmäuser kam, um einen kranken Freund zu besuchen. Als dessen Frau sagte, er sei schon „draußen", bemerkte der Kalmäuser: „Also wenn er zurückkommt, dann sage bitte, daß ich dagewesen bin!"

71. Ein Kalmäuser sollte ein Tuch (?) besorgen und bekam ein Muster für dessen Länge und Breite. Da fragte er, welches die Länge und welches die Breite wäre.

72. Ein Kalmäuser, der an einem Hochzeitsmahl teilgenommen hatte, sagte beim Weggehen: „Ich wünsche euch, daß ihr dieses Fest noch recht oft glücklich feiert."

73. Derselbe sagte, das Grabmal der Scribonia sei schön und prächtig, aber an einem ungesunden Ort gebaut.

74. Zu einem Kalmäuser, der ein mageres Pferd hatte, kam jemand und sagte: „Dein Pferd sieht aus, als ob es bald sterben wollte." Und der Kalmäuser: „Auch ich sehe (Doppelsinn: ‚es', oder: ‚so aus')."

75. Ein Kalmäuser, der krank war, hatte Hunger. Als ihm gemeldet wurde, es sei noch nicht vier Uhr, befahl er ungläubig, man sollte die (Sonnen-)Uhr zu ihm bringen.

76. Einem Kalmäuser, der in den Tempel des Sarapis gekommen war, gab der Priester einen Zweig mit den Worten: „Gnädig ist dir der Herr." Der Kalmäuser darauf: „Gnädig ist der Herr meinem – (?); denn ich bin ein freier Mann."

Sarapis: ein griechisch-ägyptischer Gott.

§ 77. Σχολαστικὸς ἐκκομίσας τὸν υἱόν, ἀπαντήσας τῷ διδασκά-λῳ αὐτοῦ· Σύγγνωθι, ἔφη, ὅτι οὐκ ἦλθεν ὁ υἱός μου εἰς τὴν σχολήν· ἀπέθανε γάρ.

A 78 ~ β 25 (§ 257) ||

§ 78. Σχολαστικὸς εἰκόνας ἀρχαῖα ζωγραφήματα ἐχούσας ἀπὸ Κορίνθου λαβὼν καὶ εἰς ναῦς ἐμβαλὼν τοῖς ναυκλήροις εἶπεν· Ἐὰν ταύτας ἀπολέσητε, καινὰς ὑμᾶς ἀπαιτήσω.

A 79 | ἀπολέσηται ||

§ 79. Σχολαστικῷ ὑπερζέουσαν κύλικα ὁ οἰνοχόος ὤρεξεν. ὁ δὲ ἐπὶ τῆς τραπέζης αὐτὴν θείς· Οὕτω μενέ⟨τω⟩, ἔφη, μέχρι ὁ παιδαγω-γός σου ἐλθὼν εὕρῃ αὐτὴν ζέουσαν.

A 80 | μένε, suppleti ||

§ 79b. vide § 27.

A 81 ← § 27 ||

§ 80. Σχολαστικοῦ πλέοντος ἐκινδύνευεν ὑπὸ χειμῶνος τὸ πλοῖον. τῶν δὲ συμπλεόντων ἀπορριπτούντων ἐκ τῶν σκευῶν, ἵνα κουφισθῇ τὸ πλοῖον, κἀκείνῳ τὸ αὐτὸ ποιεῖν παραινούντων, ὁ δὲ ἔχων χειρόγραφον ἑκατὸν πεντήκοντα μυριάδων, τὰς πεντή-κοντα ἀπαλείψας· Ἴδε, φησίν, ὅσοις χρήμασιν ἐπεκούφισα τὴν ναῦν.

A 82 | τῷ αὐτῷ | χρήμασιν] cf. Boissonade, Eberhard; κύμασιν A ||

§ 81. Σχολαστικὸς ἐν πλοίῳ χειμαζομένων καὶ κλαιόντων τῶν συμπλεόντων· Τί γάρ, ἔφη, μικρολόγοι ἐστέ; ἐγὼ δὲ δέκα Ἀττικὰς πλείονας δοὺς κινδύνῳ τοῦ κυβερνήτου πλέω.

A 83 | κλεόντων A (non M) | κυβερνίτου ||

§ 82. Σχολαστικῷ ἀναβαίνοντι ἐπὶ τεῖχος ἐν μάχῃ χύτραν τις μεστὴν κοπρίων ἐπέβαλεν. ὁ δὲ βοῶν· Οὐ θέλεις, εἶπε, καθαρῶς πυκτεῦσαι;

A 84 | post εἶπε litt. ν erasa ||

58

77. Ein Kalmäuser, der seinen Sohn zu Grabe getragen hatte, begegnete dessen Lehrer und sagte: „Entschuldige, daß mein Sohn nicht in die Schule gekommen ist! Er ist nämlich gestorben.“

78. Ein Kalmäuser hatte Bilder mit alten Malereien von Korinth genommen und auf Schiffe verladen. Den Kapitänen sagte er: „Wenn ihr diese Bilder verliert, werde ich neue von euch fordern.“

79. Einem Kalmäuser reichte der Mundschenk ein Trinkgefäß mit siedend heißem Getränk. Jener setzte es auf den Tisch und sagte: „So soll es stehen bleiben, bis dein Erzieher kommt und es kochend findet!“

80. Ein Kalmäuser fuhr zur See, und das Schiff geriet in einen bedrohlichen Sturm. Die Mitreisenden warfen Teile ihres Gepäcks ins Meer, um das Schiff zu erleichtern, und redeten dem Kalmäuser zu, dasselbe zu tun. Dieser hatte einen Scheck über 150 Myriaden. Er strich darauf 50 durch und sagte: „Seht, um wieviel Geld ich das Schiff erleichtert habe!“

81. Ein Kalmäuser fuhr auf einem Schiff, das in Sturm geriet Als die Mitreisenden jammerten, sagte er: „Warum seid ihr auch so geizig? Ich zahle 10 Drachmen mehr und reise darum auf Gefahr des Steuermannes.“

82. Ein Kalmäuser erstieg im Kampfe eine Stadtmauer. Als ihm einer einen Topf voll Mist (von oben auf den Kopf) warf, schrie er: „Willst du wohl ‚sauber‘ kämpfen?“

§ 83. Σχολαστικός, ὡς ἐν τῷ Ῥήνῳ ποταμῷ ναῦς ἐπώκειλεν, ὑπὸ τὸ κατάστρωμα τῆς νεὼς ὑποβὰς ἀνωθεῖσθαι ἐνόμιζεν αὐτὴν εἰς τὸ ἄνω + οὐ συνείς, ὅτι τοῖς ποσὶν αὐτὴν ὑπερείδων μᾶλλον εἰς τὸ βάθος κατῆγεν. +

A 85 | ῥηνῶ | ἐπώκιλεν | ὑπὸ Minas ἐπὶ A | τὸ] ὁ ras. ex ῶ ut vid. | ὑποβᾶσαν ὠθεῖσθαι | οὐ ... κατῆγεν del. Eberhard; v. comm. ||

§ 84. Ὁ αὐτὸς τοῖς στρατιώταις· Αὔριον, εἶπε, μακρὰν ὁδὸν ὁδοιπορῆσαι ἀναγκαῖον· σήμερον οὖν πλεονάκις καθέσθητε.

A 86 → § 134 ||

§ 85. Σχολαστικὸς εἰς οἰκίαν καινὴν μετοικισθεὶς καὶ τὰ πρὸ τοῦ πυλῶνος καθήρας ἐπέγραψεν· Ὃς ἂν ὧδε κόπρια βάλῃ, ἀπόλλυσιν αὐτά.

A 87 | καθηρᾶς, corr. Cobet ||

§ 86. Σχολαστικὸν ὁ πατὴρ ἀπολέσαντα δηνάριον ἐβούλετο τυπτῆσαι. ὁ δέ· Μὴ ὀργίζου, ἔφη, κἀγὼ ἐκ τῶν ἐμῶν ἀγοράζω τὸ δηνάριον.

A 88 | δηνάριον secundo loco e διν- corr. m. rec. ||

§ 87. Σχολαστικὸς ἐπὶ τῆς οἰκίας σεκούτορος σχῆμα λαβὼν ἔπαιζεν. ἄφνω δέ τινος ἀπαγγείλαντος αὐτῷ παρουσίαν τοῦ πατρός, ῥίψας τὸ ὅπλον ἔλυε τὴν κνημῖδα. φθάσαντος δὲ τοῦ πατρὸς αὐτοῦ ἐπιστῆναι, ἔχων τὴν περικεφαλαίαν βιβλίον ἀνεγίνωσκεν.

A 89 | σεκούτερος, correxi duce Boissonadio | αὐτοῦ] αὐτῷ Minas probabiliter ||

§ 88. Σχολαστικὸς ἐπανερχόμενος, ὅθεν ἀπεδήμησεν, καὶ ἀναβαίνων ὑψηλὴν ἀνάβασιν ἐθαύμαζε λέγων· Ἐνταῦθα ὅτε πρῶτον [ὡς] παρῄειν ὁδεύων, κατάβασις ἦν· καὶ πῶς νῦν ταχέως ἠλλάγη καὶ ἀνάβασις γέγονε;

A 90 | παρῄειν] παρκεῖν A ita scr. ut litterae αρ simillimae sint litteris θυρ in § 165 θυρίδας, inde ἐπαρκεῖν finxit M, fere παρκεῖν descripsit Minas, qui idem ὦδευον. unde [ἐνταῦθα] ... [ὡς] παρεκεῖ ὦδευον Boissonade, [ὡς] παρῄειν idem (ubi?) teste Eberhardio, qui ipse πρῶτον, ὡς ἐπ' ἐκεῖνα, ὦ. maluit. ὑπερέκεινα dubitanter Ritter 39 ||

60

83. Als auf dem Rhein ein Schiff scheiterte, ging ein Kalmäuser unter das Verdeck und meinte, man könne das Schiff nach oben drücken. (Ein anderer, der das sah, sagte zu ihm:) „Begreifst du nicht, daß du, indem du dich unten aufstemmst, es mit den Füßen noch mehr in die Tiefe drückst?"

84. Derselbe sagte zu seinen Soldaten: „Morgen müssen wir einen langen Marsch machen. Setzt euch darum heute öfters hin!"

85. Ein Kalmäuser zog in ein neues Haus um. Nachdem er den Vorplatz gereinigt hatte, schrieb er (auf ein Schild): „Wer hierher Unrat wirft, bekommt ihn nicht zurück."

86. Ein Kalmäuser hatte einen Denar verloren, und sein Vater wollte ihm Schläge geben. Da sagte er: „Sei nicht böse! Dann kaufe ich für mein Geld den Denar."

87. Ein Kalmäuser hatte die Rüstung eines Gladiators angezogen und spielte im Hause. Plötzlich meldete ihm jemand, daß sein Vater angekommen sei. Er warf die Waffe weg und löste die Beinschiene. Da aber der Vater zu früh eintrat, (nahm er schnell ein Buch und) las mit dem Helm auf dem Kopf.

88. Ein Kalmäuser kehrte von einer Reise zurück. Als er einen steilen Berg hinaufstieg, sagte er verwundert: „Als ich zum ersten Mal hier vorbei kam, ging es bergab. Wieso hat sich das nun plötzlich geändert, daß es bergauf geht?"

§ 89. Σχολαστικὸς πλέων ἐπύθετο τοῦ κυβερνήτου, πόστη εἴη ὥρα. τοῦ δὲ μὴ γινώσκειν φήσαντος ἠρώτησε, πόσος εἴη χρόνος, ἀφ' οὖ τὴν ναῦν κυβερνᾷ. τοῦ δὲ τρία ἔτη φήσαντος· Πῶς οὖν ἐγώ, ἔφη, πρὸ ἓξ μηνῶν οἰκίαν πριάμενος, ὅταν εἰς τὴν αὐλὴν κατέλθῃ ὁ ἥλιος, τὴν ὥραν στοχάζομαι, σὺ δὲ ἀπὸ τοῦ πλοίου τεκμήρασθαι οὐ δύνασαι τοσούτῳ χρόνῳ αὐτὸ κυβερνῶν;

A 91| κυβερνίτου | πῶσ τῇ εἰ ωωρα (= βωρα) A πῶς, τῇ ὥρα M, qui εἴη utroque loco omisit | κυβερνῶν Minas κυβερνᾶν A ||

§ 90. Σχολαστικὸς σοφιστὴς ἀξιούμενος τῶν ἀποθνησκόντων ἐπιταφίους λέγειν ἑνὸς ἔτι ζῶντος ἔγραψεν ἐπιτάφιον· ὃς ἐνεκάλει αὐτῷ ἐπὶ τούτῳ. ὁ δέ· Ἂν οὖν ὑμεῖς, φησί, μὴ προλέγητε, ὅταν ἀποθνήσκητε, ἐγὼ ἐξ αὐτοσχεδίου λέγω⟨ν⟩ βούλεσθε ἵν' ἀσχημονήσω;

A 92 | ἄνουν, distinx. Minas | λέγω, corr. Minas | βούλεσθαι A (non M) ||

§ 90 b. vide § 30. A.

A 93 ← § 30 A ||

§ 91. Σχολαστικὸς συμφοιτητὰς ἐπὶ δεῖπνον καλέσας, ἐπαινεσάντων αὐτῶν ὑὸς κεφαλὴν καὶ ἀξιωσάντων καὶ τῇ ὑστεραίᾳ παρ' αὐτῷ ἑστιαθῆναι, ἀπελθὼν πρὸς τὸν μάγειρον· Δός μοι, ἔφη, ἀπὸ τοῦ αὐτοῦ χοίρου κεφαλὴν ἑτέραν· ἡ γὰρ χθὲς ἡμῖν πάνυ ἤρεσεν.

A 94 | αὐτῶν] αὐτῶ A αὐτῶν M ex correctura primae, ut vid., m. | μάγειρον M μάγηρον A ||

§ 91 b. vide § 31. A.

A 95 ← § 31 A ||

§ 92. Σχολαστικὸς ἠρώτα τὸν πατέρα· Ἡ πεντακότυλος λήκυθος πόσον χωρεῖ;

A 96 ~ § 136 ~ § 265 ||

§ 93. Σχολαστικὸς μαθὼν περὶ κλίμακός τινος, ὅτι ἀναβαινόντων ἔχει βαθμοὺς εἴκοσιν, ἐπύθετο, εἰ καὶ καταβαινόντων τοσοῦτοί εἰσιν.

A 97 ||

89. Ein Kalmäuser fragte auf einer Schiffsreise den Steuermann, wie spät es sei. Als der sagte, er wisse es nicht, fragte er: „Wie lange steuerst du das Schiff?" Als der Steuermann erwiderte: „Drei Jahre", sagte der Kalmäuser: „Wie ist das möglich? Ich habe mir vor sechs Monaten ein Haus gekauft, und wenn die Sonne in den Hof kommt, merke ich, wie spät es ist. Du aber kannst es an deinem Schiff nicht merken, obwohl du es schon so lange steuerst?"

90. Ein Kalmäuser, der als Sophist die ehrenvolle Aufgabe hatte, Leichenreden auf die Verstorbenen zu halten, schrieb eine Leichenrede auf einen, der noch lebte. Als sich dieser bei ihm deswegen beklagte, erwiderte er: „Wenn ihr es mir nicht vorher sagt, wann ihr sterbt, wollt ihr wohl, daß ich aus dem Stegreif rede und mich blamiere?"

91. Ein Kalmäuser hatte Kommilitonen zum Essen eingeladen. Sie lobten einen Schweinskopf (den er ihnen vorgesetzt hatte) und äußerten den Wunsch, am nächsten Tage wieder bei ihm zu speisen. Der Kalmäuser ging zum Metzger und sagte: „Gib mir von demselben Schwein noch einen andern Kopf! Denn der von gestern hat uns sehr gut geschmeckt."

92. Ein Kalmäuser fragte seinen Vater: „Wieviel faßt ein Fünfliterkrug?"

93. Ein Kalmäuser erfuhr von einer Treppe, daß sie 20 Stufen habe, wenn man hinaufsteigt, und fragte, ob es beim Hinabsteigen ebensoviele seien.

§ 94. Σχολαστικὸς διαλεγομένων τινῶν περὶ ἀπεψίας, ἔλεγε μηδεπώποτε ἠπεπτηκέναι. τῶν δὲ πυνθανομένων, εἰ μηδέποτε ἠρεύξατο πικρὸν ἢ ἀηδές· Τοῦτο, εἶπε, ποιῶ καθ' ἑκάστην ἡμέραν.

A 98 ||

§ 95. Σχολαστικῷ υἱὸς ἐγεννήθη. πυνθανομένων δέ τινων αὐτοῦ, ποῖον ὄνομα αὐτῷ θήσεται· Τὸ ἐμὸν ἕξει, ἔφη, ὄνομα, κἀγὼ τέως οὕτω μενῶ.

A 99 ||

§ 96. Δύο σχολαστικοὶ δειλοί, ὁ μὲν ἔκρυψεν εἰς φρέαρ αὑτόν, ὁ δὲ εἰς καλαμῶνα. χαλασάντων οὖν κράνος τῶν στρατιωτῶν ἐπὶ τὸ ὕδωρ ἀρύσασθαι, νομίσας στρατιώτην κατιέναι, ἱκετεύων ἐλήφθη. ὡς δὲ ἔφασαν οἱ στρατιῶται, ὅτι, εἰ ἐσιώπησε, παρῆλθον ἂν αὑτόν, ὁ ἐν τῷ καλαμῶνι κρυβόμενος· Οὐκοῦν, εἶπεν, ἐμὲ παρέλθατε· σιωπῶ γάρ.

A 100 ||

§ 96 b. vide § 32.

A 101 ← § 32 ||

§ 97. Σχολαστικὸς ⟨τῆς⟩ γυναικὸς αὐτοῦ ἀποθανούσης σορὸν ἠγόραζε καὶ περὶ τῆς τιμῆς ἐζυγομάχει. τοῦ δὲ πωλοῦντος ὀμόσαντος μὴ ἔλαττον πέντε μυριάδων πωλήσειν, ὁ δέ· Ἐπειδή, ἔφη, προσείληψαι τῷ ὅρκῳ, λάβε μὲν τὰς πέντε μυριάδας, εἰς προσθήκην δέ μοι μικρὸν σορίδιον δός, ἵνα, ἐάν μου χρεία παιδίῳ γένηται, ἕτοιμον ᾖ.

A 102 | ⟨τῆς⟩ add. Eberhard | πολοῦντος ||

§ 98. Σχολαστικῷ ἑταῖρος ἀπαντήσας· Συγχαίρω σοι, εἶπεν, ὅτι σοι παιδίον ἐγεννήθη. ὁ δὲ ἀπεκρίνατο· Τοῦτο ὑμεῖς οἱ φίλοι ποιεῖτε.

A 103 ||

§ 99. Σχολαστικῷ τις λέγει· Χρῆσόν μοι βίρρον μέχρις ἀγροῦ. ὁ δέ· Μέχρι σφυροῦ, εἶπεν, ἔχω· μέχρι δὲ ἀγροῦ οὐκ ἔχω.

A 104 ~ § 137 ||

94. Als einige Leute sich über Magenbeschwerden (Dyspepsie) unterhielten, sagte ein Kalmäuser, daran habe er niemals gelitten. Als die andern ihn fragten, ob er niemals bitter oder unangenehm aufgestoßen habe, sagte er: „Das tue ich jeden Tag."

95. Einem Kalmäuser wurde ein Sohn geboren. Als man ihn fragte, welchen Namen er ihm geben werde, sagte er: „Er wird meinen Namen haben, und ich werde einstweilen *so* bleiben" (d. h. ohne Namen).

96. Von zwei feigen Kalmäusern verbarg der eine sich in einem Brunnen, der andere im Schilf. Als nun die Soldaten einen Helm (in den Brunnen) hinabließen, um Wasser zu schöpfen, glaubte (der eine), ein Soldat komme herab, bat um Pardon und wurde ergriffen. Als die Soldaten sagten, wenn er geschwiegen hätte, wären sie an ihm vorbeigegangen, rief der andere, der im Schilf versteckt war: „Geht also an mir vorbei! Denn ich schweige."

97. Ein Kalmäuser, dessen Frau gestorben war, kaufte einen Sarg und stritt wegen des Preises. Der Verkäufer schwur, er werde ihn nicht für weniger als fünf Myriaden verkaufen. Jener aber erwiderte: „Da du durch deinen Eid festgelegt bist, so nimm die fünf Myriaden, gib mir aber als Zugabe einen kleinen Sarg, damit er bereitsteht, falls ich ihn für eines meiner Kinder brauche!"

98. Einem Kalmäuser begegnete sein Freund und sagte: „Ich gratuliere dir, daß dir ein Kind geboren ist." Er antwortete: „Das verdanke ich euch, meinen Freunden."
Vgl. oben S. 22.

99. Zu einem Kalmäuser sagte jemand: „Leihe mir einen Mantel bis aufs Land!" Er erwiderte: „Bis auf die Knöchel habe ich einen, aber bis aufs Land (den Erdboden) nicht."

§ 100. Σχολαστικὸς ἐπ' ὀχήματος ὥδευεν. ἐπεὶ δὲ ἀτονήσασαι αἱ ἡμίονοι οὐκ ἠδύναντο βαδίζειν, ὑπέλυσεν αὐτὰς ὁ ἡνίοχος, ἵνα μικρὸν ἀναλάβωσιν. λυθεῖσαι οὖν ἔφυγον. καὶ ὁ σχολαστικὸς πρὸς τὸν ἡνίοχον· Κάθαρμα, εἶπεν, ὁρᾷς, ὅτι αἱ μὲν ἡμίονοι τρέχουσι, τὸ δὲ ὄχημά ἐστιν αἴτιον τὸ δραμεῖν μὴ δυνάμενον;

A 105 → § 128 | οὐκ] item § 128; „an οὐκέτι?" Eberhard | τὸ δραμεῖν] τὸ del. Eberhard coll. § 128 ||

§ 101. Σχολαστικὸς ἀδελφοὺς διδύμους ἰδὼν θαυμαζόντων τινῶν τὴν ὁμοιότητα αὐτῶν· Οὐχ οὕτως, φησίν, ὅμοιός ἐστιν ⟨οὗτος⟩ ἐκείνῳ, ὡς ἐκεῖνος τούτῳ.

A 106 | οὐχ οὗτος ... ἐστιν ἐκείνῳ, corr. Minas, Eberhard ||

§ 102. Σχολαστικῷ τις λέγει· Δημέα, τρίτην ἡμέραν σε ἐνθάδε ἐν ὕπνοις εἶδον. ὁ δέ· Ψεύδῃ, εἶπεν, ἐν ἀγρῷ γὰρ ἤμην.

A 107 | ἐνθάδε suspectum ||

§ 103. Σχολαστικὸς μετὰ δύο ἑταίρων διελέγετο. τοῦ ἑνὸς οὖν εἰπόντος, ὅτι μὴ δίκαιόν ἐστι πρόβατον σφάζεσθαι· γάλα γὰρ καὶ ἔριον φέρει· καὶ τοῦ ἄλλου εἰπόντος, ὅτι μηδὲ βοῦν προσήκει ἀναιρεῖσθαι γάλα παρέχουσαν καὶ ἀροτριῶσαν· ὁ σχολαστικὸς ἔφη μηδὲ χοῖρον δίκαιον εἶναι ἀναιρεῖσθαι ἧπαρ παρέχοντα καὶ οὖθαρ καὶ βουλβάν.

A 108 → § 129 | ἀφέρει, corr. Perry, qui variam lectionem ἔρια significari docet | ἀρωτριῶσαν accentu partim eraso | παρέχοντα] παρέχουσαν hic et § 129 Boissonade, nimis diligenter iudice Eberhardio, cf. Athen. IX 375 et comm. ad § 129 | βουλβάν. Sequitur Aesopus ||

ΠΕΡΙ ΦΙΛΑΡΓΥΡΩΝ

Inscr. ut supra VE ἐκ τοῦ φιλογέλου (post Aesopum) A nihil G ||

§ 104. A G β: Φιλάργυρος διαθήκας γράφων ἑαυτὸν κληρονόμον ἔταξεν.

A 109 — G 6 — β: VE 45 | διαθήκην β ||

§ 105. A: Φιλάργυρος ἐρωτώμενος, διὰ τί ἄλλο οὐθὲν ἢ μόνον ἐλαίας ἐσθίει, ἔφη· Ἵνα τὸ μὲν ἔξωθεν ἀντὶ ὄψου ἔχω, τὸ δὲ ὀστοῦν

100. Ein Kalmäuser reiste mit dem Wagen. Als die Maultiere müde waren und nicht mehr laufen konnten, spannte der Kutscher sie aus, damit sie sich etwas erholen sollten. Als sie nun ausgespannt waren, liefen sie davon. Da sagte der Kalmäuser zu dem Kutscher: „Siehst du wohl, du gemeiner Kerl, daß die Maultiere laufen und daß der Wagen schuld ist, der nicht laufen kann?"

101. Ein Kalmäuser sah zwei Zwillingsbrüder. Als einige Leute ihre Ähnlichkeit bewunderten, sagte er: „Dieser ist jenem nicht so ähnlich, wie jener diesem."

102. Zu einem Kalmäuser sagte jemand: „Demeas, vorgestern habe ich dich hier im Traum gesehen." Er erwiderte: „Du lügst, denn ich war auf dem Lande."

103. Ein Kalmäuser unterhielt sich mit zwei Freunden. Der eine sagte: „Es ist nicht recht, ein Schaf zu schlachten, denn es bringt Milch und Wolle." Der andere sagte: „Es ist auch nicht recht, eine Kuh zu schlachten, denn sie gibt uns Milch und zieht den Pflug." Da sagte der Kalmäuser: „Es ist auch nicht recht, ein Schwein zu schlachten, das uns Speck und Schinken* gibt."

* Wörtlich: Leber und Euter und die (als Delikatesse geschätzte) Gebärmutter.

GEIZHÄLSE

104. Ein Geizhals, der sein Testament schrieb, setzte sich selbst zum Erben ein.

105. Ein Geizhals erwiderte auf die Frage, warum er nichts anderes als Oliven esse: „Damit ich, was außen herum ist, als

ἀντὶ ξύλου· φαγὼν δέ, εἰς ⟨τὴν⟩ ἑαυτοῦ κεφαλὴν σφογγισάμενος λουτροῦ οὐκ ἐπιδέομαι.

β: Φιλάργυρος ἐρωτηθείς· Διὰ τί οὐδὲν ἄλλο ἐσθίεις εἰ μὴ ἐλαίας; εἶπεν· Ἵνα τὸ μὲν ἔξωθεν ὄψον ἔχω, τὸ δὲ ὀστοῦν ἀντὶ ξύλου· καὶ ἵνα φαγὼν μὴ ἀπονίψωμαι, ἀλλὰ ⟨εἰς⟩ τὴν κεφαλήν μου ἐκμαξάμενος, ⟨....

A 110 | ⟨τὴν⟩ inser. M, Minas, cf. β | — β: VE 46 | Φ om. rubricator in V | ⟨εἰς⟩ addidi, cf. A | ἐκμαξάμενος, V ubi virgula defectum videtur indicare; αμαξά E ⟨λουτροῦ μὴ δέωμαι⟩ vid. excidisse; ἐκμάξωμαι Eberhard ||

§ 106. AG: Πεπανόπτωχος εἰωθὼς τὴν φίλην αὐτοῦ ἐξαπατᾶν ὡς εὐγενὴς ὢν καὶ πλούσιος, εἰς τοὺς γείτονας σιτευόμενος ὡς εἶδεν ἄφνω τὴν φίλην, στραφεὶς ἐφώνει· Πέμψον δέ μοι καὶ τὸ φιβλατώριον.

A 111 — G 7 | ἐξαπατᾶν A ἐξεπα in calce paginae G qui hic deficit | (post ἄφνω) τὰς φίλας A, corr. Minas ||

§ 107. Ἄλλος ὁμοίως μεγαλαυχούμενος, τελείως τε πενητεύων καὶ κατὰ τύχην νοσήσας, τῆς δὲ φίλης αὐτοῦ αἰφνίδιον ἐπεισελθούσης καὶ εὐρούσης αὐτὸν ἐπὶ ψιάθου κείμενον, ἐντραπεὶς ἠτιᾶτο τοὺς ἰατροὺς λέγων· Οἱ καλοὶ ἰατροὶ καὶ δόκιμοι τῆς πόλεως ἐκέλευσάν με ψιαθισθῆναι.

A 112 | τε ⋯ καὶ] δὲ (cum M) ⋯ [καὶ] Eberhard ||

§ 108. Ἀλαζὼν ἐν ἀγορᾷ παῖδα ἑαυτοῦ θεασάμενος ἐκ τοῦ ἀγροῦ νεωστὶ ἐληλυθότα εἶπε· Τί ποιοῦσι τὰ πρόβατα; ὁ δὲ εἶπε· Τὸ μὲν καθεύδει, τὸ δὲ ἵσταται.

A 113 ||

§ 109. Μωρὸς ἀκούσας, ὅτι ἐν Ἅιδου δίκαια κριτήρια, πρᾶγμα ἔχων ἀπήγξατο.

A 114 | τὰ κριτήρια M ||

Speise habe und den Kern anstatt Feuerholz. Und nach dem Essen wische ich meine Finger an den Haaren ab und brauche kein Bad."

GROSSTUER

106. Ein Obstbettler (?), der seiner Freundin vorzuschwindeln pflegte, daß er vornehm und reich sei, sättigte sich gerade bei den Nachbarn. Als er plötzlich seine Freundin sah, drehte er sich um und rief: „Schicke mir aber auch noch meine Gala-Uniform!"

107. Ein anderer, der ebenso groß tat, war ganz arm und lag zufällig krank auf einer elenden Pritsche. Als seine Freundin unversehens bei ihm eintrat und ihn so fand, schämte er sich und begann auf die Ärzte zu schelten: „Die guten, tüchtigen Ärzte unserer Stadt haben mir eine Pritschenkur verordnet!"

108. Ein Großtuer sah auf dem Markte seinen Burschen, der kurz vorher vom Land gekommen war, und fragte: „Was machen die Schafe?" Er erwiderte: „Das eine (liegt und) schläft und das andere steht."

NARR

109. Ein Narr hatte gehört, daß im Hades gerechtes Gericht sei. Darum erhängte er sich, als er einen Rechtshandel hatte.

ΑΒΔΗΡΙΤΑΙ

Inscr. ut supra A, Abderitae nulli sunt in cett. ‖

§ 110. Ἐν Ἀβδήροις διῃρεῖτο ἡ πόλις εἰς δύο μέρη, οἵ τε πρὸς ἀνατολὰς οἰκοῦντες καὶ οἱ πρὸς δύσιν. πολεμίων οὖν ἄφνω τὴν πόλιν ἐφορμησάντων καὶ πάντων θορυβουμένων οἱ πρὸς τὸ ἀνατολικὸν οἰκοῦντες μέρος πρὸς ἀλλήλους ἔλεγον· Ἡμεῖς μὴ θορυβηθῶμεν· οἱ γὰρ πολέμιοι ἐπὶ τὰς δυσικὰς εἰσέρχονται πύλας.

A 115 ‖

§ 111. Ἐν Ἀβδήροις ὄνος λαθὼν εἰς τὸ γυμνάσιον εἰσῆλθε καὶ τὸ ἔλαιον ἐξέχεεν. οἱ δὲ συνελθόντες καὶ μεταπεμψάμενοι πάντας τοὺς ὄνους τοὺς ἐν τῇ πόλει καὶ εἰς ἕνα συναγαγόντες τόπον πρὸς τὸ ἀσφαλίσασθαι ἐνώπιον αὐτῶν τὸν ὄνον ἐμαστίγωσαν.

A 116 | ut supra M μεταμεμψάμενοι A ‖

§ 112. Ἀβδηρίτης ἀπάγξασθαι βουλόμενος καὶ τοῦ σχοινίου διαρραγέντος τὴν κεφαλὴν ἐπλήγη. λαβὼν οὖν ἔμπλαστρον παρὰ τοῦ ἰατροῦ καὶ θεὶς κατὰ τοῦ τραύματος, ἀπελθὼν πάλιν ἀπήγξατο.

A 117 ‖

§ 113. Ἀβδηρίτης [εὐνοῦχον] ἰδὼν κηλίτην ἀπὸ ἐμβάσεως ἐξιόντα εἶπεν· Ἀποκένωσον, ἐπεὶ τῷ παραχύτῃ λέγω.

A 118 ~ § 119 | delevi | ἐμβάστως, corr. Minas | ἐπὶ, corr. Hertlein ‖

§ 114. Ἀβδηρίτης εὐνοῦχον ἰδὼν ἐπύθετο αὐτοῦ, πόσα παιδία ἔχει. ἑτέρου δὲ εἰπόντος τὸν ὄρχεις μὴ ἔχοντα μὴ δύνασθαι τέκνα γεννῆσαι, ὑπολαβὼν ⟨....

A 119 | αὐτῶΓ, corr. Eberhard | ὑπολαβὼν hoc accentu, sed nullo lacunae indicio A; Minas supplevit ⟨ἔφη· Πολλοὺς οὖν (ubi γοῦν maluit Eberhard) ἀνάγκη υἱωνοὺς ἔχειν.⟩ ‖

§ 115. Ἀβδηρίτης εὐνοῦχον ἰδὼν γυναικὶ ὁμιλοῦντα ἠρώτα ἄλλον, εἰ ἄρα γυνὴ αὐτοῦ ἐστι. τοῦ δὲ εἰπόντος εὐνοῦχον γυναῖκα ἔχειν μὴ δύνασθαι ἔφη· Οὐκοῦν θυγάτηρ αὐτοῦ ἐστιν.

A 120 ‖

110. In Abdera zerfiel die Stadt in zwei Teile, eine östliche Hälfte und eine westliche. Als nun plötzlich Feinde die Stadt angriffen und alle in Aufregung gerieten, sagten die Bewohner des östlichen Stadtteils zueinander. „*Wir* wollen uns nicht aufregen, denn die Feinde dringen zu dem Westtor ein!"

111. In Abdera war ein Esel unbemerkt in die Sporthalle gelaufen und hatte das Öl umgeschüttet. Die Bürger versammelten sich und ließen alle Esel, die es in der Stadt gab, herbeiholen und an einen Ort zusammentreiben. Dann ließen sie, um sich (für die Zukunft) zu sichern, den (schuldigen) Esel vor den Augen der anderen auspeitschen.
Öl: zum Einreiben der Haut vor und nach dem Sport.

112. Ein Abderit wollte sich erhängen, aber der Strick zerriß, und er fiel sich ein Loch in den Kopf. Er ließ sich beim Arzt Pflaster geben und legte es auf die Wunde. Dann ging er wieder hin und erhängte sich.

113. Ein Abderit sah einen Mann, der an einem Wasserbruch litt, aus dem Badebecken steigen und rief: „Schütte es wieder aus! Sonst sag' ich's dem Bademeister."

114. Ein Abderit sah einen Eunuchen und fragte ihn, wieviel Kinder er hätte. Als ein anderer bemerkte, wer keine Hoden habe, könne keine Kinder zeugen, sagte er: („Dann muß er wenigstens viele Enkel haben").

115. Ein Abderit sah einen Eunuchen mit einer Frau sprechen und fragte einen andern, ob das dessen Frau wäre. Als jener bemerkte, ein Eunuch könne keine Frau haben, sagte er: „Also ist es seine Tochter."

71

§ 116. Ἀβδηρίτης εὐνοῦχος δυστυχήσας κήλην ἐποίησεν.

A 121 → § 252 ||

§ 117. Ἀβδηρίτης μετὰ κηλίτου κοιμώμενος καὶ τῇ νυκτὶ πρὸς ἑαυτὸν ἀναστὰς ἐν τῷ ἐπαναστρέφειν σκοτίας οὔσης ἄκων τὴν κήλην ἐπάτησε. τοῦ δὲ κηλίτου κατακράξαντος, αὐτῷ ἔφη· Διὰ τί γὰρ κατακέφαλα κοιμᾶσαι;

A 122 ||

§ 118. Ἀβδηρίτης περιπατῶν εἶδε κηλίτην οὐροῦντα καὶ εἶπεν· Οὗτος ἕως ἑσπέρας οὐ μὴ ἐξουρήσῃ.

A 123 ||

§ 119. Ἀβδηρίτης ἰδὼν κηλίτην ἀπὸ κολύμβου ἐξιόντα, μόλις δὲ περιπατοῦντα, πρὸς αὐτὸν εἶπε· Τί γὰρ ἀπλήστως ἐγόμωσας, μὴ δυνάμενος γενναίως βαστάσαι;

A 124 ~ § 113 ||

§ 120. Ἀβδηρίτης ἀκούσας, ὅτι κρόμυα καὶ βολβοὶ φυσῶσιν, ἐν τῷ πλέειν αὐτὸν γαλήνης οὔσης πολλῆς, σάκκον πλήσας ἀπὸ τῆς πρύμνης ἐκρέμασεν.

A 125 ~ § 141 ||

§ 121. Ἀβδηρίτης ἰδὼν δρομέα ἐσταυρωμένον εἶπε· Μὰ τοὺς θεοὺς οὗτος οὐκέτι τρέχει, ἀλλὰ πέτεται.

A 126 ||

§ 122. Ἀβδηρίτης λεκάνην ἐπώλει μὴ ἔχουσαν ὠτία. τινὸς δὲ ἐρωτήσαντος, διὰ τί ᾖρεν αὐτῆς τὰ ὠτία, ἀπεκρίνατο· Ἵνα μὴ ἀκούσασα, ὅτι πωλεῖται, φύγῃ.

A 127 ||

§ 123. Ἀβδηρίτης τὸν πατέρα τελευτήσαντα κατὰ τὸν νόμον καύσας, δραμὼν εἰς τὴν οἰκίαν πρὸς τὴν μητέρα αὐτοῦ νοσοῦσαν εἶπεν· Ὀλίγα ἔτι περιττεύει ξύλα· ἐὰν οὖν βούλῃ καὶ δύνασαι, τοῖς αὐτοῖς κατακαύθητι.

A 128 | κατὰ τὸν ὦμον, corr. Minas | εἰ οὖν βούλει Boissonade ||

72

116. Ein Eunuch aus Abdera usw. wie § 252.

117. Ein Abderit schlief mit einem Bruchleidenden zusammen. Des Nachts mußte er einmal hinausgehen, und bei der Rückkehr trat er im Dunkeln versehentlich auf den Bruch, so daß der andere aufschrie. Da sagte der Abderit zu ihm: „Warum schläfst du denn mit dem Kopf nach unten?"

118. Ein Abderit, der spazieren ging, sah einen Bruchleidenden pinkeln und sagte: „Der wird gewiß bis zum Abend nicht auspinkeln."

119. Ein Abderit sah aus dem Schwimmbad einen Bruchleidenden kommen, der kaum gehen konnte. Zu ihm sagte er: „Warum hast du so gierig eingesackt, wenn du es nicht ordentlich tragen kannst?"

120. Ein Abderit hatte gehört, daß Zwiebeln und Bollen ‚Wind' machen. Als auf einer Seefahrt Windstille eintrat, hängte er einen Sack voll am Hinterteil des Schiffes auf.

121. Ein Abderit sah einen gekreuzigten Läufer und sagte: „Bei den Göttern, dieser läuft nicht mehr, sondern fliegt."

122. Ein Abderit wollte eine Wanne verkaufen, die keine ‚Ohren' (Handhaben, Henkel) hatte. Als jemand fragte, warum er ihr die ‚Ohren' abgenommen hätte, antwortete er: „Damit sie nicht, wenn sie hört, daß sie verkauft wird, davonläuft."

123. Ein Abderit hatte seinen verstorbenen Vater nach dem Brauche verbrannt. Dann lief er nach Hause zu seiner kranken Mutter und sagte: „Es ist noch etwas Holz übrig. Wenn du willst und kannst, laß dich mit demselben verbrennen!"

§ 124. Ἀβδηρίτης κατ' ὄναρ χοιρίδιον ἐπώλει καὶ ἐζήτει δηνάρια ἑκατόν. διδόντος δέ τινος πεντήκοντα μὴ βουλόμενος λαβεῖν διύπνισε. καμ(μ)ύσας οὖν καὶ τὴν χεῖρα προτείνας εἶπε· Δὸς κἂν τὰ πεντήκοντα.

A 129 | ut supra M δινάρια A | καμύσας, corr. Minas; cf. § 11 ||

§ 125. Ἀβδηρίτου στρουθίον ἀπέθανε. μετὰ οὖν χρόνον ἰδὼν στρουθοκάμηλον εἶπεν· Ἐὰν ἔζη τὸ στρουθίον μου, ἤδη ἂν τηλικοῦτον ὑπῆρχεν.

A 130 ||

§ 126. Ἀβδηρίτης εἰς Ῥόδον ἀποδημήσας ὡς ἐκ τοῦ ὀνόματος τοὺς τοίχους ὠσμᾶτο.

A 131 ||

§ 127. Ἀβδηρίτης ὀνάριόν τινι χρεωστῶν καὶ μὴ ἔχων παρεκάλει, ἵνα ἀντ' αὐτοῦ δύο ἡμιόνους παράσχῃ.

A 132 ||

ΣΙΔΟΝΙΟΙ

Inscr. ut supra A, Sidonii nulli sunt in cett. Σιδώνιοι (vel -ος, -ῳ) editores ubique, v. comm. ||

§ 128. Σιδόνιος ἔπαρχος ἐπὶ ὀχήματος ὥδευεν. ἐπεὶ δὲ ἀτονήσασαι αἱ ἡμίονοι οὐκ ἠδύναντο βαδίζειν, ἀπέλυσεν αὐτὰς ὁ ἡνίοχος, ἵνα μικρὸν βοσκηθεῖσαι ἀναλάβωνται. λυθεῖσαι οὖν ἔφυγον. καὶ ὁ ἔπαρχος πρὸς τὸν ἡνίοχον ἔφη· Ὁρᾷς, κάθαρμα, ὅτι αἱ μὲν ἡμίονοι τρέχουσι, τὸ δὲ ὄχημα δραμεῖν μὴ δυνάμενον ἵσταται.

A 133 ← § 100 | ἐπειδή, corr. Eberhard ex § 100 | ἀναλάβηται, corr. Minas (ἀναλάβωσιν § 100) ||

§ 129. Σιδόνιος ῥήτωρ μετὰ δύο ἑταίρων διελέγετο. τοῦ δὲ ἑνὸς λέγοντος, ὅτι οὐκ ἦν δίκαιον πρόβατα σφάζεσθαι διὰ τὸ φέρειν γάλα καὶ ἔριον, καὶ τοῦ ἄλλου εἰπόντος, ὅτι μηδὲ βοῦν ⟨προσήκει⟩ ἀναιρεῖσθαι γάλα παρέχουσαν καὶ ἀροτριῶσαν, ὁ

124. Ein Abderit wollte im Traume ein Schweinchen verkaufen und verlangte 100 Denare dafür. Jemand bot ihm 50, er aber wollte sie nicht nehmen. Da wachte er auf. Er schloß die Augen wieder, streckte die Hand vor und sagte: „Gib wenigstens die fünfzig!"

125. Einem Abderiten war sein Spätzchen (Lieblingsvogel) gestorben. Nach längerer Zeit sah er einen Vogel Strauß und sagte: „Wenn mein Spätzchen noch lebte, wäre es schon so groß".

126. Ein Abderit, der nach Rhodos gereist war, beroch des Namens wegen die Häuserwände.
rhodon griechisch ‚Rose'.

127. Ein Abderit war jemandem einen Esel schuldig. Da er keinen hatte, bat er, anstattdessen zwei ‚Halbesel' (Maultiere) geben zu dürfen.

SIDONIER

128. Ein sidonischer Regierungspräsident reiste usw. wie § 100.

129. Ein sidonischer Rechtsanwalt unterhielt sich usw. wie § 103.

ρήτωρ ἔφη μηδὲ χοῖρον εἶναι δίκαιον σφάζεσθαι ἧπαρ παρέχοντα καὶ οὖθαρ καὶ νεφρία.

A 134 ← § 103 | ⟨προσήκει⟩ add. Eberhard ex § 103; an προσῆκεν? | γάλα παρέχοντα καὶ ἀροτριοῦντα, corr. Boissonade indidem | (ἧπαρ) παρέχοντα] παρέχουσαν Boissonade, cf. ad § 103 ||

§ 130. Σιδόνιος σοφιστὴς κατὰ πρώτην ἄνοιξιν τοῦ βαλανείου λουόμενος καὶ μηδένα ἔσωθεν εὑρὼν λέγει πρὸς τοὺς ἰδίους οἰκέτας· Καθὼς βλέπω, οὐ λούει.

A 135 ← § 23 | λουσόμενος Eberhard, v. comm. ||

§ 131. Σιδόνιος σχολαστικὸς ἀπὸ πολλῶν μιλίων χωρίον ἔχων καὶ θέλων αὐτὸ ἐγγύτερον ποιῆσαι ἑπτὰ κίονας μιλίων κατέστρεψεν.

A 136 ← § 60 | εψεν male habita ||

§ 132. Σιδόνιος πραγματευτὴς μετὰ ἑτέρου ὥδευε. τῆς δὲ γαστρὸς ἀναγκαζούσης μικρὸν ἀπολειφθῆναι προσαπέμεινεν. ὁ δὲ συνοδοιπόρος ἀφῆκεν αὐτὸν γράψας ἕν τινι κίονι τῶν μιλίων· Τάχυνον, φθάσον με. ὁ δὲ ὡς ἀνέγνω, ἐπέγραψε κάτωθεν· Καὶ αὐτὸς μεῖνόν με.

A 137 ← § 42 ||

§ 133. Σιδονίῳ ἁλιεῖ λέγει τις· Ἔχει τὸ κυρτίν σου παγούρους; ὁ δὲ μανεὶς ἀπεκρίνατο· Ἔχει τὸ στῆθός σου καρκίνους;

A 138 ||

§ 134. Σιδόνιος ἑκατόνταρχος τοῖς στρατιώταις ἔλεγεν· Σήμερον πολλὰ καθίσατε· αὔριον γὰρ πολλὰ μέλλετε ὁδοιπορεῖν.

A 139 ← § 84 | καθήσατε, corr. Boissonade ||

§ 135. Σιδονίῳ κηρουλαρίῳ λέγει τις· Ἔχεις, κῦρι, ἀποκαύματα; ὁ δὲ ὀργισθεὶς ἀπεκρίνατο· Ἔχεις, κῦρι, ἀνθρακώματα;

A 140 ||

§ 136. Σιδόνιος γραμματικὸς ἠρώτα τὸν ⁺διδάσκαλον· Ἡ πεντακότυλος λήκυθος πόσον χωρεῖ; ὁ δὲ εἶπεν· Οἶνον λέγεις ἢ ἔλαιον;

A 141 ≈ § 92 ~ § 265 | διδάσκαλον] μαθητήν vid. opus esse | πεντακόνδυλος, corr. Minas | λήκυθος] λη non apparet ||

130. Ein sidonischer Sophist betrat usw. wie § 23.

131. Ein sidonischer Gelehrter hatte usw. wie § 60.

132. Ein sidonischer Handelsmann wanderte zusammen mit einem anderen. Infolge eines körperlichen Bedürfnisses war er etwas zurückgeblieben und ließ auf sich warten. Sein Weggenosse ging weiter, schrieb aber auf einen Meilenstein: „Mach schnell, hol mich ein!" Als er das las, schrieb er darunter: „Und du warte auf mich!"

133. Zu einem sidonischen Fischer sagte jemand: „Hat dein Netz (Doppelsinn: dein Buckel) Krabben?" Der erwiderte wütend: „Hat deine Brust Krebs(e)?"

134. Ein sidonischer Hauptmann sagte usw. wie § 84.

135. Zu einem sidonischen Kerzenmacher sagte jemand: „Herr, hast du Lichtstümpfchen? (?Doppelsinn: Brandblasen)." Der erwiderte zornig: „Herr, hast du Karbunkel (wörtlich: verkohlte Stellen)?"

136. Ein sidonischer Lehrer fragte einen Schüler: „Wieviel faßt ein Fünfliterkrug?" Der erwiderte: „Meinst du Wein oder Öl?"

§ 137. Σιδονίῳ μαγείρῳ λέγει τις· Δάνεισόν μοι μάχαιραν ἕως Σμύρνης. ὁ δὲ ἔφη· Οὐκ ἔχω μάχαιραν ἕως ἐκεῖ φθάζουσαν.

A 142 ~ § 99 ||

§ 138. Σιδόνιος κεντουρίων ἰδὼν ζευγηλάτην διὰ τῆς ἀγορᾶς ἅμαξαν φέροντα ἐκέλευσεν αὐτὸν τυφθῆναι. τοῦ δὲ εἰπόντος ὅτι Ῥωμαῖός εἰμι, καὶ οὐ χρὴ τύπτεσθαί με διὰ τὸν νόμον - τοὺς βόας ἐκέλευσεν ὁ κεντουρίων μαστιγωθῆναι.

A 143 | ζευγελάτην ||

§ 139. Σιδόνιος ἰατρὸς λεγάτον ὑπὸ ἀρρώστου αὐτοῦ χιλίας δραχμὰς μετὰ τὸ ἀποθανεῖν αὐτὸν κομισάμενος, ἐκφερομένου δὲ αὐτοῦ τῇ κηδείᾳ ἀκολουθῶν ἐνεκάλει, ὡς ὀλίγον αὐτῷ λεγάτον κατέλιπεν. ἐπεὶ οὖν καὶ ὁ υἱὸς τοῦ τελευτήσαντος εἰς νόσον ἐμπαρεὶς παρεκάλει αὐτὸν ἐπισκεπτόμενον ἀνταγωνίσασθαι τῇ νόσῳ, ὁ ἰατρὸς ἔφη· Ἐὰν πεντακισχιλίας δραχμὰς εἰς λεγάτον καταλείψῃς, ἐγώ σε ἰατρεύσω ὡς τὸν πατέρα σου.

A 144 | λεγάτον et hic et infra | ἀρρώστου | ut supra M ἐκφερουμένου A | καταλείψεις M ||

ΕΥΤΡΑΠΕΛΟΙ

Inscr. εὐτράπελοι (sic) A περὶ εὐτραπέλων ante § 239 VE ||

§ 140. Εὐτράπελος ἰδὼν γραμματοδιδάσκαλον ἀφυῆ διδάσκοντα προσελθὼν ἠρώτα, διὰ τί κιθαρίζειν οὐ διδάσκει. Τοῦ δὲ εἰπόντος· Ὅτι οὐκ ἐπίσταμαι - εἶπε· Πῶς οὖν γράμματα διδάσκεις οὐκ ἐπιστάμενος;

A 145 ||

§ 141. Εὐτράπελος κυβερνήτης ἐρωτηθείς, τί φυσᾷ, εἶπε· Φάβα καὶ κρόμυα.

A 146 ~ § 120 | κυβερνίτης ||

§ 142. Εὐτράπελον ὀφθαλμιῶντα ἰατρὸς κλέπτης +δανείσας λύχνον ἔκλεψε. μιᾷ οὖν ταῦτα ἠρώτα αὐτόν· Πῶς ἔχεις εἰς τοὺς ὀφθαλμούς; καὶ ὁ εὐτράπελός φησιν· Ἀφ᾽ οὗ μοι +ἐδάνεισας, τὸν λύχνον οὐ βλέπω [αὐτόν].

A 147 | δανείσας] reponendum χρίσας ex Aesopo, v. comm. | εἰς suspectum | μοι ἐδάνεισας] repon. (με) ἔχρισας | αὐτόν del. Mehler 397 ||

78

137. Zu einem sidonischen Metzger sagte jemand: „Leihe mir ein Messer bis Smyrna!" Er erwiderte: „Ich habe kein Messer, das so weit reicht."

138. Ein sidonischer Hauptmann sah einen Fuhrmann seinen Ochsenwagen über den Markt fahren und befahl, ihn zu verprügeln. Der Fuhrmann sagte: „Ich bin römischer Bürger und darf von Gesetzes wegen nicht geschlagen werden." Da befahl der Hauptmann, die Ochsen auszupeitschen.

139. Ein sidonischer Arzt hatte von einem seiner Patienten nach dessen Tode ein Vermächtnis von 1000 Drachmen erhalten und beschwerte sich, als er an dem Leichenzuge teilnahm, über die geringe Höhe des Vermächtnisses. Als späterhin der Sohn des Verstorbenen erkrankte und den Arzt, der ihn besuchte, bat, seine Krankheit zu bekämpfen, sagte dieser: „Wenn du mir 5000 Drachmen vermachst, werde ich dich verarzten wie deinen Vater."

WITZBOLDE (1)

140. Ein Witzbold sah, wie ein unfähiger Lehrer Lesen und Schreiben lehrte, trat hinzu und fragte: „Warum lehrst du nicht Zitherspielen?" Er erwiderte: „Weil ich es nicht verstehe." Und der andere: „Warum lehrst du also Lesen und Schreiben, ohne es zu verstehen?"

141. Ein witziger Steuermann wurde gefragt, was für Wind weht (Doppelsinn: was ‚Wind' macht), und antwortete: „Bohnen und Zwiebeln."

142. Einem Witzbold, der augenkrank war, bestrich ein diebischer Arzt die Augen mit Salbe und stahl ihm dann eine (silberne) Lampe. Eines Tages fragte dieser ihn: „Wie geht's mit deinen Augen?" und der Witzbold erwiderte: „Seitdem du sie mir gesalbt hast, sehe ich die Lampe nicht (mehr)."

§ 143. A: Εὐτραπέλῳ ἰατρῷ λέγει τις· ⟨...⟩ Ἐὰν κτήσῃ [θερμὸν] ἀγγεῖον, θερμόν σε οὐ λείψει.

β: ⁺Εὐτράπελός τις ἰατρῷ λέγει· Πολλοὺς ἄνθρακας ἔχω. κἀκεῖνος ἔφη· Ἐὰν χαλκεῖον ἔχῃς, θερμόν σοι ⁺ποτὲ οὐ λείψει.

A 148 | θερμὸν anticipatum delevi | — β: VE 60 | οὔποτε Eberhard ||

§ 144. Εὐτράπελος ἀργὸν δρομέα ἰδὼν εἶπεν· Οἶδα, τί χρήζει ὁ κύριός μου οὗτος. τοῦ δὲ ἀγωνοθέτου ἐρωτήσαντος· Τί ἐστιν; εἶπεν· Ἵππου χρήζει· ἄλλως γὰρ τοὺς ἀνταγωνιστὰς καταλαβεῖν οὐ δύναται.

A 149 | τίνος χρήζει Minas, cf. ἵππου | καταβαλεῖν, corr. Minas ||

§ 145. Εὐτράπελος κάπηλος εὑρὼν ταξεώτην ἐπὶ τῇ γυναικὶ αὐτοῦ εἶπεν· Εὗρον, ὃ οὐκ ἐζήτουν.

A 150 ||

§ 146. A: Εὐτράπελος χοῖρον ⁺κρύψας ἔφευγεν. ἐπεὶ δὲ κατελαμβάνετο, θεὶς αὐτὸν χαμαὶ καὶ δέρων ἔλεγεν· Ἐκεῖ ὄρυττε καὶ μὴ παρὰ τὰ ἐμά.

β: Εὐτράπελος χοῖρον κλέψας ἔφευγεν. ἐπεὶ δὲ κατελαμβάνετο, θεὶς αὐτὸν ἔτυπτε λέγων· Ἄλλων ὄρυγε καὶ μὴ τὰ ἐμά.

A 151 | — β: VE 64 | ὤρυγε ||

§ 147. Εὐτράπελος ἰδὼν κακόηχον καὶ κακόφωνον κιθαρῳδὸν ἠσπάσατο λέγων· Χαῖρε, ἀλεκτρυών. τοῦ δὲ πυθομένου, διὰ τί αὐτὸν οὕτως προσηγόρευσεν, ἔφη· Ὅτι, ὅταν σὺ κοκκύσῃς, πάντες ἐγείρονται.

A 152 | κοκύσῃς ||

§ 148. Εὐτράπελος φλυάρου κουρέως ἐρωτήσαντος· Πῶς σε κείρω; – Σιωπῶν, ἔφη.

A 153 | πῶς ἐκείρω, corr. Minas, cf. Plutarch. (comm.) ||

143. Zu einem witzigen Arzt sagte jemand: „Ich habe viele Karbunkel (Doppelsinn: Kohlen)." Jener erwiderte: „Wenn du dir (nun noch) einen Kessel kaufst, hast du immer warmes (Wasser)".

144. Ein Witzbold sah einen langsamen Wettläufer und sagte: „Ich weiß, woran es dem Herrn da fehlt." Der Veranstalter des Sportfestes fragte: „Woran denn?" und der Witzbold antwortete: „An einem Pferd fehlt es ihm, denn anders kann er seine Konkurrenten nicht einholen."

145. Ein witziger Krämer fand einen Polizisten (?) auf seiner Frau und sagte: „Ich habe gefunden, was ich nicht suchte."

146. Ein Witzbold hatte ein Schwein gestohlen und lief damit weg. Als (die Verfolger) ihn einholten, setzte er es auf die Erde, prügelte es und sagte: „Da wühle und nicht bei meinem (Hause)!" (A); oder: „Anderer Leute Land zerwühle und nicht meines!" (β)

147. Ein Witzbold sah einen Zitherkünstler, der schlecht spielte und schlecht sang, und sagte: „Guten Tag, du Hahn!" Als der andere fragte, warum er ihn so begrüße, antwortete er: „Weil, wenn du krähst, alle aufstehen."

148. Ein Witzbold, der von einem geschwätzigen Barbier gefragt wurde: „Wie soll ich dich scheren?" erwiderte: „Schweigend."

§ 149. A: Εὐτράπελος ἐν βαλανείῳ ὑπό τινος ⁺ὀριγισθεὶς μάρτυρας προσέφερε τοὺς παραχύτας. τοῦ δὲ ἀντιδίκου ἀποβαλλομένου ὡς μὴ ὄντας ἀξιοπίστους ἔφη· Εἰ μὲν ⟨ἐν⟩ τῷ Δουρείῳ Ἵππῳ ὑβρίσθην, προήγαγον ἂν μάρτυρας τοὺς περὶ Μενέλαον καὶ 'Οδυσσέα καὶ Διομήδην· ἐν δὲ τῷ βαλανείῳ τῆς ὕβρεως γενομένης ἀνάγκη τοὺς παραχύτας τὸ πραχθὲν μᾶλλον εἰδέναι.

β: Ὕβρεως ἐν βαλανείῳ γενομένης εὐτράπελος ῥήτωρ κατηγόρει καὶ μάρτυρας ἐκάλει τοὺς περιχύτας. τῶν δὲ ἀποβαλλομένων ὡς μὴ ὄντων ⟨...⟩ ἔφη· Εἰ μὲν ἐν τῷ Δουρίῳ Ἵππῳ ἦν, παρέσχον ἂν μάρτυρας Μενέλαον καὶ 'Οδυσσέα καὶ Διομήδην· εἰ δὲ ἐν βαλανείῳ, ἀνάγκη τοὺς περιχύτας τὸ πραχθὲν μᾶλλον εἰδέναι.

A 154 | ὑβρισθεὶς Minas | προσήγαγον idem | — β: VE 67 | ⟨ἀξιοπίστων⟩ Boissonade ||

§ 150. Εὐτράπελος, δύο ξύστρων παρ' αὐτοῦ ἐν βαλανείῳ ἐπιζητουμένων, ὑπὸ ἑνὸς μὲν ἀγνωρίστου, ὑπὸ δὲ ἑτέρου γνωρίμου μὲν ἀλλὰ κλέπτου, ὁ εὐτράπελος ἔφη· Σὲ μὲν γνωρίζων οὐ δώσω· σὲ δὲ μὴ γνωρίζων οὐ δώσω.

A 155 ||

§ 151. A β: Εὐτράπελος ἰδὼν πορνοβοσκὸν μισθοῦντα μέλαιναν ἑταιρίδα εἶπε· Πόσου τὴν νύκτα μισθοῖς;

A 156 — β: VE 65 | E omiss. a rubricatore V ||

§ 151 b (260 Eberh.). A: Εὐτράπελος ἰδὼν ἰατρὸν κόρην ὑπαλείφοντα ἔφη· Ὅρα, νεανίσκε, μὴ τὴν ὄψιν θεραπεύων τὴν κόρην διαφθείρῃς.

β: Εὐτράπελος ἰδὼν ἰατρὸν νεάνιδα ὑπαλείφοντα ὡραίαν ἔφη· Μὴ τὴν ὄψιν θεραπεύων τὸ βάθος φθείρῃς.

A 157 | κόρην] priore loco νεάνιδα (cf. β) substituendum videtur; post quam vocem excidisse puto ⟨ὀφθαλμιῶσαν⟩ ante recensiones separatas | — β: VE 62 ||

149 (A). Ein Witzbold war im Bade von jemand beleidigt worden und brachte als Zeugen die Badewärter bei. Als der Prozeßgegner sie als unglaubwürdig ablehnte, sagte jener: „Wenn ich im hölzernen Pferd beleidigt worden wäre, hätte ich Menelaos, Odysseus und Diomedes als Zeugen vorgeführt. Da aber die Beleidigung im Bade erfolgt ist, müssen die Badewärter das Geschehene am besten wissen."

150. Ein Witzbold war im Bade, und zwei Leute wollten sich von ihm den Kamm leihen. Den einen kannte er nicht, den anderen kannte er als Dieb. Da sagte er: „Dir leihe ich ihn nicht, weil ich dich nicht kenne, und dir nicht, weil ich dich kenne."

Kamm: eigentlich bronzener Schaber zum Entfernen des Öls vom Körper. Die beiden Teile des witzigen Ausspruches sind dem griechischen Text gegenüber vertauscht.

151. Ein Witzbold sah einen Kuppler eine schwarze Hetäre anbieten und fragte: „Was kostet die ‚Nacht'?"

151b (260). Ein Witzbold sah, wie ein Arzt einem hübschen Mädchen die Augen mit Salbe einrieb. Er sagte: „Gib acht, junger Mann, daß du nicht, wenn du die Augen behandelst, die Pupille zerstörst (Doppelsinn: das Mädchen verführst)!"

§ 152. A: Εὐτράπελοι δύο πατραλοῖαι πρὸς ἀλλήλους ἐδυσφόρουν πρὸς τὸ φονεῦσαι τοὺς ἑαυτῶν γονεῖς. ὁ δὲ ἕτερος πρὸς τὸν ἄλλον ἔφη· Ἵνα μὴ πατροκτόνοι παρά τισι λογισθῶμεν, σὺ φόνευσον τὸν ἐμὸν πατέρα, κἀγὼ τὸν σόν· καὶ κακῆς φεύγομεν φήμης.

β: Δύο εὐτραπέλων πρὸς ἀλλήλους δυσφορούντων ἐπὶ τὸ φονεῦσαι τοὺς ἑαυτῶν γονεῖς ἔφη ὁ εἷς πρὸς τὸν ἕτερον· Ἐὰν αὐτοχείρως τοῦτο πράξωμεν, πατραλοῖαι λογισθῆναι ἔχομεν. ἀλλὰ σὺ μᾶλλον διαχείρισαι τὸν ἐμόν, κἀγὼ τὸν σόν· καὶ κακῆς φήμης ἐκφύγομεν.

A 158 ← § 13 | — β: VE 68 | ὁ εἷς E   ὁ om. V | διαχείρισε V | τὸν σόν prius omiss. in E in marg. add. m. pr. | ἐκφύγωμεν de Rhoer | ultima haec narratiuncula in β   τέλος subscr. E   in V sequuntur tres sententiae ad Philogelon nihil attinentes (1. unde? 2. Plutarch. mor. 231 a = apophth. Lacon. Pausan. II 6   3. Theognid. 1033—1036) ||

§ 153. Εὐτράπελος παλαίων εἰς πηλὰ ἐνέπεσε καὶ ἵνα μὴ δοκῇ ἀπάλαιστος εἶναι, περιστραφεὶς καὶ δι' ὅλου πηλωθεὶς ἀνέστη ἐναβρυνόμενος.

A 159 ||

KYMAIOI

Inscr. ut supra A, Cymaei nulli sunt in cett. ||

§ 154. Ἐν Κύμῃ ἐπισήμου τινὸς κηδευομένου προσελθών τις ἠρώτα τοὺς ὀψικεύοντας· Τίς ὁ τεθνηκώς; εἷς δὲ Κυμαῖος στραφεὶς ὑπεδείκνυε λέγων· Ἐκεῖνος ὁ ἐπὶ τῆς κλίνης ἀνακείμενος.

A 160 | εἷς Eberhard   ὁ A ||

§ 155. Κυμαίῳ ἵππον πιπράσκοντι προσελθών τις ἠρώτα, εἰ πρωτοβόλος ὁ ἵππος. τοῦ δὲ εἰπόντος, ὅτι δευτεροβολεῖ, ἔφη· Πῶς οἶδας; ὁ δὲ εἶπεν· Ὅτι ἅπαξ ἐμὲ κάτω ἔβαλε καὶ ἅπαξ τὸν πατέρα μου.

A 161 ← § 4 ||

§ 156. Κυμαῖος οἰκίαν πωλῶν λίθον ἐξ αὐτῆς ἐκβαλὼν εἰς δεῖγμα περιέφερεν.

A 162 ← § 41 ||

152. Zwei Witzbolde, die als Söhne usw. wie § 13.

153. Ein Witzbold fiel beim Ringen in den Schlamm. Damit es nun nicht so aussähe, als wäre er in der Kunst des Ringens unbewandert, wälzte er sich herum, bis er ganz voll Schlamm war, und erhob sich dann stolz und selbstgefällig.

KYMÄER

154. Als in Kyme ein vornehmer Mann begraben wurde, kam (ein Fremder) zu denen, die im Leichenzuge gingen, und fragte: „Wer ist der Tote?" Ein Kymäer drehte sich um, zeigte mit der Hand und sagte: „Der dort auf der Bahre liegt."

155. Ein Kymäer wollte sein Pferd usw. wie § 4.

156. Ein Kymäer, der sein Haus usw. wie § 41.

§ 157. Κυμαῖος ἵππον πιπράσκων ἠρωτήθη, μὴ δειλὸς εἴη. ὁ δὲ ἀπεκρίνατο· Οὐ μὰ τὴν σωτηρίαν μου· ἐν τῇ φάτνῃ γὰρ μόνος εἱστήκει.

A 163 ← § 10 | εἱστία (potius quam εἱστία), corr. Eberhard coll. § 10 ||

§ 158. Κυμαῖος κλεψιμαῖα ἱμάτια ἀγοράσας διὰ τὸ μὴ γνωρισθῆναι ἐπίσσωσεν αὐτά.

A 164 ← § 35 ||

§ 158 b. Κυμαῖος ἵππον ἐπίπρασκεν. ἐλθόντος δέ τινος καὶ καταμανθάνοντος αὐτοῦ τὸν βόλον εἶπε· Τί τοὺς ὀδόντας αὐτοῦ καταμανθάνεις; εἴθε ὡς τρώγει, οὕτως καὶ περιεπάτει.

A 165 ← § 37 ||

§ 159. Κυμαῖος ἅλωνα μεγάλην ποιήσας ἔστησεν ἄντικρυς τὴν γυναῖκα αὐτοῦ καὶ ἠρώτα, εἰ βλέπει αὐτόν. τῆς δὲ εἰπούσης, ὅτι μόλις αὐτὸν βλέπει, ἔφη ἐκεῖνος· Ἀλλ' ἐγὼ εἰς καιρὸν τηλικαύτην ποιήσω ἅλωνα, ἵνα μήτε ἐγὼ σὲ μήτε σὺ ἐμὲ ἴδῃς.

A 166 ||

§ 160. Κυμαῖος ἐπιζητῶν φίλον ἐκάλει αὐτὸν πρὸ τῆς οἰκίας ὀνομαστί. ἑτέρου δὲ εἰπόντος· Ὑψηλότερον φώνησον, ἵνα ἀκούσῃ – ἀφεὶς τὸ ὄνομα, ὃ ᾔδει, ἐβόα· Ὑψηλότερε.

A 167 ||

§ 161. Κυμαῖος δανειστοῦ οἰκίᾳ ἐπιβουλεύων καὶ θέλων τὰ μείζονα δάνεια κλέψαι τὰ βαρύτερα χαρτία ἐπελέγετο.

A 168 ||

§ 162. Κυμαίων ⟨τὴν⟩ πόλιν τειχιζόντων εἷς τῶν πολιτῶν Λολλιανὸς καλούμενος δύο κορτίνας ἰδίοις ἐτείχισεν ἀναλώμασι. πολεμίων δὲ ἐπιστάντων ὀργισθέντες οἱ Κυμαῖοι συνεφώνησαν, ἵνα τὸ Λολλιανοῦ τεῖχος μηδεὶς φυλάξῃ ἀλλ' ἐκεῖνος μόνος.

A 169 | ⟨τὴν⟩ dubitanter Eberhard ||

157. Ein Kymäer, der sein Pferd usw. wie § 10.

158. Ein Kymäer hatte gestohlene usw. wie § 35.

158 b. Ein Kymäer wollte sein Pferd usw. wie § 37.

159. Ein Kymäer hatte eine große Tenne gemacht. Er stellte seine Frau auf die gegenüberliegende Seite und fragte, ob sie ihn sehe. Als sie sagte, sie sehe ihn mit Mühe, erwiderte er: „Aber bei Gelegenheit werde ich eine so große Tenne machen, daß weder ich dich noch du mich siehst."

160. Ein Kymäer wollte einen Bekannten besuchen und rief ihn vorm Hause bei seinem Namen. Ein anderer sagte: „Du mußt lauter rufen, damit er hört." Da ließ er den Namen, den er wußte, weg und rief: „Herr Lauter!"

161. Ein Kymäer brach in das Haus eines Geldverleihers ein. Um die größten Schuldtitel zu stehlen, wählte er die schwersten Papiere aus.

162. Als die Kymäer ihre Stadt befestigten, ließ einer ihrer Mitbürger namens Lollian zwei Schanzen auf seine eigenen Kosten bauen. Als später Feinde herannahten, faßten die Kymäer, die (auf Lollian zufällig) zornig waren, den einmütigen Beschluß, das Mauerstück des Lollian sollte niemand schützen als er allein.

§ 163. Κυμαῖοι προσδοκῶντες ἐξ ἀποδημίας φίλον αὐτῶν ἀξιότιμον καὶ βουλόμενοι αὐτὸν ἐν τῷ βαλανείῳ διὰ καθαροῦ ὕδατος τιμῆσαι, μίαν ἔχοντες κολυμβήθραν, ταύτην ὕδατος θερμοῦ καθαροῦ πλήσαντες ἐν μέσῳ αὐτῆς κάγκελλον τρητὸν ἔβαλον, ὅπως τὸ ἥμισυ τοῦ ὕδατος καθαρὸν τῷ προσδοκωμένῳ τηρῆται φίλῳ.

A 170 | τρητὸν Minas τρίτον A vox suspecta ||

§ 164. Κυμαῖος ἐν τῷ κολυμβᾶν βροχῆς γενομένης διὰ τὸ μὴ βραχῆναι εἰς τὸ βάθος κατέδυ.

A 171 | κατέβη, corr. Minas ||

§ 165. Κυμαῖος θυρίδας ἀγοράζων ἠρώτα, εἰ δύνανται πρὸς μεσημβρίαν βλέπειν.

A 172 | δύνωνται, corr. Minas ||

§ 166. Κυμαῖος ὄνῳ ⟨ἐπι⟩καθήμενος παρὰ κῆπον ὤδευεν. Ἰδὼν οὖν κλάδον συκῆς ὑπ⟨ερ⟩έχοντα σύκων ὡρίμων πεπληρωμένον ἐπελάβετο τοῦ κλάδου. τοῦ δὲ ὄνου ὑπεκδραμόντος ἀπεκρεμάσθη, καὶ τοῦ κηπουροῦ ἐρωτήσαντος, τί ἐκεῖ ποιεῖ κρεμάμενος, ἔλεγεν· Ἐκ τοῦ ὄνου ἔπεσα.

A 173 C 26 | ⟨ἐπι⟩ add. Eberhard | ⟨ερ⟩ Eberhard ἐπέχοντα M | ἀπεκρεμάσθη A | κηπωροῦ (item M) αἰτήσαντος C qui hinc incipit | ποιεῖ ἐκεῖ C | κρεμμάμενος AC | ἐκ τοῦ ὄνου] ἀπ' ὄνου fuisse oportet, v. comm. ||

§ 167. Κυμαῖος ἰδὼν πρόβατον συμπεποδισμένον καὶ οὕτω κειρόμενον εἶπεν· Εὐχαριστῶ τῷ κουρεῖ μου, ὅτι οὐδέποτέ με δήσας ἔκειρεν.

A 174 C 27 | κουρεῖ Bursian, Haupt κυρίῳ AC | ἔκειρεν] ἔκειρέ A, sed ˉ atramento diverso ἔκειρν C ut vid. ||

§ 168. Κυμαῖος τοῦ πατρὸς αὐτοῦ ἀποδημήσαντος εἰς βαρὺ ἔγκλημα πεσὼν θανάτῳ κατεδικάσθη. ἀπιὼν δὲ παρεκάλει πάντας, ἵνα ὁ πατὴρ μὴ γνῷ, ἐπεὶ μέλλει αὐτῷ θανασίμους πληγὰς ἐπιφέρειν.

A 175 C 28 | εἰσφέρειν C ||

88

163. Die Kymäer erwarteten einen Freund (ihrer Stadt), eine hochgestellte Persönlichkeit, von einer Reise zurück und wollten ihn im Gemeindebad durch reines Wasser ehren. Da sie aber nur ein einziges Schwimmbecken hatten, füllten sie es mit warmem, reinem Wasser und brachten mitten darin ein Gitter an, damit die Hälfte des Wassers für den erwarteten Freund rein erhalten bliebe.

164. Als ein Kymäer im Schwimmbad war und es zu regnen anfing, tauchte er unter, um nicht naß zu werden.

165. Ein Kymäer, der Fenster kaufte, fragte, ob sie nach Süden sehen (hinausgehen) könnten.

166. Ein Kymäer ritt auf einem Esel an einem Garten vorüber. Er sah einen Ast voller reifer Feigen über den Weg hängen und erfaßte ihn. Der Esel lief unter ihm weg, und er blieb an dem Ast hängen. Der Gärtner kam und fragte, was er da mache und (warum er da) hänge. Er erwiderte: „Ich bin vom Esel gefallen" (Doppelsinn: Ich bin verrückt geworden).

167. Ein Kymäer sah ein Schaf, dessen Beine zusamengebunden waren und das man in diesem Zustand schor. Da sagte er: „Ich bin meinem Barbier dankbar, daß er mich niemals gefesselt geschoren hat."

168. Ein Kymäer wurde, während sein Vater verreist war, eines schweren Verbrechens angeklagt und zum Tode verurteilt. Beim Abgang (aus dem Gericht) bat er alle, es ja nicht seinem Vater zu sagen, weil der ihn sonst zu Tode prügeln würde.

§ 169. Ὁ αὐτός, τινὸς αὐτῷ εἰπόντος ὅτι Ἐσύλησάς με – Μὴ ὑποστρέψω, ⟨ἔφη⟩, ἔνθεν ἄπειμι, εἰ ἐσύλησα.

A 176 | add. Boissonade ||

§ 170. Κυμαίου τις ἐπύθετο, ποῦ μένει Δρακοντίδης ὁ ῥήτωρ. ὁ δέ· Μόνος εἰμί, εἶπεν· εἰ δὲ θέλεις, τήρει τὸ ἐργαστήριον, κἀγὼ ἀπελθὼν δείξω σοι.

A 177 C 29 | κυμαίω A κυμαῖος CM, corr. Minas | ὁ δέ om. AM ||

§ 171. Κυμαῖος ἐπ' Ἀλεξανδρείᾳ τοῦ πατρὸς αὐτοῦ ἀποθανόντος τὸ σῶμα τοῖς ταριχευταῖς δέδωκε. μετὰ δὲ χρόνον ἐζήτει αὐτὸ ἀπολαβεῖν. τοῦ δὲ ἔχοντος καὶ ἄλλα σώματα καὶ ἐρωτῶντος, τί σημεῖον ἔχει ἡ τοῦ πατρὸς αὐτοῦ θήκη, ἀπεκρίθη· Ἔβησσεν.

A 178 C 30 | ἐπ'] ἐν Minas | δέδωκε sequente ν erasa A ἔδωκε C fort. recte | τοῦ πατρὸς αὐτοῦ ἡ θήκη C | ἔβισσεν A ἔβισση (?) C ||

§ 172. Κυμαῖος πύκτην ἰδὼν πολλὰ τραύματα ἔχοντα ἠρώτα, πόθεν ἔχει ταῦτα. τοῦ δὲ εἰπόντος· Ἐκ τοῦ μύρμηκος – ἔφη· Διὰ τί γὰρ χαμαὶ κοιμᾷ;

A 179 ~ § 210 ||

§ 173. Κυμαῖος μέλι ἐπίπρασκεν. ἐλθόντος δέ τινος καὶ γευσαμένου καὶ εἰπόντος, ὅτι πάνυ καλόν, ἔφη· Εἰ μὴ γὰρ μῦς ἐνέπεσεν εἰς αὐτό, οὐκ ἂν ἐπώλουν.

A 180 C 31 | εἰς αὐτό] αὐτῷ male C ||

§ 174. Κυμαῖον νοσοῦντα ἀπήλπισεν ἰατρός. ὁ δὲ ὑγιάνας περιέκαμπτε τὸν ἰατρόν. ἐρωτηθεὶς οὖν τὴν αἰτίαν ἀπεκρίνατο· Εἰπόντος σου, ⟨ὅτι⟩ ἀποθνήσκω, αἰσχύνομαι ζήσας.

A 181 C 32 | ⟨ὅτι⟩ addidi duce Eberhardio | αἰσχύνομαι δὲ ζήσας A ||

§ 175. Κυμαῖος ἰατρὸς ἄρρωστον τριταΐζοντα εἰς ἡμιτριταῖον περιστήσας τὸ ἥμισυ τοῦ μισθοῦ ἀπῄτει.

A 182 ||

169. Derselbe sagte, als ihm jemand (bei Gericht) vorwarf, er habe ihn bestohlen: „Möge ich von da, wohin ich gehen werde, nicht zurückkommen, wenn ich dich bestohlen habe!"

170. Jemand fragte einen kymäischen (Handwerker), wo der Rechtsanwalt Drakontides wohne. Der erwiderte: „Ich bin allein. Aber wenn du willst, paß auf die Werkstatt auf! Dann gehe ich und zeige dir's."

171. Ein Kymäer brachte seinen Vater, der in Alexandria gestorben war, zu den Mumienmachern. Später wollte er ihn abholen. Da der Mann noch andere Leichen dahatte, fragte er den Kymäer nach dem Kennzeichen seines Vaters. Antwort: „Er hustete."

172. Ein Kymäer sah einen Boxer mit vielen Verletzungen und fragte ihn, woher er sie hätte. Als dieser antwortete: „Vom Boxriemen" (Doppelsinn: von der Ameise), sagte er: „Warum schläfst du denn auf dem Erdboden?"

173. Ein Kymäer bot Honig zum Verkauf an. Jemand kam, kostete und fand ihn sehr gut. „Ja", sagte der Kymäer, „wenn mir nicht eine Maus hineingefallen wäre, würde ich ihn gar nicht verkaufen."

174. Ein Arzt hatte einen kranken Kymäer aufgegeben. Als dieser gesund geworden war, machte er immer einen Bogen um den Arzt. Nach dem Grund gefragt, sagte er: „Da du gesagt hast, daß ich sterbe, schäme ich mich, daß ich am Leben geblieben bin."

175. Ein kymäischer Arzt hatte einen Kranken, der an Tertianfieber litt, auf Semitertianfieber umgestellt und verlangte dafür die Hälfte des Honorars.
Zwei verschiedene Arten von Wechselfieber (Malaria), bei denen die Anfälle alle drei Tage bzw. alle anderthalb Tage kommen.

§ 175 b. Κυμαίῳ ἰατρῷ σχολαστικὸς προσελθὼν εἶπε· Σοφιστά, ὅταν ἐκ τοῦ ὕπνου ἀναστῶ, ἐπὶ ἡμιώριον ⟨--- μετὰ τὸ ἡμιώριον⟩ διύπνισον.

A 183 ← § 3 | Κυμαί | προσελθόν | suppl. Eberhard qui et plura ex § 3 ||

§ 176. Κυμαῖος ἰατρὸς ἀπεγνωσμένον ἄρρωστον ἐνημάτισεν, ἐκέλευσε δὲ τὰ ἐκκεχωρημένα ⟨;⟩ ἰδεῖν. τοῦ δὲ δείξαντος καὶ εἰπόντος, ὅτι ἀπέθανεν, ὁ ἰατρὸς μεθ' ὅρκου ἀπεκρίνατο· Οὗτος εἰ μὴ ἐκλύσθη, ἐλάκησεν ἄν.

A 184 | ἐνευμάτισεν, corr. Boissonade | ἐκέλευσε A, quo servato ⟨προσκομίζεσθαι· βούλεσθαι γάρ⟩ ante ἰδεῖν inseruit Boissonade; ἠθέλησε Eberhard | οὕτως, corr. Kurtz | ἐλάκισεν ||

§ 177. Κυμαῖος ἰατρὸς τέμνων τινὰ δεινῶς ἀλγοῦντα καὶ βοῶντα ἀμβλυτέραν σμίλην μετέλαβεν.

A 185 ||

§ 178. Κυμαῖοι δύο ἰσχάδων κεράμια δύο ἐπρίαντο. τούτων δὲ ὁ ἕτερος τὸν ἕτερον λανθάνων οὐκ ἐκ τοῦ ἰδίου, ἀλλ' ἐκ τοῦ ἑτέρου κατήσθιεν. ὡς δὲ τοῖς ἀλλήλων κατεχρήσαντο, ἕκαστος ἐπὶ τὸ ἴδιον ἐπιστρέψας εὗρεν αὐτὸ κενόν. ἀλλήλων οὖν ἐπιλαβόμενοι ἤγοντο ἐπὶ τὸν ἄρχοντα. διαγνοὺς δὲ ὁ ἄρχων ἐκέλευσε τὰ κενώματα ἀλλάξαι καὶ τὰς τιμὰς ἀλλήλοις ἀποδοῦναι.

A 186 et C 1 in quo haec mutila sed quae apparent cum A congruunt | in λανθάνων litt. ω ex corr. m. rec. A | κατεχρήσατο C | ἀλλήλοις] ἀλλήλους C ||

§ 179. Ἐν Κύμη δημαγωγὸς ἐν ἐκκλησίᾳ κατηγορηθείς· Ἄνδρες, ἔφη, πολῖται, εἰ μὲν κατεψευσμένοι μου τὰς διαβολάς εἰσιν οὗτοι, γένοιτο αὐτοῖς παρ' ὑμῶν καταγνωσθῆναι· εἰ δέ τι ἐγὼ τούτων πεποίηκα, πάντων ὑμῶν καθημένων ἐμοὶ μόνῳ τὸ θέατρον ἐπιπέσοι.

A 187 | κατεψευμένοι A ubi σ supra lineam add. m. rec. | ὑμῶν dubitanter Eberhard ὑμῖν A | τούτων] τούτοις, correxi | μόνον, corr. Minas ||

§ 180. Κυμαῖος ἄρχων τοιαῦτα κηρύγματα ἐκήρυξεν· Οἱ ἔφοροι μετὰ τὴν θυσίαν παραχρῆμα τὰς ἑαυτῶν βύρσας ἀνα-

175b. Zu einem kymäischen Arzt kam ein Gelehrter und sagte:
„Herr Doktor" usw. wie § 3.

176. Ein kymäischer Arzt gab einem Kranken, den er bereits
aufgegeben hatte, ein Klistier und wünschte die Ausscheidung zu
sehen. Als man sie ihm zeigte und hinzufügte, daß der Kranke
gestorben sei, beteuerte der Arzt unter Eid: „Wenn er nicht
klistiert worden wäre, wäre er zerplatzt" (Doppelsinn: krepiert).

177. Ein kymäischer Arzt vertauschte bei einer Operation, als
der Patient vor Schmerzen furchtbar schrie, sein Messer mit einem
stumpferen.

178. Zwei Kymäer hatten zwei Töpfe voll getrockneter Feigen
gekauft. Jeder von ihnen aß, ohne es den andern merken zu lassen,
nicht aus seinem eigenen Topf, sondern aus dem des andern. Als
jeder die Feigen des anderen aufgezehrt hatte, wandte er sich
seinem eigenen Topf zu und fand ihn leer. Sie ergriffen einer den
andern und schleppten einander zum Bürgermeister. Der Bürgermeister hörte den Fall an und entschied, daß sie die leeren Töpfe
tauschen und einer dem andern den Preis erstatten solle.

179. In Kyme wurde ein Politiker vor der Volksversammlung
(die im Theater stattfand) angeklagt. „Mitbürger", sagte er,
„wenn die Vorwürfe dieser Leute Lüge und Verleumdung sind,
dann wünsche ich, daß sie von euch verurteilt werden. Wenn ich
aber etwas von dem (was sie mir vorwerfen) getan habe, dann
möge, während ihr alle hier sitzt, auf mich allein das Theater einstürzen!"

180. Ein kymäischer Bürgermeister ließ folgende Bekannt-
machungen ausrufen: „Die Aufseher sollen nach dem Opfer gleich

φερέτωσαν πρὸς τὸν ἱερέα. Οἱ δὲ βουλευταί, ἔλθετε εἰς τὸ βου-
λευτήριον καὶ μὴ βουλεύεσθε. Οἱ δὲ μάγειροι τὰ ἴδια ὀστέα ὑπὲρ
τὸ τεῖχος βαλλέτωσαν. Οἱ δὲ σκυτεῖς μικροὺς καλάποδας μὴ
ἐχέτωσαν.

A 188 ||

§ 181. Κυμαῖοι εἰς ψηφοφορίαν ἀπαντήσαντες καὶ γνόντες
πολλοὺς ἐκ τῶν ἄλλων πόλεων ἀπολειφθέντας, αἰτιωμένους τὴν
ἀτραπόν· Μὴ μωροί, ἔφασαν, ἐὰν καὶ ἡμεῖς εἰς τὸ μέλλον οὐκ
ἐρχόμεθα;

A 189 | αἰτιώμενοι A, posui quod necessarium visum | ἔφασαν Eberhard
ἔφη A ||

§ 182. Κυμαῖος ⟨ἰατρὸς⟩ τετρωμένην κεφαλὴν τέμνων ὕπτιον
θεὶς τὸν πάσχοντα ὕδωρ εἰς τὸ στόμα ἐνέβαλεν, ἵνα ἴδῃ, πότε
διὰ τοῦ χειρουργηθέντος ἐκρεύσει.

A 190 C 2 | addidi | ἔβαλεν C | διὰ τοῦ χειρουργηθέντος τὸ πότε (διὰ τοῦ
χειρουργηθέντος ὁπότε C) ἐκρεύσει, correxi ||

ΔΥΣΚΟΛΟΙ

Inscr. ut supra A   περὶ δυσκόλων VE ante § 184 ||

§ 183. Δυσκόλῳ ἰατρῷ προσελθών τις εἶπε· Σοφιστά, ἀνα-
κεῖσθαι οὐ δύναμαι οὔτε ἑστάναι, ἀλλ' οὐδὲ καθῆσθαι. καὶ ὁ
ἰατρὸς εἶπεν· Οὐδέν σοι λείπει ἢ κρεμασθῆναι.

A 191 | καθεῖσθαι | κρεμμασθῆναι ||

§ 184. A: Δυσκόλῳ ἰατρῷ τις λέγει· Τί ποιήσω, ὅτι αἷμα
κάθημαι καὶ χολάς; κἀκεῖνος πρὸς αὐτὸν εἶπεν· Ἐὰν καὶ τὰ
ἔντερά σου ἐκβάλῃς, ἐγὼ οὐ χολῶ.

β: Δυσκόλῳ ἰατρῷ λέγει τις· Τί ἐστιν, ὅτι αἷμα χέζω
καὶ χολάς; κἀκεῖνος ἔφη· Ἐὰν καὶ τὰ ἔντερά σου χέσῃς, ἐγὼ οὐ
χολῶ.

A 192 | — β: VE 38 | χαίζω et χαίσης V ||

94

ihre Häute beim Priester abliefern!" – „Ihr Ratsherren, kommt auf das Rathaus und säumet nicht!" (Doppelsinn: bedenkt euch nicht, beratet euch nicht) – „Die Metzger sollen ihre Knochen über die Mauer werfen!" – „Die Schuster sollen keine zu kleinen Leisten haben!"

181. Die Kymäer fanden sich zur Abstimmung ein und erfuhren, daß viele aus den anderen Städten ausgeblieben waren, indem sie als Grund den (weiten) Weg angaben. Da sagten sie: „Wären wir etwa dumm, wenn wir in Zukunft auch nicht kämen?"

182. Ein kymäischer Arzt operierte einen Verwundeten am Kopfe. Er legte den Patienten auf den Rücken und goß ihm Wasser in den Mund, um zu sehen, wann es durch den Operierten herausfließen würde.

GROBIANE

183. Zu einem groben Arzt kam jemand und sagte: „Ich kann weder liegen noch stehen und auch nicht sitzen." Und der Arzt antwortete: „Nichts bleibt dir übrig als dich aufzuhängen."

184. Zu einem groben Arzt sagte jemand: „Was hat es auf sich, daß ich Blut sch... und Galle?" (Doppelsinn: und du dich aufregst). Und jener sagte zu ihm: „Auch wenn du deine Gedärme sch..., rege ich mich nicht auf."

§ 185. A C: Δύσκολος Ιατρός ἐτερόφθαλμος ἡρώτα νοσοῦντα· Πῶς ἔχεις; ὁ δὲ εἶπεν· 'Ως βλέπεις. ὁ δὲ Ιατρός ἔφη· 'Εὰν ὡς ἐγὼ βλέπω ἔχῃς, τὸ ἥμισύ σου ἀπέθανεν.

β: Δύσκολος Ιατρός ἐτερόφθαλμος ἀρρώστῳ ἔφη· Πῶς ἔχεις; ὁ δέ· 'Ως βλέπεις. ⁺εἶπε δὲ ἐάν.

A 193 C 3 | Δύσκολον νοσοῦντα Ιατρός ἐτερόφθαλμος ἡρώτα C | ὁ δὲ priore loco om. A | Ιατρός om. C | ἀπέθανε C | — β: E solus 44a, narratiunculam in rec. β mutilam om. V |

§ 186. Πρὸς δύσκολον Ιατρός προσελθὼν καὶ ἁψάμενος αὐτοῦ εἶπε· Κακὰ πυρέττεις. ὁ δὲ ἀποκριθεὶς εἶπεν· Εἰ δύνασαι σὺ κρείττω πυρέττειν, ἰδοὺ κλίνη· ἀναπεσὼν πύρεττε.

A 194 C 4 | κακὰ] πολλὰ C κάκ(ιστ)α conieci | ἀποκριθεὶς om. C | κρειτόνως C | καὶ ἀναπεσὼν C ||

§ 187. A: Δύσκολος ἀστρολόγος παιδὸς νοσεροῦ γένεσιν λέγων, πολυχρόνιον αὐτὸν τῇ μητρὶ ⁺ὡς ἐπαγγειλάμενος ᾔτει τὸν μισθόν. τῆς δὲ εἰπούσης· 'Ελθόντι σοι αὔριον δώσω – ἔφη· Τί οὖν, ἐὰν τὴν νύκτα ἀποθάνῃ καὶ ἐγὼ τὸν μισθὸν ἀπόλλω;

β: Δύσκολος ἀστρονόμος παιδὸς νοσεροῦ ⁺γέννησιν εἰπών, πολυχρόνιον ἔσεσθαι ἐπαγγειλάμενος ᾔτει τὸν μισθόν. τῆς δὲ μητρὸς εἰπούσης· Αὔριον δώσω – Τί οὖν, ἔφη, ἐὰν τῇ νυκτὶ ἀποθάνῃ; ἐγὼ τὸν μισθὸν ἀπολέσω;

A 195 | γέννησιν, corr. de Rhoer | πολλυχρόνιον | — β: VF 39 | γέννησιν, cf. ad A ||

§ 188. A: Δυσκόλου κεράμιον μέλιτος ἀγοράσαντος καὶ ὑπό τινος ἐρωτηθέντος, πόσου ἡγόρασεν, καταστρέφων τὸ κεράμιον ἔλεγεν· Οὕτω μου ἐκχυθῇ τὸ αἶμα, ἐὰν εἴπω ὑμῖν.

β: Δύσκολος μέλιτος κεράμιον ἀγοράσας συνεχῶς ἡρωτᾶτο, πόσου ἡγόρασε. καταστρέφων οὖν τὸ κεράμιον ἔφη· Οὕτως χυθήτω μου τὸ αἷμα, ἐὰν εἴπω ὑμῖν.

A 196 | ἐκχυθῇ A ἐκχυθήτω Eberhard ἐκχυθείη Minas | ἡμῖν A, corr. Minas, cf. β | — β: VF 40 ||

§ 189. Πρὸς δύσκολον ἄρρωστον Ιατρός προσελθὼν προσέταξε ψιχία μετὰ στρουθίου φαγεῖν. καὶ ὁ δύσκολος εἶπε· Πῶς δύναμαι εἰς τὸ κλουβίον εἰσελθεῖν, ἵνα φάγω μετὰ τοῦ στρουθίου τὰ ψιχίδια;

A 197 C 5 | ψιχίαν μετὰ τοῦ στρουθίου priore loco C | τὸ om. M | κλουβίν C ||

185. Ein grober Arzt, der einäugig war, fragte einen Kranken: „Wie geht es dir?" Dieser erwiderte: „Wie du siehst." Darauf der Arzt: „Wenn es dir so geht, wie ich sehe, dann bist du zur Hälfte tot."

186. Zu einem Grobian kam ein Arzt, faßte ihn an und sagte: „Du hast ein böses Fieber." Der antwortete: „Wenn du besseres Fieber haben kannst – da ist ein Bett: leg dich hin und habe welches!"

187. Ein grober Astrolog stellt das Horoskop eines kränklichen Knaben und versprach, daß er ein langes Leben haben werde. Danach forderte er seinen Lohn. Als die Mutter sagte: „Ich will ihn dir morgen geben", erwiderte er: „Wie, wenn er heute nacht stirbt? Soll ich da meinen Lohn einbüßen?"

188. Ein Grobian hatte einen Topf Honig gekauft und wurde andauernd gefragt, wieviel er dafür bezahlt hätte. Er drehte den Topf um und sagte: „So soll mein Blut vergossen werden, wenn ich es euch sage!"

189. Zu einem kranken Grobian kam ein Arzt und verordnete ihm, Brotkrumen mit Seifenkraut (Doppelsinn: einem Spätzchen) zu essen. Der Grobian sagte: „Wie kann ich in den Vogelkäfig hineingehen, um mit dem Spätzchen die Brotkrümchen zu essen?"

§ 190. A: Δυσκόλου ταυλίζοντος κατεπέτασσέ τις ἀργὸς καθήμενος. ὁ δὲ θυμούμενος ἠρώτησεν αὐτόν· Ποίας τέχνης; καὶ διὰ τί ἀργεῖς; ἐκείνου δὲ εἰπόντος ὅτι 'Ράπτης εἰμί, ἔργον δὲ οὐκ ἔχω – διαρρήξας αὐτοῦ τὸν χιτῶνα καὶ ἐπιδοὺς εἶπε· Λαβὼν ἐργάζου καὶ σιώπα.

β: Δυσκόλου ταυλίζοντος ⁺κατεπήδησε τις. ὁ δὲ θυμωθεὶς ἠρώτησεν, εἰ τέχνην οἶδε καὶ διὰ τί ἀργεῖ. τοῦ δὲ φήσαντος· 'Ράπτειν οἶδα, ἔργον δὲ οὐκ ἔχω – διαρρήξας τὸ ἱμάτιον αὐτοῦ εἶπε· Λάβε καὶ ἐργάζου καὶ σιώπα.

A 198 | κατεπέτασσέ, corr. Minas | τὸν ἑαυτοῦ χιτῶνα maluit idem | — β: VE 41 ||

§ 191. A β: Δύσκολόν τις ἠρώτα· Ποῦ μένεις; ὁ δὲ εἶπεν· ⁺'Εκεῖθεν μεταβαίνω.

A 199 — β: VE 43 | κἀκεῖθεν β, neutrum intellego, v. comm. ||

§ 192. Δυσκόλῳ τις ναυκλήρῳ ἀπαντήσας εἶπε· Τὸν ἐπίπλουν σου εἶδον ἐν 'Ρόδῳ. κἀκεῖνος ἀπεκρίνατο· Κἀγώ σου εἶδον τὸ ἧπαρ ἐν Σικελίᾳ.

A 200 | σικελλία ||

§ 193. AC: Δύσκολόν τις ἐζήτει. ὁ δὲ ἀπεκρίνατο· Οὐκ εἰμὶ ὧδε. τοῦ δὲ γελάσαντος καὶ εἰπόντος· Ψεύδῃ· τῆς γὰρ φωνῆς σου ἀκούω – εἶπεν· "Ω κάθαρμα, εἰ μὲν ὁ δοῦλός μου εἶπεν, εἶχες ἂν αὐτῷ πιστεῦσαι· ἐγὼ δέ σοι οὐ φαίνομαι ἀξιοπιστότερος ἐκείνου εἶναι;

β: Δυσκόλῳ τις ἐφώνει· ὁ δὲ ἀπεκρίνατο· Οὐκ εἰμὶ ἐγώ. τοῦ δὲ εἰπόντος ὅτι Ψεῦδος· τῆς φωνῆς σου γὰρ ἀκούω – ἔφη· "Ω κάθαρμα, εἰ μὲν ὁ παῖς μου εἶπεν, ἐπείσθης ἄν· ἐγὼ δὲ οὐ φαίνομαί σοι ἀξιοπιστότερος εἶναι;

A 201 C 6 | προσεζήτει C | ψεύση C | αὐτὸ C | — β: VE 42 ἀξιόπιστος V sed in marg. ab ead. m. ἀξιοπιστότερος ||

§ 194. A: Δύσκολος σκάλαν καταβαίνων σφαλεὶς κατέπεσε. τοῦ δὲ οἰκοκυροῦ εἰπόντος· Τίς ἔνι ἐκεῖ; ἀπεκρίνατο· 'Εγὼ τοῦ ἐνοικίου μου ἐλάκησα. τί πρὸς σέ;

190. Ein Grobian war beim Brettspiel, und einer saß müßig dabei und gab Ratschläge. Da wurde er zornig und fragte: „Von welchem Gewerbe bist du? Und warum tust du nichts?" Als jener sagte: „Ich bin Schneider, habe aber keine Arbeit", machte er einen Riß in seinen Rock, gab ihm den hin und sagte: „Nimm und arbeite und schweige!"

191. Einen Grobian fragte jemand: „Wo wohnst du?" Er sagte: „Dort, wo ich herkomme." (?)

192. Einem groben Schiffskapitän begegnete jemand und sagte: „Deine Anfahrt (Doppelsinn: dein Gekröse) habe ich in Rhodos gesehen." Jener erwiderte: „Und ich habe deine Leber in Sizilien gesehen."

193. Einen Grobian wollte jemand besuchen. (Auf Klopfen und Rufen) antwortete er: „Ich bin nicht da." Als der andere lachte und sagte: „Das ist nicht wahr. Ich höre ja deine Stimme", sagte jener: „O du gemeiner Kerl! Wenn es mein Diener gesagt hätte, hättest du es ihm geglaubt. Ich aber komme dir nicht glaubwürdiger vor als er?"

194. Ein Grobian stieg die Treppe (des Hauses, in dem er zur Miete wohnte) hinab und stürzte. Der Hauswirt rief: „Wer

β: Δύσκολος ἀπὸ σκάλας καταβαίνων ἔπεσε. τοῦ δὲ αὐθέντου εἰπόντος· Ἐκεῖ τίς ἔπεσεν; ἔφη· Ἐγὼ τοῦ ἐνοικίου μου. τί πρὸς σέ;

A 202 | εἰπόντος οἰκοκυροῦ, transpos. Boissonade | — β: VE 44 | Δύσκολος τὶς V ob similitudinem §§ 193, 191 ||

§ 195. Δυσκόλῳ τις συγκλητικῷ ἔλεγε· Μικρόν σε ποθῶ ἰδεῖν καὶ συντυχεῖν. ὁ δὲ ἀπεκρίνατο· Κἀγὼ σὲ ἰδεῖν θέλω τυφλὸν καὶ χωλόν.

A 203 |'

ΑΦΥΕΙΣ

Inscr. ut supra A, ἀφυεῖς nulli in β ||

§ 196. Ἀφυὴς γραμματικὸς ἐρωτηθείς· Πῶς δεῖ λέγειν, τοῖς δύο ἢ τοῖς δυσί; ὁ δὲ τὴν χεῖρα προτείνας τοὺς δύο ὑπεδείκνυε δακτύλους.

A 204 ||

§ 197. Ἀφυὴς γραμματικὸς ἐρωτηθείς· Ἡ μήτηρ Πριάμου τίς ἐκαλεῖτο; ἀπορῶν ἔφη· Ἡμεῖς κατὰ τιμὴν κυρίαν αὐτὴν καλοῦμεν.

A 205 ||

§ 198. Ἀφυὴς κουρεὺς τοῖς ὑπ' αὐτοῦ πληττομένοις ἔμπλαστρα προσετίθει. ἑνὸς δὲ αἰτιασαμένου αὐτὸν ἔφη· Ἀχάριστε, μάτην ἀγανακτεῖς· ἑνὸς γὰρ δηναρίου ξυράμενος τεσσάρων δηναρίων ἔμπλαστρα ἔλαβες.

A 206 | bis διναρ-, correx. m. rec. ||

§ 199. Ἀφυὴς μαθητὴς κακῶς τινα κείρας καὶ παρωνυχίδας ποιήσας καὶ διὰ τοῦτο ὑπὸ τοῦ ὀνυχιζομένου ἀπωσθεὶς ἀνεβόησεν· Ἐπιστάτα, τί οὐκ ἀφίησ⟨ί⟩ με μαθεῖν;

A 207 | παρωνυχίδας | add. Kurtz ||

100

ist da gefallen?" Er antwortete: „Ich – für meine Miete. Was geht's dich an?"

195. Zu einem groben Senator sagte jemand: „Ich möchte dich kurz sehen und sprechen." Er antwortete: „Und ich möchte dich blind und lahm sehen."

UNFÄHIGE

196. Ein unwissender Lehrer wurde gefragt: „Wie muß man sagen, ‚den zwei' oder ‚den zweien'?" Er aber streckte die Hand vor und zeigte zwei Finger.

197. Ein unwissender Lehrer wurde gefragt: „Wie hieß die Mutter des Priamos?" Verlegen erwiderte er: „Wir nennen sie aus Ehrerbietung ‚gnädige Frau'."

198. Ein ungeschickter Barbier klebte den Kunden, die er verletzte, Pflaster auf. Als einer sich beschwerte, sagte er: „Undankbarer, du entrüstest dich ohne Grund. Für einen Denar hast du dich rasieren lassen und für vier Denare Pflaster bekommen."

199. Ein ungeschickter (Barbier-)Lehrling hatte einem die Haare schlecht geschnitten und ihn beim Verschneiden der Nägel verletzt. Als er daraufhin von dem Kunden zurückgestoßen wurde, rief er: „Meister, warum läßt er mich nicht lernen?"

§ 200. Ἀφυὴς μαθητὴς ὑπὸ τοῦ ἐπιστάτου κελευσθεὶς ὀνυχίσαι οἰκοδεσπότην ἐδάκρυσε. τοῦ δὲ τὴν αἰτίαν ἐρωτήσαντος ἔφη· Φοβοῦμαι καὶ κλαίω· μέλλω γὰρ τραυματίσαι σε, καὶ παρωνυχίδας ποιήσεις, καὶ τύψει με ὁ ἐπιστάτης.

A 208 | παρονυχίδας ||

§ 201. Ἀφυεῖ μάντει προσελθών τις ἐξ ἀποδημίας ἀνιὼν ἠρώτα περὶ τῶν οἰκείων. ὁ δὲ εἶπεν· Ὑγιαίνουσι πάντες, καὶ ὁ πατήρ σου. τοῦ δὲ εἰπόντος ὅτι Ὁ πατήρ μου δέκατον ἔτος ἔχει ἀφ' οὗ ἀπέθανεν – ἀπεκρίνατο· Οὐδὲν γὰρ οἶδας τὸν κατὰ ἀλήθειάν σου πατέρα.

A 209 | οὐδὲν] οὐδὲ Minas; an οὐ? ||

§ 202. Ἀφυὴς μαθηματικὸς παιδίου γένεσιν λέγων εἶπεν· Οὗτος ἔσται ῥήτωρ, εἶτα ἔπαρχος, εἶτα ἡγεμών. τεθνηκότος οὖν τοῦ παιδὸς τούτου ἡ μήτηρ ἀπαντήσασα εἶπεν· Ὃν ἔλεγες ῥήτορα ἔσεσθαι καὶ ἄρχοντα καὶ ἡγεμόνα, ἀπέθανεν. ὁ δὲ ἔφη· Μὰ τὴν αὐτοῦ μνήμην, ἐὰν ἔζησε, πάντα ταῦτα ἂν ἐγένετο.

A 210 C 7 | μαθητικὸς A (cf. § 204) μαθη sequente compendio ubi μ inesse videtur C | ῥήτωρ ἔσται C | εἶπεν (post ἀπαντήσασα) A ἔφη C | ταῦτα πάντα C ||

§ 203. Ἀφυεῖ μάντει προσελθών τις ἠρώτα, εἰ ὁ ἐχθρὸς αὐτοῦ ἐξ ἀποδημίας ἥξει. ὁ δὲ εἶπεν, ὅτι οὐκ ἔρχεται. ὡς δὲ ἔμαθε μεθ' ἡμέρας παραγενόμενον αὐτόν, ἔφη· Οὐδὲν αὐτοῦ ἀχρωμότερον.

A 211 | ἥξει] „ἐπανήξει? sed a mutatione defendere videtur responsum ἔρχεται" Eberhard ||

§ 204. Ἀφυὴς μαθη(μα)τικὸς μοιρολογῶν τινα ἔφη· Οὐκ ἦν σοι κατὰ γένος τεκνῶσαι. τοῦ δὲ εἰπόντος ὅτι Ἑπτὰ παῖδας ἔχω – εἶπεν· Οὐκοῦν πρόσεχε αὐτοῖς.

A 212 | add. Minas, cf.§ 202 | μακρολογῶν, corr. Haupt ||

§ 205. Ἀφυὴς μάντις ἐμπεσὼν εἰς πολεμίους καὶ εἰπὼν ὅτι Μάντις εἰμί – μελλούσης πρὸς ἀντιπάλους μάχης συνάπτεσθαι·

200. Einem ungeschickten (Barbier-)Lehrling befahl der Meister, einem Herrn die Nägel zu schneiden. Da brach er in Tränen aus, und auf die Frage des Herrn, was er hätte, erwiderte er: „Aus Furcht weine ich. Denn ich werde dich verletzen und du entzündete Finger bekommen und ich Prügel vom Meister kriegen."

201. Zu einem unfähigen Wahrsager kam jemand auf der Rückkehr von einer Reise und fragte nach seinen Angehörigen. Der Wahrsager versicherte: „Sie sind alle gesund, auch dein Vater." Als jener sagte: „Mein Vater ist seit zehn Jahren tot", versetzte der Wahrsager: „Du weißt ja nicht deinen wirklichen Vater."

202. Ein unfähiger Astrolog stellte das Horoskop eines kleinen Knaben und sagte: „Dieser wird Rechtsanwalt sein, dann Landrat, dann Statthalter." Als nun der Knabe gestorben war, begegnete dessen Mutter dem Astrologen und sagte: „Von dem du sagtest, er würde Rechtsanwalt sein und Präfekt und Statthalter, der ist gestorben." Er erwiderte: „Ich schwöre es bei seinem Andenken: wenn er leben geblieben wäre, dann wäre er das alles geworden."

203. Zu einem unfähigen Wahrsager kam jemand und fragte, ob sein Feind von einer Reise zurückkommen werde. Der Wahrsager prophezeite, er werde nicht zurückkommen. Als er nach einigen Tagen erfuhr, daß er doch zurückgekommen sei, sagte er: „So eine Unverschämtheit von dem Kerl!"

204. Ein unfähiger Astrolog stellte jemandem das Horoskop und sagte: „Es entsprach nicht deiner Geburtsstunde, Kinder zu zeugen." Der andere erwiderte: „Ich habe sieben Kinder." Und jener: „Dann paß nur gut auf sie auf!"

205. Ein unfähiger Seher fiel in Kriegsgefangenschaft und sagte: „Ich bin ein Seher." Als es nun zur Schlacht kommen sollte,

Νικήσετε, εἶπε, τοὺς πολεμίους, ἐὰν τὰς ἐξόπισθεν τρίχας τῶν κεφαλῶν ὑμῶν ἐν τῇ παρατάξει τῆς μάχης μὴ βλέψωσιν.

A 213 | „post. vv. μάντις εἰμί videtur omissum esse v. σωθείς" Eberhard | νικήσεσθε, corr. Boissonade | τὸν πόλεμον, corr. Haupt | ἐξώπισθεν ! ἡμῶν, corr. Minas | κλέψωσιν, corr. Boissonade ||

ΔΕΙΛΟΙ
δηλοι marg. ab ead. m. A, ignavos nullos habent cett.

§ 206. Δειλὸς ἐρωτηθείς· Ποῖα τῶν πλοίων ἀσφαλέστερα, τὰ μακρὰ ἢ τὰ στρογγύλα; ἔφη· Τὰ νενεωλκημένα.

A 214 | νενεολκημένα |!

§ 207. Δειλὸς κυνηγὸς συνεχῶς τὴν νύκτα ὑπὸ ἄρκτου διωκόμενος ἐν ὕπνῳ, κύνας μισθωσάμενος μετ᾽ αὐτοῦ ἐκοίμιζεν.

A 215 | μεθ᾽ ἑαυτοῦ Minas | ἐκοίμιζεν M ἐκόμιζεν A |!

§ 208. Δειλῷ πύκτῃ λέγει τις· Μετὰ τίνος ἔχεις πυκτεῦσαι; κἀκεῖ⟨νος⟩ τὸν ἀντίπαλον ὑποδείξας ἔφη· Μετὰ τοῦ κυρίου μου τοῦδε.

A 216 | add. Minas ||

§ 209. Δειλὸς πύκτης συνεχῶς ὑπὸ ἀντιδίκου κοσκινιζόμενος ἀνεβόησε· Δέομαι ὑμῖν ἅμα πᾶσιν.

A 217 et 217 b utpote errore bis deinceps script. → § 218 | πᾶσι A 217 b, ibidemque ultima verba ἅμα πᾶσι inducta suprascr. ω̃ (ut ὑμῶν fiat) μὴ πάντες ὁμοῦ (cf. § 218) a m. rec., fort. Minae ||

§ 210. Δειλὸς πύκτης χωρίον ἀγοράζων κατηρώτα τοὺς ἐντοπίους, μὴ ἔχει μύρμηκας.

A 218 ~ § 172 ||

ΟΚΝΗΡΟΙ
Inscr. ut supra A, nihil C, περὶ ὀκνηρῶν VE ||

§ 211. AC: Ὀκνηρῶν δύο ὁμοῦ κοιμωμένων εἰσελθών τις κλέπτης τὸν σάγον ὑποσύρας ἔκλεψε. τοῦ δὲ ἑνὸς αἰσθομένου καὶ

sagte er: „Ihr werdet die Feinde besiegen, wenn sie die Haare an euren Hinterköpfen in der Schlacht nicht sehen."

FEIGLINGE (1)

206. Ein Ängstlicher wurde gefragt: „Welche Schiffe sind sicherer, die langen oder die breiten?" und erwiderte: „Die auf dem Trockenen liegen."

207. Jemand, der oft nachts im Traum von einem Bären verfolgt wurde, mietete sich Hunde und ließ sie neben seinem Bett schlafen.

208. Zu einem feigen Boxer sagte jemand: „Mit wem hast du zu kämpfen?" Er zeigte auf seinen Gegner und sagte: „Mit diesem Herrn da." (Doppelsinn: mit diesem da, der mir überlegen ist).

209. Ein feiger Boxer, der von seinem Gegner andauernd wie ein Sieb zerlöchert wurde, schrie: „Ich bitte euch allesamt!"
Derselbe Witz deutlicher § 218.

210. Ein feiger Boxer, der sich ein Grundstück kaufte, fragte die Einheimischen, ob es da etwa Ameisen (Doppelsinn: Boxriemen) gäbe.

FAULE

211. Zwei Faule schliefen zusammen. Da kam ein Dieb und nahm ihnen die Decke weg. Der eine merkte es und sagte zu dem

πρὸς τὸν ἕτερον εἰπόντος· Ἀναστὰς φθάσον τὸν κλέψαντα τὸν σάγον – εἶπεν· Ἄφες· ὅταν ἔλθῃ ἐπᾶραι τὴν +στήλην, κρατοῦμεν αὐτόν.

β: Ὀκνηρῶν δύο κοιμωμένων εἰσελθών τις κλέπτης τὸ σαγίον αὐτῶν ἔλαβε. τοῦ δὲ ἑνὸς νοήσαντος καὶ εἰπόντος πρὸς τὸν ἕτερον· Ἀνάστα, δίωξον αὐτόν – ἔφη· Ἄφες· ὅταν ἔλθῃ λαβεῖν τὴν τύλην, κρατοῦμεν αὐτὸν οἱ δύο.

A 219 C 8 | ἐλθὼν κλέπτης τις C | ἑστωμένου C | εἶπεν A ἔφη C | ἐπαρεῖν C | κρατοῦμεν A πιάσωμεν C | – β: VE 51 | σαγεῖον V | ἔλαβεν E ||

§ 212. A: Ὀκνηρῷ υἱῷ ἐκέλευσεν ὁ πατὴρ εἰς τὸν γείτονα ἀπελθεῖν καὶ χρήσασθαι ἀξίνην. ὁ δὲ ἔφη· Οὐ δίδει. τοῦ δὲ πατρὸς ἐπιμένοντος ἀπεκρίνατο· Ἐγὼ εἰμι ὁ γείτων καὶ ἀξίνην οὐκ ἔχω.

β: Ὀκνηρῷ υἱῷ ἐπέταξεν ὁ πατὴρ ἀπελθεῖν εἰς τὸν γείτονα καὶ χρήσασθαι ἀξίνην. ὁ δὲ ἔφη· ⟨...⟩ Ἐγὼ εἰμι ὁ γείτων, ἀξίνην οὐκ ἔχω.

A 220 | – β: VE 52 ||

§ 213. AC: Ὀκνηρὸς ὀκνηρῷ δηνάριον ἐχρεώστει. ὑπαντήσας δὲ αὐτῷ ᾔτει τὸ δηνάριον. τοῦ δὲ εἰπόντος· Ἔκτεινόν σου τὴν χεῖρα καὶ λῦσόν μου τὸ μάπουλον καὶ ἆρον τὸ δηνάριον – ἐκεῖνος ἔφη· Πορεύου ἔνθεν· οὐδέν μοι χρεωστεῖς.

β: Ὀκνηρὸς ὀκνηρῷ ὤφειλε δηνάριον. ὑπαντηκὼς δὲ αὐτὸν ᾔτει τὸ δηνάριον. ὁ δέ φησιν· Εἰς τὸ μάπουλόν μου δέδεται· λύσας ἆρον. ὁ δέ· Ἄπελθε, φησίν, ἐπληρώθην.

A 221 C 9 | διvάριον ubique A, sed ter a manu recenti correctum | ἀπαντήσας C | μάπουλον A μανδύλ C | – β: VE 53 | ὀφειλε δεινάριον ὑπαντηκὸς et rursus δεινάριον ||

ΦΘΟΝΕΡΟΙ

Inscr. in marg. ab ead. m. A, invidos nullos habent cett.

§ 214. Φθονερὸς εἰς γναφεῖον εἰσελθὼν καὶ μὴ θέλων οὐρῆσαι ἀπέθανεν.

A 222 ||

andern: „Steh auf, verfolge ihn!" Darauf der andere: „Laß nur! Wenn er wieder kommt und die Matratze holen will, halten wir ihn beide fest."

212. Einem faulen Sohn befahl der Vater, zum Nachbarn zu gehen und eine Axt zu borgen. Der Sohn sagte: „Er gibt sie nicht." Als der Vater darauf bestand, antwortete er: „Ich bin der Nachbar und habe keine Axt." (Witz?)

213. Ein Fauler schuldete einem Faulen einen Denar. Als dieser jenem begegnete, forderte er den Denar zurück. Der Schuldner sagte: „Er ist in mein Sacktuch gebunden. Binde es auf und nimm ihn dir!" Der Gläubiger darauf: „Geh weiter! Erlassen!"

MISSGÜNSTIGE

214. Ein Mißgünstiger, der in eine Tuchfabrik gekommen war, wollte nicht pinkeln und starb daran.
Harn wurde bei der Tuchmacherei verwendet.

§ 215. Φθονερός οἰκοδεσπότης τοὺς ἐνοίκους ἰδὼν εὐτυχοῦντας ἐκ τοῦ οἴκου αὐτοῦ ἐξεδίωξεν.

A 223 ||

§ 216. Φθονερός ἰδὼν τὸν γείτονα θηριομαχοῦντα λέγει τῷ κυβερνήτῃ· ᾿Αρκος.

A 224 | „Narratio lacuna laborare videtur. Quod superest non potest intelligi" Boissonade ||

§ 217. ῎Αλλος διὰ δειλίαν ἐπέγραψεν ἐπὶ τοῦ μετώπου· ῾Ο τόπος τῶν καιρίων. παιόμενος οὖν συνεχῶς εἶπε πρὸς τοὺς παρόν-τας· Μή τι οὗτος γράμματα οὐκ οἶδεν καὶ ἀναιρεῖ με;

A 225 | μετόπου, corr. m. rec. | κυρίων, corr. Boissonade | τοὺς παρόν-τας] τὸν παίοντα, correxi ||

§ 218. Δειλὸς πύκτης συνεχῶς παιόμενος ὑπὸ τοῦ ἀντιδίκου ἀνεβόησε· Δέομαι ὑμῶν, μὴ πάντες ὁμοῦ.

A 226 ← § 209 ||

ΛΙΜΟΞΗΡΟΙ

Inscr. ut supra A, nihil C, περὶ λιμοξήρου V ante § 261, περὶ λιμοξήρω E ibidem ||

§ 219. Λιμόξηρος λιμοξήρῳ θυγατέρα ἐκδιδοὺς καὶ ἐρωτώμενος, τί αὐτῇ δίδωσιν εἰς προῖκα· Οἰκίαν, ἔφη, δίδωμι, ἧς αἱ θυρίδες εἰς τὸ ἀρτοκοπεῖον βλέπουσιν.

A 227 C 10 | λιμόξηρος om. C | ἔφη· οἰκίαν C | βλέπουσι C ||

§ 220. AC: Λιμόξηρος παιδοτρίβης ἰδὼν ἄρτον κρεμάμενον εἶπε· Καταβαίνεις; ἀπαγγέλλεις; ἢ ἀναβαίνω καὶ ἀπαρτίζω σε.

β: Λιμόξηρος παιδαγωγὸς ἰδὼν ἄρτον ἔν τινι ὕψει κρεμάμενον εἶπε· Καταβαίνεις καὶ ἀπαγγέλλεις; ἢ ἀναβαίνω ⟨καὶ⟩ ἀπαρτίζω σε.

A 228 C 11 | κρεμμάμενον C | ἀπαγγέλεις C | καὶ καὶ C | — β: VE 48 | εἶπε om. V | ἀπαγγέλεις VE ||

108

215. Als ein mißgünstiger Hauswirt sah, daß seine Mieter glücklich waren, setzte er sie aus der Wohnung heraus.

216. Ein Mißgünstiger sah, daß sein Nachbar als Tierkämpfer auftrat, und sagte zu dem Steuermann: „Ein Bär." (?)

FEIGLINGE (2)

217. Ein anderer (Boxer) schrieb aus Feigheit auf seine Stirn: „Lebenswichtige Stelle!" Als er nun viele Hiebe bekam, sagte er zu den Anwesenden: „Kann der etwa nicht lesen und schlägt mich tot?"

218. Ein feiger Boxer, der von seinem Gegner andauernd Hiebe erhielt, schrie: „Ich bitte euch! Nicht alle auf einmal!"

GEFRÄSSIGE

219. Ein Gefräßiger gab einem Gefräßigen seine Tochter zur Frau. Auf die Frage, was er ihr zur Mitgift gebe, erwiderte er: „Ein Haus, dessen Fenster auf die Bäckerei schauen."

220. Ein gefräßiger Lehrer sah ein Brot hängen und sagte (zu ihm wie zu einem Schüler): „Willst du wohl herunterkommen und deine Lektion aufsagen? Sonst komm' ich hinauf und mach' dich fertig."

§ 221. AC: Λιμόξηρος Ιατρός ιδών άρτον εις τρύπην κείμενον έκσυρτικόν ἔμπλαστρον ἐπέθηκεν.

β: Λιμόξηρος Ιατρός ιδών άρτον διά τινος τρύπης έκσυρτικόν ἔμπλαστρον ἐτίθει.

A 229 C 12 | ἄρτον Ιδών C | ἔμπλαστον C quae forma vetustior est teste Galeno XIII 372, sed cf. §§ 112, 198 | ἐπέθηκε C | — β: VE 49 ||

§ 222. Λιμόξηρον ἄρρωστον Ιατρός ἐπισκεψάμενος ἐκέλευσεν ἄληκα αὐτῷ εἰς πόμα γενέσθαι. εἰ δὲ μὴ εὗροι ἄληκα, ποιῆσαι αὐτῷ ὁμοίως τράγον. ὁ δὲ λιμόξηρος ἔφη· Ἐὰν μὴ εὗρω τράγον, φάγω δύο ἐρίφια.

A 230 | ἄρρωστος, corr. Minas ||

§ 223. AC: Λιμόξηρος ἰδών ἄρτον ἐν ὑπερθύρῳ κείμενον εἶπε· Θεέ, ἢ ἐμὲ ὕψωσον ἢ ἐκεῖνον ταπείνωσον.

β: Λιμόξηρος ἰδών ἄρτον ἐν ὑπερθ⟨ύ⟩ρῳ κείμενον ἔφη· Κύριε, ἢ ἐκεῖνον ταπείνωσον ἢ ἐμὲ ⁺ἐξάλειψον.

A 231 C 13 | ἐκεῖνον] τοῦτον A | — β: VE 50 | ὑπέρθρω E ὑπαίθρω V | ἐκεῖνον corr. ex ἐμὲ ead. m. V ||

§ 224. Λιμόξηρος ἀπελθὼν εἰς κηπουρὸν ἔδωκε τέσσαρα δηνάρια, ἵνα σῦκα, ὅσα θέλει, φάγῃ. τοῦ δὲ καταφρονήσαντος καὶ εἰπόντος· Ἀπὸ τῶν παρακειμένων δένδρων φάγε, ὅσα δύνασαι – ἀνελθὼν εἰς μεγάλα⟨ς⟩ συκᾶ⟨ς⟩ καὶ ἀπὸ κορυφῆς ἀρξάμενος πάντα κατήσθιε. μετὰ δὲ πολλὴν ὥραν ἀναμνησθεὶς ὁ κηπουρὸς ἐπεζήτει αὐτόν. ὡς δὲ εἶδεν εἰς ὕψος σαλεύοντα τοὺς κλάδους καὶ ἐσθίοντα, ἀγανακτήσας εἶπε· Κάτω ἐστὼς οὐκ ἠδύνω ἐκ τῶν ἐπικειμένων κλάδων φαγεῖν; ὁ δὲ ἀπεκρίνατο· Ἐκεῖνα, ὡς καταβαίνω, τρώγω.

A 232 C 14 | κηπωρὸν C, v. comm. ad § 166 | δινάρια A | μεγάλα σύκα A μεγάλα σῦκα C μεγάλας συκέας Minas | κηπωρὸς C | ἐπιζητεῖ A | ἡδύνου ἐκ τῶν ἄνω ἐπικειμένων C | ἀπεκρίνατο A εἶπεν C ||

§ 225. Λιμόξηρος ἀρτοπράτῃ προσελθὼν ᾔτει δοῦναι δηνάρια δύο, ἵνα ἄρτου χορτάσῃ. τοῦ δὲ λογισαμένου ἕνα ἄρτον τούτῳ ἀρκέσειν ⟨καὶ⟩ λαβόντος τὰ δηνάρια ἤρξατο τρώγειν. ὁ δὲ τοῦ κοφίνου ἀρξάμενος ἐστὼς τὸ ἥμισυ ἔφαγε. τοῦ δὲ ἀρτοπράτου θαμβηθέντος καὶ εἰπόντος ὅτι Κάθισον καὶ οὕτως φάγε – ἀπεκρίνατο·

221. Ein gefräßiger Arzt, der durch ein Loch ein Brot sah, legte ein Zugpflaster auf.

222. Zu einem gefräßigen Kranken kam ein Arzt und verordnete ihm Reisschleim oder, wenn er keinen fände, aufgebrühte Grütze (Doppelsinn: Bock). Der Gefräßige sagte: „Wenn ich keinen ‚Bock' finde, werde ich zwei Böcklein essen."

223. Ein Gefräßiger sah einen Brotlaib oben auf einem Türbalken liegen und sagte: „Gott, entweder erhöhe *mich* oder erniedrige *ihn*!"

224. Ein Gefräßiger kam zu einem Gärtner und gab ihm vier Denare, damit er Feigen essen könne, soviel er wolle. Der Gärtner, der das für unerheblich hielt, sagte: „Iß von den Bäumen hierherum, soviel du kannst!" Jener stieg auf hohe Feigenbäume und begann vom Wipfel an alle Feigen zu essen. Nach langer Zeit erinnerte sich der Gärtner und suchte ihn. Als er ihn hoch oben die Äste schütteln und essen sah, fragte er zornig: „Konntest du nicht unten stehen bleiben und die Feigen von den unteren Ästen essen?" Und der andere antwortete: „Die esse ich, wenn ich herunterkomme."

225. Ein Gefräßiger kam zu einem Brotverkäufer und schlug vor, zwei Denare zu geben, um sich an Brot sattzuessen. Der Verkäufer rechnete, daß *ein* Brot für ihn genug sein werde, und nahm das Geld. Der andere machte sich ans Essen. Er begann bei dem Korb und aß ihn stehend zur Hälfte leer. Der Brotverkäufer wun-

Τοὺς ἐν τῷ κοφίνῳ ἄρτους βούλομαι ἑστὼς φαγεῖν, τοὺς δὲ ἐν τῇ προβολῇ καθήμενος.

A 233 C 15 | ἀρτοπράτη (η ex corr.) περιπεθὼν C | δοῦναι corr. ex εἶπε C | δηνάρια C, id. m. rec. ex διάρια A utrubique | ἄρτον A | χορτασθῇ Eberhard | τούτω ἀρκέσειν A τοῦτον χορτάσειν C | ⟨καὶ⟩ addidi | λαβόντος Eberhard λαβὼν AC | ὁ δὲ … τὸ ἥμισυ A ὡς οὖν ἀρξάμενος τὸ ἥμισυ τοῦ κοφίνου C | ὅτι om. C ||

§ 226. Λιμόξηρος κωμῳδίας ὑποκριτὴς τὸν ἀγωνοθέτην πρὸ τοῦ εἰσελθεῖν ἄριστον ᾔτει. τοῦ δὲ ἐπιζητοῦντος, διὰ τί προαριστῆσαι θέλει· ῞Ινα, ἔφη, μὴ ἐπιορκήσω λέγω⟨ν·
ἐγὼ⟩ μὲν ἡρίστησα νὴ τὴν ῎Αρτεμιν
μάλ' ἡδέως.

A 234 | λέγωμεν, correxi | Comic. Att. fr. adesp. 421 Kock; principium fabulae Menandri q. i. Συναριστῶσαι videtur esse | ἄρτεμην | μάλα ||

MEΘΥΣΟΙ

Inscr. ut supra A, nihil C, ebriosorum proprium caput non est in VE ||

§ 227. AC: Μεθύσῳ ἐν καπηλείῳ πίνοντι ἐπιστάς τις ἔφη· Ἡ γυνή σου ἀπέθανεν. ὁ δὲ ἀκούσας πρὸς τὸν κάπηλον ἔφη· Οὐκοῦν, αὐθέντα, ἐκ τοῦ μελανοῦ κέρασον.

β: Σχολαστικῷ ἐν καπηλείῳ πίνοντι ἐπιστάς τις εἶπεν· Ἡ γυνή σου ἀπέθανεν. ὁ δὲ ἔφη· Οὐκοῦν, πραγματευτά, μέλαινα οἶνόν μοι κέρνα.

A 235 | εἶπε πρὸς τὸν κάπηλον C | — β: VE 37 | καπηλίω ||

§ 228. Μέθυσος ὀνειδιζόμενος ὑπό τινος, ὅτι πολλὰ πίνων οὐ φρονεῖ, ὁ δὲ ἀπὸ τοῦ οἴνου καλῶς βλέπειν μὴ δυνάμενος ἀπεκρίνατο· Ἐγὼ μεθύω ἢ σὺ ὁ δύο ἔχων ὄψεις;

A 236 ||

§ 229. A: Μέθυσος ἀτυχὴς ἀμπελῶνα κτησάμενος τῷ τρυγητῷ ἀπέθανεν.

β: Ἀτυχὴς μέθυσος ἀμπελῶνα κληρονομήσας ἐν καιρῷ τοῦ τρυγητοῦ ἀπέθανεν.

A 237 — β: VE 54 | τυχὴς oblito rubricatore E ||

derte sich und sagte: „Setz dich doch und iß so!" Jener antwortete:
„Die Brote, die im Korb sind, will ich im Stehen essen, die auf dem
Brett im Sitzen."

226. Ein gefräßiger Komödienschauspieler verlangte von dem
Veranstalter vor seinem Auftritt eine Mahlzeit. Auf dessen
Frage, warum er schon vorher essen wolle, sagte er: „Damit ich
keinen Meineid schwöre, wenn ich sage:
      ,Ich hab', das schwör' ich bei der Artemis,
      Recht gut gegessen.' "

TRUNKSÜCHTIGE

227. Zu einem Trinker, der in der Kneipe zechte, trat jemand
und sagte: „Deine Frau ist gestorben." – „Also", sagte er, „Wirt,
schenk' Schwarzen (d. h. Roten) ein!"

228. Einem Trinker warf jemand vor, daß er vom vielen Trinken nicht mehr bei Verstande wäre. Er aber, der vom vielen Wein
nicht mehr recht sehen konnte, erwiderte: „Bin ich betrunken
oder du – mit deinem Doppelgesicht?"

229. Pech hatte ein Trinker, der einen Weinberg erbte und zur
Zeit der Weinernte starb.

§ 230. Μέθυσος καπηλεῖον ἀνοίξας εἰς τὸ πρόθυρον ἄρκτον ἔδησεν.

A 238 | ἄκτον, ρ inseruit m. rec. ||

ΟΖΟΣΤΟΜΟΙ

Inscr. ut supra A, nihil C, putidorum proprium caput non est in VE ||

§ 231. Ὀζόστομος θέλων ἰδίῳ θανάτῳ ἀποθανεῖν περικαλυψάμενος ἐχασμᾶτο.

A 239 ||

§ 232. Ὀζόστομος συνεχῶς τὴν γυναῖκα αὐτοῦ καταφιλῶν ἔλεγεν· Ἡ κυρία μου, ἡ Ἥρα μου, ἡ Ἀφροδίτη μου. κάκείνη ἀποστρεφομένη ἔλεγεν· Ὀζεύς μου, ὀζεύς μου.

A 240 C 17 | τὴν γυναῖκα αὐτοῦ συν(εχῶς) C | ὀζεύς bis C ὁ ζεύς bis A ||

§ 233. Ὀζόστομος κωφῷ ὑπαντήσας ἔλεγε· Χαῖρε – κάκεῖνος εἶπε· Φῦ. τοῦ δὲ εἰρηκότος· Τί γὰρ εἶπον; ἔφη· Ἔβδεσας.

A 241 C 18 | ἀπαντήσας C | φῦ A φύγε (= φῦ-γε?) C | τοῦ δὲ iam semel ante κάκεῖνος habet C ||

§ 234. Ὀζόστομος τὴν γυναῖκα ἠρώτα λέγων· Κυρία, τί με μισεῖς; κάκείνη ἀπεκρίνατο λέγουσα· Ὅτι σύ με φιλεῖς.

A 242 C 21 | ὅτι A διότι C quod nusquam est in Philogelo ||

§ 235. Ὀζόστομος ἰατρῷ ὑπαντήσας λέγει· Κύριέ μου, ἴδε· ἡ σταφυλή μου κατέβη. καὶ χανόντος ὁ ἰατρὸς ἀποστρεφόμενος ἔλεγεν· Οὐχὶ ἡ σταφυλή σου κατέβη, ἀλλ᾽ ὁ κῶλός σου ἀνέβη.

A 243 C 19 | ἀπαντήσας C | μου om. C. | ἴδε ὅτι A | χανῶντος A | οὐχὶ A οὐχ C | σου κατέβην C | κόλος A ||

§ 236. Ὀζόστομος τὸ τέκνον αὐτοῦ κολακεύων, μασώμενος ἐνεβρωμάτισεν αὐτό. τὸ δὲ ἀποστρεφόμενον ἔλεγεν· Οὐ θέλω· τατὰ κακά.

A 244 C 20 | μασσώμενος C | αὐτῶ C | τὰ κακά C ||

230. Ein Trinker eröffnete eine Kneipe und band vor der Tür einen Bären an.

231. Ein Mann mit stinkendem Atem, der Selbstmord begehen wollte, wickelte sich ein Tuch um den Kopf und sperrte den Mund auf.

232. Ein Mann mit stinkendem Atem küßte fortwährend seine Frau und sagte: „O meine Herrin! O Hera! O Aphrodite!" Sie kehrte sich ab und sagte: „O Zeus! O Zeus!"
Gleichklang mit komischer Wortbildung *ozeus* ‚Stinker'.

233. Ein Mann mit stinkendem Atem begegnete einem Tauben und sagte: „Guten Tag!" Der darauf: „Pfui!" Der erste: „Was habe ich denn gesagt?" Der Taube: „Du hast gepupt."

234. Ein Mann mit stinkendem Atem fragte seine Frau: „Herrin, warum hassest du mich?" Sie antwortete: „Weil du mich liebst" (Doppelsinn: küssest).

235. Ein Mann mit stinkendem Atem begegnete einem Arzt und sagte: „Sieh, Herr! Mein Zäpfchen hat sich gesenkt." Dabei machte er den Mund auf. Der Arzt wandte sich ab und sagte: „Nicht dein Zäpfchen hat sich gesenkt, sondern dein A...loch sich gehoben."

236. Ein Mann mit stinkendem Atem liebkoste sein Kind und fütterte es mit Bissen von dem, was er kaute. Das Kind wandte sich ab und sagte: „Will nicht. Papa a–a!"

§ 237. Ὀζόστομος λουκάνικον ὀπτῶν καὶ ἐπὶ πολὺ προσφυσῶν, ἡνίκα αὐτὸ ἀπειργάσατο, αὐτὸς συνεχῶς βδέων οὐκ ἐπιστεύετο.

A 245 | λοκάνικον | ἡνίκα Boissonade et Eberhard emendatione incerta κϋνέαν A (item A') ||

§ 238. Ὀζόστομος ἀπελθὼν εἰς ὀπωροπώλην ἠρώτα· Ἔχεις, κῦρι, σχάδας; ὁ δὲ ἀποστραφείς· Οὐδὲ φοινίκια ἔχω.

A 246 ||

§ 239. Α: Νεανίσκος τραγῳδὸς ἠγαπήθη ὑπὸ γυναικῶν δύο, ὀζοστόμου καὶ ὀζοχρώτου. καὶ τῆς μιᾶς λεγούσης· Δός μοι, κῦρι, φιλήματα – τῆς δὲ ἄλλης· Δός μοι, κῦρι, περιπλοκάς – ἐκεῖνος ἀνεβόησεν·

Οἴμοι, τί δράσω; δυσὶ κακοῖς μερίζομαι.

β: Εὐτράπελος τραγῳδὸς ὑπὸ δύο ἠγαπᾶτο γυναικῶν, ὀζοστόμου καὶ ⁺εὐοχνώτου. καὶ τῆς μὲν εἰπούσης· Δός μοι φίλημα – τῆς δὲ εἰπούσης· Δός μοι περιπλοκάς – ἀνεβόησεν·

Οἴμοι, τί δράσω; δυσὶ κακοῖς μερίζομαι.

A 247 | ὀζοχρώτου, corr. Minas ex § 240 | — β: VE 59 | suprascr. περὶ εὐτραπέλων, cf. ante § 140 | εὐοχνότου V ευοχνώτου suprascr. ο supra ώ E | voces φίλημα et περιπλοκάς commutatae E ||

§ 240. Ὀζόστομος καὶ ὀζόχρωτος, ὁμοῦ ἐν θεάτρῳ καθεζομένων, συνέβη μέσον αὐτῶν κατὰ τύχην νεανίσκον καθεσθῆναι. αἰσθομένου δὲ αὐτοῦ τῆς δυσωδίας, στραφεὶς πρὸς τὸν ὀζόστομον ἠρώτα· Τίς ἔβδεσεν; εὑρηκὼς δὲ ἐκ τοῦ στόματος αὐτοῦ τὴν αἰτίαν, στραφεὶς τῷ ἑτέρῳ εἰς τὸ οὖς διελέγετο. γνοὺς δὲ κἀκείνου τὴν δυσωδίαν ἀναστὰς ἔφυγεν.

A 248 ||

§ 241. Μωρὸς κωφῷ συγκαθεύδων ἔβδεσε. τοῦ δὲ τὴν δυσωδίαν αἰσθομένου καὶ κατακράξαντος ἔφη· Ἴδε, πῶς ἀκούεις· ἀλλ' ἐμπαίζεις μοι.

A 249 ||

237. Ein Mann, der einen stinkenden Atem hatte, briet eine Wurst unter langdauerndem Blasen. Als er sie fertiggebraten hatte, mußte er anhaltend pupen. Da glaubte man ihm nicht, daß er mit Braten schon fertig sei.

238. Ein Mann mit stinkendem Atem kam zu einem Obsthändler und fragte: „Hast du Feigen, Herr?" Der wandte sich ab und sagte: „*Pfuirsiche* auch nicht."

eigentl. ‚Datteln': das griech. Wort dafür, *phoinikia*, in späterer Aussprache *phynikia*, beginnt mit der Silbe *phy* = ‚pfui!'

239. Ein junger Schauspieler, der in Tragödien auftrat, wurde von zwei Frauen geliebt. Die eine hatte einen stinkenden Atem, die andere einen widerlichen Körpergeruch. Die eine sagte: „Küsse mich!" Die andere: „Umarme mich!" Da rief er aus:

„O weh, was soll ich tun, dem rings zwei Übel drä'un?"

Vermutlich klassisches Zitat aus einer seiner Rollen.

240. Ein Mann mit stinkendem Atem und ein anderer mit widerlichem Körpergeruch saßen beide im Theater, und zwischen sie setzte sich zufällig ein junger Mann. Als er den Gestank wahrnahm, wandte er sich an den ersten mit der Frage: „Wer hat hier gepupt?" Da er nun merkte, daß es aus dem Munde des Mannes kam, wandte er sich zu dem andern und wollte ihm etwas ins Ohr sagen. Als er auch dessen Gestank wahrnahm, erhob er sich und machte sich schnell davon.

241. Ein Dummer schlief mit einem Tauben zusammen und ließ einen streichen. Der andere roch den Gestank und schimpfte. Da sagte der Dumme: „Sieh mal an, wie gut du hörst! Du veralberst mich ja nur."

§ 242. Ὀζόστομος συνεχῶς εἰς οὐρανὸν βλέπων πολλὰ ηὔχετο. παρακύψας ὁ Ζεὺς λέγει·
+μία μία χαρεῖς·+ καὶ κάτω θεοὺς ἔχεις.

A 250 | πολλὰ βλέπων, transpos. Eberhard ||

§ 243.(a) Λείξουρος εἰς τρύγην ὑπὸ φίλου κληθεὶς καὶ ἀπλήστως φαγὼν σῦκα καὶ σταφυλάς, ⟨τῇ νυκτὶ⟩ ὑπὸ τῆς γαστρὸς αὐτοῦ νυχθεὶς ἔδοξεν ὁρᾶν ἐπὶ συκῆς τὸν φίλον αὐτοῦ καθήμενον καὶ τοῦτον προσκαλεῖσθαι, ἵνα φάγῃ σῦκα. (b) ἀναστάντος δὲ ἦρεσεν αὐτοὺς ἀπὸ τῆς συκῆς χέσαι ἄνωθεν. (c) βιαζόμενος οὖν τὰ στρώματα κατέχεσεν. (d) ὡς δὲ ἐξυπνίσας ἐπέγνω, τὰ στρώματα πλύνας πάλιν [ἀπλήστως φαγὼν] ἐκοιμήθη. (e) καὶ θεωρεῖ πάλιν καθ' ὕπνους τὸν φίλον ἐπὶ τῆς συκῆς καθήμενον καὶ τοῦτον ὁμοίως ἀνελθεῖν προτρεπόμενον. (f) ὁ δὲ πρὸς αὐτὸν ἀναβλέψας εἶπε· Πάλιν μοι θέλεις ἐμπαῖξαι, ἵνα ἀπὸ τῆς συκῆς ἄνωθεν δόξας χέζειν τὰ στρώματα ῥυπώσω. (g) ἀλλ' ἐγὼ ἀπάρτι οὐ μὴ ἐμπαιχθῶ· πρῶτον γὰρ χέσω καὶ οὕτως ἀνέλθω. (h) βιαζόμενος οὖν πάλιν τὰ στρώματα κατετίλησεν.

A 251 C 22 | (a) Λίξουρος A | τῇ νυκτὶ addidi, κατέδαρθεν Minas | ἐπὶ συκὴν τὸν φίλον αὐτοῦ A, ubi συκῆς corr. Eberhard ὑπὸ τῆ συκην αὐτ(ην) τὸν φίλον C | (b) αὐτοὺς ἀπὸ τῆς συκῆς χέσαι ἄνωθεν. βιαζόμενος οὖν A ἀπὸ τῆς συκῆς αὐτῆς χέσαι ἄνωθεν οὖν βιαζόμενος C unde αὐτοῖς verisimile | (d) delevi | (e) ἐπὶ πῖ C | ἀνελθεῖν ὁμοίως C | (f) δόξας χέζειν ἄνωθεν C | ῥυπώσω Eberhard ἐρημώσω AC | (h) κατετύλησσεν A κατετζήλλησε C '|

ΠΕΡΙ ΓΥΝΑΙΚΩΝ

Inscr. ut supra E, περὶ λάγνων γυναικῶν V, nihil AC ||

§ 244. AC: Νεανίσκος πρὸς τὴν γυναῖκα οὖσαν ἀσελγῆ εἶπε· Κυρία, τί ποιοῦμεν; ἀριστοῦμεν ἢ ἀφροδισιάζομεν; κἀκείνη πρὸς αὐτὸν ἔφη· Ὡς θέλεις· ψωμὶν οὐκ ἔστιν.

242. Ein Mann mit stinkendem Atem sah beständig zum Himmel auf und sprach viele Gebete. Zeus guckte heraus und sagte:

„(– ? –) Götter gibt es unten auch."

LECKERMAUL

243. Ein leckerhafter und gefräßiger Mensch wurde von einem Freunde zur Obsternte eingeladen. Nachdem er unmäßig Feigen und Trauben gegessen hatte, fühlte er nachts einen Drang im Leib, und er träumte, sein Freund säße auf einem Feigenbaum und lüde ihn ein, (mit hinaufzukommen und) Feigen zu essen. Er stieg – so träumte er – hinauf, und dann beschlossen sie, oben von dem Baum herunterzusch … Er drückte also und sch … ins Bett. Als er aufwachte und merkte, was geschehen war, wusch er sein Bettzeug aus und legte sich wieder schlafen. Und er sah wieder im Traume seinen Freund auf dem Baum sitzen und ihn in derselben Weise zum Hinaufkommen auffordern. Da blickte er zu ihm in die Höhe und sagte: „Du willst mich wieder veralbern, damit ich denke, ich sch … von dem Baum herunter, und mein Bett beschmutze. Aber jetzt werde ich mich nicht mehr veralbern lassen: ich werde erst sch … und dann hinaufkommen." Er drückte also und sch… wieder ins Bett.

WEIBER (1)

244. Ein junger Mann sagte zu seiner Frau: „Herrin, was tun wir? Wollen wir essen oder der Liebe pflegen?" Sie antwortete: „Wie du willst. Brot ist keins da."

β: Νεανίσκος πρὸς τὴν ἑαυτοῦ γυναῖκα ἀσελγῆ οὖσαν εἶπεν· Κυρία, τί ποιοῦμεν; ἀριστοῦμεν ἢ ἀφροδισιάζομεν; κἀκείνη ἔφη· Ὡς θέλεις· ψωμὴν οὐκ ἔχομεν.

A 252 C 23 | γυναῖκα αὐτοῦ ἀσελγῆ οὖσαν C | πρὸς αὐτὸν ἔφη A λέγει C | ψωμὴν potius quam ψωμὶν A | ἐστιν A per siglum vitio chartae attritum ἔνι C | — β: VE 55 | ἀσελγην E | ἔφη ἄρτον οὐκ ἔχομεν omissis ceteris E ubi in marg. rubrica scriptum ὥσπερ τὴν Μάρθαν (!) ||

§ 245. AC: Νεανίσκος γραίας δύο καπριώσας ἐκάλεσε, πρὸς δὲ τοὺς οἰκείους διακόνους ἔφη· Τὴν μίαν κεράσατε, τὴν δὲ θέλουσαν ἀφροδισιάσατε. αἱ δὲ ὑφ' ἓν εἶπον· Ἡμεῖς οὐ διψῶμεν.

β: Γραῖδας ἐρωτευομένας νεανίσκος ξενοδοχήσας πρὸς τοὺς παῖδας αὐτοῦ ἔφη· Τὴν θέλουσαν κεράσατε καὶ τὴν θέλουσαν ἀφροδισιάσατε. κἀκεῖναι εἶπον· Ἡμεῖς οὐ διψῶμεν.

A 253 C 24 | δύο γραίας γαυριώσας C | τὴν μὲν μίαν κυράσατε C | — β: VE 56 | ἐροτευομένας E ||

ΠΕΡΙ ΜΙΣΟΓΥΝΑΙΚΩΝ ΑΝΔΡΩΝ
Inscr. ut supra V ante § 247, nihil usquam cett. ||

§ 246. Μισογύναιος στὰς ἐν τῇ ἀγορᾷ ἔλεγε· Πωλῶ μου τὴν γυναῖκα ἀτελώνητον. τινῶν δὲ εἰπόντων· Διὰ τί; εἶπεν· Ἵνα στερέσιμος γένηται.
A 254 ||

§ 247. A: Μισογύναιος, τῆς γυναικὸς αὐτοῦ ἀποθανούσης, ἐπὶ τῷ θάψαι ἐκήδευε. τινὸς δὲ ἐρωτήσαντος· Τίς ἀνεπαύσατο; ἔφη· Ἐγὼ ὁ ταύτης στερηθείς.

β: Μισογυναίκου τὴν γυναῖκα κηδεύοντος ἠρώτησέ τις· Τίς ἀνεπαύσατο; ὁ δὲ ἔφη· Ἐγὼ ὁ ταύτης στερηθείς.

A 255 | — β: V (praemissa inscriptione quam ante § 246 traieci) et E 57 |

§ 248. A: Μισογύναιος νοσήσας ἐν ἀπογνώσει, τῆς δὲ γυναικὸς αὐτῷ εἰπούσης· Ἐάν τι πάθῃς, ἀπάγξομαι – ἀναβλέψας πρὸς αὐτὴν εἶπε· Ζῶντί μοι τοῦτο χάρισαι.

β: Μισογύναικος ἀρρωστῶν καὶ τῆς γυναικὸς εἰπούσης αὐτῷ· Ἐὰν ἀποθάνῃς, ἀπάγξομαι – ἀναβλέψας εἶπε· Ζῶντί μοι τοῦτο χάρισαι.

A 256 | αὐτὴν Minas αὐτὸν A | — β: VE 58 ||

120

245. Ein junger Mann hatte zwei alte Weiber zu Gaste gebeten und sagte seinen Dienern: „Der, die will, gebt zu trinken, und der, die will, tut was Liebes!" Da riefen beide zugleich: „Wir haben keinen Durst!"

WEIBERFEINDE

246. Ein Weiberfeind stellte sich auf den Markt und sagte: „Ich verkaufe meine Frau unverzollt." Als man fragte: „Warum?" antwortete er: „Damit sie beschlagnahmt wird."

247. Ein Weiberfeind begrub seine Frau. Als jemand fragte: „Wer hat da ausgelitten?" antwortete er: „Ich, der Witwer."

248. Ein Weiberfeind lag auf den Tod krank. Als seine Frau sagte: „Wenn dir etwas passiert, hänge ich mich auf", schlug er die Augen auf und sagte: „Tu mir den Gefallen noch bei Lebzeiten!"

§ 249. Μισογύναιος γυναῖκα ἔχων γλωσσώδη καὶ λοίδορον, τελευτησάσης δὲ αὐτῆς, ἐπὶ θυρεοῦ ἐξέφερε. τινὸς δὲ ἰδόντος καὶ τὴν αἰτίαν ἐρωτήσαντος ἀπεκρίνατο· Μαχίμη γὰρ ἦν.

A 257 | μαχήμη ||

§ 250. Νεανίσκος ἐρωτηθείς, ⟨εἰ⟩ ὑπὸ τῆς γυναικὸς αὐτοῦ κελεύεται ἢ πείθεται αὐτῷ ἐκείνη πάντα, ἐναβρυνόμενος ἔφη· Οὕτως με φοβεῖται ἡ γυνή μου· ἐὰν χάνω, χέζει.

A 258 | ⟨εἰ⟩ add. Eberhard |'

§ 251. Οἰκοδέσποινα μωρὸν οἰκέτην ἔχουσα ἐμφανῆ καὶ ἰδοῦσα αὐτὸν ἀδροκέφαλον, ἐπιθυμήσασα αὐτοῦ, φιμάριον εἰς τὸ πρόσωπον βαλοῦσα, ἵνα μὴ ἐπιγνωσθῇ, συνέπαιζεν αὐτῷ. ὁ δὲ ἐν τῷ παίζειν συνεισῆλθεν αὐτῇ. καὶ τῷ δεσπότῃ συνήθως προσγελῶν εἶπε· Κῦρι, κῦρι, τὸν ὀρχηστὴν ἐβίνησα, καὶ ἡ κυρὰ ἦν ἔσωθεν.

A 259 C 25 | ἀδροκέφαλον | φημάριον, corr. Bened. Hase teste Boissonadio | ὀρχιστὴν ἐβήνησα A ||

§ 252. Ἀτυχὴς εὐνοῦχος κήλην ἐποίησεν.

A (qui hic deficit) 260 ← § 116 ||

§ 253. (6 V Eberh.) Σχολαστικὸς ἰατρῷ συναντήσας· Συγχώρη-σόν μοι, εἶπε, καὶ μή μοι μέμψῃ, ὅτι οὐκ ἐνόσησα.

β: VEP 6 ~ § 6 (253 Eberh. nobis est 255) ||

§ 254. (263 Eberh.) Σχολαστικὸς Ἀμιναίαν ἔχων ἐσφράγισεν αὐτήν. τοῦ δὲ δούλου κάτωθεν τρήσαντος καὶ τὸν οἶνον αἴροντος ἐθαύμαζεν, ὅτι τῶν σημάντρων σώων ὄντων ὁ οἶνος ἐλαττοῦται. ἕτερος εἶπεν· Ὅρα, μὴ κάτωθεν ἀφῃρέθη. ὁ δέ· Ἀμαθέστατε, εἶπεν, οὐ τὸ κάτωθεν λείπει, ἀλλὰ τὸ ἄνωθεν μέρος.

β: VEP 16 (254 Eberh. nobis est 256) | σημάτρων E | ἔλατται V, supra ττ scriptis ου litteris a m. sec. | λίπη P ||

249. Ein Weiberfeind hatte eine Frau, die viel redete und zankte. Als sie gestorben war, trug er sie auf einem Schild zu Grabe. Jemand sah es und fragte nach dem Grunde. Er antwortete: „Weil sie streitbar war."

250. Ein junger Ehemann wurde gefragt, ob er sich von seiner Frau kommandieren lasse oder sie ihm in allem gehorche. Stolz und selbstgefällig erwiderte er: „Meine Frau hat solche Furcht vor mir: wenn ich nur den Mund auftue, sch. . t sie."
Doppelsinn: vor Angst, oder: aus Verachtung.

251. Eine Frau hatte einen dummen Sklaven, und als sie sah, daß er ‚dickköpfig' war, wurde sie begehrlich nach ihm. Sie setzte eine Maske auf, um nicht erkannt zu werden, und trieb Kurzweil mit ihm. Bei dieser Kurzweil kam er mit ihr ins Haus (?). Er lachte den Herrn vertraulich an und sagte: „Herr, Herr, ich habe den Tänzer ge..., und die gnädige Frau war drinnen."

PECH
252. Pech hatte ein Eunuch, der einen Wasserbruch bekam.

KALMÄUSER (2)
253. Ein Kalmäuser begegnete einem Arzt und sagte: „Verzeih mir und nimm mir nicht übel, daß ich nicht krank gewesen bin!"

254. Ein Kalmäuser hatte ein Fäßchen Falernerwein und versiegelte es. Sein Diener bohrte das Faß unten an und entnahm Wein, und der Herr wunderte sich, daß, obwohl die Siegel unversehrt waren, der Wein weniger wurde. Ein anderer sagte: „Vielleicht ist von unten abgezapft worden." – „Dummkopf", erwiderte der Kalmäuser, „nicht der untere Teil fehlt, sondern der obere!"

§ 255. (253 Eberh.) Σχολαστικὸς μαθών, ὅτι ὁ κόραξ ὑπὲρ τὰ διακόσια ἔτη ζῆ, ἀγοράσας κόρακα εἰς ἀπόπειραν ἔτρεφεν.

β: VE 23 P 21 (255 Eberh. nobis est 257) ||

§ 256. (254 Eberh.) Σχολαστικὸς εἰς χειμῶνα ναυαγῶν καὶ τῶν συμπλεόντων ἑκάστου περιπλεκομένων σκεῦος πρὸς τὸ σωθῆναι, ἐκεῖνος μίαν τῶν ἀγκυρῶν περιεπλέξατο.

β: VE 24 P 22 (256 Eberh. nobis est 258) | χολαστικὸς V oblito rubricatore | περιπλεκομένων ex -νου ipsa m. pr. P | σκεῦος editor princ. σκεύους VEP ||

§ 257. (255 Eberh.) Σχολαστικὸς υἱὸν θάψας καὶ συναντήσας τῷ διδασκάλῳ αὐτοῦ εἶπεν· Προ⟨σ⟩ῆλθεν ὁ παῖς; ὁ δέ φησιν· Οὔ. καὶ ὁ σχολαστικός· Λοιπὸν οὖν, καθηγητά, τέθνηκεν.

β: VE 25 ~ § 77 (257 Eberh. nobis est 259) | προ⟨σ⟩ῆλθεν Boissonade | καὶ ὁ σχολαστικός om. V ||

§ 258. (256 Eberh.) Σχολαστικὸς παιδοτρίβης ἀκούσας περὶ μαθητοῦ, ὅτι νοσεῖ, τῇ δὲ ἑξῆς, ὅτι πυρέττει, ὕστερον δὲ παρὰ τοῦ πατρὸς ἀκούσας, ὅτι ἀπέθανεν, ἔφη· Οὕτω προφασιζόμενοι οὐκ ἐᾶτε τοὺς παῖδας μανθάνειν.

β: VE 30 (258 Eberh. nobis est 261) | περὶ μαθητοῦ ἀκούσας E | πυρέτει E ||

§ 259. (257 Eberh.) Σχολαστικὸς ἀγοράσας κρέας βαστάζων αὐτὸ ἀπήρχετο εἰς τὸν οἶκον αὐτοῦ. λούπης δὲ ῥήξας ἥρπασεν αὐτὸ ἐκ τῆς χειρὸς αὐτοῦ. ὁ δὲ ἔφη· Ὡς σὺ γένωμαι, ἂν μὴ κἀγὼ ποιήσω αὐτὸ ἄλλῳ.

β: VE 32 (259 Eberh. nobis est 262) | γένομαι, corr. Eberhard ||

§ 260 Eberh. nobis est § 151 b.

§ 261. (258 Eberh.) Λιμόξηρος ὕπαρχος τὸ βῆμα αὐτοῦ ἐκέλευσε πρὸς ἀρτοκοπεῖον γενέσθαι.

β: VE 47 (261 Eberh. nobis est 263) | suprascr. quae ante § 219 notavi | ἐκέλευσεν E ||

255. Ein Kalmäuser, der erfahren hatte, daß der Rabe über 200 Jahre lebt, kaufte sich einen und hielt ihn (im Käfig), um es auszuprobieren.

256. Ein Kalmäuser litt in einem Sturm Schiffbruch. Da die anderen, die mit in dem Schiffe gefahren waren, jeder irgendein Gerät umklammerten, um sich zu retten, klammerte er sich an einen der Anker.

257. Ein Kalmäuser, der seinen Sohn begraben hatte, traf dessen Lehrer und fragte: „Ist der Junge (in die Schule) gekommen?" Der Lehrer sagte: „Nein", und der Kalmäuser: „Übrigens, Herr Professor, ist er gestorben."

258. Ein Kalmäuser, der Turnlehrer war, hatte über einen Schüler gehört, daß er krank sei, und am nächsten Tag, daß er Fieber habe. Als er später von dessen Vater erfuhr, daß der Schüler gestorben sei, sagte er: „So habt ihr (immer) Ausreden und haltet die Kinder vom Lernen ab."

259. Ein Kalmäuser hatte Fleisch gekauft und trug es nach Hause. Da stieß ein Habicht herab und raubte es ihm aus der Hand. Jener sagte: „Ich will werden wie du, wenn ich das nicht auch einem andern antue!"

GEFRÄSSIGER (1)

261. Ein gefräßiger Präsident ließ seinen Amtssitz bei einer Bäckerei errichten.

§ 262. (259 Eberh.) Εὐτράπελος ἀποδημήσας καὶ κηλίτης γενόμενος, ἐπανελθὼν ἡρωτᾶτο ⟨ὑπὸ τῆς γυναικός⟩, τί ἤγαγεν. ὁ δέ· Σοί μέν, εἶπεν, οὐδέν, τοῖς δὲ μηροῖς σου προσκεφαλάδιον.

β: VE 61 (262 Eberh. nobis est 264) | κυλίτης | ἡροτᾶτο E | inserui | προσκεφαλάδῖν E ||

§ 263. (261 Eberh.) Εὐτράπελόν τις ἐλοιδόρει, ὅτι Σοῦ τὴν γυναῖκα δωρεὰν ἔσχον. ὁ δὲ εἶπεν· 'Εμοὶ μὲν ἀνάγκη τοσούτου κακοῦ ἀνέχεσθαι· σοὶ δὲ τίς ἀνάγκη;

β: VE 63 (263 Eberh. nobis est 254) | ὐτράπελος (litt. initiali a rubricatore omissa) V | ἐμμὲν E | τοιούτου, correxi | ἀντέχεσθαι, corr. Eberhard | σοὶ de Rhoer σοῦ VE ||

§ 264. (262 Eberh.) Εὐτράπελος ἐπὶ ἡγεμόνος ἐδικάζετο. τοῦ δὲ νυστάζοντος ἐβόησεν· 'Εκκαλοῦμαι. ὁ δὲ ἔφη· 'Επὶ τίνα; κἀκεῖνος· 'Επὶ σὲ γρηγοροῦντα.

β: VE 66 (264 Eberh. nobis est 6. β) | νιστάζοντος | ἐγκαλοῦμαι V ἐγκαλοῦμεν E, corr. de Rhoer ex Plutarcho | σοὶ γρηγοροῦντι, corr. de Rhoer et Boissonade ex Plut. et Stobaeo ||

§ 265. Σχολαστικοῦ ἐρωτηθέντος, πόσους ξέστας ὁ ἀμφορεὺς ἔχει, ἀπεκρίνατο· Οἴνου λέγεις ἢ ὕδατος;

G 1 ~ §§ 92 et 136 | οἴνου Perry, ἴνω G | ὕδατος. ατος (secundo α transfixo) ||

262. Ein Witzbold hatte sich während einer Reise einen Wasserbruch zugezogen. Nach der Rückkehr wurde er (von seiner Frau) gefragt, was er mitgebracht hätte. „Dir (persönlich) nichts", erwiderte er, „aber für deine Schenkel ein Ruhekissen."

263. Zu einem Witzbold sagte jemand, um ihn zu beleidigen: „Ich habe deine Frau umsonst gehabt." Er antwortete: „Ich freilich bin gezwungen, dieses große Übel zu ertragen. Du aber – wer zwingt dich?"

264. Ein witziger Mann führte eine Rechtssache vor dem Statthalter(?). Als (er merkte, daß) dieser eingenickt war, rief er (laut): „Ich appelliere!" „An wen?" fragte der Statthalter. Und jener: „An dich, wenn du wach bist."

KALMÄUSER (3)

265. Man fragte einen Kalmäuser, wieviel Schoppen auf einen Eimer gehen, und er antwortete: „Meinst Du Wein oder Wasser?"

KRITIK DER ÜBERLIEFERUNG

Übersicht

KRITIK DER ÜBERLIEFERUNG

HANDSCHRIFTEN

Die Witzsammlung ‚Philogelos' (Φ.) ist uns in verschiedenem Umfange durch eine Reihe von Handschriften überliefert. Die wesentlichen derselben sind von früheren Forschern, besonders A. Eberhard und B. E. Perry, schon ermittelt worden. Einzelne Nachträge lieferte die Durchsicht der Handschriftenverzeichnisse, die in Paris erreichbar sind[1].

Die nachstehende Aufzählung erfolgt nach Gesichtspunkten der Zusammengehörigkeit, die erst in der anschließenden Untersuchung gewonnen werden; an den Anfang aber ist der älteste Zeuge gestellt. Es werden alle Handschriften genannt, die in Bibliotheken nachgewiesen sind, damit ein etwa künftiger Neufund mit Sicherheit als solcher erkannt werden kann. Doch sind solche Handschriften, von denen bereits bekannt ist, daß sie von erhaltenen Vorlagen abgeschrieben sind, kürzer behandelt.

Literatur zu der Überlieferung im ganzen:

Eberhard p. 58–73.

B. E. Perry, On the Manuscripts of the Philogelos, in: Classical Studies in honor of W. A. Oldfather, Urbana 1945/46, 157–166.

Ritter 9–13.

Ich habe die Handschriften A A' C D E Lond. M P V selbst verglichen, Buk. und G nach Photographie.

Sinngemäß schließt sich eine Aufzählung der Ausgaben und Übersetzungen an.

G cod. Cryptoferratensis A 33 s. X/XI, jetzt Nr. 397 der Pierpont Morgan Library in New York.

Lit.: A. Rocchi, Codices Cryptenses, Grottaferrata 1883, p. 445–456. – Seymour de Ricci and W. J. Wilson, Census of Medieval and Renaissance

---

[1] Als endgültig unzugänglich blieben von solchen Handschriften-Katalogen, die überhaupt in Betracht kamen, am Ende nur die Nummern 325 und 879 der 2. Ausgabe von M. Richard's Répertoire des Bibliothèques et des Catalogues de Manuscrits Grecs, Paris 1958, übrig.

Manuscripts in the United States and Canada II New York 1937, p. 1440. —
B. da Costa Greene and P. Harrsen, The Pierpont Morgan Library, Exihibition
of Illuminated Manuscripts, New York 1934, p. 7a. 13, pl. 12. - E. Husselman,
Kalilah and Dimnah (Studies and Documents X) London 1938, 1–11. - Abdruck des Textes bei Perry 164/65.

Pergamenthandschrift, geschrieben vielleicht in Süditalien, aus der Abtei
Grottaferrata um 1800 verschwunden, über Paris durch den Handel nach New
York gelangt, dort von Husselman identifiziert. Enthält das Fragment einer
byzantinisch-griechischen Übersetzung des Buches ‚Kalilah und Dimnah‘,
d. h. einer arabischen Bearbeitung des Pañcatantra (Fürstenspiegel in Form
aneinandergereihter Tierfabeln), älter als die bekannte Übersetzung durch
Symeon Seth (vgl. unten zu M); Physiologos; Vita Aesopi; Fabeln des Äsop;
dto. des Babrios. Auf der Rückseite des letzten Blattes (112ᵛ) beginnen ohne
Überschrift Witzgeschichten aus Philogelos; die letzte (7.) bricht mitten im
Wort ab, der Rest und vermutlich noch mehr Geschichten sind mit weiteren
Blättern der Handschrift verloren, wahrscheinlich schon lange. Denn die Seite
112ᵛ ist stark abgeschabt, und eine Übersicht des Inhalts der Handschrift
aus dem Jahre 1789 (zitiert bei Rocchi) erwähnt die Witzgeschichten nicht.
Die älteste Handschrift, für Ausgaben noch nicht benutzt.
Vgl. unten S. 146, 177f., 180f., 190–193.

A   cod. Parisinus Suppl. Gr. 690 s. XI der Bibliothèque Nationale.

Lit.: H. Omont, Inventaire sommaire des manuscrits grecs de la Bibliothèque Nationale III Paris 1888, p. 300–302. - G. Rochefort, Une anthologie
grecque du XIe siècle: Le Parisinus Suppl. Gr. 690, Scriptorium 4, 1950, 3–17
(vgl. dazu V. Laurent, ByzZ 43, 1950, 389).

Pergamenthandschrift, nach Rochefort zwischen 1075 und 1085 geschrieben,
nach Laurent etwas später, zweispaltig in schöner Schrift, die hellbraune Tinte
bei den Initialen mit Goldflitter durchsetzt; aus einem Athoskloster 1842 von
Minoides Minas nach Paris gebracht, in der Nationalbibliothek seit 1859 (Rochefort; nach Ritter 12 seit 1864). Handschrift mit sehr mannigfaltigem, teils theo-
logischem, teils profanem Inhalt, nach Rocheforts Zählung 94 Nummern.
fol. 151–155ʳ (Nr. 60) φιλόγελως ἐκ τῶν ἱεροκλέους καὶ φιλαγρίου γραμματικου
bis § 103 (Ende der σχολαστικός-Witze); ab 155ʳ Fabeln Äsops, mit nach der
1. Fabel eingeschobener Vita Aesopi; dann wieder fol. 178ᵛ–183 (Nr. 64)
mit neuer Überschrift ἐκ τοῦ φιλογέλου die weiteren Geschichten ab § 104.
Die reichhaltigste Handschrift, für Ausgaben noch nicht unmittelbar benutzt (siehe aber zu A′). Vgl. unten S. 135ff., 170ff.

A′ cod. Parisinus Suppl. Gr. 491 s. XIX der Bibliothèque
Nationale.

Lit.: Omont III p. 269.

Papier. Abschrift der Philogelos-Witze aus cod. A durch Minoides Minas
(Μινωΐδης Μηνᾶς). Die Kopie ist vollständig mit Ausnahme des § 151 b (ver-

sehentlich) und der Doubletten, bei deren zweitem Vorkommen nur die abweichenden Worte mitgeteilt werden. Minas hat den Text an manchen Stellen eigenmächtig verändert oder ergänzt, auch vulgäre Wörter durch literarische ersetzt, was er zum Teil in französisch geschriebenen Anmerkungen begründet. Als Abschrift aus A erwiesen von Perry 159 ff., mit dem Namen A' versehen von Ritter 12.

Benutzt (unter der Bezeichnung A) von Boissonade, durch dessen Ausgabe mittelbar auch Eberhard bekannt, dem es öfters gelang, gegenüber Minas' Änderungen den richtigen (vulgären) Text von A durch Konjektur wiederherzustellen (Ritter 12).

M cod. Monacensis Gr. 551 s. XV der Bayerischen Staatsbibliothek.

Lit.: I. Hardt, Catalogus codicum manuscriptorum Graecorum Bibliothecae Regiae Bavaricae V Monaci 1812, p. 400. – L.-O. Sjöberg, Stephanites und Ichnelates, Überlieferungsgeschichte und Text, Uppsala 1962, 34/35.

Die Papierhandschrift gelangte 1806 von Augsburg (also „olim Augustanus") nach München. Reichhaltige Handschrift teils theologischen, teils profanen Inhalts, sonst ohne bemerkenswerte thematische Berührung mit A. Auf fol. 219 beginnt Στεφανίτης καὶ Ἰχνηλάτης, d.h. die Übersetzung des Pañcatantra (= Kalilah und Dimnah) durch Symeon Seth, vgl. oben zu G; 263 Vita und Fabeln des Äsop; 284–288 ἐκ τοῦ φιλογέλους: περὶ σχολαστικῶν und am Rande ἐκ τῶν τοῦ Ἱεροκλέους καὶ φιλαγρίου γραμματικοῦ, auf 287ʳ nach Abschluß der σχολαστικοί vor § 104 Zwischenüberschrift ἐκ τοῦ φιλογέλου.

Eine Abschrift der fol. 284–288 dieser Handschrift auf 8 Blättern durch G. F. Benecke: cod. Philol. 78 der Universitätsbibliothek Göttingen (vgl. W. Meyer, Verzeichnis der Handschriften im Preußischen Staate. I. Hannover. 1. Göttingen. I. Berlin 1893).

Benutzt für die Übersetzung des Pontanus, später von Boissonade in einer von Krabinger gefertigten Abschrift, dann wieder unmittelbar von Eberhard. Vgl. unten S. 135–143, 163–167.

C cod. Vaticanus Gr. 112 s. XIV.

Lit.: I. Mercati et P. Franchi de' Cavalieri, Codices Vaticani Graeci I Romae 1923, p. 134. – Kollation durch D. Tamilia, De nonnullis Hieroclis et Philagrii facetiis in cod. Vat. Gr. 112, Studi It. di fil. cl. 8, 1900, 89–90 (ungenügend).

Einer Miscellan-Handschrift (Papier) sind an erster Stelle 4 Blätter eingeheftet, die in Tinte und Schrift von dem übrigen Inhalt der Handschrift abweichen und offenbar separaten Ursprungs sind. fol. 1 bringt ohne Überschrift Philogelos-Text ab § 178, bis 3ʳ (§ 251); dort beginnen auf der fünftletzten Zeile μῦθοι αἰσώπιοι, bis 4ʳ, aber 4ᵛ wieder ohne Überschrift Philogelos §§ 166–174 bis zum Ende der Seite. Da 4ᵛ bei Tamilia und in dem Katalog übersehen ist, sind dort nur 25 Geschichten anstatt 32 gezählt.

Noch nicht für Ausgaben benutzt. Vgl. unten S. 140–143, 167–170.

V cod. Vindobonensis Gr. 192 s. XV der Österreichischen Nationalbibliothek.

Lit.: H. Hunger, Katalog der griechischen Handschriften der Österreichischen Nationalbibliothek I Wien 1961, p. 301 sq.

Zweite Hälfte des 15. Jhs., Papierhandschrift, durch Augerius von Busbeck in Konstantinopel erworben. Gemischten, überwiegend profanen Inhalts. Von 14 Nummern ist Nummer 2 die Vita Aesopi des Planudes; Nr. 3 Fabeln Äsops; Nr. 6 (u. a.) Sprüche der Sieben Weisen; Nr. 7 fol. 104–109ʳ ἐκ τοῦ Ἱεροκλέους συντάγματα οἷσπερ ἐντυχών τις σωφρόνως μειδιάσει, danach bald 110ʳ Tierstimmen.

Benutzt zuerst von Eberhard, früher (de Rhoer, Boissonade) nur durch Vermittlung der Vossiani (s. u.) bekannt. Vgl. unten S. 143–145, 160 f.

cod. Vossianus Gr. O.7 [nr. 185 Colomesii] s. XVII der Universitätsbibliothek Leiden.

Lit.: K. A. de Meyier, Codices Vossiani Graeci et miscellanei (Bibliotheca Universitatis Leidensis. Codices manuscripti VI) Lugduni Batavorum 1955, p. 207.

Papier. Miscellan-Codex von der Hand des Isaac Vossius (1618–1689). fol. 67–71 enthalten, ohne Überschrift, 53 Philogelos-Witze, nach dem überzeugenden Nachweis von Eberhard p. 72 abgeschrieben aus V; vgl. unten S. 161 f.

Von Teilen dieser Handschrift (einschließlich Philogelos) verzeichnet de Meyier folgende Abschriften, die, mit Ausnahme derjenigen von Valckenaer, vollständiger sind als der Codex selbst, von dem zwischen 1732 und 1737 das 1. Philogelos-Blatt mit 15 Facetien verlorenging: 1. Von P. Burmann d. J. im Jahre 1732: cod. Philol. 2 der Universitätsbibliothek Göttingen. Überschrift und Anzahl der Geschichten wie in V. Davon wiederum Abschriften durch a) J. Gavel im Jahre 1737: cod. 755 B 28, p. 67 ff. der Universitätsbibliothek Leiden; b) C. A. Duker: cod. IV H 16 der Universitätsbibliothek Amsterdam; c) J. J. Reiske im Jahre 1746: cod. d'Orville 131 der Bodleian Library in Oxford. – 2. Von L. C. Valckenaer im Jahre 1737: cod. B. P. L. 484 der Universitätsbibliothek Leiden. — Eine Abschrift nur der Philogelos-Witze in etwas veränderter Reihenfolge (s. u. S. 162), hergestellt 1680 von H. Beverland, ist

cod. Vossianus Gr. O.2 der Universitätsbibliothek Leiden.

Lit.: de Meyier p. 201.

Der V-Text ist im Voss. Gr. O.7 durch grobe Lesefehler entstellt (Eberhard a. a. O.); da man diese dem gelehrten Is. Vossius nicht zutrauen wird, ist mit einer Zwischenstufe zu rechnen, die aber nicht D sein kann. Voss. Gr. O.7 vermittelte bis auf Eberhard allein die Kenntnis der vollständigen β-Rezension. Aus ihm wurde § 211. β von Claudius Sarravius Epist. 150 (ed. Is. Sarravius,

Arausioni 1654. p. 107 sq.)[2] dem Claudius Salmasius mitgeteilt und gelangte dadurch in die Ausgabe von Needham (daraus Schier und Korais). Die Ausgabe von de Rhoer beruht auf der Abschrift einer Abschrift, die Jacob Gronov von Voss. Gr. O.2 hergestellt hatte; Boissonade benutzte eine in Leiden verfertigte Abschrift, wie es scheint, des Voss. Gr. O.7.

E cod. Estensis α. P. 7.16 (Mutinensis Gr. 35 = III A 21) s. XV der Biblioteca Estense (d'Este) in Modena.

Lit.: V. Puntoni, Indice dei codici Greci della Biblioteca Estense di Modena, Studi It. di fil. cl. 4, 1896, 403.

Papierhandschrift, die Altersangabe nach dem handschriftlichen Katalog in Modena und (zweifelnd) Perry 163 a. 17. Inhalt nur Vita Aesopi (des Planudes) und fol. 124–142 Ἐκ τοῦ ἱεροκλέους.

Noch nicht für Ausgaben benutzt. Vgl. unten S. 143–146, 159–161.

D cod. Parisinus Suppl. Gr. 64 s. XVI der Bibliothèque Nationale.

Lit.: Omont III p. 211.

Papier, Miscellanhandschrift des 15.–17. Jhs., deren fol. 69–80ᵛ nach freundlicher Mitteilung von M. Astruc in der Mitte des 16. Jhs. geschrieben sind. Diese Partie enthält zwischen (69) Sprüchen der Sieben Weisen und (78) Tierstimmen (vgl. V) auf fol. 70–77ʳ ἐκ τοῦ ἱεροκλέᾱ (sic) συντάγματα οἶσπερ κτλ. wie V.

Nicht für Ausgaben benutzt. Vgl. unten S. 161.

London: British Museum, Sloane MS. 1144, s. XVII.

Lit.: M. Richard, Inventaire des manuscrits grecs du British Museum I Paris 1952, p. 1.

Papierhandschrift, enthält zunächst Procopii Anecdota, dann ἐκ τῶν ἱεροκλέου (sic) συντάγματα οἶσπερ ἐντυχών τις εωφρόνως (sic) μειδιάσει, mit beigeschriebenen Varianten aus der „Editio Londiniensis", d.h. Curterius.

Nicht für Ausgaben benutzt. Vgl. unten S. 162.

P cod. Palatinus Gr. 146 s. XV der Bibliotheca Vaticana.

Lit.: H. Stevenson sen., Codices manuscripti Palatini Graeci Bibliothecae Vaticanae descripti, Romae 1885, p. 75 ff.

---

[2] Auch abgedruckt als epist. 78 der „Claudii Sarravii Epistolae" in der Sammlung: Marquardi Gudii et doctorum virorum ad eum Epistolae ... cur. Petro Burmanno, Ultrajecti 1697. Dort geht als epist. 77 derjenige Brief voraus, auf den Sarrau in dem angezogenen Briefe Bezug nimmt; er enthält den Text von § 56 (= Ed. princeps 29) und ist in der Sammlung des Sohnes weggelassen.

Papier, Miscellanhandschrift des 14.–16. Jhs., deren fol. 63–65, die nach freundlicher Mitteilung von Abbé P. Canart im 15. Jh. geschrieben sind, ἀστεῖα τοῦ Ἱεροκλέους τινά enthalten. Die umgebenden Texte sind theologisch. Als Teil der Bibliotheca Palatina 1623 von Heidelberg nach Rom verbracht. Wahrscheinlich für die Editio princeps (e) benutzt, vgl. unten S. 143–146, 154–160.

Bukarest: Biblioteca Academiei Române, cod. Graec. 634 (662), s. XVIII (1725).

Lit.: C. Litzica, Biblioteca Academiei Române, Catalogul manuscriptelor grecesti, Bucaresti 1909, p. 338.

Papier. Bunten, überwiegend profanen Inhalts. fol. 124–130 (Nr. 8) Ἱεροκλέους φιλοσόφου ἀστεῖα. Von den 28 Witzgeschichten sind 24 mit nebenstehender Übersetzung in das Neugriechische versehen.

Nicht für Ausgaben benutzt. Vgl. unten S. 154–158.

Jerusalem: Μετόχιον τοῦ Παναγίου Τάφου, cod. 418, s. XVIII in.

Lit.: A. I. Papadopoulos-Kerameus, Ἱεροσολυμιτικὴ βιβλιοθήκη IV St. Petersburg 1899, p. 400.

Papierhandschrift, αὐτόγραφον Χρυσάνθου τοῦ Νοταρᾶ, vermischten Inhalts. fol. 434–435 Ἱεροκλέους φιλοσόφου ἀστεῖα.

Die Handschrift, die sich jetzt in der Nationalbibliothek in Athen befinden soll, war mir nicht zugänglich; sie ist nicht für Ausgaben benutzt. Vgl. unten S. 159.

Konstantinopel: Ζωγράφειον Γυμνάσιον, cod. 32, s. XVIII.

Lit.: A. I. Papadopoulos-Kerameus, Δύο κατάλογοι ἑλληνικῶν κωδίκων ἐν Κωνσταντινουπόλει, τῆς Μεγάλης τοῦ Γένους Σχολῆς καί τοῦ Ζωγραφείου in: Izvestija Russkago Archeologičeskago Instituta v Konstantinopole 14, 1909, p. 74.

Papierhandschrift, geschrieben von Κωνσταντῖνος Δαπόντε (1713 od. 1714 — 1784); vermischten, vorwiegend religiösen Inhalts; pag. 97–100: Ἱεροκλέους φιλοσόφου ἀστεῖα.

Die Handschrift war mir nicht zugänglich; sie ist nicht für Ausgaben benutzt. Vgl. unten S. 159.

Bestand und Reihenfolge der Witzerzählungen in den verschiedenen Handschriften sind aus den nachstehenden Tabellen ersichtlich.

Deren erste (a) geht von der Anordnung in dem cod. Parisinus A aus und bezieht darauf zunächst die verwandten Handschriften M (bis § 210) und (ab § 166) C, dann die Rezension β (= EVD, in § 185 nur E), dann G: doch werden die Angaben über G, weil solche nur selten zu machen sind, in der Spalte der Adnotationes mit untergebracht. Voran steht die Zählung der §§ = Nummern unserer Ausgabe; diese Zählung, die über Eberhard und Boissonade auf M. Minas zurückgeht, folgt der Anordnung in A bis zu dessen Ende (§ 252), differiert aber infolge Nichtzählung einzelner Geschichten (meist Doubletten) durch Minas zunehmend bis um 8 Nummern. Ab § 253 folgen Geschichten, die nur in β oder G stehen; über ihre Anordnung vgl. unten S. 194.

Tabelle b) geht von β aus und bezieht darauf zunächst die verwandte Handschrift P sowie die Editio princeps e (beide bis β 34 reichend), sodann A und G, wobei aber anstatt der A-Nummern des bequemeren Aufsuchens halber die §§ zitiert werden. Infolgedessen erscheinen da auch die Nummern solcher Geschichten, die in A nicht stehen; diese Nummern werden in „–" geschlossen.

Tabelle c) geht von G aus und bezieht darauf A, d.h. die §§-Nummern, und β.

→ und ← kennzeichnen Doubletten (s. unten S. 170 ff.), ∼ und ≈ verschiedene Grade von Ähnlichkeit. Der Inhalt der Kapitel wird in den Tabellen a) und b) durch Überschriften bezeichnet, die teilweise den Handschriften entnommen sind.

Congruentiae codicum

a) *ex ordine codicis A*

§	A	M	β	adnot.
	σχολαστικοί			
1	1	1	—	
2	2	2	1	
3	3	3	—	→ § 175ᵇ
4	4	4	2	→ § 155

§	A	M	β	adnot.
5	5	5	3	
6	6	6	14	~ β 6 (§ „253")
7	7	7	—	
8	8	8	7	
9	9	9	8	
10	10	10	—	→ § 157
11	11	11	10	
12	12	12	—	
13	13	13	—	→ § 152
14	14	---	11	
15	15	14	12	
16	16	15	—	
17	17	16	34	→ § 44^b et M 42
18	18	17	—	
19	19	18	18	
20	20	19	—	
21	21	20	—	
22	22	21	21	G 3
23	23	22	—	→ § 130
24	24	23	—	G 4
25	25	24	—	in β conflata cum § 30
26	26	25	—	~ § 73
27	27	26	—	→ § 79^b
28	28	27	—	
29	29	28	26	G 5
30	30	29	27	→ § 90^b, in β conflata cum § 25
31	31	30	28	→ § 91^b
32	32	31	—	→ § 96^b
33	33	32	—	
34	34	33	4	G 2
35	35	34	—	→ § 158
36	36	35	—	
37	37	36	5	→ § 158^b
38	38	—	—	
39	39	37	35	
40	40	38	31	
41	41	39	9	→ § 156
42	42	—	—	→ § 132
43	43	40	—	
44	44	41	36	
44^b	45	42	(34)	← § 17 (M 16)
45	46	43	13	
46	47	44	15	

§	A	M	β	adnot.
47	48	45	—	
48	49	46	—	
49	50	47	17	
50	51	48	—	
51	52	49	19	
52	53	50	20	
53	54	51	—	
54	55	52	--	
55	56	53	29	
56	57	54	22	
57	58	—	—	
58	59	55	—	
59	60	56	—	
60	61	57	—	→ § 131
61	62	58	—	
62	63	—	—	
63	64	59	—	
64	65	—	—	
65	66	60	33	
66	67	61	—	
67	68	62	—	
68	69	63	—	
69	70	64	—	
70	71	65	—	
71	72	—	—	
72	73	—	—	
73	74	--	—	~ § 26
74	75	--	—	
75	76	66	—	
76	77	—	—	
77	78	67	—	~ β 25 (§ ,,257")
78	79	—	—	
79	80	—	—	
79[b]	81	—	—	← § 27
80	82	68	—	
81	83	69	—	
82	84	—	—	
83	85	70	—	
84	86	71	—	→ § 134
85	87	72	—	
86	88	73	—	
87	89	—	—	

§	A	M	β	adnot.
88	90	74	—	
89	91	75	—	
90	92	76	—	
90ᵇ	93	—	—	← § 30
91	94	77	—	
91ᵇ	95	—	—	← § 31
92	96	78	—	≈ § 136, ~ G 1 (§ „265")
93	97	79	—	
94	98	—	—	
95	99	—	—	
96	100	80	—	
96ᵇ	101	—	—	← § 32
97	102	—	—	
98	103	—	—	
99	104	81	—	~ § 137
100	105	82	—	→ § 128
101	106	—	—	
102	107	83	—	
103	108	—	—	→ § 129
	ἐκ τοῦ φιλογέλου ΑΜ			
	φιλάργυροι			
104	109	84	45	G 6
105	110	—	46	
	ἀλαζόνες			
106	111	85	—	G 7
107	112	86	—	
108	113	87	—	
	μωρός			
109	114	88	—	
	Ἀβδηρῖται			
110	115	—	—	
111	116	89	—	
112	117	90	—	
113	118	—	—	~ § 119
114	119	—	—	
115	120	91	—	
116	121	—	—	→ § 252
117	122	—	—	
118	123	—	—	
119	124	—	—	~ § 113
120	125	—	—	~ § 141
121	126	92	—	

§	A	M	β	adnot.
122	127	93	—	
123	128	—	—	
124	129	94	—	
125	130	95	—	
126	131	96	—	
127	132	—	—	

Σιδόνιοι

§	A	M	β	adnot.
128	133	—	—	← § 100
129	134	—	—	← § 103
130	135	—	—	← § 23
131	136	—	—	← § 60
132	137	97	—	← § 42
133	138	—	—	
134	139	—	—	← § 84
135	140	—	—	
136	141	—	—	≈ § 92, ~ G 1 „§ 265"
137	142	98	—	~ § 99
138	143	—	—	
139	144	99	—	

εὐτράπελοι

§	A	M	β	adnot.
140	145	100	—	
141	146	—	—	~ § 120
142	147	—	—	
143	148	—	60	
144	149	—	—	
145	150	—	—	
146	151	—	64	
147	152	101	—	
148	153	—	—	
149	154	—	67	
150	155	—	—	
151	156	—	65	
151ᵇ (260)	157	—	62	
152	158	—	68	← § 13
153	159	102	—	

Κυμαῖοι

§	A	M	β	adnot.
154	160	—	—	
155	161	—	—	← § 4
156	162	—	—	← § 41
157	163	—	—	← § 10

§	A	M	C	β	adnot.
158	164	—	—	—	← § 35
158ᵇ	165	—	—	—	← § 37
159	166	103	—	—	
160	167	104	—	—	
161	168	105	—	—	
162	169	106	—	—	
163	170	—	—	—	
164	171	107	—	—	
165	172	108	—	—	
166	173	109	26	—	C incipit
167	174	110	27	—	
168	175	—	28	—	
169	176	—	—	—	
170	177	111	29	—	
171	178	—	30	—	
172	179	112	—	—	~ § 210
173	180	113	31	—	
174	181	114	32	—	
175	182	—	—	—	
175ᵇ	183	—	—	—	← § 3
176	184	—	—	—	
177	185	—	—	—	
178	186	—	1	—	
179	187	—	—	—	
180	188	—	—	—	
181	189	—	—	—	
182	190	—	2	—	
		δύσκολοι			
183	191	115	—	—	
184	192	—	—	38	
185	193	116	3	E 44a	
186	194	117	4	—	
187	195	—	—	39	
188	196	118	—	40	
189	197	119	5	—	
190	198	—	—	41	
191	199	—	—	43	
192	200	—	—	—	
193	201	120	6	42	
194	202	—	—	44	
195	203	121	—	—	
		ἀφυεῖς			
196	204	—	—	—	

§	A	M	C	β	adnot.
197	205	122	—	—	
198	206	123	—	—	
199	207	—	—	—	
200	208	—	—	—	
201	209	—	—	—	
202	210	—	7	—	
203	211	—	—	—	
204	212	—	—	—	
205	213	—	—	—	
		δειλοί			
206	214	—	—	—	
207	215	124	—	—	
208	216	—	—	—	
209	217	—	—	—	→ § 218
	217ᵇ				errore bis script. in A
210	218	125	—	—	M desinit ∼ § 172
		ὀκνηροί			
211	219	—	8	51	
212	220	—	—	52	
213	221	—	9	53	
		φθονεροί			
214	222	—	—	—	
215	223	—	—	—	
216	224	—	—	—	
		rursus δειλοί			
217	225	—	—	—	
218	226	—	—	—	← § 209
		λιμόξηροι			
219	227	—	10	—	
220	228	—	11	48	
221	229	—	12	49	
222	230	—	—	—	
223	231	—	13	50	
224	232	—	14	—	
225	233	—	15	—	
226	234	—	—	—	
		μέθυσοι			
227	235	—	16	37	

§	A	C	β	adnot.
228	236	—	—	
229	237	—	54	
230	238	—	—	
		ὀζόστομοι		
231	239	—	—	
232	240	17	—	
233	241	18	—	
234	242	21	—	
235	243	19	—	
236	244	20	—	
237	245	—	—	
238	246	—	—	
239	247	—	59	
240	248	—	—	
		rursus μωρός		
241	249	—	—	
		rursus ὀζόστομος		
242	250	—	—	
		λείξουρος		
243	251	22	—	
		γυναῖκες		
244	252	23	55	
245	253	24	56	
		μισογύναιοι		
246	254	—	—	
247	255	—	57	
248	256	—	58	
249	257	—	—	
		rursus γυναῖκες		
250	258	—	—	
251	259	25	—	C desinit
		ἀτυχής		
252	260	—	—	← § 116 A desinit
		varia		
253	—	—	6	~ § 6
254	—	—	16	
255	—	—	23	
256	—	—	24	
257	—	—	25	~ § 77
258	—	—	30	
259	—	—	32	
(260	157	—	62)	est 151[b]
261	—	—	47	

§	A	C	β	adnot.
262	--	—	61	
263	—	—	63	
264	--	—	66	
265	—	—	—	sol. G 1

Distributio fabellarum per paginas codicum classis plenioris (α):

codicis A p. 151ʳ col. dx: § 1. § 2.
152ʳ sin: § 16–§ 26. dx: § 26–§ 34.
153ʳ sin: § 47–§ 55. dx: § 55–§ 62.
154ʳ sin: § 78–§ 84. dx: § 84–§ 90.
155ʳ sin: § 103.
178
179ʳ sin: § 115–§ 123. dx: § 123–§ 130.
180ʳ sin: § 148–§ 154. dx: § 154–§ 161.
181ʳ sin: § 177–§ 183. dx: § 183–§ 191.
182ʳ sin: § 207–§ 216. dx: § 216–§ 224.
183ʳ sin: § 240–§ 245. dx: § 245–§ 252.

ᵛsin: § 2–§ 9. dx: § 9–§ 16.
ᵛsin: § 35–§ 42. dx: § 42–§ 47.
ᵛsin: § 62–§ 69. dx: § 69–§ 78.
ᵛsin: § 90–§ 96. dx: § 97–§ 103.

ᵛsin: § 104–§ 107. dx: § 107–§ 115.
ᵛsin: § 131–§ 139. dx: § 139–§147.
ᵛsin: § 162–§ 168. dx: § 169–§ 177.
ᵛsin: § 192–§ 200. dx: § 200–§ 207.
ᵛsin: § 224–§ 232. dx: § 232–§ 240.

codicis M p. 284ʳ § 1–§ 12. ᵛ§ 12–§ 27.
285ʳ § 27–§ 43. ᵛ§ 43–§ 53.
286ʳ § 54–§ 69. ᵛ§ 69–§ 90.
287ʳ § 90–§ 108. ᵛ§ 110–§ 139.
288ʳ § 139–§ 172. ᵛ§ 173–§ 210.

codicis C p. 1ʳ § 178–§ 193. ᵛ§ 193–§ 220.
2ʳ § 220–§ 225. ᵛ§ 225–§ 243.
3ʳ § 243–§ 251.
4 ᵛ§ 166–§ 174.

b) *ex ordine recensionis* β

β	P	e	§	adnot.
		σχολαστικοί		
1	1	1	2	
2	2	2	4	
3	3	3	5	
4	4	4	34	G 2
5	5	5	37	
6	6	6	„253"	~ § 6

Distributio fabellarum per paginas codicum potiorum classis β:

codicis E p.

124ʳ β 1. β 2.	ᵛβ 2–β 4.	125ʳ β 4. β 5.	ᵛβ 6–β 8.
126ʳ β 8–β 11.	ᵛβ 11–β 13.	127ʳ β 13. β 14.	ᵛβ 15. β 16.
128ʳ β 16–β 18.	ᵛβ 18–β 20.	129ʳ β 20. β 21.	ᵛβ 22.
130ʳ β 22–β 24.	ᵛβ 25–β 27.	131ʳ β 27–β 29.	ᵛβ 29. β 30.
132ʳ β 30–β 32.	ᵛβ 33. β 34.	133ʳ β 34–β 36.	ᵛβ 36.
134ʳ β 37–β 39.	ᵛβ 39. β 40.	135ʳ β 40. β 41.	ᵛβ 42. β 43.
136ʳ β 44. β 44a.	ᵛβ 45. β 46.	137ʳ β 47–β 49.	ᵛβ 50. β 51.
138ʳ β 51–β 53.	ᵛβ 53–β 55.	139ʳ β 55. β 56.	ᵛβ 57. β 58.
140ʳ β 59. β 60.	ᵛβ 60–β 62.	141ʳ β 63–β 65.	ᵛβ 65–β 67.
142ʳ β 67. β 68.	ᵛβ 68.		

codicis P p. 63ʳ β 1–β 6.   ᵛβ 7–β 13.
64ʳ β 13–β 19.   ᵛβ 19–β 28.
65ʳ β 29–β 22 (sic).

c) *ex ordine codicis G*

G	§	β	adnot.		
1	„265"	—	~ §§ 92 et 136	G 1–5	σχολαστικοί
2	34	4			
3	22	21			
4	24	—			
5	29	26			
6	104	45		6	φιλάργυρος
7	106	—		7	ἀλαζών

AUSGABEN

Editio princeps (e):

Ἱεροκλέους φιλοσόφου ἀστεῖα. Hieroclis philosophi facetiae. De priscorum studiosorum dictis et eactis (sic!) ridiculis, nunc primum editae cum notis et variis variorum auctorum characteribus et notationibus scholasticorum. Lubduni (Ladenburg) 1605.

J. A. Schier (s. S. 148) p. 19 und S. F. W. Hoffmann, Bibliographisches Lexicon der gesammten Literatur der Griechen II Leipzig 1839, 266 kennen eine Ausgabe der Facetien des Hierokles „1605. 8. – graece et latine. Lips., apud Voegelinum". Mir lag nur die Ladenburger Ausgabe vor, die nach H.-D. Dyroff, Gotthard Vögelin, Verleger, Drucker, Buchhändler 1597–1631 in: Börsenblatt für den deutschen Buchhandel, Frankfurter Ausgabe 1962, Nr. 24a, Sp. 1415, ebenfalls „apud Voegelinum" erschienen ist; das Exemplar, das ich sah, trug

146

keinen solchen Vermerk. Sofern die Angaben nicht auf Versehen beruhen, scheint
es sich um parallele Veröffentlichung desselben Textes mit verschiedenen Titel-
blättern zu handeln. Die Vorrede ist datiert Myrtilleti (Heidelberg). Herausgeber
oder Übersetzer wird nicht genannt. In zeitgenössischen Äußerungen wird die
Ausgabe teils Melchior G o l d a ts , teils dem Historiker und Staatsmann Mar-
quard F r e h e r zugeschrieben (vgl. Allgem. Deutsche Biographie VII 334f. bzw.
IX 327ff.). Nach Abwägung dieser Zeugnisse gelangt Schnorr von Carolsfeld
(zit. unten S. 153) 27 Anm. zu dem Ergebnis, daß beide Gelehrte bei der Heraus-
gabe beteiligt waren.

Enthält 28 §§, vermutlich nach der Handschrift P; Näheres s. S. 143f.,
154–157. Auf den rechten Seiten gegenübergestellte lat. Übersetzung; dann erklärende Notae auf 6 Seiten.

Lusus poetici excellentium aliquot ingeniorum mirifice ex-
hibentes ,neminem‘, ,nihil‘, ,aliquid‘, ,omnia‘, Septem Nationes
Europae, item Apophthegmata Septem Sapientium heptastichis
exposita. His adjecta est Oratio soluta de Lusibus Naturae,
cum nonnullis aliis. Quorum omnium „Autores, seriem mon-
strabit pagina versa‘‘. Nunc primum in gratiam studiosorum
conjunctim editi. Collectore et Editore Alberto M o l n a r Ungaro,
Hanoviae 1614.

Darin als Nr. 16 (p. 146–172): Hieroclis Philosophi Facetiae, Graecolatinae
28 §§. Der Absicht nach genauer Abdruck der Ed. princeps, vgl. unten S. 157

Ἱεροκλέους φιλοσόφου ὑπόμνημα εἰς τὰ τῶν Πυθαγορείων ἔπη
τὰ χρυσᾶ. Hieroclis Philosophi Commentarius in Aurea Pytha-
goreorum Carmina Ioan. C u r t e r i o interprete, Londini 1654;
nochmals 1673.

Darin p. (395) 396–413: Ἱεροκλέους φιλοσόφου ἀστεῖα. Hieroclis philosophi
facetiae; De priscorum studiosorum dictis et factis ridiculis. Una cum aliquibus
in easdem Annotationibus, Londini 1654; nochmals 1673.

Dieser Anhang mit den Facetien des Hierokles steht noch nicht in der Ed.
princeps von Hierokles' Kommentar zum Carmen aureum von John Curter,
die im Jahre 1583 in Paris erschienen ist. Insofern trifft die Angabe von F. W.
Köhler, Textgeschichte von Hierokles' Kommentar zum Carmen aureum der
Pythagoreer, Diss. Mainz 1965, 149, daß die Ausgabe Curters von 1583 ,(von
Pearson) 1654 in England ,,unverändert‘‘ nachgedruckt‘ sei, nicht ganz zu. Als
Bearbeiter des Facetien hat offenbar John P e a r s o n, Bischof von Chester, zu
gelten. Das folgt aus Angaben von Needham (s. unten), während in der Ausgabe
der Name nicht erscheint.

28 §§. Inhalt und Einrichtung wie Ed. princeps, im übrigen vgl. unten S. 157.

Hieroclis philosophi Alexandrini Comentarius in Aurea Carmina, De providentia et fato quae supersunt, et reliqua frr. graece et latine. Graeca cum MSS collata castigavit, Versionem recensuit, notas et indicem adjecit Pet. N e e d h a m, Cantabrigiae 1709.

Darin p. 460–467: Ἱεροκλέους Φιλοσόφου Ἀστεῖα. Hieroclis Philosophi Facetiae.
28 + 1 §§, mit lat. Übersetzung und Anmerkungen. Vgl. oben S. 133 und unten S. 158.

Griechische Ergötzungen, das ist die weisen Sprüche Menandri, die sinnreichsten Erfindungen aus den Fabeln Aesopi, Aphthonii und Gabriä (sic!), die nützlichsten Briefe Alciphronis, und die lustigen Erzählungen Hieroclis, welche insgesamt in Griechischer Sprache mit einer darauffolgenden deutschen Übersetzung, Nebst einem doppelten Anhange der Fabeln Phädri und Aviani, die im Griechischen vorgekommen, der studierenden Jugend zu einem gesegneten Anfange in Erlernung der Griechischen Sprache, zu beliebter Anleitung in guten Sitten, und zu rühmlicher Gemüthsvergnügung an das Licht stellet M. Abraham K r i e g e l, Leipzig 1747.

28 §§. Text nach Molnar und Curter 1654, während Needham dem Herausgeber unerreichbar blieb; mit einigen eigenen Anmerkungen.

Hieroclis Philosophi apud Alexandrinos quondam celeberrimi Ἀστεῖα. Graece et Latine. Nunc denuo ad editionem Cantabrigiensem recensuit Johann Adam S c h i e r A. M., Lipsiae ¹1750, ²1768.

28 + 1 §§. Nach Molnar, Curter und Needham, mit einigen eigenen Anmerkungen. Eigene Einleitung mit Übersicht der bisherigen Ausgaben.

Iacobus d e R h o e r, Observationes Philologicae, Groningae 1768 sqq. (vorh. in UB Groningen und Leipzig).

Darin p. 61–64: Caput XVI. Prolegomena in Hieroclis Ἀστεῖα (1769). – p. 65–79: Griech. Text mit nebenstehender lat. Übersetzung. – p. 81–108: Notae in Hieroclis ΑΣΤΕΙΑ.
68 §§. Hierfür ist eine Abschrift, die Jac. Gronov von dem cod. Vossianus Gr. O. 2 (Beverland) genommen hatte, nicht unmittelbar benutzt, sondern in der weiteren Abschrift eines Ungenannten, der nach de Rhoers Vermutung Jo. Frid.

Nilantius, Enkel Joh. Friedr. Gronovs und Neffe des Vorgenannten, war. An den Anfang sind die 28 §§ der Ed. princeps (e) gestellt, für die außerdem Aufzeichnungen benutzt sind, die P. Wesseling „e schedis Vossianis olim enotaverat". Es folgen 9 Scholastikerwitze, die nicht in e stehen; dann, in der Reihenfolge der β-Rezension, 31 Witze über die anderen Typen.

Über de Rhoer ist das scharfe Urteil Eberhards (p. 58) nicht unberechtigt: das gilt gleichmäßig für Text, Übersetzung und Noten. Immerhin sind letztere als erster Versuch einer eingehenden Kommentierung bemerkenswert.

„I. F. H e y n a z eadem ἀστεῖα recensuisse dicitur Berolini 1774" (J. A. Fabricius – G. Chr. Harles, Bibliotheca Graeca, sive notitia scriptorum veterum Graecorum I Hamburgi ⁴1790, 803). Die Ausgabe war sonst nicht nachzuweisen.

᾿Εκλογαί sive Chrestomathia Graeca, animadversionibus et indice copiosissimo tironum in usum illustrata a Friderico Andrea Stroth, Quedlinburgi ¹1776; ²1780; ³1792.

Darin p. 16–22 der 1. Aufl., p. 22–27 der 2. Aufl.: III. Ex Hierodlis ᾿Αστεῖοις. 22 §§. Griech. Text nach Schier, einige eigene Noten. Es folgen ausgewählte Fabeln Äsops.

Ἱεροκλέους ἀστεῖα, mit einem griechisch-teutschen Wortregister für Anfänger und einer teutschen Uebersezzung, Leipzig 1789.

Ohne Namen des Herausgebers und Übersetzers erschienen. Darin S. 5–19 der griech. Text, S. 21–54 das Wortregister, darauf mit eigenem Titelblatt: „Hierokles Schnurren. Nebst einem Anhange neuerer Schnurren für lustige Leser. Leipzig 1789" und neuer Seitenzählung S. 5–18 die Übersetzung, S. 19–56 der Anhang neuerer Schnurren.
28 §§ nach Needham.

᾿Ανάλεκτα ῾Ελληνικα ἥσσονα sive Collectanea Graeca minora, cum notis philologicis atque parvo lexico ad usum tironum accommodata. Edinburgi–Londini ¹(1787); ³1791.

Darin auf S. 15–18 der 2. Aufl., die mir allein vorlag: II. Ex Hieroclis facetiis. Für sich paginiert sind ‚Notae ad Miscellanea Gr. Min.', wo p. 17–21: II. Notae in Hieroclem stehen.
21 §§. Griech. Text nach Stroth, vorher Äsop. Der ungenannte Herausgeber ist vermutlich A. D a l z e l , s. zu dem folgenden Titel.

᾿Ανάλεκτα ῾Ελληνικα ἥσσονα sive Collectanea Graeca minora. Cum notis philologicis quas partim collegit, partim scripsit

Andreas Dalzel. Curavit et parvum lexicon analyticum adjecit Joannes Godofr. Grohmann, Lipsiae 1797.

Darin p. 29–37: II. Ex Hieroclis facetiis. Inhalt wie bei der vorhergehenden Ausgabe.

Ἱεροκλέους φιλοσόφου ἀστεῖα, οἷς προσετέθησαν βραχεῖαι σημειώσεις, καί τινα τῶν Ἰταλικῶν νεωτέρων ἀστείων, ὑπὸ Μ. τοῦ Χίου, Ἐν Παρισίοις 1812.

Inneres Titelblatt: Ἱεροκλέους φιλοσόφου ἀστεῖα – Facéties d'Hiéroclès le Philosophe. Danach Vorrede in Form einer neugriech. geschriebenen Περὶ Ἱεροκλέους κτλ. ἐπιστολή. Dann 29 §§ mit nebenstehender neugriech. und untergesetzter franzöe. Übersetzung. Nach italien. Witzen, die neugriech. erzählt werden, folgen philologische σημειώσεις εἰς τὰ Ἱεροκλέους ἀστεῖα.

Diese Ausgabe stammt nach L. v. Sinner, Über das Leben und die Schriften von Diamant Coray, Zürich 1837, 43f. von Ἀδαμάντιος Κοραῆς; von Eberhard (p. 58) als 'Corayana' bezeichnet.

Neben dieser Ausgabe werden von J. F. W. Hoffmann, Bibliographisches Lexicon ... II 266 u. 267/8 noch folgende zwei Titel angegeben: „Les Facéties d'Hiéroclès, en grec, avec une traduction française et avec des notes et quelques facéties italiennes (par Ad. Coray), Paris 1812' und „Facéties d'Hiéroclès traduites avec des notes par M. de Chio. Paris 1812'. Diese beiden Titel sind weder von Sinner genannt (D. S. Gines, Τὰ ἀνώνυμα ἔργα τοῦ Κοραῆ, Athen 1948, ist mir nicht zugänglich) noch etwa in der Ἑλληνικὴ Βιβλιογραφία I (1800–1839) Athen 1939, wo zum Jahr 1812 ebenfalls nur die oben angegebene Ausgabe genannt wird. Die beiden Werke konnten weder anderweit nachgewiesen noch beschafft werden. Vermutlich handelt es sich nur um verschiedene Bibliographierungen desselben (vorstehenden) Titels.

Γ(εώργιος) Παχυμέρης. Ἱεροκλῆς καὶ Φιλάγριος.

G. Pachymeris declamationes XIII, quarum XII ineditae; Hieroclis et Philagrii grammaticorum Φιλόγελως longe maximam partem ineditus, curante Joanne Fr. Boissonade, Parisiis 1848 – Neudruck Amsterdam 1966.

S. 263ff.: 263 (sic) §§ nach Αʹ, der Krabingerschen Abschrift von M und einem „apographum Leydense Vossiani codicis" (p. V), ohne Zweifel des Voss. Gr. O. 7, das apographum wohl dasjenige von Gavel; ferner unter Heranziehung der Ausgaben von Curterª, Needham, de Rhoer, Korais und der Übersetzung des Pontanus. Unter dem Text kritische und erklärende Noten in lat. Sprache. Über die Anordnung vgl. unten S. 194.

Philogelos. Hieroclis et Philagrii facetiae, edidit Alfred Eberhard. Accedit commentatio. Berolini 1869.

264 §§ auf der Grundlage von M V e und der indirekten Kenntnis von A'
durch Boissonade. Die erste vollgültige kritische Ausgabe; am Ende eingehende
Commentatio critica. Über die Anordnung vgl. unten S. 194. Zu den Stücken,
die in A' stehen, werden die V-(d.h. β-)Versionen nur im kritischen Apparat
geboten, der auch Hinweise zur Erklärung gibt.

Öfters sind einzelne der Witze in griechischer Sprache in Bücher für den Schul-
unterricht aufgenommen worden. Aus älterer Zeit macht Eberhard p. 58 eine
Angabe darüber, die ich nicht verifizieren kann: „Fridericus Jacobs, qui in libros
scholarum in usum emissos quasdam ex illis facetiis receperat."

Den Charakter von Anthologien haben:

Ἐκλογὴ τερπνὴ καὶ ἠθικὴ ἐκ τῶν ἀστείων Ἱεροκλέους καὶ μύθων Αἰσώπου
ἐστιχουργημένων ὑπὸ Γ. Παμπούκη Athen 1878.
Blieb mir unzugänglich.

Fables d'Ésope suivies d'extraits du Philogélos. Edition classique avec des
notes en français et un lexique par A. Verly, Liège 1886.
Blieb mir unzugänglich.

Luigi Casiello, Aneddoti Greci di Ierocle e Filagrio, scelti ed annotati per
la prima volta ad uso delle scuole, Napoli 1923.
Aus Eberhard hat der Herausgeber 190 §§ ausgewählt, die ihm für Schüler
geeignet schienen, nicht ohne fehlzugreifen. Griechischer Text mit Noten in
italienischer Sprache, nebst Vorwort und Einleitung. Vorhanden in der Biblioth.
Vaticana.

Gustav Soyter, Griechischer Humor von Homers Zeiten bis heute. Griechisch
und deutsch, Berlin 1959 (²1961).
28 §§ auf S. 74—79, nach Eberhard; die Übereinstimmung mit älteren Ausgaben in der Zahl 28 ist zufällig.

ÜBERSETZUNGEN

Aus dem Vorstehenden ergibt sich schon, welche Ausgaben
des griechischen Textes von Übersetzungen in das
Lateinische: Editio princeps 1605; Molnar 1614; Curter 1654,
1673; Needham 1709; Schier 1750, 1768; de Rhoer 1769;
Deutsche: Kriegel 1747; anonym Leipzig 1789; Soyter 1959;
Französische: Korais 1812;
Neugriechische: Korais 1812
begleitet sind.
Den letzteren ist auch der Codex von Bukarest hinzuzurechnen.

Separat sind folgende Übersetzungen erschienen:
Iacobi Pontani de Societate Jesu Progymnasmatum Latini-
tatis, sive Dialogorum volumen primum .... Accessit ex Codice
Augustano de Scholasticorum, aliorumque ridiculis Farrago,
eodem Interprete. Monachii ¹⁵1620; Dilingae ¹⁶1630; Franco-
furti 1630; Augustae Vindelicorum et Oeniponti 1758, ,,ed. novis-
sima".

In den früheren Auflagen (seit 1588) fehlt die Witzsammlung. - Aus dem
Codex M, der sich damals in Augsburg befand, ist eine reichliche Auswahl
(105 §§ von 125 des Codex) in eleganter und verständiger lat. Übersetzung
geboten und mit wenigen erklärenden Bemerkungen versehen; dazu (hinter
§ 102 = M 83 eingeschoben) 4 Stücke, die in M fehlen: §§ 255, 256, 254, 14,
mit folgender Einleitung: ,,ex scheda interpretis anonymi paucarum ex his
Facetiarum, XXIX. videlicet, descripta paucula, quibus Codex Augustanus
carebat." Gemeint ist offenbar die Ed. princeps, die diese 4 Stücke enthält,
bis 29 zählt und anonym ist.

Nach Eberhard (a.a.O.) soll Pontanus seine Kentnis dieser Witze aus dem
Codex Augustanus bereits in einem Brief an Welser mitgeteilt haben. Ein solcher Brief ließ sich nicht nachweisen. Er ist weder genannt in der Bibliothèque
de la Compagnie de Jésus, Bibliographie VI Bruxelles - Paris 1895, s. *Pontanus, Jacques* (bes. 1019), noch hat ihn auf eine Anfrage hin die Staats- und
Stadtbibliothek Augsburg ausfindig machen können, die den Briefwechsel
des Jacobus Pontanus als ,,offensichtlich nicht publiziert" bezeichnet. Hingegen findet sich ein Brief des Marcus Welser an Melchior Goldast, den möglichen Veranstalter der Editio princeps des Philogelos, in dem Welser jenem
mitteilt, daß Pontanus die Facetien des Hierokles aus dem Codex Augustanus
schon lange übersetzt habe und auf eine Gelegenheit zur Veröffentlichung
hoffe: Marci Velseri, Matthaei F(ilii) Ant(onii) N(epotis) Reip. Augustanae
quondam Duumviri, Opera Historica et Philologica, Sacra et Profana, Norim-
bergae 1682, 858.

Die von J. Pontanus aus dem Codex Augustanus übersetzten Facetien des
Hierokles sollen nach J. A. Fabricius - G. Chr. Harles, Bibliotheca Graeca I
Hamburgi ⁴1790, 802 auch noch abgedruckt sein am Ende des ,,Lexici parvi
trilinguis, quod, vocabulis per classes rerum digestis, anglicis, latinis, graecis,
edidit Io. Rajus, Londini 1685." Inscriptio est: ,,Ex Hierocle et Philagrio
Grammatico, scholasticorum et aliorum ridicule dicta et facta". Ich habe dieses
Werk nicht erhalten können.

(J. W. Zincgref) FACETIAE PENNALIUM, Das ist, Allerley
lustige Schuel Bossen, auss Hieroclis facetiis Philosophorum
zum Theil verdeutschet, und zum Theil auss dem täglichen

Prothocollo der heutigen Pennal zusammengetragen. Mit sampt etlichen angehengten underschiedlichen Characterismis oder Beschreibungen des Pennalismi, Pedantismi, und Stupiditatis oder der Stockheiligkeit.
Gedruckt im Jahr 1618; 1625.

Unter ähnlichen Titeln (Vermehrte Schulbossen: Das ist, Allerley lustige FACETIAE PENNAlium ...) 1624, 1627, und (Newlich vermehrte Pennal- und Schul-Possen oder Geschichte. Das ist: Allerley kurtzweilige und lustige FACETIAE PENNALIUM ...) 1643, 1652, 1654 erschienen; auch 1636, wo ich den Titel nicht feststellen kann.

Julius Wilhelm Zincgref als Verfasser dieser Bücher, die sämtlich ohne Namen erschienen sind, erwiesen von F. Schnorr von Carolsfeld, Julius Wilhelm Zincgrefs Leben und Schriften, Archiv für Litteraturgeschichte 8, 1879, 26 ff., der auch ein Verzeichnis der einzelnen Drucke mit kurzen Anmerkungen gibt (52 ff.). Von diesen haben mir diejenigen von 1625 und 1654 vorgelegen.

Die ersten 20 ,,Bossen" sind ,,auß Hieroclis vor diesem durch M. Goldasten Edirtem Griechischen Tractätlein" übersetzt.

(S. Johnson?) The Pedants, or Jests of Hierocles, in: The Gentleman's Magazine 11, 1741, 477–479.

Nach S. F. W. Hoffmann, Bibliographisches Lexicon der gesamten Literatur der Griechen II Leipzig 1839, 268 wird diese ohne Angabe des Verfassers erschienene Übersetzung Samuel Johnson zugeschrieben.
21 §§ mit einigen erklärenden Anmerkungen.

(C. W. Ramler) Scherzreden. Aus dem Griechischen des Hierokles, Berlin 1782.

Carl Wilhelm Ramler als Verfasser dieser ohne Namen erschienenen Über-setzung (28 §§) genannt von G. Ch. Hamberger – J. G. Meusel, Das Gelehrte Teutschland IV Lemgo 1798, 214.

The Jests of Hierocles and Philagrius newly translated from the Greek by Charles Clinch Bubb, Cleveland 1920.

Sicherlich liegt dieser Übersetzung, die mir unerreichbar blieb, die Aus-gabe von Eberhard zugrunde.

Öfter sind gewiß einzelne der Philogelos-Witze ausgewählt und in größerem Rahmen, zu wissenschaftlichen oder Unterhaltungszwecken, in Übersetzung vorgelegt worden. Ich nenne, was mir zufällig bekannt ist:
H. Reich, Mimus I 459–467.
W. Gemoll, Apophthegma 27 u. 32 f.
(Verf. ungenannt) Humor seit Homer, Reinbeck (Rowohlt) 1964, 19–21.

153

Die Witzsammlung wurde in der Neuzeit weiteren Kreisen durch die Editio princeps vom Jahre 1605 bekannt, die wir mit e bezeichnen; sie enthält 28 Erzählungen. In diesem Bestande stimmt sie genau überein mit dem späten Codex von Bukarest (Buk.). Sie könnte mit diesem durch eine gemeinsame Vorlage zusammenhängen. Doch weist das Druckbild der Ausgabe in andere Richtung; denn ihre 28 Erzählungen sind von 1–12 und von 14–29 numeriert, und zwischen 12 und 14 ist freier Raum gelassen: für etwa 4 Zeilen im griechischen Text und in der lateinischen Übersetzung, und noch wesentlich mehr im Anmerkungsteil. Das läßt sich nur so verstehen, daß an dieser Stelle eine Erzählung samt Übersetzung und Anmerkung aus dem fertigen Satz herausgenommen worden ist, und deutet auf eine Vorlage, die eine solche bietet. Das trifft zu auf den Palatinus P, der zwischen den Erzählungen Nr. 12 (= § 15) und 14 (= § 6) der Editio princeps als dreizehnte die des § 45 enthält. Da diese Facetie, im Gegensatz zu allen 28 anderen der Editio princeps, anstößigen Inhalts ist, wird zugleich der Grund für ihre Tilgung ersichtlich: offenbar waren dem Herausgeber nachträglich Bedenken gekommen. Nun hat P allerdings noch eine weitere Plus-Geschichte gegenüber e, wodurch sich der Bestand in P auf 30 beziffert. Es handelt sich um § 49, der in P zwischen § 254 (= e 16) und § 19 (= e 17) steht. An dieser Stelle bietet e keine Lücke, auch wäre für Weglassung dieser Geschichte kein inhaltlicher Grund einzusehen. Unbedenklich läßt sich jedoch annehmen, daß sie versehentlich weggeblieben ist: da alle Erzählungen dieses Teils mit demselben Wort (Σχολαστικός) anfangen, konnte das leicht geschehen.

Daher wäre diese Auslassung (wie grundsätzlich jegliche Auslassung) kein Einwand gegen die Annahme, daß P die Vorlage von e sei. Das hat Perry 158 vermutet, und mancherlei Gründe machen es wahrscheinlich: e ist in Ladenburg (Lubdunum; gebräuchlicher Lopodunum), in unmittelbarer Nähe von Heidelberg, gedruckt, und der ungenannte Herausgeber datiert seine Vorrede sogar von Heidelberg (Myrtilletum), wo sich P damals befunden haben muß.

Die Reihenfolge der 28 Witzgeschichten, die e mit P gemeinsam hat, ist hier und dort dieselbe, und auch der Text stimmt meistenteils buchstäblich überein. In einigen Fällen stehen P e mit gemeinsamer Sonderlesart allen anderen bekannten Zeugen (Buk. allein ausgenommen) gegenüber; Beispiele finden sich in §§ 6 ἰατρῷ, 9 μέγα, 34 κάμέ, 40 δέ, 46 ἔμπορος.

Andererseits fehlen auch Abweichungen des e-Textes von P nicht, und es fragt sich, ob sie unter der Voraussetzung, daß P die einzige Vorlage von e war, begreiflich sind. Das kann man im allgemeinen bejahen. Ein Teil der Abweichungen erweist sich als Druckfehler dadurch, daß die in e beigegebene lateinische Übersetzung den Text von P voraussetzt, z. B. § 22 P ἔμαθον, e ἔμαθεν, aber lateinisch *intellexi*; § 254 P σημάντρων, e συμμάντρων – *signaculis*; § 19 P ὑποδεξόμενος, e ὑποδεξάμενος (in demnach zufälliger Übereinstimmung mit dem verwahrlosten cod. D) – *excepturus*. Solche Fehler, auch wenn sie eine Art von Sinn zu geben scheinen (wie § 8 τρώσοντα nach der Ansicht von Schier) und darum in manchen späteren Ausgaben fortdauern, dürfen unter keinen Umständen beachtet werden, wie sie denn auch Eberhard in seinem kritischen Apparat wegläßt.

Von den hiernach verbleibenden Abweichungen erklärt sich § 8 ἐναντία e (bestätigt als Nicht-Druckfehler durch lat. *e regione*) als Verlesung des richtigen Wortlautes ἐν σκοτία, der in P so geschrieben ist, daß σκο fast wie αν aussieht: dies allein ein starkes Argument für Abschrift von e aus P. In § 9 sieht παρέβαλλεν in P so aus, daß man ein κ herausbuchstabieren kann, und macht so die Lesart παρέβυκεν (e) wenigstens begreiflich. Zu § 46 ἔλασε (e) hatte schon Eberhard auf die einer 6 ähnliche, oben nach rechts offene Form des β von ἔλαβε in V hingewiesen: dieselbe findet sich ebenso in P. Ohne besondere Erklärung müßten noch einige weitere Abschreibfehler bei dem Übergang vom P- zum e-Text angenommen werden: bekanntlich ein normaler Vorgang. In § 37 ist wohl zuerst εἶθε (P) in εἶδε (e) verschrieben und dann, um einen scheinbaren Sinn herzustellen (e lat. *vide*[*!*] *ut comedat ac obambulet*), περιεπάτει in περιπατεῖ geändert worden.

Es kommt auch vor, daß der Text in e richtiger ist als in P: dann fragt sich, ob der Herausgeber selbst in der Lage war, die Verbesserung zu finden. Das war ohne Zweifel der Fall bei den geläufigen Rechtschreibfehlern, die auf der neugriechischen Aussprache beruhen: itacistische und solche wie § 30 λυπεῖσθαι P (mit E), λυπεῖσθε richtig e, ebenso wie V. Für den Ersatz von § 5 φίλον συναντήσας (P) durch die grammatisch korrektere Dativkonstruktion φίλῳ σ. (e) konnte das Vorbild in § 6 ἰατρῷ συναντήσας (P e) gefunden werden. Gutes Verständnis konnte in § 55 zur Streichung des widersinnigen Adjektivs ἀμαθής (P) führen (A treffend εὐτράπελος), einfache Überlegung (daß nur *ein* Fluß, nämlich der am Grundstück vorüberfließt, in Frage kommt) zu dem Zusatz des Artikels in § 46 ὁ ποταμός, worin e mit A zusammentrifft.

Wenn endlich P und e in der Weise auseinandertreten, daß sich nicht sagen läßt, welche Lesart besser ist, so können entweder beide gleich *schlecht*, d.h. korrupt sein: dann läßt sich nur im Vergleich mit anderen Handschriften urteilen, z.B. daß in § 40 συνελθών P zwar sinnlos ist, aber dem richtigen συνελθόν (V E) nahesteht, also συνελθεῖν (e) ein Versuch der Herstellung ist, der freilich zum Latinismus (e lat. *convenire*) geführt hat. Oder beide sind gleich annehmbar, z.B. im Falle der Weglassung entbehrlicher Wörter: § 9 καλῶς P, wobei e mit A wohl nur zufällig zusammentrifft, und § 17 τῶν. Von größeren Varianten konnte diejenige in § 31 (P 25), wo e die Worte διὰ τί οὐ κατέβης sinngemäß durch τὴν αἰτίαν ersetzt, durch Angleichung an § 6 (P 14) entstehen, in § 19 konnte στρουθοὺς P (στρουθία e) an στρουθία am Ende der Erzählung angeglichen werden, das dort auch P hat. Unerklärt bliebe wohl das Verhältnis von § 19 P ὑφαπλώσας ... ἔσειε zu e ὑφαπλώσατο ... καὶ ἔσειε (zum Fehlen des Augments vgl. B-D § 67).

Endlich: in der Überschrift von e findet sich die Angabe φιλοσόφου, die nur noch in den späten Handschriften von Bukarest, Jerusalem und Konstantinopel begegnet (vgl. oben S. 134). Die Zuweisung an den geschätzten Neuplatoniker Hierokles von Alexandria[3],

---

[3] Praechter *Hierokles 18* RE VIII 1479.

der sicherlich gemeint ist, könnte wohl das Werk eines ehrgeizigen Herausgebers sein.

Der Herausgeber von e macht zwei ausdrückliche Angaben
über Lesarten der Handschrift, die er benutzt hat. Davon
trifft die eine, daß in § 56 (e 29) βιειλεῦσαι geschrieben sei,
buchstäblich zwar auf P nicht zu, doch kann daselbst das an
der Basis etwas dick geratene stumpfwinklige Γ von βιγλεῦσαι
recht wohl Anlaß zu der Verlesung als Ligatur von ει geboten
haben. Die zweite Angabe läßt sich mit dem Befund in P nicht
ganz vereinigen: zu § 15 (e 12), wo κοιμῆσαι im Text steht,
merkt der Editor an: „κοιμῆσαι) manifestarium mendum. M. S.
in margine habebat adscriptum καθεύδεις, sed manu recenti, et
quidem, nisi fallor, Sylburgii." P aber hat einwandfrei innerhalb
der Zeile und von derselben Hand geschrieben καθεύδεις. κοιμᾶσαι
(Zeilenende), wobei ᾶ auch ziemlich deutlich und kaum einem
ῆ ähnlich ist. Aber der Befund in P ist immerhin ähnlich dem,
was der Editor beschreibt, da die Glosse καθεύδεις überhaupt
nur in dieser Überlieferung begegnet; und da jener – wie ‚habebat'
zeigt – beim Niederschreiben seiner Anmerkung den Codex
nicht mehr vor sich hatte, ist mir ein Versehen des Editors wahrscheinlicher als die Annahme, daß er nach einer anderen Handschrift als P gearbeitet hätte. Daß Friedrich Sylburg, Bibliothekar
in Heidelberg, gestorben 1596, geistiger Urheber der Glosse oder
Konjektur καθεύδεις wäre, ist aus zeitlichen Gründen nicht
möglich.

Von den folgenden Ausgaben der Facetien ist die von Molnar
ein blosser Nachdruck der Editio princeps ohne eigene Bedeutung, mit weiteren Druckfehlern. Dagegen bemühen sich die
nächsten Herausgeber, die Fehler der Editio princeps auszumerzen, die übrigens ihre einzige Quelle für den Text ist. Dieser
ist schon bei Curter (–Pearson) 1654 (und gleichlautend 1673)
in manchen Einzelheiten korrekter. Geblieben ist der Sprung
in der Numerierung von 12 nach 14 und die korrespondierenden
Lücken zwar nicht mehr im griechischen Text, aber in der lateinischen Übersetzung und in den Notae.

Geändert ist die Numerierung erst bei Needham, der 28 Facetien durchzählt und am Schlusse gesondert anmerkungsweise
den Text einer weiteren (also 29ten, aber nicht numerierten)
mitteilt, der inzwischen aus dem cod. Voss. Gr. O. 7 durch Claudius Sarravius bekannt geworden war (§ 213), vgl. oben S. 133.
Needham hat sich auch um Verbesserung des griechischen Textes
(und der lateinischen Übersetzung) bemüht. Ein paar Kleinigkeiten sind stillschweigend geändert, andere Konjekturen werden in den Noten vorgetragen, drei außerdem in den Text aufgenommen. So bietet Needhams Ausgabe von allen, die auf e
beruhen, die verhältnismäßig korrekteste Textfassung.

Mit Needhams Text der 28 Facetien stimmt derjenige der
Bukarester Handschrift vollständig überein bis auf einige zusätzliche Fehler und wenige Berichtigungen, fast nur von Ak-
zenten, außerdem εἰς für ἐς in § 31. Wenn man die bisher über-
schaute Entwicklung des Textes bedenkt, so wird man es unglaubhaft finden, daß noch eine andere, von e unabhängige Überlieferung sich ebenso abgespielt hätte, daß z.B. die ursprünglich
13. Facetie unterdrückt worden wäre oder der Fehler καθ' ὄναρ
(Needham, Buk. in § 15; κατ' ὄ. V E P e Curter) sich unabhängig
eingestellt hätte. Vielmehr zwingt alles zu der Folgerung, daß
dieser späte, 1725 geschriebene Codex seinen Text direkt oder
indirekt von Needham bezogen hat. Auf die obengenannten minimalen Verbesserungen konnte der griechische Abschreiber sicherlich selbst verfallen. Im übrigen ist er nur dem griechischen Text
Needhams gefolgt und hat die Anmerkungen ignoriert, vielleicht
weil er Latein nicht verstand: so fallen Needhams richtige Konjekturen außer den drei in den Text aufgenommenen weg und
ebenso die 29ste, dem cod. Vossianus entstammende Facetie.
Es braucht nicht aufzufallen, daß die römischen Nummern der
Facetien in Buk. weggelassen, auch nicht etwa durch griechische
Zahlzeichen ersetzt sind: das Durchzählen der Witze, für den
Philologen so praktisch, wäre in der Liebhaber-Abschrift eher
pedantisch erschienen. Jedenfalls kann diese Abweichung nicht
das Urteil erschüttern, daß die Bukarester Handschrift von Needhams Ausgabe abhängt und darum zu eliminieren ist.

Zwei andere Handschriften des Ostens sind ähnlich jung: die von Jerusalem, als deren Entstehungszeit der Anfang des 18. Jahrhunderts angegeben wird, und diejenige von Konstantinopel, deren Schreiber Konstantin Daponte 1713 oder 1714 geboren ist. Sie stimmen in der Überschrift Ἱεροκλέους φιλοσόφου ἀστεῖα und im Umfang mit Buk. überein. Mit höchster Wahrscheinlichkeit ergibt sich der Schluß, daß diese drei jungen Handschriften untereinander verwandt sind und daß auch die beiden unzugänglichen von ihnen nur Needhams Text bieten. Bis zum Beweis des Gegenteils dürfen sie eliminiert werden.

Die Überlieferung, die in P vorliegt, enthält kein Stück, das nicht auch in der Tradition β (= V E) steht; sie stimmt überall mit β überein, wo deren Text von A abweicht, und gibt auch dieselbe Reihenfolge der Geschichten wie β, mit einer Ausnahme: § 56 ist an das Ende der ganzen Reihe gestellt. Da § 56 die längste der 30 Geschichten ist, könnte dies der Grund der Umstellung gewesen sein, jedenfalls ist ein anderer nicht ersichtlich: zu der Stellung des § 56 in A oder M stimmt diejenige in P auch nicht.

Innerhalb der β-Überlieferung geht in allen ernsthafteren Varianten zwischen V und E die Handschrift P jeweils mit E zusammen. Als nicht ernsthaft sind hierbei gerechnet: o/ω, ε/αι und ε/εν. Einzige Ausnahme wäre § 254 σημάντρων V P Buk., σημάτρων E. Berichtigung beim Abschreiben scheint möglich, da σήμαντρον für ‚Siegel‘ noch neugriechisch bekannt ist.

Bei so großer Ähnlichkeit erhebt sich die Frage, ob P aus E abgeschrieben d. h. exzerpiert ist, was zeitlich möglich wäre. Dann würde dieser Zeuge zu eliminieren sein. In der Tat ist unter den wenigen Lesarten, in denen P von E abweicht, keine von selbständigem Wert, auch kaum die Weglassung eines pleonastischen καί in § 51, worin P mit A gegen E übereinstimmt. Anstatt der vulgären Akkusativkonstruktion von συναντᾶν, die LSJ s. v. II 3 aus nachchristlicher Zeit belegen, hat P in § 6 den klassischen Dativ, der auf Korrektur beruhen kann. Dagegen wird der Latinismus κάμέ in P § 34 dadurch diskreditiert, daß in der korrekten Form κἀγώ V E und A G zusammen-

159

gehen. Dasselbe gilt für ἔμπορος § 46, die (neben der Überschrift) einzige stärker abweichende Lesart von P; meines Erachtens handelt es sich um eine unrichtige Glossierung des von V E A gebotenen Wortes πραγματευτής. Die Überschrift, soeben schon erwähnt, kennzeichnet mit ἀστεῖα einen offenkundigen Tatbestand. Schließlich wiegen auch einige Varianten in Gleichgültigem (§ 9; § 40 δέ für οὖν) nicht schwer. Trotzdem wird man, da ein bündiger Beweis der Abhängigkeit nicht geführt werden kann, von der Mitteilung der Varianten von P nicht absehen können.

Die Handschriften V und E, zu welch letzterer P tritt, sind miteinander verwandt und bilden eine gesonderte Klasse der Überlieferung, die wir mit Perry β nennen (Eberhard nannte sie Z).

E und V sind Handschriften des 15. Jahrhunderts, E vielleicht die jüngere. E kann aus V nicht abgeschrieben sein, weil E als Nr. 44a in verstümmelter Form eine sonst nur aus der A-Überlieferung (§ 185) bekannte Geschichte hat, die V nicht enthält. Auch sonst geht mehrfach E mit A gegen V zusammen, nicht bloß in Richtigem (§ 37; Nichtauslassung von τὸν § 19, εἶπε § 220), was wenig beweist, sondern auch in Gleichgültigem (§ 194), wobei besonders die etwas ausgedehntere Variante in § 65 zu nennen ist. Charakteristisch sind zwei Fälle, wo gegenüber dem richtigen A-Text die Korruptel in E weniger weit fortgeschritten ist als in V: § 44 ἔρεγχε A, ἔτρεχε E, ἔτρωγε V; § 223 ὑπερθύρω A, ὑπέρθρω E, ὑπαίθρω V.

Könnte umgekehrt V aus E abgeschrieben sein? Auch das ist nicht möglich, da öfters auch V mit A gegen E steht: in Richtigem (§ 244 ἀσελγῆ), besonders der Nichtauslassung von Wörtern, die in E fehlen: § 4, § 11, § 14, auch § 56; bemerkenswert § 244, wo bei oberflächlichem Textverständnis die fehlenden Wörter nicht vermißt werden – und in Gleichgültigem: § 22, besonders der Umstellungsvariante in § 239. In § 105, wo für σφογγισάμενος (A) in V synonym ἐκμαξάμενος steht, bietet E korrupt αμαξά.

Hiernach ist anzunehmen, daß E und V unabhängige Vertreter der Rezension β darstellen. Das gemeinsame Grundexemplar (Hyparchetypus), auf das beide zurückgehen, enthielt die Erzählung § 185 in unvollständiger Form: so übernahm sie der Schreiber von E, während derjenige von V sie, weil die Pointe fehlt, wegließ. Im übrigen gaben beide Schreiber ihre Vorlage getreulich wieder, nur E mit mehr unwillkürlichen Auslassungen einzelner Wörter als V. Im allgemeinen spricht nichts gegen die Annahme, daß in den Fällen, die wir an A kontrollieren können, der Hyparchetypus denjenigen Text bot, der mit A übereinstimmt oder doch demjenigen von A näher steht; freilich wird man sich hüten, diesem Prinzip in allen Kleinigkeiten zu folgen, da z. B. das gefällige ἔτι in § 22, das nur E P bieten, in A und V unabhängig (in V vor dem gleichanlautenden ἔφη) ausgefallen sein könnte.

D geht mit V in allen dessen Eigenheiten, insbesondere auch gegenüber E, zusammen. Abweichungen sind dennoch zahlreich, beruhen aber fast ausschließlich auf Fehlern des D-Schreibers, meistenteils orthographischen wie ῥείτορ § 149 für ῥήτωρ. Demgemäß kann man auch in ὑπέθρω D für ὑπαίθρω V § 223 nicht (wie bei der ähnlichen Lesart von E, s. o. S. 160) einen Rest des Richtigen erblicken. Und Ähnliches wird gelten für § 149 (1.) παριχύτας : das scheint zwar der Lesart von A παραχύτας näher zu stehen, ist aber wohl nur durch Verlesen der Ligatur entstanden, mit der περιχύτας in V geschrieben ist, so wie z. B. § 15 πεπατημένον D aus der Abkürzung in V für πεπατηκέναι verlesen scheint. Schließlich kann bei Fehlern des V hinsichtlich der Verdoppelung von Konsonanten der D-Schreiber das Richtige (§ 45 μάμμη, § 52 λάκκον, umgekehrt § 17 ἀπέστειλας) von sich aus eingesetzt haben. Da auch das Zeitverhältnis dies zuläßt, weist alles darauf, daß D eine Abschrift von V ist. Daher bleibt D in unserem Apparat unberücksichtigt.

Nach Eberhards überzeugendem Nachweis (p. 72f.) ist eine Kopie aus dem Vindobonensis der einschlägige Teil des cod. Vossianus Gr. O.7. Zu den zahlreichen Abschreibfehlern rechnet

Eberhard auch die Lesart λῦσον in § 213 (λύσας V E), deren Übereinstimmung mit A demnach auf Zufall beruht. Anzahl und Reihenfolge der Geschichten stimmen im Voss. Gr. O.7 mit V überein, nur ist, nach der Angabe im Katalog von De Meyier, § 65 vor § 259 gestellt (umgekehrt V E), was bei den vielen (etwa) gleichen Anfangswörtern leicht vorkommen konnte.

In der Beverland'schen Abschrift des ebengenannten Vossianus, dem cod. Voss. Gr. O.2, finden sich die Anekdoten des ersten, von dem Scholastikos handelnden Teiles etwas anders angeordnet, indem 10 (versehentlich anstatt 9) Nummern herausgezogen und vor die übrigen gestellt sind: das sind diejenigen, welche in e fehlen, also beim Bekanntwerden des vollständigeren β-Textes den Gelehrten neu waren. Beverland, der ausdrücklich angibt, nach dem selbstgeschriebenen Text von Isaak Voss – also offenbar dem Voss. Gr. O. 7 – kopiert zu haben, hat demnach diese Umstellung selbst vorgenommen.

Eine ähnliche Sonderbehandlung der ‚neuen' Witze findet sich in der späten Londoner Sloane-Handschrift, nur stehen sie dort nicht am Anfang, sondern sind (mit Auslassungen) am Ende der schon früher herausgegebenen Scholastikerwitze, vor den δύσκολοι, eingeschoben. Dieselbe Art des Einschubes findet sich in der Ausgabe von de Rhoer, und es mag wohl sein, daß hier ein Zusammenhang besteht, worauf auch manche Lesarten deuten. Das ist aber hier nicht zu untersuchen, denn uns genügt, daß cod. Sloane zweifellos von dem cod. Vossianus Gr. O. 7 abhängt, wie die vielfache Übereinstimmung mit den Angaben von Boissonade lehrt. Von den Lesefehlern, die Eberhard p. 72 f. aus Voss. O. 7 aufzählt, hat Sloane so charakteristische wie § 8 ἠρέμα für κρέας und § 211 βαστεῖον für σαγεῖον übernommen, in § 259 die Glosse κλοπεύς (Voss. in margine) anstatt λούπης in den Text gesetzt (= de Rhoer).

Der cod. Vossianus Gr. O. 7 und alle seine Abkömmlinge haben als Textzeugen keinen selbständigen Wert und müssen außer Betracht bleiben.

Die reichhaltigste unserer Handschriften, der Parisinus A, hat zwei Verwandte, deren Wert für die Textherstellung es jetzt zu prüfen gilt.

Cod. Monacensis M enthält nur solche Geschichten, die auch in A stehen, und bringt sie ausnahmslos in derselben Reihenfolge. Nur ist die Anzahl viel geringer und beträgt weniger als die Hälfte, nämlich 125 Nummern von 260 in A. Der Text der einzelnen Erzählungen stimmt mit dem von A grundsätzlich überein, es bestehen keine solchen Unterschiede im Wortlaut (geschweige im Gedanken) wie zwischen A und β.

Wie erklärt sich, bei so naher Verwandtschaft, der erhebliche Unterschied im Bestand? Grundsätzlich kann Erweiterung einer ursprünglich kleineren Sammlung aus einer Nebenquelle ebensowohl angenommen werden wie nachträgliche Schmälerung durch Auswahl. Zu letzterer Annahme, also Ursprünglichkeit des Bestandes von A, würde das beträchtlich höhere Alter dieser Handschrift besser passen, doch kann ein solcher Beweis für sich allein trügen. Kaum annehmbar aber wäre die Vorstellung, daß ein Erweiterer seine Zusätze zu dem M-Bestand einerseits passend nach Kapiteln geordnet, andererseits in diese so unregelmäßig eingestreut haben sollte, wie es die Tabelle S. 135 ff. zeigt; man würde erwarten, diese Zusätze entweder roh angeschoben oder nach einem mechanischen Prinzip eingefügt zu finden (vgl. S. 180 über das Verhältnis A : β). Es ist also wahrscheinlich, daß M einen Auszug aus einem Codex der Klasse, zu der A gehört, bietet. Unter dieser Voraussetzung stellt sich die Arbeitsweise des Schreibers von M folgendermaßen dar: Anfänglich scheint vollständige Kopie der Vorlage beabsichtigt. § 14 ist vielleicht nur versehentlich ausgelassen. Nach § 37 mehren sich die Auslassungen immer nur einzelner Nummern, bis § 70 sind im ganzen 6 Geschichten weggeblieben. Danach werden sie auch zu mehreren hintereinander ausgelassen; insgesamt fehlen 25 Scholastikos-Witze von 108 solchen in A. Von den dann folgenden kleineren Gruppen, regionalen und anderen, wird nur noch ein dünnes Exzerpt geboten, so daß bis zum Ende der δειλοί (§ 210 = M 125) von 110 Nicht-Scholastikerwitzen, die A hat, M nur noch 42 führt.

Doch wird zunächst keine Gruppe ganz weggelassen, bis nach der zweiten δειλός-Geschichte plötzlich nichts mehr folgt und die Sammlung endet, ohne die restlichen Gruppen, von den Faulenzern an, erfaßt zu haben.

Bei der Auswahl aus den berücksichtigten Gruppen einschließlich der σχολαστικοί läßt sich im allgemeinen kein Prinzip erkennen: hier waltete wohl einfach der Geschmack des Auswählenden. Nur das eine fällt auf, daß nahezu alle Doubletten der A-Überlieferung beseitigt sind, vgl. die Übersicht weiter unten S. 171. Wie dort bemerkt, kann man in einigen Fällen zweifeln, ob in A Doubletten vorliegen; ich erkenne 21 an, von denen 3 hier außer Betracht bleiben, weil M diese Geschichten überhaupt nicht hat. Von den verbleibenden 18 Doubletten hat M nur eine einzige (§ 17 = 44 b); in allen 17 übrigen Fällen fehlt die eine der beiden Parallelversionen, in der Regel die (in der Anordnung von A) spätere, einmal (§ 42 = 132 A M) die frühere. Von (260 minus 125 =) 135 A-Geschichten, die insgesamt in M fehlen, sind 17 rund ein Achtel, und dieser Anteil ist zu hoch, als daß man an Zufall glauben könnte. Da die Doubletten offenbar eine Störung bedeuten und zweifellos ein dereinstiger Zustand der Witzsammlung anzunehmen ist, in dem es noch keine Doubletten gab, muß man fragen, ob M jenen alten Zustand etwa unmittelbar bewahrt hat. Dieser Annahme steht die im allgemeinen wörtliche Übereinstimmung des Textes der gemeinsamen Erzählungen in A und M entgegen. Denn die Doubletten in A zeigen in der Regel ein freies Umgehen mit der Formulierung, vgl. unten S. 171; noch größere Unterschiede bestehen zwischen den Formulierungen in A und β. Man kann bei der Art von Überlieferung, mit der wir es hier zu tun haben, mit Sicherheit urteilen, daß, wenn sich der M-Text von der zu A führenden Überlieferung abgespalten hätte, bevor in letztere die Doubletten hineinkamen, sich dieses frühe Auseinandergehen der Tradition in zahlreichen Ausdrucksvarianten zwischen A und M bemerkbar machen müßte. Also bleibt die Erklärung übrig, daß der aufmerksame Schreiber von M die Doppelungen von sich aus beseitigt hat, darum meist an der zweiten Stelle. Das vereinzelte umgekehrte Verfahren hat den

164

Grund, daß die Geschichte bei ihrem ersten Vorkommen in A
(§ 42) verstümmelt ist und keine Pointe hat. Man begreift auch,
daß der M-Schreiber sich, als er zum *ersten* Male an eine Doublette
kam, anders verhalten hat, das ist der Fall § 17 = 44 b; ja man
kann hier dem Schreiber gleichsam über die Schulter blicken: er
hat offenbar, als er an § 44 b kam, zu § 17 zurückgeblättert und
beide Versionen vor Augen gehabt. Nur so scheint mir erklärlich,
daß in beiden Fassungen, deren Verschiedenheit im übrigen bewahrt ist, M das Wort ἀπαντήσας nicht hat: das Wort ist für den
Sinn wohl entbehrlich, sonst aber gut und dem Sprachgebrauch
angemessen (vgl. Komm. zu § 17), also gewiß echt und eben nur
versehentlich ausgelassen. Das Auftreten desselben Flüchtigkeits-
fehlers in § 44 b läßt sich meines Erachtens nur in der angegebenen
Weise erklären, obwohl merkwürdig bleibt, daß sonst keine An-
gleichungen zwischen § 17 und § 44 b in M erfolgt sind[4]. Auch
beachte man, daß durch eine Wortumstellung in § 17, die in A
und M vorliegt, die Pointe verdorben ist: das mochte ebenfalls zum
späteren Zurückblättern anregen.

Was den Wortlaut der gemeinsamen Geschichten betrifft, so
bestehen die Abweichungen des Monacensis von A meistens in
Fehlern. Ein Minus an Worten in M gegenüber A bedeutet in der
Regel ein Flüchtigkeitsversehen (§§ 15, 32, 61 u.ä.), was auf
unsere Beurteilung des Ausfalls von ἀπαντήσας in §§ 17 und 44 b
soeben von Einfluß war. In der Weglassung von ὁμοῦ § 39 stimmt
M mit β überein: da dieser Fall vereinzelt bleibt, handelt es sich
wohl um Zufall, ebenso wie bei den ordinären Assimilationsfehlern
§ 3 σχολαστικός τις (∼ 175 b) und § 170 Κυμαῖός τις (= C), um von
der Schreibung § 166 κηπωροῦ (= C) zu schweigen. Auffällig ist
die doppelte Weglassung des Wörtchens εἴη in § 89, die an der
ersten Stelle wohl mit der leichten Korruptel in A zusammenhängt,

---

[4] Wenn, bei gegenteiliger Auffassung des ganzen Verhältnisses, ἀπαντήσας
in A interpoliert sein sollte, so würde der Einschub an den beiden korrespondierenden Stellen dasselbe Problem ergeben. – Auch in der Kritik der β-Überlieferung spielt § 44 b eine besondere, nicht ganz durchsichtige Rolle, vgl. S. 178,
und auch da mag der Grund sein, daß es sich um die (in der Reihenfolge) *erste*
Doublette handelt.

an der zweiten dann vielleicht einfacher Angleichung verdankt wird. Gelegentlich zeigt sich, daß die M-Variante auf der korrupten Lesart von A beruht, die verschlimmbessert wird: so § 90 ἄνους M aus ἄνουν A (d.h. ἂν οὖν); weitere Beispiele in §§ 88, 166, 170. Trotzdem kann die naheliegende Frage, ob M einfach von A abstammt und demnach zu eliminieren ist, zunächst nicht mit Sicherheit bejaht werden. Denn M hat an guten Lesarten gegen A mindestens § 14 οἰκίαν (= β), § 89 ὥρα, § 111 μεταπεμψάμενοι, § 139 ἐκφερομένου und § 207 ἐκοίμιζεν. Freilich könnten diese durch Konjektur gewonnen sein, denn das Richtige läßt sich jeweils leicht aus dem Zusammenhang der kurzen Witzgeschichten erraten; auch sieht man den Schreiber von M noch als Korrektor am Werke: § 91 αὐτῶ A, αὐτῶ͘ᵛ M (ᵛ addidit prima manus). Übrigens kann ich in einigen Fällen, wo Eberhard die Lesart von M für besser oder doch erwägenswert hält, nicht zustimmen, vgl. den Kommentar zu §§ 49, 107, 132, 198 (mehrere andere Fälle erledigen sich dadurch, daß die gute Lesart auch in A steht). Jenen wenigen guten Konjekturen würden freilich zahlreiche sinnlose Korruptelen in M gegenüberstehen, die unberichtigt geblieben sind. Der Widerspruch läßt sich lösen durch Annahme einer verlorenen Zwischenstufe A–(μ)–M: in μ war, von dessen Schreiber oder einem Leser, ausgeführt, was treffend konjiziert ist; die Masse der Korruptelen verschuldete der Schreiber von M.

Entscheidend ist wohl folgende Beobachtung: In A ist der Philogelos-Text nach § 103, d.h. am Ende der Scholastikerwitze (p. 155ʳ), durch äsopische Fabeln unterbrochen und später (p. 178ᵛ) wieder aufgenommen. Dabei wird vor § 104 sachgemäß eine neue Überschrift gesetzt: ἐκ τοῦ φιλογέλου. Dieselbe Überschrift findet sich vor § 104 auch in M, wo der Philogelos-Text nicht unterbrochen war, sondern § 104, abgesehen eben von der Zwischen-Überschrift, unmittelbar auf § 102 folgt (§ 103 ist in M ausgelassen); Äsop ist nämlich in M *vor* Philogelos § 1 gestellt. – Ein Indiz bildet auch § 80 ὑπαλείψας M, vermutlich durch Verlesung (wohl schon in μ) des undeutlichen α in ἀπαλείψας A.

Hierdurch ist mit dem Grade von Sicherheit, der bei Vermutungen dieser Art überhaupt möglich ist, der Beweis erbracht, daß

der Text von M auf A beruht, nicht bloß „in the main", wie Perry
162 erkannte, sondern als einziger Quelle[5]: was M besser hat als A,
ist Konjektur. So sind die wenigen Lesarten zu betrachten, die
unser Text aus M aufnimmt. Auch unser Apparat kann von den
M-Varianten entlastet werden, deren nur wenige, meist in Aus-
einandersetzung mit Eberhard, erwähnt werden. Vollständig sind
die Lesarten von M in Eberhards Apparat verzeichnet. Eberhard,
der den Parisinus A nur durch die mangelhafte Abschrift des
Minas (A') kannte, mußte dadurch zu einer Überschätzung des
Monacensis verleitet werden.

Cod. Vaticanus Gr. 112 = C enthält 32 Geschichten in 2 Por-
tionen: 25 + 7, dazwischen Fabeln des Äsop auf zweieinhalb
Seiten. Das erinnert an die Anordnung in A, doch haben, wie die
Tabelle auf S. 140ff. zeigt, die Geschichten der ersten Portion von C
höhere Nummern in A als diejenigen der zweiten. Das weist auf
Umstellung durch falsches Einbinden, und zwar schon in der Vorlage, da durch einfaches Umbinden der vorliegenden Blätter keine
richtige Anordnung erzielt werden könnte (vgl. die Beschreibung
des Codex oben S. 131). Äsop folgt auf § 251, d. h. auf das Ende der
Sammlung, ist also nicht eingeschoben wie in A (nach § 103) oder
vorangestellt wie in M. Macht man die Blattvertauschung rückgängig, so sind die Geschichten C 26–32 und C 1–25 in derselben
Reihenfolge gegeben, die sie in A haben, mit alleiniger Ausnahme
von C 21 = § 234, die um 2 Nummern zu spät hinter §§ 235 und
236 erscheint. In dem Raum von §§ 166–251, innerhalb dessen wir
C mit A vergleichen können, bringt C von 87 A-Geschichten nur 32,

---

[5] D.h. für Philogelos. Den Äsop-Text scheint M aus einer anderen Quelle zu
haben, jedenfalls findet sich bei Hausrath CFA I p. XI u. XIII, der sich als einziger hierüber äußert (doch vgl. auch Aesopi fabulae rec. Chambry Paris I 1925
p. 25), M (bei ihm F genannt) mit V (bei ihm J) der Überlieferung von A (bei ihm
E; p. VII) entgegengestellt. M enthält auch eine mittelgriech. Bearbeitung des
Pañcatantra und trifft in dieser Kombination mit G zusammen, doch ist auch
hier die Textfassung verschieden (E. Husselman, zit. oben S. 130; Sjöberg 34f.
und 46), so daß die Kombination nicht etwa einen selbständigen Überlieferungs-
wert von M (gegenüber A ohne Pañcatantra) erweist: es scheint, daß die inhaltlich verwandten Texte Pañcatantra – Äsop – Philogelos mehrfach unabhängig
in der Überlieferung den Weg zueinander gefunden haben.

hat also 55 weggelassen. C hat viele solche Nummern, die in M fehlen, kann also von dieser Handschrift nicht abhängen. Bestand und Anordnung der Geschichten schließen erst recht eine Abhängigkeit von V E aus. Dagegen besteht, wie gesagt, größte Übereinstimmung mit der Reihenfolge in A, und da sich die Ähnlichkeit auch auf den Text erstreckt, ist zu fragen, ob wir in C einfach ein (direktes oder vermitteltes) Exzerpt aus A vor uns haben.

Das läßt sich nur nach Betrachtung der Varianten entscheiden, die C gegenüber A bietet. Sie sind an Zahl nicht ganz gering – zahlreicher z. B. als in M – aber niemals von Einfluß auf den Sinn und mithin ohne eigentlichen Wert. Ihrer Art nach sind es überwiegend Ausdrucksvarianten in gleichgültigen Dingen: Wechsel zwischen synonymen Wörtern oder mehreren möglichen Wortstellungen: εἶπεν ἔφη ἀπεκρίνατο λέγει – ὅτι διότι – ἔσται ῥήτωρ oder ῥήτωρ ἔσται (§ 202, wo noch ein solcher Wechsel) und viele andere mehr. Man hat den Eindruck bloßer Spielerei, ohne zunächst sagen zu können, auf welcher Seite sie liegt: denn das höhere Alter von A beweist für sich allein noch nichts. Doch kommt hierzu, daß man einem bloß exzerpierenden Schreiber mehr Muße für so nichtige Änderungen zutraut als dem Schreiber von A, der gegenüber einem 260 Nummern umfassenden Ahnen von C so verfahren sein müßte. Die Wortstellung in § 243 C χέσαι ἄνωθεν οὖν βιαζόμενος setzt falsche Satztrennung voraus gegenüber A χέσαι ἄνωθεν. βιαζόμενος οὖν mit Interpunktion. Hier hat sich einmal, möchte man sagen, das Spielen mit der Wortstellung gerächt. Der C-Schreiber hatte als unmittelbare Vorlage wohl nicht A mit dem deutlich sichtbaren Punkt hinter ἄνωθεν. Bei dem Austausch von Synonymen fällt die Konsequenz auf, mit der in §§ 213, 233 und 235 A ὑπαντήσας, C ἀπαντήσας gibt. Das Verbum ὑπαντᾶν kommt in A nur in diesen 3 Geschichten vor, die zufällig alle auch in C erhalten sind; ἀπαντᾶν ist in A häufiger, es besteht kein Unterschied der Bedeutung (vgl. übrigens § 22 A ἀπ-, G ὑπ-, V E συναντήσας). Hier ist die Beurteilung nicht sicher, und nur soviel läßt sich sagen, daß in § 213 ὑπ- durch V E bestätigt wird, also älter als A sein dürfte. Auch sonst steht in den

10 Geschichten, die C mit V E gemeinsam hat (§§ 185, 193, 211, 213, 220, 221, 223, 227, 244, 245), C mit seinen Varianten in der Regel gegen A V E, und von den wenigen Ausnahmen sind einige unerheblich, z. B. § 211 εἶπεν A, ἔφη C V E, vgl. oben über diesen Wechsel (§ 227 ἔφη A V E, εἶπε C). Doch können folgende Beispiele vielleicht Interesse erregen:

§ 185 A εἶπεν ὡς βλέπεις ὁ δὲ Ιατρὸς ἔφη ἐὰν
C ὁ δὲ εἶπεν ὡς βλέπεις ὁ δὲ ἔφη ἐὰν
E ὁ δὲ ὡς βλέπεις. εἶπε δὲ ἐὰν
§ 220 A ἀπαγγέλλεις
C V E ἀπαγγέλεις (sic)
§ 244 A τὴν γυναῖκα οὖσαν ἀσελγῆ
C τὴν γυναῖκα αὐτοῦ ἀσελγῆ οὖσαν
V E τὴν ἑαυτοῦ γυναῖκα ἀσελγῆ οὖσαν

und besonders § 223, wo ἐκεῖνον C V E der Sachlage m. E. angemessener ist als τοῦτον A. Überhaupt kann man einzelnen Lesarten von C den Vorzug gegenüber A zuerkennen, so der gefälligen Vermeidung des Asyndeton in § 170 ὁ δέ· μόνος εἰμί (vgl. oben zu § 185), § 245 τὴν μὲν μίαν, und mindestens glatter wird der Text durch Weglassung des δέ apodoticum in § 174, des ὅτι in § 225, durch ὁπότε § 182. Sicherlich könnten das auch alles Konjekturen sein – soweit die harmlosen Retuschen überhaupt diesen Namen verdienen würden; liefert uns doch C auch deutliche Beispiele von schlechten Konjekturen, die den Text genau in der Fassung von A voraussetzen, wie in § 170 κυμαῖος, worin C zufällig mit M zusammentrifft, assimiliert an das folgende τίς, weil A anstatt des richtigen Genitivs, den Minas hergestellt hat, sinnlos κυμαίω bietet; ähnlich § 186 κρειτόνως, § 189 μετὰ τοῦ στρουθίου, § 233 φύγε u. a. Indessen die gelegentliche Berührung mit der β-Fassung gibt vielleicht doch einen Fingerzeig, daß C nicht geradezu von dem erhaltenen Codex A, sondern von einem allerdings sehr ähnlichen ‚Zwilling‘ desselben abhängt und darum grundsätzlich als selbständiger Textzeuge zu werten ist. Auch in seinen 5 Äsop-Fabeln stellt sich dieser Codex nicht als bloßer Satellit von A dar, vgl. Perry 163 und den kritischen Apparat der

169

Ausgabe von Chambry (Paris I 1925), wo die Fabeln die Nummern 40, 12, 26, 31, 83 haben und die Handschriften Pa (= A) und Pi (= C) heißen. Hinzu kommen die praktischen Erwägungen, daß erstens die Lesarten von C durch Tamilia nur ungenügend veröffentlicht sind und zweitens die Varianten zu 32 Geschichten den kritischen Apparat nicht sehr belasten. Weg bleiben die bloßen Aussprachevarianten, außer wenn sie gegen die andere Überlieferung die korrekte Schreibung geben wie § 225 δηνάρια.

Die Anerkennung selbständiger Tradition in C müßte konsequenterweise dazu führen, daß man der Rezension β (= V + E + P) eine aus A + C erschlossene Rezension α gegenüberstellte, nicht anders als Eberhard (p. 70) und Ritter (S. 13) ihre Gruppe Y bzw. α = A + M. Doch wird man mein Widerstreben dagegen begreifen, lediglich auf Grund einer Schlußfolgerung, die aus einem Bestand von 32 Geschichten nicht ohne Bedenken gezogen ist, anstatt des vorliegenden Codex A, unseres Haupt-Zeugen, die rekonstruierte Größe α anzuführen, über die sich bei der starken Mehrheit der Geschichten überhaupt nichts aussagen läßt. Es bleibt also im allgemeinen bei A, und nur im Stemma wird der nebelhafte Ahne bedingungsweise eingeführt.

In der Handschrift A begegnen eine Reihe von *Doubletten*, wo dieselbe Witzgeschichte zweimal an verschiedener Stelle[6] mit denselben oder doch annähernd gleichen Worten erzählt wird. Ritter hat sie auf S. 99–101 zusammengestellt, um aus sprachlichen Abweichungen Schlüsse auf die jeweilige Entstehungszeit zu ziehen. Er sagt selbst, daß dieser Weg zu keinem sicheren Ergebnis führt. Darum bleiben die Angaben über Wortgebrauch weg, wenn ich nachstehend Ritters Tabelle wiedergebe und die Bezeugung durch andere Handschriften hinzufüge; hierbei ist auch M berücksichtigt. Gelegentlich kann man in der Frage der Identität verschieden urteilen. So lasse ich 4 Beispiele Ritters weg, wo die Pointe zwar gleich, aber die Erzählung sachlich verschie-

---

[6] Als bloßes Versehen nicht weiter berücksichtigt ist die doppelte Schreibung einer und derselben Geschichte in unmittelbarer Abfolge § 209 (A 217 = 217b); Ri. 102 Anm. 7.

den ist (§ 12 ~ § 127; § 26 ~ § 73; § 99 ~ § 137; § 120 ~ § 141).
Da die beiden gleichen Anekdoten meistens verschiedenen Menschentypen zugeschrieben werden, ist angegeben, ob von einem σχ(ολαστικός), Κυμ(αῖος), Σιδ(όνιος) usf. die Rede ist.

σχ	3 A M	~	Κυμ 175ᵇ A
σχ	4 A M	~	Κυμ 155 A (β)
σχ	10 A M	~	Κυμ 157 A
σχ	13 A M	~	εὐτράπελοι 152 A (β)
σχ	17 A M	~	σχ 44ᵇ A M (β)
σχ	23 A M	~	Σιδ 130 A
σχ	27 A M	~	σχ 79ᵇ A
σχ	30 A M	=	σχ 90ᵇ A (β)
σχ	31 A M	~	σχ 91ᵇ A (β)
σχ	32 A M	~	σχ 96ᵇ A
σχ	35 A M	~	Κυμ 158 A
σχ	37 A M	~	Κυμ 158ᵇ A (β)
σχ	41 A M	~	Κυμ 156 A (β)
σχ	42 A	~	Σιδ 132 A M
σχ	60 A M	~	Σιδ 131 A
σχ	84 A M	~	Σιδ 134 A
σχ	92 A M	~	Σιδ 136 A (+ § 265 aus G)
σχ	100 A M	~	Σιδ 128 A
σχ	103 A	~	Σιδ 129 A

Ἀβδηρίτης εὐνοῦχος δυστυχήσας 116 A ~ ἀτυχὴς εὐνοῦχος 252A, hier im Anschluß an das Weiberkapitel.
δειλός 209 A ~ δειλός 218 A, hier (zusammen mit einer anderen Feiglingsgeschichte, § 217) in das Kapitel über Neidische verschlagen.

Die Ähnlichkeit der beiden korrespondierenden Erzählungen kann bis zu völliger Wortgleichheit gehen (§ 30), läßt andererseits auch größere Unterschiede im Ausdruck zu (also vergleichbar dem Verhältnis, das zwischen A- und β-Überlieferung herrscht): so § 42, § 209. Nirgends bemerkt man Abweichung im Gedanken, die es etwa begreiflich erscheinen ließe, daß derselbe Witz in derselben Sammlung zweimal gebracht wird. In der Regel ist die Verschiedenheit auf wenige Worte beschränkt.

Wie man sieht, hat M meistens die Doubletten nicht, was auf S. 164 durch absichtliche Weglassung erklärt ist. Die entgegengesetzte Annahme, daß die Doubletten in der A-Überlieferung erst sekundär, also nach Abspaltung des zu M führenden Zweiges, entstanden wären, ließe sich nicht begründen, denn was sollte der Zweck solcher Doppelungen sein? Vielmehr weist alles auf relative Ursprünglichkeit des Textzustandes von A. Als dritter Verwandter liefert der Codex Vaticanus C keine zusätzliche Möglichkeit der Kontrolle, da von seinen 32 Nummern keine den Bestand repetierter Geschichten berührt. Ebenso liegt die Sache bei den 7 Geschichten von G.

Wie verhält sich der Überlieferungszweig β? Er selbst bietet keine Doubletten: die Ähnlichkeit von § 6 β mit § 253 besteht nur im Motiv: vgl. unten S. 178 und 182; Ritter 102. In den 7 Fällen aber, wo eine in A gedoppelte Geschichte auch von β überliefert wird, ergibt sich kein einheitliches Bild. Wo eine Scholastikos-Geschichte beim zweiten Vorkommen einen Kymäer zum Helden hat (§§ 155, 156, 158 b), geht β, das keine regionalen Typen kennt, mit der Scholastikos-Fassung nicht nur in diesem Wort, sondern überhaupt in der Textform, sofern diese nennenswert variiert, zusammen. Dagegen wird bei der Geschichte von den Vatermördern mit § 152 die (schlechter passende) Zuschreibung an εὐτρά-πελοι sowie manche Einzelheit der Textfassung gegenüber § 13 (σχολαστικοί) bevorzugt. Wenn in § 31 ~ § 91 b und in § 17 ~ § 44 b zwei Scholastikos-Fassungen konkurrieren, stellt sich β näher zu § 31 bzw. 17 (§ 30 = § 90 b wegen Textgleichheit ohne Belang).

Die Doppelungen hat Eberhard (p. 61) zu der Angabe in Bezug gesetzt, daß die A-Sammlung ἐκ τῶν Ἱεροκλέους καὶ Φιλαγρίου γραμματικοῦ exzerpiert sein soll, also zwei Namen genannt werden. Es hätten demnach zwei ältere Sammlungen als Quellen gedient, die zum Teil dieselben Witze enthielten (weshalb denn auch kein Witz mehr als zweimal erscheint).

Weitere Vermutungen liegen nahe:

1. Da die β-Überlieferung nur den einen der beiden Namen, Hierokles, nennt und fast um drei Viertel weniger Geschichten

enthält, darunter keine Doubletten, könnte hier etwa nur die eine
der beiden Vorlagen exzerpiert sein.

2. Die Überlieferung in A besteht aus zwei getrennten Stücken,
§§ 1–103 und 104–252, zwischen welche Äsop-Text geschoben ist.
(Auch in M besteht diese Grenze.) Darin könnte ein Hinweis auf
Wechsel der Quelle liegen (so Körte 547). Der erste Teil handelt
ausschließlich von σχολαστικοί, der zweite bringt andere Charak-
tere untermischt mit Regionaltypen. •

3. Zwischen den Doppelungen liegt immer ein größerer Abstand, innerhalb dessen eine Grenze der Vorlagen angesetzt werden könnte.

Es fragt sich, wie diese drei möglichen Vermutungen miteinander harmonieren. 1) und 2) widersprechen einander insofern,
als β sowohl Witze vom σχολαστικός wie von anderen Typen
enthält, also mit beiden Teilen des Bestandes von A korrespondiert. Zu dem Verhältnis von 2) und 3) ist zu bemerken, daß allerdings, mit zwei Ausnahmen, die vielleicht unerheblich sind, nur
Geschichten vom σχολαστικός später wiederholt werden, die
somit dem ersten Teil der A-Sammlung angehören. Sofern sie bei
der Wiederholung anderen Typen zugeschrieben werden, müssen
diese Wiederholungen natürlich im zweiten Teil stehen, aber
manche bleiben beim σχολαστικός und stehen somit auch in dem
ersten Teil der Sammlung: dadurch wird das Verhältnis wieder
unklar. Außerdem ist zu beachten, daß der Name Φιλάγριος in
A (M) von vornherein gleich in der Überschrift des Ganzen mit-
genannt wird. Es ist also damit zu rechnen, daß die Teilung in
A (M) nach § 103 nichts mit dem uneinheitlichen Ursprung der
Sammlung zu tun hat, sondern aus irgendwelchen anderen Gründen das Ganze in zwei annähernd gleiche Teile zerlegt wurde,
wobei sinngemäß der Einschnitt hinter den σχολαστικοί, also
dem ersten und zugleich längsten Kapitel, liegt.

Die Tabelle oben S. 171 zeigt, daß die Doppelungen selten einen
einzelnen Witz betrafen, sondern in Gruppen vorgenommen wurden, wobei die Reihenfolge öfters ungefähr erhalten blieb. Deutlich lassen dies die innerhalb des ersten Teiles gedoppelten Geschichten §§ 27–32 erkennen, doch in gewissem Umfang auch

diejenigen, die unter **Kymäern** und Sidoniern wiederkehren. Diese
stehen insbesondere bei ihrem zweiten Vorkommen eng beiein-
ander (Kymäer §§ 155–158b, Sidonier 128–132, 134, 136: wie man
sieht, vorzugsweise am Anfang der Kapitel), während an erster
Stelle, bei den Scholastikern, die Streuung breiter ist. Dies allein
würde noch keinen Schluß darauf zulassen, welches Vorkommen
das ältere, (relativ) ursprüngliche ist: ein Blumenstrauß kann
gesammelt, er kann auch wieder aufgelöst werden. Auch daß
σχολαστικός der allgemeinere, trivialere Typus ist (worauf Körte
547 Wert legt), würde noch kein Urteil ermöglichen: denn was
von Kymäern und Sidoniern in den wiederholten Geschichten
erzählt wird, enthält keine regionalen Besonderheiten, es handelt
sich um Dummköpfe schlechthin. Wohl aber läßt ein gewisser
Motivzusammenhang der Geschichten untereinander ihre Anordnung an einer von beiden Stellen manchmal als ursprünglicher
vermuten. Stücke verwandten Inhalts finden sich z.B. in den
regionalen Kapiteln öfters zusammengestellt, unmittelbar oder
durch *ein* andersartiges getrennt wie in Catulls Gedichtbuch.
So sind 3 kymäische Geschichten vom Pferdeverkauf §§ 155, 157,
158b in dieser Weise mit 2 anderen durchflochten (§ 156 Haus-
verkauf, § 158 gestohlene Kleider); alle 5 sind in den σχολαστικός-
Teil übernommen, dort aber verstreut (§§ 4, 41, 10, 35[7], 37). Von
9 aufeinanderfolgenden sidonischen Geschichten (§§ 128–136)
sind 7 in den ersten Teil übernommen, so daß die Reihenfolge
teilweise durchschimmert (§§ 100, 103, 23, 60, 42, 84, 92), und
auch die Art der beiden weggelassenen Stücke (§§ 133 und 135) ist
bezeichnend. Es sind Wortspiele, die in dem Sidonierkapitel wie
Fremdkörper wirken: ihre Helden mißverstehen zwar ein Wort,
gehören aber darum doch schwerlich in die Galerie der Dummköpfe, sondern wären eher als Grobiane (δύσκολοι) anzusprechen.
Bei diesen beiden Stücken ist ohne weiteres glaublich, daß sie erst
nach der Duplizierung in das Sidonierkapitel gelangt sind. Die
beiden ersten Nummern (§§ 128, 129) sind länger als die meisten
anderen der Sidonier-Reihe und könnten vielleicht aus diesem

---

[7] Zu § 35 vgl. unten S. 175.

Grunde zusammengestellt sein (ein drittes langes Stück steht am
Schluß: § 139). Die sonstigen Bezüge veranschaulicht folgende
Übersicht:

(länger)	§ 128	ὥδευεν	~	§ 100	
(länger)	129		~	103	
	130		~	23	
	131	μίλια	~	60	
	132	ὥδευε, μιλίων	~	42	
	133	(δύσκολος)		—	
	134	ὁδοιπορεῖν	~	84	
	135	(δύσκολος)		—	
	136		~	92	

Vereinzelt übernommen ist die Kymäer-Anekdote § 175 b, die
dritte aus einer Reihe von 5 Arzt-Geschichten; freilich sind von
ihrem neuen Platze in § 3 motivverwandte Stücke auch nicht viel
weiter entfernt (§ 6 f.), und die unpassende Bezeichnung des
kymäischen Patienten als σχολαστικός könnte als Anzeichen
gerade der umgekehrten Entlehnung aufgefaßt werden, vgl. den
Kommentar zu § 175 b. Sonst aber zeigen des öfteren solche Anekdoten, deren Parallelfassung regional ist, im Scholastikos-Teil
keinen näheren Bezug zu ihrer Nachbarschaft, beispielsweise § 41
(~ 156 Κυμ.) zu § 42 (~ 132 Σιδ.). Andererseits fehlen nicht Gegen-
beispiele. § 35, oben schon in anderem Sinne erwähnt, hat mit
§ 36 die ‚Kleidung‘ gemeinsam; das bleibt zu beachten trotz der
verschiedenen Ausdrücke für den Begriff: § 35 ἀμφῶτα (aber
§ 158 ἱμάτια!), § 36 ἱμάτια. Fraglich ist die Beurteilung von § 84,
der Scholastikos-Geschichte von einem Offizier (= Σιδόνιος
ἑκατόνταρχος § 134): sie scheint durch die Eingangswendung
ὁ αὐτός eng mit der vorangehenden verknüpft, die jedoch nicht
militärisch ist (§ 83 Rheinschiff). Die Anknüpfung mit ὁ αὐτός
begegnet noch in § 169, wo sie engen sachlichen Bezug ausdrückt,
und in § 73, da ohne ersichtlichen Anlaß. Der letztere Fall läßt
sich nicht aufklären, dagegen liegt es bei § 84 nahe, den mili-
tärischen Charakter von § 82 zu bedenken. Dann wäre § 83 irgendwie dazwischengeraten, und wir hätten zwischen §§ 82 und 84

enge nachbarschaftliche Bindung. – Wohl kaum darf die Bezeichnung des Helden von § 131 als Σιδόνιος σχολαστικός zu dem Schluß veranlassen, daß die Benennung σχολαστικός (die nichts zur Sache beiträgt, weil bereits das Wort Σιδόνιος allein den Dummkopf bedeutet) aus der Parallelfassung § 60 stammt (wie vielleicht in § 3 ~ 175b, siehe oben). Denn es ist die (nicht weiter erklärbare) Eigentümlichkeit der 12 Sidonierwitze, daß in jedem von ihnen der Sidonier einen anderen Beruf hat (Debrunner bei Ritter 108), sei es daß der Witz diesen Beruf voraussetzt oder auch nicht (wie §§ 130, 132): also ist σχολαστικός in diesem Falle als Berufsangabe („Gelehrter') zu verstehen.

Wenn sich immerhin noch in einer Mehrzahl von Fällen die Priorität der jeweiligen Fassung als Regionalwitz gegenüber derjenigen im ersten Teil der Sammlung zu ergeben scheint, so führt die Betrachtung der übrigen Fälle zu noch weniger klaren Resultaten. Die beiden angehenden Vatermörder sind wohl eher Dummköpfe (σχολαστικοί, nach § 13) als Witzbolde, wie § 152 sie nennt (hier von der β-Überlieferung gestützt). Bei der sonderbaren Kürzest-Erzählung § 116 ~ § 252 steht die regionale Fassung (Abderit) an früherer, die allgemeine mit ἀτυχὴς εὐνοῦχος an späterer, d.h. sogar an der letzten Stelle der ganzen A-Sammlung; wie ich vermute, als versprengter Rest eines Kapitels über „Pechvögel'. Die Wiederholung auf kürzesten Abstand von § 209 ~ § 218 könnte irgendwie mit der Tatsache in Zusammenhang stehen, daß die Gruppe der „feigen Boxer' auseinandergerissen ist und teilweise unpassend unter den „Neidischen' erscheint (schon § 217): die beiden Fassungen scheinen im Verhältnis von Varianten zu stehen (§ 218 die deutlichere, § 209 die bessere), die aus dem genannten Grunde nicht den Weg zueinander gefunden haben(?).

Bei Wiederholung innerhalb des σχολαστικός-Teiles zeigt sich folgendes Bild: § 17 handelt wie die vorhergehende Geschichte von Büchern; an der Wiederholungsstelle 44b schiebt sich die Erzählung zwischen zwei Schlafzimmerszenen, was nach dem früher Gesagten zwar auch nicht schlecht wäre, doch ist die Verklammerung von § 17 mit § 16 vielleicht das stärkere Indiz. Andererseits ist die Analyse von β zu beachten, die eher auf Ursprünglichkeit von § 44 b zu weisen scheint: vgl. unten S. 178. § 26 νοσώδης und § 27 νοσῶν sind, wie man sieht, stichwortmäßig verbunden. § 79 b, als Wiederholung von § 27, steht ohne solchen Bezug, und wenn man mit Ritter § 73 als (sehr freie) Doublette zu § 26 gelten läßt, so ist durch die Entfernung von 73 zu 79 b das Band zerrissen (daß freilich § 73 durch den Namen Scribonia ursprünglicher wirkt als § 26, ist im Kommentar vermerkt). – Wenn schließlich die Gruppe §§ 30, 31, 32 als §§ 90 b, 91 b, 96 b wieder erscheint, so gibt es an keinem der beiden Orte inhaltliche oder formale Bindungen, die einen Schluß zuließen; die breitere Streuung bei dem zweiten Vorkommen (vgl. oben S. 174) ist für sich allein ein schwaches Argument. Wenn aber in β 27 (§ 30. β) die Geschichten der §§ 25 und 30 kontaminiert erscheinen, so begreift sich dieser Vorgang leichter bei ursprünglicher Nahestellung der beiden.

Auch die danebengehaltene β-Überlieferung mit ihrer besonderen Anordnung ergibt, wie sich bald zeigen wird, keine einheitliche Aussage: β scheint §§ 30, 31 (nicht 90 b, 91 b), aber § 44 b (nicht 17) vorauszusetzen. So kann man von ‚früherem‘ und ‚späterem‘ Vorkommen nur gemäß der Nummer, d. h. der Reihenfolge in A, reden und muß sich hinsichtlich des zeitlichen Verhältnisses bescheiden. Jedenfalls besteht, in diesem Sinne, die ‚frühere‘ Reihe aus §§ 17, 27, 30–32, die ‚spätere‘ aus §§ 44 b, 79 b, 90 b, 91 b, 96 b. Wie man sieht, greifen diese beiden Reihen nicht ineinander, was dazu einlädt, auch hier Übergang von einer Quelle zur andern zu vermuten. Gibt es einen anderen Hinweis darauf, daß zwischen § 32 und § 44 b irgendwo eine Grenze liegt?

Tatsächlich besteht eine Überlieferung, von der sich fast sagen läßt, daß sie mit § 34 beginne, nämlich bei unserem ältesten Textzeugen G. Denn vor G 2 = § 34 steht als G 1 die Geschichte § 265, eine schwächere (halbierte?) Fassung des nur in A überlieferten § 136, die man wohl ignorieren könnte: sie konnte leicht im Hinblick auf die (vielleicht) folgende vollere Fassung in irgendeinem späteren Stadium der Überlieferung weggelassen werden – wenn es für Weglassungen überhaupt jeweils besonderer Begründung bedürfte! Aber die weitere Reihenfolge der Geschichten in G befriedigt nicht unsere Erwartung, denn es folgen als G 3–5 zunächst nicht höhere, sondern niedrigere A-Nummern: §§ 22, 24, 29. Dagegen stimmt, wie die Tabelle S. 146 zeigt, die Reihenfolge in G (in dem geringen überhaupt kontrollierbaren Umfang) mit der von β überein. So nimmt denn auch in β der § 34 einen auffallend frühen Platz ein, nämlich β 4. Deshalb führt der Versuch, die Doubletten in A zu erklären, zu einer Betrachtung der verschiedenen Reihenfolge der Geschichten in A und β, zunächst der Scholastiker-Witze.

Die β-Entsprechungen zu den Scholastiker-Witzen der Handschrift A gehen nur bis § 65 (= β 33). Das Bild innerhalb dieses Raumes läßt sich auf S. 135–144 ablesen: es zeigt viele Unterschiede, doch auch Ähnlichkeiten, die unzweifelhaft auf einen Zusammenhang hindeuten. Grundsätzlich kann die Anordnung in A aus der in β entstanden sein, oder umgekehrt, oder Schöpfen aus gemeinsamer Quelle kann die Ähnlichkeit verursacht haben. Welche dieser drei Annahmen läßt die Unterschiede am leichtesten begreifen? Wir stellen uns zunächst vor, der Urheber der A-Redaktion habe für den Scholastiker-Teil bis § 65 eine Vorlage benutzt, welche die Anordnung von β hatte (und außerdem alle Plus-Geschichten von entweder A oder β in dieser Partie). Wie hätte er sie benutzt?

Er könnte dieser Vorlage, mit Auslassungen, im äußersten Falle bis § 33 gefolgt sein, d.h. die faktisch letzte Nummer ist § 31, da §§ 32/33 in β fehlen; die entsprechenden β-Nummern liegen in dem Raum von β 1 bis β 28. Nur zweierlei wäre einschränkend zu bemerken: a) § 17 würde aus dem Rahmen fallen, wenn aus β 34 übernommen: offenbar wäre vielmehr § 44 b als Entsprechung von β 34 zu verstehen. – Und b) § 6 wäre aus demselben Grunde mit β 6 zu gleichen (wie schon Eberhard annahm), nicht mit β 14 trotz größerer sachlicher Übereinstimmung (§ 6 und β 6 sind nur in der Pointe gleich, § 6 und β 14 in Pointe und Einkleidung, vgl. S. 172). Anderweit stimmt die Reihenfolge bis § 33 überein. – Mit § 34 begänne der A-Schreiber früher übersprungene Nummern von β nachzutragen, auch diese in der richtigen Reihen-

folge von β: es handelt sich um β-Nummern, die bei β 4 (= § 34) anfangen und bei β 22 (= § 56) enden. – In diese Reihe jedoch
streut er, einzeln oder paarweise, Nummern ein, welche die früher
mit β 28 (= § 31) abgebrochene β-Reihe fortsetzen, aber mit veränderter Reihenfolge: β 35, 31; 36, 34 (= § 44 b) – (längere Pause) –
29 – (dto.) – 33. Der erste dieser Komplexe gehört zu einem Bündel
von Todesfall-Geschichten, das in A (§§ 38–40), mit einer Auslassung, beisammensteht, in β (β 30, 31, 35), mit ebenfalls einer
Auslassung, bei geringfügig geänderter Reihenfolge, außerdem
drei Geschichten (β 32–34) umschließt, die unter sich keine, mit
den Todesfallgeschichten nur in einem Falle (β 33 = § 65) eine
mäßige Motivverwandtschaft zeigen. Durch die Plazierung des
zweiten Komplexes hätte A die beiden, in β weit getrennten
Schlafzimmergeschichten β 36 (= § 44) und β 13 (= § 45) in nahe
Nachbarschaft gebracht, andererseits das Band zwischen β 35
(= § 39) und β 37 (= § 227) zerrissen: letztere beiden Geschichten
sind im Motiv zweifellos verwandt durch Erwähnung der schwarzen
Trauerfarbe, doch scheint § 227 in A wohl besser und jedenfalls
origineller unter den Trunksüchtigen eingeordnet, die β als eigene
Kategorie nicht hat (darüber später).

Wir prüfen die entgegengesetzte Annahme, daß dem Urheber
der Rezension β Material grundsätzlich in der Reihenfolge von A
vorgelegen hätte. Von der früheren Erörterung (oben S. 178) über-
nehmen wir die Gleichungen β 34 = § 44 b und β 6 = § 6, die
auch hier gelten müssen. Dann ergibt sich folgendes Bild: in der
Rezension β gehen zwei Reihen von A-Geschichten nebeneinander,
die fast von Anfang an miteinander verflochten werden. Reihe I
beginnt mit § 2 (= β 1), also praktisch von vorn; Reihe II mit
§ 34 (= β 4). Reihe I müßte enden mit § 31 (= β 28), da §§ 32/33
ohne Entsprechung in β sind. Reihe II scheint zu enden mit
§ 65 (= β 33). Für sich stehen vier niedrigere A-Nummern, §§ 40,
44 b, 39, 44 am Ende der II. Reihe, die wohl eigentlich an deren
Schluß herangeschoben werden sollten, so daß eine leichte Ver-
werfung eingetreten sein dürfte: § 40 (= β 31) wird bereits vor
§ 65 (= β 33) gebracht anstatt dahinter (β 32 hat, wie schon 30,
in A keine Entsprechung). Die Tabelle oben S. 143 f. zeigt dieses

Verhältnis und läßt ferner erkennen, daß der Anschub am Ende des ganzen Scholastiker-Kapitels vorgenommen worden ist: denn auf β 36 = § 44 folgt nur noch β 37 = § 227, ein ursprünglicher μέθυσος-Witz, wie schon auf S. 179 hervorgehoben wurde. Ebendort ist gezeigt, daß §§ 39, 40 und 44 in A bessere nachbarliche Verbindung als in β haben. Denn es sind selbstverständlich wieder dieselben Todesfall- und Schlafzimmerwitze, die auch bei der jetzt durchgeführten Auffassung die Reihenfolge stören, aber jetzt begrenzter in Anzahl und Verbreitung und einleuchtender plaziert: das läßt in dieser speziellen Hinsicht die jetzt geprüfte Auffassung als die einfachere erscheinen.

Und wie steht es im Ganzen des betrachteten Abschnitts? Der β-Schreiber hätte die Reihen I und II folgendermaßen durcheinandergeflochten (die deutschen Zahlen zeigen die Anzahl der Witze an): 3 I, 2 II, 3 I, 1 II, 3 I, 3 II, 1 I, 2 II, 1 I, 1 II, 3 I, 1 II, dann (II) §§ 40, 65, 44 b, 39, 44. Das ist gewiß ein buntes Bild, aber in dem Verfahren liegt doch mehr System als in dem umgekehrten (S. 178 f.).

Freilich scheint eine so intensive Verflechtung auf Grund einer einzigen Vorlage, mit dauerndem Hin- und Herblättern oder gar -rollen, schwer durchführbar. Man wird also zu der Annahme neigen, daß dem Urheber von β zwei Witzbücher, eben I und II, vorlagen, aus denen er jeweils abwechselnd 1–3 Geschichten abschrieb: das ist technisch ausführbar und scheint auch ein möglicher Einfall – spielerisch, wie es zu dem humoristischen Inhalt paßt. Diese beiden Vorlagen I und II aber hätte der A-Redaktor hintereinander abgeschrieben, wobei die Übergangsstelle zwischen § 32 und § 34 liegt. Das scheint eine annehmbare Lösung der Quellenfrage für diesen Teil (§§ 1–65).

Zu untersuchen bleibt, wie sich dieser Lösungsvorschlag in anderer Hinsicht bewährt. Ihm zufolge wäre die älteste Handschrift G bereits kontaminiert, da ihre Anordnung in dem einzigen entscheidenden Punkte gegen A zu β stimmt, sie also nicht die Quelle II (oder I) rein wiedergeben kann. Diese Auffassung begegnet keinem grundsätzlichen Hindernis. G wäre der Anfang eines Exzerptes aus einem frühen Vertreter der recensio mixta, der

erheblich reicher war als β: denn trotz seines geringen Umfanges
enthält G gegenüber V E drei Plus-Geschichten. Übrigens scheint
es sich um ein recht dürftiges Exzerpt zu handeln, dessen Text
wohl schon bald zu Ende war. Vielleicht aus diesem Grunde hat
der Anfang in G keine Überschrift. Natürlich stellt der geringe
Umfang des Fragments G einen Unsicherheitsfaktor dar: man
muß bedenken, daß die nähere Zuordnung von G zu der β-Rezension nur auf der Stellung einer einzigen Geschichte beruht, nämlich G 2 = β 4 = § 34. Bei so schmaler Beweisgrundlage ist
irgendein Zufall nicht ausgeschlossen, und die Bedeutung von G
für die Kritik der äsopischen Fabeln und des griechischen Pañcatantra[8] kann zur Vorsicht mahnen. Weitere Bemerkungen zu G
siehe unten S. 190 ff.

Daß die Doubletten in A durch unsere Analyse begreiflicher
werden, überrascht nicht: ihr Bestehen hatte ja zu der quellen-
kritischen Erkenntnis hingeführt. Die Witzbücher I und II hatten
ihrerseits jedes seine Geschichte hinter sich, während deren jeweils
Anleihen des einen bei dem anderen möglich waren, wie es auch
heutzutage bei derartigen Sammlungen oft geschieht; oder sie
konnten teilweise aus gleicher Quelle gespeist sein. Auffallen mag,
daß bei solchen Doubletten, wo aus einem regionalen Typus ein
σχολαστικός geworden ist, in beiden Sammlungen (I und II) die
Kymäer vor den Sidoniern erscheinen (oben S. 171), im Gegensatz zu der Abfolge der regionalen Kapitel in A. Offen muß wohl
von Fall zu Fall die Frage bleiben, ob zur Zeit der Kompilation
von β in den Quellen I und II die Doppelungen innerhalb des
Scholastiker-Bereiches schon vorlagen. Denn die Wiederholungs-
stellen liegen meist nach § 65, dem Endpunkt der Scholastiker-
Witze in β, so daß sich eine Kenntnis der Wiederholungen bei β
nur indirekt feststellen ließe. Wie schon S. 172 angedeutet, läßt
sich β 28 mit § 31 gleichen ohne Kenntnis von § 91b; hier zeigt
übrigens das Fehlen des notwendigen Wortes ποταμόν in §§ 31
und 91b, daß die Doppelung nicht alt ist. Eigentümlich ist, daß
β 34 im Wortlaut wesentlich mit § 17 übereingeht, aber nach der

---

[8] B. E. Perry, Studies in the Text History of the Life and Fables of Aesop,
Haverford 1936, 153–155. – Sjöberg 47.

Quellenanalyse die Stelle von § 44 b einnimmt (S. 178). Nun ist der Unterschied im Wortlaut zwischen §§ 17 und 44 b nicht beträchtlich und daher die Annahme erlaubt, daß § 44 b die Ausdrücke, durch die § 17 mit β 34 übereinstimmt (ἀγοράζειν, ἀμελεῖν), ursprünglich auch gehabt und erst im Laufe späterer Überlieferung in der Weise, wie es vieldutzendfach zu beobachten ist, durch Synonyma (πρίασθαι, ὀλιγωρεῖν) ersetzt hat. Doch zeigt sich außerdem, wie im Kommentar ausgeführt, die Erzählung in §§ 17 und 44 b in gleicher Weise inhaltlich verschlechtert gegenüber β 34: das kann natürlich nur einmal geschehen sein, und man muß schließen, daß in diesem Falle die Verdoppelung später liegt als die Trennung der beiden Redaktionen A und β. Ohne Zweifel wäre der Vorgang am einfachsten zu verstehen, wenn A hier gegenüber β sekundär wäre, d. h. aus einer Vorlage der Klasse β den Witz β 34 (trivialisierend) als § 44 b übernommen und danach zu § 17 verdoppelt hätte. Und auch die andere der erwähnten auffälligen Entsprechungen (S. 178) kann in diese Richtung weisen: wenn § 6 nach der Analyse offenbar mit β 6 korrespondiert und nicht mit dem sachlich ähnlichen β 14, so kann man bedenken, daß β 6 und β 14 mit denselben Worten beginnen: σχολαστικὸς ἰατρῷ (-ὸν) συναντήσας, und sich den Hergang so rekonstruieren: Redaktor A wollte aus Vorlage β den Witz β 6 abschreiben, geriet aber wegen der gleichen Anfangsworte in den Witz β 14 hinein und schrieb diesen zu Ende. Dann bemerkte er das Versehen und schrieb die auf β 6 folgenden Witze ab (aber nicht β 6 selbst, weil er dem β 14 zu ähnlich war), ließ jedoch, als ihn die Reihe nun wirklich an β 14 brachte, diesen natürlich aus (und gab au ɔh nicht etwa an dessen Stelle nun β 6).

Diese beiden Fälle scheinen also wieder für die erstere der beiden Annahmen, die wir prüfen, zu sprechen, nämlich daß Rezension A aus β abgeleitet ist. Wohl sind es keine zwingenden Gründe, aber doch beträchtliche Indizien, denen man folgen würde, wenn sonst kein Anhalt wäre. Es ist nur die Frage, ob sie gegen diejenigen Gründe aufkommen, die für das umgekehrte Verhältnis, d. h. also unsere zweite Annahme, sprechen. Das glaube ich, aufs Ganze gesehen, nicht: die rechnerischen Erwägungen und die sonst nicht

182

erklärlichen Doubletten schlagen meines Erachtens durch. Indes ist zuzugeben, daß der Vorgang, durch den die beiden Rezensionen entstanden sind, sich vielleicht doch nicht so einfach abgespielt hat, wie es zunächst scheinen konnte. Auf jeden Fall, wie ich glaube, sollte man der Vorstellung, die auf S. 180 entwickelt ist, den Wert eines simplifizierenden Modells beimessen. Daneben – vor- oder nachher – mögen sich Vorgänge des Austauschs und der Übernahme abgespielt haben, die wir, ohne sonstigen Anhalt, nicht rekonstruieren können. Deshalb müssen sie für die weitere Untersuchung außer Betracht bleiben.

Wenn sich früher (S. 178) das Ende der II. Reihe von Scholastiker-Witzen mit Hilfe der Anordnung in β nach § 65 finden ließ, so kann man fragen, ob auch der Zustand in A dort eine Grenze anzeigt. Das Gegenteil ist der Fall, denn die umtitulierten Sidonierwitze gehen über die ‚Grenze' hinweg: §§ 42 ∼ 132, 60 ∼ 131, 84 ∼ 134, 92 ∼ 136. Demnach scheint es eher, als habe der β-Redaktor von sich aus die überlange Reihe der Scholastiker-Witze nach einiger Zeit abgebrochen, um zu anderen Typen überzugehen; es müßte denn sein, daß schon das ihm vorliegende Exemplar der Quellschrift II an dieser Stelle unvollständig war, vermutlich aus demselben Grunde. Quelle I scheint schon damals, als sie für die Rezension A verwertet wurde, Scholastikerwitze höchstens bis § 33 geboten zu haben.

Die übrigen Witze sind kapitelweise nach Typen geordnet. Ein solches Kapitel bildeten ja auch die Scholastikerwitze, deren Anzahl aber alle anderen zusammen nicht erreichen. Die Anordnung der Kapitel ist in den beiden Redaktionen verschieden, wie folgende Tabelle veranschaulicht: die Zahlen bezeichnen die Anzahl der Witze, ein Sternchen das Fehlen der betreffenden Gruppe in β.

A	β
σχολαστικοί 103	σχολαστικοί 37
φιλάργυροι 2	δύσκολοι 8
ἀλαζόνες* 3	φιλάργυροι 2

μωρός* 1
'Αβδηρῖται* 18
Σιδόνιοι* 12
εὐτράπελοι 14
Κυμαῖοι* 31
δύσκολοι 13
ἀφυεῖς* 10
δειλοί* 5
ὀκνηροί 3
φθονεροί* 3
δειλοί* 2
λιμόξηροι 8
μέθυσοι 4
ὀζόστομοι* 10
μωρός* 1
ὀζόστομος* 1
λείξουρος* 1
γυναῖκες 2
μισογύναιοι 4
γυναῖκες 2
ἀτυχὴς (εὐνοῦχος*) 1

(G: ἀλαζών 1)
λιμόξηροι 4
ὀκνηροί 3
ἀτυχὴς (μέθυσος) 1
γυναῖκες 2
μισογύναιοι 2
εὐτράπελοι 10

Bei dem Anblick der Tabelle überwiegt der Eindruck der Verschiedenheit. A kennt doppelt soviel Typen wie β. Doch läßt sich an den Tabellen oben S. 138 ff. ablesen, daß innerhalb der einzelnen Kapitel die Reihenfolge der Witze in beiden Redaktionen jeweils gleich oder sehr ähnlich ist, so daß auch hier ein Zusammenhang bestehen muß: nach dem Ergebnis bei den Scholastiker-Witzen konnte man das schon vermuten. Darum ist es kaum abwegig, auch in der Anordnung der Kapitel nach Ähnlichkeit und einem ursprünglichen Zusammenhang zu suchen. Allgemein gesprochen, könnte die kürzere Fassung aus der längeren durch Auswahl, aber ebensowohl diese aus jener durch Erweiterung enstanden sein. Von beidem lassen sich Anzeichen finden. Auch muß man fragen, ob eine der beiden Reihenfolgen, die uns geboten werden, in irgendeinem Sinne besser, etwa sinn-

voller oder ordentlicher als die andere ist. Da ließe sich die Endstellung der εὐτράπελοι in β anführen, weil diese Figuren nicht
verlacht werden, sondern selber die Witze machen. Doch ist das
Argument nicht stark, weil auch die δύσκολοι überwiegend diesen
aktiven Charakter haben, in β aber anderswo stehen; vgl. unten
S. 188. Demgegenüber sieht man in A die unsauberen Witze[9]
(ab § 231) an den Schluß der Sammlung gestellt, wo man das
Weiterlesen unterlassen bzw. verbieten kann.

In A fällt die seltsame Plazierung der drei regionalen Typen
auf, die ohnehin eine Kategorie für sich bilden; man erwartet
sie entweder alle drei zusammen zu finden, also nicht durch die
εὐτράπελοι getrennt, oder nach dem Prinzip der Abwechslung
jeweils mit anderen Typen durchflochten. Die jetzige systemlose
Dislokation erweckt den Eindruck sorgloser Einfügung. Hierzu
kommt, daß ,Kymäer' und ,Sidonier' – und zwar in dieser Reihenfolge, im Gegensatz zu der Kapitelfolge in A – viele Doubletten geliefert haben, was sicherlich quellenkritisch zu deuten ist.
Darum verwundert es nicht, die drei regionalen Typen in β
nicht zu finden: sie mögen dem Bestand der gemeinsamen
Quellen noch gefehlt haben. Ferner sind in A drei Gruppen –
δειλοί, ὀζόστομοι und Weiberwitze – zerrissen durch Einschub
anderer Gruppen. In dem dritten dieser Fälle sind trennende und
getrennte Gruppe auch in β vertreten und läßt sich die Spaltung
in A leicht erklären. Denn die beiden Weiberwitze, die im Gegensatz zu den beiden früheren (§§ 244 und 245 = β 55 und 56) in
β nicht erscheinen, sind insofern von anderer Art, als bei ihnen
nicht die Weiber, sondern der Pantoffelheld (§ 250) bzw. der
Sklave (§ 251) die spaßhaften Figuren sind. Da die Sammlung A
unmittelbar danach (mit § 252) schließt, hat man den Eindruck,
daß der A-Redaktor diese Stücke anderswoher kannte und einfach an den Schluß geschoben hat, wo sie in Nachbarschaft von
Weibern und Weiberhassern ja gut stehen. Die Spaltung der
Gruppe der δειλοί wird irgendwie mit der Doppelung §§ 209~218

---

[9] Ich meine Fälle, wo das ganze Kapitel durch solche Thematik bestimmt
wird. Denn einzelne derartige Witze begegnen auch in anderen Kapiteln, wie
für den σχολαστικός schon oben S. 22 bemerkt war.

185

in Zusammenhang stehen; Näheres ist unklar, da die Kontrolle durch β fehlt. In die Gruppe der ὀζόστομοι (ebenfalls nicht in β) ist als § 241 die Geschichte von einem Dummen (μωρός) eingefügt, nach Eberhards Beobachtung durch das Stichwort βδεῖν vermittelt. Ein anderer vereinzelter μωρός begegnet ohne erkennbaren Anlaß in § 109, ein dritter wird in § 251 fälschlich so genannt, vgl. den Komm. z. Stelle. Doch hat der μωρός als besonderer Typus in unserer Sammlung überhaupt kein Lebensrecht, da ja auch die σχολαστικοί und die Vertreter der drei regionalen Typen schlechthin dumm sind; ein umlaufender Witz mag notiert sein. Als Einzelgänger verdächtig ist der λείξουρος § 243, dessen Geschichte außerdem durch Länge auffällt; der Typus ist wohl ähnlich den λιμόξηροι (auch im Namen), aber die Pointe anders als bei diesen (§§ 219–226), darum die Geschichte gewiß nicht von dorther versprengt; ihren jetzigen Platz in der Sammlung scheint sie ihrer Saftigkeit zu verdanken. Fraglich bleibt, warum ausgerechnet die Geschichte minimalen Umfangs von dem abderitischen Eunuchen (§ 116) am Schlusse der Sammlung noch einmal erscheint (§ 252, ohne Regionalbezeichnung; dafür ἀτυχής); die Abderiten haben sonst keine Doubletten geliefert; sollte, wie anderwärts (S. 159) die Länge, so hier die Kürze die Endstellung bewirkt haben?

Umgekehrt besteht ein Hinweis, daß die Redaktion β ursprünglich mehr Gruppen umfaßte. Denn im codex G, dessen Verwandtschaft mit β wahrscheinlich ist (s. oben S. 180), gibt es noch einen Prahler-Witz (§ 106 = G 7), und zwar an der Stelle, die der Anordnung in A entspricht, hinter den ‚Geizigen'. Von Prahlern weiß die eigentliche β-Familie nichts, und auch die Gruppe der ‚Trunkenbolde' ist dort im Begriff, sich zu verflüchtigen: die eine der zwei einschlägigen Geschichten (β 37 ~ § 227) nennt mit schwächerem Witz statt des Trunkenboldes den dummen Scholastikos und findet sich denn auch am Ende der Scholastiker-Gruppe angeschoben; und die einzig überlebende Geschichte vom μέθυσος (β 54 = § 229) beginnt nicht mehr, wie in A, mit diesem Stichwort. Dagegen wenn § 239 in A den ὀζόστομοι, in β (59) den εὐτράπελοι zugeteilt wird, so ist jede der beiden Einordnungen gut und ein sicherer Schluß auf Kenntnis des β-Redaktors von der ganzen Gruppe der Stinker-Witze nicht möglich. Denn auch der A-Redaktor könnte hier umgruppiert haben, und nur soviel läßt sich sagen, daß er, der auch εὐτραπέλους kennt, dazu weniger Grund hatte als der Urheber von β, der ὀζοστόμους nicht führt.

Ist nun durch diese Abstriche an A (Regionaltypen, Einzelgänger) und Restitutionen in β eine gewisse Angleichung im Typenbestand der beiden Redaktionen vollzogen, so bleibt die Verschiedenheit immer noch groß. Je nachdem ob die ὀζόστομοι hinzugerechnet werden oder nicht, sind es vier oder drei dankbare Witzfiguren, die in der β-Rezension nicht erscheinen, nämlich noch die ἀφυεῖς, δειλοί und φθονεροί. Haben sie in einer ursprünglichen Sammlung gefehlt, so daß der Redaktor A sie hinzugetan hätte, oder hat β sie gestrichen? Für letzteres sieht man wohl bei den ὀζόστομοι wegen des widerwärtigen Themas, aber nicht bei den übrigen Gruppen einen Grund ein; doch bietet auch die erstere Annahme Schwierigkeiten, wenn man z. B. die große Beliebtheit der ἀφυεῖς in der Spott-Epigrammatik bedenkt. Im ganzen richtet sich der Verdacht der willkürlichen Änderung (in diesem Falle: Weglassung) doch mehr gegen den Redaktor von β, den wir ja auch die ‚Prahler' unterdrücken sahen und dessen freieres Schalten sich wohl auch bei Betrachtung der Scholastiker-Partie ergab. Oder könnten fehlende Kapitel der β-Redaktion in der Überlieferung verloren gegangen sein? Diese Annahme läßt sich selten ausschließen, und nur die in solchen Fällen naheliegende Vermutung, daß der Verlust am *Schlusse* eingetreten wäre, wird unwahrscheinlich durch die gleich folgende Analyse.

Wenn man lediglich diejenigen Kapitel, welche beiden Rezensionen gemeinsam sind, einander gegenüberstellt, kann man wohl einen Gesichtspunkt erkennen, nach dem β die überlieferte Reihenfolge geändert hat. Denn das wollen wir jetzt voraussetzen, und als richtig soll es sich eben dadurch erweisen, daß man jenen Gesichtspunkt findet, während bei der gegenteiligen Annahme (wie hier nicht vorgeführt werden soll) sich nichts dergleichen ergibt. Unser Verfahren ist also dasselbe wie im Falle der Scholastiker.

A	β
φιλάργυροι 2	δύσκολοι 8
ἀλαζόνες 3	φιλάργυροι 2
εὐτράπελοι 14	(G: ἀλαζών) 1
δύσκολοι 13	λιμόξηροι 4
ὀκνηροί 3	ὀκνηροί 3
λιμόξηροι 8	(μέθυσος) 1
μέθυσοι 4	γυναῖκες 2
γυναῖκες 2	μισογύναιοι 2
μισογύναιοι 4	εὐτράπελοι 10

Nach bekanntem Grundsatz der Rhetorik, für den man sich sogar auf die Strategie des alten Nestor berief (Quintil. inst. V 12,14), hat der Redaktor β die beiden (auch in A) zahlreichsten Gruppen, δύσκολοι und εὐτράπελοι, gewissermaßen als stärkste Bataillone an erste und letzte Stelle gesetzt: wenn er dabei die Reihenfolge von A umkehrte, so mag ihn das Gefühl bestimmt haben, daß die ‚Witzigen' ein gutes Gegengewicht gegen die vielen Dummheitswitze des ‚scholastischen' Anfangsteiles und überhaupt einen gefälligen Abschluß bilden. Die Ähnlichkeit der beiden starken Gruppen in ihrer (aktiven) Witztechnik, worauf S. 185 hingewiesen wurde, ist ihm wohl nicht aufgefallen, denn dieser Rechnung zu tragen wäre die Fernstellung ja ein sonderbares Mittel: A gruppiert da, wenn man sich die Kymäer wegdenkt, einleuchtender. Zwischen ‚Grobiane' und ‚Witzige' wurden in β dann die übrigen, kürzeren Gruppen geschoben. Warum dabei noch ὀκνηροί und λιμόξηροι unter sich den Platz getauscht haben, kann ich nicht erklären: damit wurde die gute Reihenfolge in A: ‚Esser – Trinker' aufgehoben; im übrigen blieb die ursprüngliche (A entsprechende) Reihenfolge bewahrt.

Nach dieser Auffassung hat der β-Redaktor für den zweiten (nicht-‚scholastischen') Teil seiner Sammlung bloß eine einzige

Quelle benutzt. Sie kann mit einer der früher angenommenen Vorlagen identisch sein, und zwar vermutlich mit II, jedenfalls entsteht bei dieser Annahme ein einfacheres Bild von der Arbeitsweise des Redaktors von A, bei dem die Quelle I nur ganz am Anfang (bis höchstens § 33) greifbar ist. Vielleicht hat Quelle I tatsächlich nicht mehr als rund 30 Witze enthalten, und zwar nur über Scholastiker: in beiden Beziehungen wäre sie mit der Handschrift P vergleichbar (die aber zu der β-Gruppe gehört). Demgegenüber ist bei A im zweiten Teil die Quellenlage verwickelter. Denn wenn wir uns die Quellschriften jeweils ohne Doubletten vorstellen, können die Witze über Sidonier und Kymäer weder in I noch in II gestanden haben, da Doubletten jener Witze in I wie in II erscheinen. Man muß darum für diese eine dritte Quelle (III) postulieren, der man dann wohl alle regionalen Witze, also auch diejenigen über Abderiten, zuschreiben wird. Es war, wie es scheint, eine Sammlung von τοπικὰ σκώμματα, und wenn auf die Namen in den Überschriften soviel zu geben ist, hieß ihr Verfasser Philagrios. Die Bezeichnung (nur) des Philagrios als γραμματικός würde zu dieser Annahme passen, da das Sammeln solcher τοπικὰ σκώμματα eine halbwegs gelehrte Tätigkeit ist[10].

Für die anderen beiden Quellschriften, I und II, steht als einziger Verfassername nur Hierokles zur Verfügung. Entweder muß also eine derselben unbenannt bleiben; es ist aber auch möglich, daß der Name auf beide zutrifft und es sich bei I und II um auseinandergerissene Teile einer ehemals einheitlichen Sammlung handelt, die eine Zeit lang ein Sonderleben geführt haben, dann aber durch die Rezensionen A und β in verschiedener Weise wieder vereinigt worden sind. Diese Auffassung, die naturgemäß

---

[10] So enthielt die Schrift des gelehrten Antiquars Polemon περὶ τῶν κατὰ πόλεις ἐπιγραμμάτων Spottepigramme, vgl. Fr. Pfister, Die Reisebilder des Herakleides, SB Akad. Wien CCXXVII 2, 1951, 19f. u. 67. Dieser Herakleides mit seinen zum Teil satirischen Städteschilderungen wäre selbst zu nennen, wenn sein Beiname ὁ κριτικός gelautet hätte, doch ist die überlieferte Form ὁ Κρητικός haltbar, vgl. Pfister 18; Daebritz *Herakleides 46* RE VIII 484. – Ein (m. E. unbeachtlicher) Hinweis in anderer Richtung ist im Kommentar zu § 61 erwähnt.

hypothetisch bleibt, wird dem Stemma unten S. 202 zugrunde gelegt werden.

Über den Codex Cryptoferratensis G ist schon oben S. 177–181 gehandelt und wahrscheinlich gemacht, daß er als früher Vertreter der Mischrezension in die Nähe von V E gehört. Die Einordnung von G in die Nähe der β-Gruppe beruhte, wie auch schon bemerkt wurde, auf der Stellung der Geschichte G 2 = § 34 = β 4, vgl. S. 181. Die vorhergehende Geschichte G 1 = § 265 fehlt in A, sie wirkt wie eine halbierte Antizipation des Sidonierwitzes § 136, die andere Hälfte steht in § 92 (die umgekehrte Auffassung Perrys 165, daß der gute Witz § 136 durch Kontamination der beiden schwächeren entstanden sei, leuchtet weniger ein). Da keine der drei Geschichten in β erscheint, geben sie für die Analyse keine Handhabe. Der große Sprung von G 5 = § 29 = β 26 zu G 6 = § 104 = β 45 bedeutet vermutlich, daß der G-Schreiber nach fünf Scholastikerwitzen genug von dem Thema hatte und zu einer neuen Figur überging (ähnlich β, vgl. S. 183). Daß dies gerade der φιλάργυρος von § 104 ist, paßt eigentlich besser zu A, wo der Geizhals unmittelbar auf den Scholastiker folgt und § 104 die neue, auch räumlich (durch Äsoptext) abgetrennte Reihe der kürzeren Kapitel beginnt, als zu β, wo δύσκολοι dazwischenstehen. Aber schließlich könnte der G-Schreiber, der einen so stark verdünnten Auszug herstellte, auch willkürlich oder versehentlich gleich zu dem übernächsten Thema gesprungen sein. Oder wir gewinnen hier Kenntnis von einer Frühform der recensio mixta, in der die kleineren Kapitel noch nicht in der Weise, die S. 188 besprochen ist, umgestellt waren, sondern noch die Reihenfolge von A hatten. Ich glaube, daß hiermit das Äußerste an Schlußfolgerungen aus den armseligen sieben Geschichten unseres ältesten Textzeugen G herausgeholt ist.

In der Formulierung der Witze nimmt G eine interessante Mittelstellung zwischen A und β ein, wie Perry 165 beobachtet hat. Die Besprechung der vier kontrollierbaren Fälle §§ 22, 29, 34, 104 mag zu dem folgenden Kapitel überleiten, wo A- und β-Überlieferung verglichen wird. Man beobachtet alle vier Möglichkeiten der Kombination: G A – β, G β – A, G – A β, G – A – β.

G kann nicht Vorlage von A oder von V E sein, wie der Textverlust in § 22 zeigt, den nur G erlitten hat. Doch muß G der
gemeinsamen Vorlage von V E nahestehen, vgl. in § 34 G V E
ὑγείας gegenüber A νόσου, in § 29 G συν- und V E ἀπαντήσας
ἠρώτα gegenüber A προσελθὼν ... εἶπε. Der korrupte Text von
V E in § 34 ἐξήλεγχεν beruht offenbar auf G ἐξιὼν ἔλεγεν, wofür A εἶπε bietet.

Indessen ist das Bild nicht einheitlich, denn in einigen Fällen
steht die Lesart von V E für sich gegen A und G oder gegen
beide zusammen. Lehrreich ist der Anfang von § 22, wo der
angeblich Verstorbene in A als φίλος (des Scholastikos), in G mit
bloßer Ausdrucksvariante als γνώριμος, in V E dagegen ebenfalls als Scholastikos bezeichnet wird: das ist unberechtigt, da
der Mann keine Dummheit redet oder begeht. Wir fassen also
hier eine Neuerung von β gegenüber dem Ursprünglichen, das
in A und G – in diesem Falle wenigstens dem Sinne nach – bewahrt ist. Analog werden wir (bei nicht verschiedenem Sinn)
übereinstimmendem Wortlaut in A G den Vorzug geben und
deshalb die Lesarten von V E in § 22 πολλῷ, § 29 εἰς und § 104
διαθήκην als sekundär betrachten. In § 34 ist ἑταῖρον (A) sicherlich richtig, und die geringe Aussprache-Korruptel in G ἕτερον
wäre nicht erwähnenswert, wenn sie nicht vielleicht der Grund
dafür wäre, daß in V E das Wort überhaupt weggelassen ist:
dann würde sich hier gleichzeitig der Zusammenhang von V E
mit G bestätigen[11].

Schwieriger ist das Urteil über Lesarten, mit denen G oder A
allein stehen. Es handelt sich um die ziemlich starken Abweichungen in der zweiten Hälfte von § 34:

A τοῦ δὲ μὴ ἀποκρινομένου
G τοῦ δὲ ἐκ τοῦ πυρετοῦ καταχθονηθέντος καὶ λαλεῖν μὴ
   δυναμένου

---

[11] Hypothetisch könnte man die eben erwähnte widersinnige Lesart von β
§ 22 σχολαστικῷ auch so erklären, daß man dort neben φίλῳ und γνωρίμῳ eine
Synonym-Variante ἑταίρῳ annimmt, diese zu ἑτέρῳ korrumpiert sein, dann
,sinngemäß' zu σχολαστικῷ verdeutlicht sein läßt; vgl. noch § 15 A ἑταῖρος,
β ἕτερος; § 17 ∼ 44 b.

191

VE ὁ δὲ οὐκ ἠδύνατο ἀποκριθῆναι·
A ὀργισθείς· ἐλπίζω, εἶπε, κἀγὼ νοσῆσαι
G ὀργισθεὶς ἐξιὼν ἔλεγεν· ἐλπίζω κἀγὼ νοσῆσαι
VE ὀργισθεὶς οὖν ἐξήλεγχεν· ἐλπίζω κἀγὼ νοσῆσαι
A καὶ οὐκ ἀποκρινοῦμαί σοι
G καὶ ἐλθόντος σου μὴ ἀποκρίνασθαι
VE καὶ ἐλθόντι σοι μὴ ἀποκριθῆναι

Zunächst hat A mit G gemeinsam die Konstruktion des Gen.
absolutus, mit E V den Ausdruck ἀποκρίνεσθαι gegen λαλεῖν
in G; dagegen haben E V G gemeinsam δύνασθαι, das A nicht
kennt. Dann G ἐξιὼν ἔλεγεν, wie erwähnt auch für V E die
Grundlage, gegenüber eingeschobenem εἶπε in A (daß εἶπε wie
ἔφη in die Rede eingeschoben wird, ist in A häufig, kommt aber
auch in V E vor: §§ 253, 254, 262). Schließlich ist im letzten Teil
der Begriff ‚antworten' in G V E in die Infinitivkonstruktion
hineingezogen, während der Scholastikos in A ohne Unterord-
nung sagt: ‚Dann werde ich dir nicht antworten': das klingt
lebendiger und ist auch logischer, da das Nicht-Antworten ein
Vorsatz und als solcher nicht unmittelbar Gegenstand der Hoffnung ist. Im Vorangehenden legen G und V E in ihren unterschiedlich formulierten Sätzen Gewicht darauf, daß der Kranke
zum Antworten unfähig ist: eine Voraussetzung, die man
ohnehin machen würde. Die Ausdrucksweise in G ist auffallend
umständlich. Liegt etwa eine Extratour von G vor? Man könnte
es aus der erwähnten Übereinstimmung von A V E in dem Verbum ἀποκρίνεσθαι folgern, muß sich freilich erinnern, daß der
Gebrauch dieser so oft benötigten Verben der Bedeutung ‚sprechen, erwidern' usw. in den Witzgeschichten bunt und willkürlich wechselt. So entsteht hier kein klares Bild: der Schreiber
β könnte den langatmigen Ausdruck wie in G wohl auch vorge-
funden und die Pedanterie von sich aus gemildert haben, wobei
er zufällig wieder auf ἀποκρίνεσθαι verfiel. Andere Möglichkeiten
sind, wie mir scheint, nicht besser. – Aus dem eben genannten
Grunde gibt wohl auch die Variante in § 29 A εἶπε, G V E ἠρώτα
nichts aus, obwohl man urteilen könnte, daß zur Einleitung
einer Frage letzteres besser sei; doch kommt oft genug auch

εἶπε so vor (§§ 108, 136, 151 u. ö.), ebenso wie ἔφη (§ 264 u. ö.).
Kurz vorher ändert προσελθών A gegenüber συν- G oder ἀπαντήσας V E nichts an dem Witz, schattiert die Erzählung jedoch
um eine Kleinigkeit anders. Aber was ist nun besser? Daß der
Scholastikos seine dumme Frage stellt, nachdem er extra hinge-
gangen ist (aus Neugier oder gar um zu kondolieren), steigert
freilich die Dummheit – ob aber zum Vorteil des Witzes oder
gerade über das Maß hinaus, das dem Witz zuträglich ist, bleibt
mir zweifelhaft. Solche Zweifel werden noch öfter begegnen, wenn
wir, bei mangelnder Kontrolle durch G, die Textfassungen von
A und V E (P) miteinander vergleichen. Doch vorher ein Wort
zu der bloßen Konfrontation von A und G, die für § 24 und den
Anfang von § 106 in Betracht kommt. Sie ergibt nur, daß in G
der Vokativ § 24 A κακὲ δοῦλε fehlt. Solange die Deutung dieses
auffallenden Ausdruckes unsicher ist, hat die Annahme von
Perry, daß die Worte in A interpoliert sind, nicht mehr Wahrscheinlichkeit als die entgegengesetzte, daß sie von dem G-
Schreiber weggelassen sind.

Die Auswahl β umfaßt 69 Geschichten, von denen V nur 68
bewahrt hat, indem sein Schreiber die unvollständige Geschichte
§ 185 wegließ, die in E hinter § 194 = V E 44 steht; sie wird
in dieser Ausgabe als β 44a gezählt, so daß für den gemeinsamen
Bestand von V E Eberhards V-Zählung beibehalten werden kann.
Von diesen 69 Geschichten sind 58 mit A gemeinsam, während
die restlichen 11 nicht in A stehen: es sind dies nach unserer, an
Eberhard angelehnten Zählung die §§ 253–264 mit Ausnahme von
Eberhards § 260, der in A steht, aber von Minas in seiner Abschrift (A′) versehentlich übergangen worden war (= unser
§ 151 b).

Bestand und Anordnung der Geschichten in β ist im Verhältnis zu A schon oben S. 178–188 analysiert. Hier erübrigt nur der
Nachtrag, daß die Analyse ermöglicht, den Ort ungefähr zu be-
stimmen, an den die in A weggelassenen Geschichten ursprünglich gehören. Man könnte daran denken, demgemäß den Text
abzudrucken, so daß man hinsichtlich der Reihenfolge der Ge-

schichten die gemeinsame(n) Vorlage(n) von A und β zu repro-
duzieren suchte. Im einzelnen bleibt aber zu vieles unsicher,
so daß man um eine Reihe willkürlicher Entscheidungen nicht
herumkommen würde. Darum bewendet es auch in dieser Ausgabe bei dem – an und für sich unbefriedigenden – Verfahren
Eberhards, die Stücke, welche in A fehlen, im Nachtrag zu bringen. Doch wird die Reihenfolge von V E wiederhergestellt, die
bei Eberhard, in zu genauem Anschluß an Boissonade[12], etwas
verändert ist.

Im *Wortlaut* zeigt sich völlige Übereinstimmung der A- und
β-Überlieferung nur bei zwei ganz kurzen Geschichten (§§ 41
und 151). Meistens treten Varianten auf, nicht selten beträchtliche. Zwar stimmt in allen Fällen soviel von dem Wortlaut
überein, daß nirgendwo an eine unliterarische Zwischenstufe
(Aufzeichnung eines gelesenen Witzes aus der Erinnerung) gedacht werden kann, sondern immer mit Abschrift von geschrie-
bener Vorlage zu rechnen ist. Aber ähnlich wie bei Äsop – der
oft in der handschriftlichen Überlieferung mit Philogelos zusam-
mengeht – bestand, wie es scheint, wenig Verantwortungsgefühl
gegenüber dem Wortlaut, den man mit mehr oder weniger
Kunst vorgeformt fand.

Ein großer Teil der Varianten zwischen A und β kommt durch
Austausch von Wörtern oder Formen zustande, die unter sich
gleiche oder ähnliche Bedeutung haben, wie ἔλεγεν εἶπεν ἀπεκρίνατο, ἀπ- ὑπ- συναντήσας, ἤκουσα ἔμαθον, πυθόμενος ἐρωτήσας,
καθεύδων κοιμώμενος, λύχνος λαμπάς und viele andere. Im
einzelnen Falle konnten solche Varianten dadurch entstehen, daß
das ursprüngliche Wort in der Vorlage verdorben war und dem

---

[12] Boissonade stellte die Geschichte β 16 Σχολαστικὸς 'Αμιναίαν (= § 254)
hinter die übrigen in A fehlenden Geschichten, deren er noch 9 kennt, als § 263
an das Ende seiner Ausgabe. Hierzu ist kein Grund ersichtlich, da der cod.
Vossianus O.7, dem Boissonade (mittelbar) folgt, die Geschichte β 16 an der
richtigen Stelle hat; es scheint sich um ein Versehen zu handeln. Eberhard fügte
als § 264 die Geschichte β 14 Σχολαστικὸς ἰατρόν (= § 6 β) hinzu, die Boissonade
nur im Apparat zu § 6 gebracht hatte, und kehrte somit die handschriftliche
Ordnung nochmals um.

Sinne nach ein anderes ergänzt wurde, aber angesichts der Menge der Beispiele ist diese Erklärung nicht anwendbar.

Begreiflich wäre auch das Bestreben, die Erzählungen einem veränderten Sprachgebrauch anzupassen: bei einer Sammlung, deren Überlieferung durch viele Jahrhunderte geht, muß sich dieses Bedürfnis oft einstellen, da eine altmodische Sprachform der Wirkung des Witzes schaden kann. Damit ist gewiß oft zu rechnen, nur wird man auf lexikalischem oder grammatischem Wege kaum zu Feststellungen über Früher oder Später gelangen können. Denn einer zunehmenden Entfernung von der altgriechischen Sprache, die in der Natur der Sache liegt, stehen klassizistisch-puristische Bestrebungen in verschiedenen Perioden der spätgriechischen Entwicklung[13] entgegen, und bei Texten von nicht eigentlich literarischem Charakter mag es meist vom Zufall abhängen, welche Tendenz sich im einzelnen Falle durchsetzt. Man muß davor warnen, das Zeitverhältnis von Varianten lediglich nach der sprachlichen Chronologie festlegen zu wollen, z. B. glaube ich, daß in § 56 das altklassische Wort ἀγρυπνεῖν (A) eine jüngere Fassung gegenüber dem byzantinischen βιγλεύειν (β) bedeutet, vergleiche den Kommentar z. St.; sicher ist das gleiche für ἄρτον (E) gegenüber ψωμίν (A C V) in § 244. Bedenkt man schließlich die vielen Varianten in gleichgültigen Dingen (S. 194), so wird man darauf verzichten, überall nach einem besonderen Grunde zu fragen, und als allgemeines Motiv einfach Freude am Variieren anerkennen.

Ähnlich können gewisse Varianten der Erzählweise, die zwischen den beiden Redaktionen auftreten, uns kein Mittel liefern, die (relativ) älteste Form der Erzählungen festzustellen. Bekanntlich wird an die Überlieferung wirklicher Literaturwerke zu diesem Zwecke gern der Wertmaßstab angelegt: diejenige Textform gilt für ursprünglich, die im Gedanken besser, im Ausdruck treffender ist. Die Voraussetzung, daß es der ‚Autor‘ selber besser gemacht haben müßte als jeder Nachformer oder

---

[13] Schwyzer GG I 132. — Eberhard hat beobachtet (p. 63), daß vulgäre Formen im Φ. nur in direkter Rede auftreten, wo ihr gemütlicher Klang offenbar die Wirkung der Witze erhöht: so κῦρι und κυρά, κυρτίν, ψωμίν, σχάδας.

Abschreiber, ist freilich unbeweisbar, mag aber als Arbeits-hypothese wohl gelten. Dagegen herrscht bei dem Formulieren von Witzgeschichten freie Konkurrenz zwischen jedem Wieder-erzähler und seinem Vorgänger – in mündlicher Weitergabe (wie allgemein bekannt) und, nach dem früher Gesagten, auch in der schriftlichen Überlieferung dieses subliterarischen ‚Volks-buches'. Wie in allem sprachlichen Ausdruck ein Mittelweg zwischen den Forderungen der Kürze und der Deutlichkeit ge-funden werden muß, so gibt es insbesondere bei Witzgeschichten ein Optimum zwischen zuviel und zuwenig Worten. Kürze, welche sie bekanntlich würzen soll, darf nicht soweit getrieben werden, daß wesentliche Voraussetzungen unklar bleiben: denn das Nachdenken darüber dämpft den Funken nicht weniger als das Seichtwasser unnötiger Worte. Offenbar kann man nun dieses Optimum subjektiv verschieden ansetzen: verschiedene Individuen verhalten sich unterschiedlich, wie man oft im Leben wahrnimmt, und auch verschiedene Zeitläufte, so scheint es, reagieren nicht einheitlich: man erinnere sich z.B. des häufigen Breittretens der Bühnenspäße bei Plautus im Verhältnis zu der Kürze bei Menander und Terenz. Schon früher (S. 193) fragten wir, ob in § 34 die knappe Fassung von A besser ist oder eine der beiden breiter erklärenden von β und G. Ähnliche Fragen gibt uns das Verhältnis der beiden Redaktionen häufig auf, und nicht oft ist die Antwort so klar wie z.B. in § 39, wo β zu der Geschichte von dem schwarzen Huhn, die jeder von selbst versteht, eine Erklärung angebracht findet, die pedantisch wirkt. Eine ver-wandte Erscheinung ist das übertreibende Herausholen der Pointe, die dadurch eher an Wirkung einbüßt, so die Zusätze in β zu § 65 „wenn du nur gesund wiederkommst", in A zu der Geschichte von dem Faulpelz § 213 „strecke deine Hand aus!" Wie man sieht, sind derartige Erweiterungen in jeder von beiden Redaktionen erfolgt, so daß wir bald A, bald β den Vorzug geben möchten. Im Durchschnitt erzählt β kürzer und spricht darum oft mehr an, steht wohl dann auch wirklich der ursprünglichen Textfassung, wie sie die gemeinsamen Vorlagen geboten haben, näher. Nur kann man sich eben nicht darauf verlassen, denn

natürlich kann Kürze auch auf andere Weise zustandekommen,
z. B. durch zufällige Auslassung von Textworten beim Abschreiben, wie in jeder Art von Textüberlieferung (§§ 185, 212), oder
indem man ein einzelnes verdorbenes Wort, wenn der Witz auch
so verständlich bleibt, kurzerhand wegläßt, wie ich z. B. für
§ 40 annehmen möchte; auch zum Weglassen benachbarter
intakter Worte kann eine solche Verderbnis führen (§ 49 A,
§ 190 β), allerdings auch umgekehrt zum Einfügen neuer (§ 44
καμμύων; § 194 ἐλάκησα): wie ich überhaupt das Zusammenspiel
von unabsichtlicher und absichtlicher Entstellung, also von
Korruptel und Interpolation, als eine Ursache des Textwandels
nicht etwa unterschätze, wenn mir auch die planlosen Änderungen, die früher gekennzeichnet wurden, zu überwiegen scheinen.
Auf der Mittellinie zwischen Vorsatz und Fahrlässigkeit mögen
gedankenlose Trivialisierungen liegen, die ich durch drei Beispiele der A-Überlieferung belegen kann, vgl. den Kommentar
zu §§ 17, 188, 229.

Die Lehren aus dem Vergleich von A - β - G legen die Frage
nahe, ob wir ähnliche Entstellungen - z. B. pedantische Erweiterungen - auch da annehmen dürfen, wo nur die eine der beiden
Redaktionen, etwa A, vorliegt. Grundsätzlich trifft das gewiß
zu, nur ist die Diagnose (z. B. Kommentar zu § 88) kaum jemals
sicher. In einem Falle, wo Eberhard scharf zupackte, um eine
Erklärung auszuklammern, die allerdings unglaublich töricht
ist, versuche ich im Kommentar (zu § 83) eine andere Deutung.

Wie soll sich ein Herausgeber bei dieser Art von Überlieferung
verhalten? Seiner Pflicht gemäß wird er sich um das Verständnis
aller Varianten bemühen, ihre Entstehung zu erklären suchen.
Wenn man überall zu sicheren Ergebnissen gelangte, könnte man
versuchen, aus A + β (+ G) eine relativ ursprüngliche Fassung
zu rekonstruieren; aber daran fehlt viel. Wie wäre denn bei den
zahllosen Varianten zu verfahren, wo es sich um Besser und
Schlechter nicht handeln kann, weil sie Gleichgültiges betreffen?
Ich brachte früher Beispiele dieser lästigen Vertauschung von
Synonymen oder doch solchen Wörtern, die in ihren Zusammenhängen funktionsgleich sind: man begreift, daß da nur ein wun-

derbarer Zufall uns lehren könnte, welches Wort das ursprüngliche ist. Tatsächlich ereignet sich dieses Wunder *einmal*, in der hübschen Geschichte § 193, wo man nach dem Grobian entweder „rief" (β) oder ihn „suchte" (A): Cicero, im Parallelbericht, verwendet *quaerere* und bestätigt damit den Parisinus.

Mit Recht wird man diese Art von Varianten geringschätzen, aber damit ist die Verlegenheit eines Herausgebers nicht behoben, der schließlich irgendetwas in den Text setzen muß. Eberhard gab grundsätzlich den Text des Parisinus (d.h. A') als des reichhaltigsten Zeugen und teilte die Parallelversionen aus V nur im Apparat mit, obwohl er sie in manchen Einzelheiten für besser hielt. Man wird weiter gehen und beide Zeugen nebeneinander zu Worte kommen lassen müssen, damit kein falsches Bild entsteht. Nicht einmal kleinerer Druck, wie in Chambry's Äsop, kann verantwortet werden, denn was sollte man da kleiner drucken? Bald spricht A, bald β mehr an. Auch ist es nicht immer so, daß jeweils ein Witz im *ganzen* entweder in A oder in β besser erzählt wäre, sondern wechselt gelegentlich der Vorzug innerhalb einer und derselben Geschichte. Darum kann eher die Äsop-Ausgabe von Hausrath als Vorbild dienen, wo alle Versionen gleichberechtigt hintereinanderstehen. Freilich ist das eine zermürbende Lektüre, drei- bis viermal hintereinander den gleichen Inhalt genießen zu müssen, bei oft nur wenig verschiedener Formulierung. Darum soll Hausraths eiserne Konsequenz hier doch nicht gelten: die zwei Geschichten, die in A und β wörtlich übereinstimmen, werden natürlich nur einmal abgedruckt, und auch 10 weitere, in A (G) β nur wenig variierte, erscheinen im Text bloß einmal, mit Varianten im Apparat nach der anderwärts üblichen Weise (§§ 4, 8, 11, 14, 29, 37, 45, 55, 104, 191)[14]. – So bleiben 46 Geschichten, bei denen die Verdoppelung[15] unum-

---

[14] Beiläufig sei hier bemerkt, daß auch von den *Doubletten* die fünf, die nicht über den Scholastikos-Teil hinausgreifen, jeweils nur einmal, und zwar an der früheren Stelle gebracht werden (§§ 17, 27, 30, 31, 32). Man kann hier dem Grundsatze von M. Minas folgen.

[15] Oder, wenn G hinzutritt, Verdreifachung: §§ 22 u. 34. In den §§ 24, 29, 104, 106 dürfen die G-Lesarten im kritischen Apparat erscheinen.

gänglich ist – natürlich nur im griechischen Text: die deutsche Übersetzung ist in aller Regel nur eine, und sie gibt dem Herausgeber auch Gelegenheit, sein auswählendes Urteil walten zu lassen und die Witzerzählung so zu rekonstruieren, wie sie ihn am wirksamsten, richtigsten, besten deucht – in der Hoffnung, daß damit vielleicht auch die ursprüngliche Fassung der Geschichte getroffen ist.

Indem ich für viele Einzelheiten auf den Kommentar verweise, hebe ich hier noch einige bemerkenswerte Varianten hervor.

Schon früher (S. 186) ist erwähnt, daß zwei Geschichten (§§ 227 und 239) in β anderen Typen als in A gehören (vgl. übrigens auch S. 172, ferner den Kommentar zu § 55)[16].

Ebenfalls schon besprochen wurden die §§ 6 und 17, als es sich um Fragen der Reihenfolge handelte (S. 178).

Pedantisch ist auch der Versuch, hyperbolische Erzählungen durch Einschübe im Sinne normaler Wahrscheinlichkeit zu mildern, vgl. den Kommentar zu §§ 9 und 27. Mildernder Ersatz eines derben Ausdruckes zeigt sich in §§ 184 A und 245 β; allerdings glaube ich, daß die tadelnden Ausdrücke in den Weiberwitzen §§ 244 und 245 überhaupt nicht ursprünglich sind, sondern bereits selber einer pedantischen Ängstlichkeit beim Kolportieren entspringen: das ewige Witz-Thema Nummer eins, das gegenseitige Verlästern der Geschlechter, lebt nun einmal von der Verallgemeinerung.

Während sich die Variation des Ausdruckes im allgemeinen auf gleichgültige Elemente der Exposition erstreckt, sind doch in einigen Erzählungen die Schlußworte, welche die Pointe bringen, jeweils in A und β erheblich verschieden, dabei an Wert etwa gleich, so daß man sich schwer für eine der Fassungen entscheiden kann. In §§ 146 und 213 ist der Witz trotzdem derselbe, der Fall ohne besonderes Interesse[17]. Der Witz von § 46 ist in der Fassung von A ohne weiteres klar: der dumme σχολα-

---

[16] In anderen Fällen zeigt nur der Inhalt der (bloß einmal überlieferten) Geschichten die nachträgliche falsche – meist zu negative – Einordnung: §§ 63, 120–122, 166, 167, 193, 205–207, 251.

[17] Das gleiche gilt für das Verhältnis der Doubletten § 209 ∼ 218 in A.

στικός beschwert sich über den Fluß, der ihm ein Stück Land „weggenommen" hat, wie über einen Menschen: die laute Feststellung, daß Gewalt geschieht, bedeutet eine Klag-Androhung. Dieselbe Pointe kann in β gesucht werden: „Was muß ich da sagen?" nämlich bei Einleitung meines gerichtlichen Vorgehens gegen den Missetäter. Das ist freilich nur verständlich als Frage an einen Rechtsberater, und das muß hier der Sinn von πραγματευτής sein, falls das Wort echt und nicht etwa aus πραγματικός korrumpiert ist, vgl. den Kommentar z. St. Entweder infolge eines seltenen Sprachgebrauchs oder geradezu durch Korruptel war oder wurde der Witz unverständlich, höchstens daß man die Pointe eben noch erraten konnte: diese wurde daher in A umformuliert, was in treffender Weise gelang. Man würde hier keine Interpolation vermuten, und nur das Prinzip der lectio difficilior begünstigt, wie ich glaube, den β-Text.

In § 151b reibt ein Augenarzt einem hübschen Mädchen die Augen mit Salbe ein, und ein Witzbold äußert eine schnöde Vermutung in Form eines Wortspieles. Dieses beruht in A auf der Homonymie von κόρη ‚Mädchen' und ‚Pupille', aber auch in β scheint ein Doppelsinn vorzuliegen von ὄψις ‚Augenlicht' und ‚sichtbare Fläche, Äußeres', wodurch auch das entgegengestellte Wort βάθος doppelsinnig wird: ‚was unter der Oberfläche ist' und ‚Stelle unten am Körper'. Hier ist demnach sogar die Pointe etwas verschieden gerichtet, und es fällt schwer, eine der beiden Fassungen vorzuziehen (außer daß in A an erster Stelle κόρην, das den Witz vorwegnimmt, durch νεάνιδα aus β ersetzt werden muß): die beiden Pointen wetteifern miteinander.

Schließlich finden wir in zwei Fällen Witzgeschichten vermischt (kontaminiert) oder aufgeteilt, je nachdem welche Form man für die ursprüngliche hält; und zwar ist (um es rechnerisch auszudrücken und von kleinen Unterschieden abzusehen) § 30 β = § 30 A + § 25 (A) und § 136 (A) = § 92 (A) + § 265 (G). Die Erzählungen selbst geben, soviel ich finden kann, inhaltlich und formal keine Handhabe, um entweder die getrennten oder die kombinierten Witze für ursprünglich zu halten: jede der beiden getrennten Geschichten hat jeweils ihren eigenen Witz, so daß man nichts vermißt; andererseits passen sie in beiden Fällen gut zusammen, so daß die kombinierten Fassungen ganz vortreffliche Witze ergeben. Daraus sieht man, daß es sich um bewußte Redaktion, nicht etwa um mechanische Zerreißung oder Zusammenrückung handelt, so wie ja auch die Worte des Herrn an die Sklaven in § 30 verschieden gegeben sind je nachdem, ob das Testament schon vorher genannt war und ob es eben erst gemacht wird. Wenn jemand absichtlich kombiniert hätte, wäre sein Ziel offenbar diese gesteigerte Komik gewesen. Hätte jemand die ursprünglich doppelten Gebilde auseinandergenommen, so wäre seine Absicht wohl die Vermehrung der Zahl der Einzelgeschichten gewesen. Welche Absicht begreift sich leichter? Man kann im Zweifel sein. Unsere erhaltenen Sammlungen verraten nichts von Streben nach großer oder runder Zahl, etwa soundsoviel Dekurien oder Zenturien von Witzen bieten zu wollen; aber sie sind nur Auswahlen und können gerade in diesem Punkte nichts über ältere Sammlungen lehren. Andererseits gibt es noch andere Witze mit doppelter Pointe in dem erhaltenen Bestand, vgl. oben S. 22. Die Aussage der Überlieferung ist nicht einheitlich: von § 30 erscheint die kombinierte Fassung in β, von § 136 gerade in A. Da in A die §§ 25 und 30 nahe beieinanderstehen, glaubt man das Zusammenwachsen der Elemente in β mit Augen zu sehen und ist geneigt, die β-Fassung von § 30 für sekundär zu halten. Ein solches Argument räumlicher Nachbarschaft fehlt bei dem § 136, und da hier, wie gesagt, auch die Verteilung auf die Überlieferungszweige anders ist, fragt sich, ob man diesen Fall durchaus nach Analogie des vorhergehenden beurteilen muß. Wie schon früher angedeutet (S. 190), bin ich geneigt, hier die kombinierte Fassung des § 136, wo die Komik Schlag auf Schlag folgt, für ursprünglich zu halten. Doch finde ich über gefühlsmäßige Erwägungen hinaus keine Beweisgründe für die eine oder die andere Ansicht hinsichtlich dieser oder jener Erzählungen.

Zum Schluß sei unsere Auffassung der Traditionszusammenhänge durch folgendes Stemma veranschaulicht, zunächst ohne die unsicheren Fälle P und C:

201

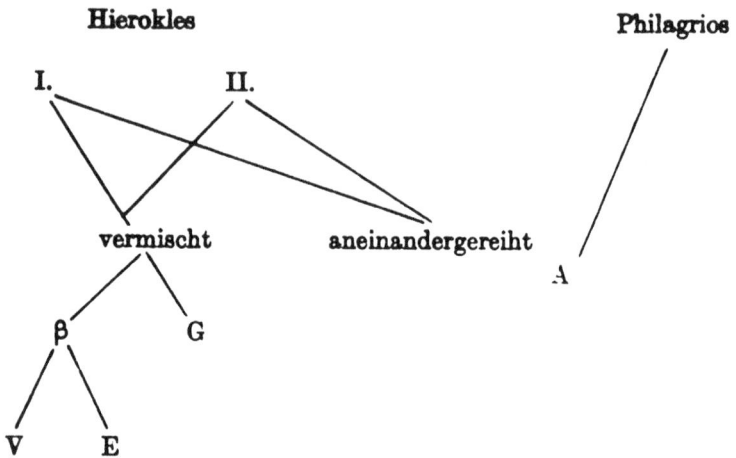

Falls P nicht von E abstammt, ist in dem obigen Stemma E

durch folgende Gruppe zu ersetzen: . Falls C nicht von

A abstammt, ist A durch folgende Gruppe zu ersetzen:

In dem kritischen Apparat dieser Ausgabe sind Einzelheiten
der handschriftlichen Akzentuation nur manchmal aus besonde-
rem Anlaß angegeben, und dasselbe gilt für Abkürzungen. Das
stumme ι ist überall stillschweigend hinzugefügt, da es die
Handschriften nur selten geben (A bei τῶι τῆι αὐτῶι insgesamt
20 mal, E bei τῷ vielleicht 3 mal, in V nur vielleicht § 30 ἧτει).

KOMMENTAR

Zu ΦΙΛΟΓΕΛΩΣ vgl. oben S. 11, zu den beiden Verfassernamen oben S. 12 u. 189. A akzentuiert hier richtig φιλόγελως,
aber vor § 104 ἐκ τοῦ φιλογέλου, vgl. Ri. 21f.

§ 1. σχολαστικός: s. oben S. 17ff.; weitere σχολαστικοί §§ 253 -
259, 265.

Zum Witz siehe die treffende Bemerkung des Pontanus:
„Si de pane interrogatus sic respondisset pistori, recte respondisset"; vgl. oben S. 21. – ὡς „ungefähr"; s. auch zu § 50.

§ 2. „πρῶτον non est mutandum in πρότερον" Eberhard, vgl.
B-D § 62. – Infin. Aor. anstatt Fut. nach ὀμνύναι wie Act. Ap.
2,30 und vereinzelt schon klassisch: K-G I 197 § 389 Anm. 7;
B-D § 350; Ri. 61f., der § 34 ἐλπίζω νοσῆσαι vergleicht.

Die Weglassung von βούλεσθαι in A und von καλῶς in β
stehen im Wechselverhältnis; A- und β-Text sind wohl gleich-
wertige Lösungen der Aufgabe, die Witzsituation herbeizuführen,
denn daß der σχολαστικός zwar schwimmen kann, aber noch
nicht ordentlich, ist an und für sich nicht schlechter, wenn auch
vielleicht als Vorstellung matter.

§ 3. οὕτως zeitlich, wie §§ 57 u. 243g (‚dann'), in den Handbüchern besonders nach Partizipien nachgewiesen: K-G II 83
§ 486 Anm. 5, wo auch derselbe Pleonasmus wie hier aus Xen.
anab. VII 1,4 ἐκέλευσεν αὐτὸν συνδιαβάντα ἔπειτα οὕτως ἀπαλ-
λάττεσθαι „tum demum". – μετὰ τὸ ἡμιώριον eigentl.: nach der
(genannten, betreffenden) halben Stunde. – ἐγείρεσθαι in nur
stilistischem Wechsel mit gleichbedeutendem ἀνίστασθαι, vgl.
zu § 147.

Über das Verhältnis zu der Doublette § 175b vgl. dort.

§ 4. Der Zahnwechsel der Pferde erfolgt in mehreren Etappen,
die, gemäß dem Ausdruck (ἐκ-)βάλλειν τοὺς ὀδόντας (Aristot.
hist. anim. 576a/b), als verschiedene ‚Würfe' unterschieden
werden: Steier *Pferd* RE XIX 1434. βόλος (§ 37), πρωτο- und
δευτεροβόλος sind die technischen Ausdrücke, vgl. auch zu
§ 155. – Die Korruptel in ἐδούλευσεν (β) ist schwer begreiflich;

sollte die Vermutung des Editor princeps ἐβόλευσεν (nicht antik, neugriech. in anderer Bedeutung) zutreffen, so wäre deutlicher Anklang an -βόλος gesucht. – Ähnlich ist § 37, wiederholt als § 158 b.

§ 5. κύριε als ehrende Anrede seit der frühen Kaiserzeit: Friedländer SG IV 83 f.; Kittel III 1044; Ri. 81; mit angefügter Funktions- oder Berufsbezeichnung Arrian. Epict. III 22, 38 κύριε ἄγγελε καὶ κατάσκοπε, Athanas. I 364 C (PG 25) κύριε ἐπίσκοπε. – Zu dem Plural καθ' ὕπνους s. LSJ ὕπνος I 3; E. Löfstedt, Syntactica I² 1942, 58.

συναντᾶν m. Akk. auch § 6. β, nach dem Grammatiker Lesbonax (περὶ σχημάτων 10 ed. Müller; wahrsch. 1. Jh. n. Chr.) Eigenheit des asiatischen Griechischen, was für die Spätzeit nichts besagt. In § 213 sind bei ὑπαντᾶν die beiden Konstruktionen zwischen A und β wie hier verteilt.

Der ähnliche Witz § 102 begnügt sich richtig mit εἶδον. Hier dagegen erfordert die Pointe den Begriff des Grüßens, und es ist wohl besser, wenn es auch ausgesprochen wird (A-Text zunächst durch mechanischen Verlust?). In der Antwort erhebt meine kontaminierte deutsche Fassung nicht den Anspruch einer Rekonstruktion, wofür ich keinen Anhalt finde.

§ 6. αὐτοῦ hell. normal im reflex. Possessivverhältnis, vgl. das Wörterverz. u. B-D 283, 3. – περιστέλλειν ‚bedecken' ergibt ungefähr den notwendigen Begriff des Verbergens, wobei man aber im Gegensatz zu β eher an ein Verhüllen des Gesichtes denken möchte. Auffallend der abhängige Infinitiv, bei dem man μή vermißt: so Boissonade, der ὑπεστέλλετο ‚er scheute sich' vorschlägt, vgl. B-D § 400, 4 zu Act. Ap. 20, 20 u. 27. – παρά m. Gen. im Sinne von ὑπό beim Passiv auch § 42 (179?): Mayser II 2, 485.

συναντᾶν m. Akk. wie § 5. β. – καιρόν: (eine gewisse) ‚Zeit' (nach hell.-byz. Sprachgebrauch, während A klass. χρόνος) hängt grammatisch von ἔχω ab, wie § 201 zeigt, und ist einem Akk. der Zeiterstreckung nur in der Funktion gleich: richtig D. Tabachovitz, Sprachl. u. textkrit. Studien zur Chronik des Theophanes Confessor, Diss. Uppsala 1926, 52–55 gegen Eberhard und Ri. 55 Anm. 108.

Der Erzählung A 6 entspricht inhaltlich der Witz β 14, nach der Analyse aber der nur im Motiv ähnliche β 6 (§ 253): hierüber vgl. oben S. 178 u. 182. Verwandt auch § 174. Die Angabe, daß es sich um den Hausarzt handelt, steht nur in A und ist sachdienlich.

Im übrigen ist A in der Erzählung unnötig wortreich, faßt aber dafür das Dictum kürzer und besser als β.

§ 7. Zu der Erkrankung der σταφυλή *uva* vgl. § 235 und Cels. med. VI 14, 1. Derselbe beschreibt VII 12, 3 die Operation des *uvam praecidere*, vgl. Hippocr. Prognost. 23 (mit etwas anderer Terminologie), auch Ulpian. dig. XXI 1, 14, 5.

§ 8. Der Kalmäuser ahmt eine Katze oder vielleicht auch ein Wiesel nach: Orth *Katze* RE XI 56; Steier *mustela* RE XVI 904. Vermutlich wegen des Fleisches zwischen den Zähnen nimmt der englische Übersetzer von 1741 Nachahmung einer Mausefalle an (vgl. Steier *Maus* RE XIV 2401f.), was mir selbst für diesen schwachen Witz zu dumm vorkommt. – Benagen von Büchern durch Mäuse: Juvenal 3, 207, dazu Mayor.

§ 9. ἀπό kausal für klass. ὑπό, vgl. B-D § 210, 1. – μεγάλα als Adverb, aus Aischylos belegt, hat hier keine Wahrscheinlichkeit gegenüber dem häufigeren μεγάλως (β); das sonst auch mögliche μέγα (P) ist durch die Recensio ausgeschlossen und erklärt sich vielleicht daraus, daß (λως) in E abgekürzt ist. Im Φ. sonst kein Adverb zu μέγας.
πολλά zeigt einen übel angebrachten Versuch, der lustig hyperbolischen Geschichte ein Maß von Lebenswahrscheinlichkeit zu verschaffen; vgl. zu § 27; oben S. 199. – Obwohl seine Einschätzung im Altertum etwas günstiger war, ist der Esel gegenüber dem Pferd doch die komische Figur, wie außer den §§ 111 u. 166 auch die griech. und lat. Sprichwörter zeigen (Olck *Esel* RE VI 634f.), seine Verwendung (A) darum hier wahrscheinlicher, vgl. auch wegen des ähnlichen Motivs Palladas AP XI 383. β hat wohl an die folgende Pferdegeschichte angeglichen. – Die Hungerkur kann nicht lange gedauert haben, darum ist der Nebensinn ‚zur täglichen Fütterungszeit', der in dem Imperf. (β) liegen würde, nicht wahrscheinlich.

§ 10. σωτηρίαν: Diese Schwurformel begegnet noch in der Parallelversion ⁊ 157, außerdem § 47, in beiden Fällen ist es das eigene ‚Heil' des Schwörenden. Boissonade hielt die Formel für christlich, was Eberhard zustimmend zitiert, doch gibt es mehrere Belege aus Zenon-Papyri (3. Jh. v. Chr.; LSJ σωτηρία). – σταῦλος (so neugriech.) oder -ον, aussprachegleich στάβλον, entlehnt aus lat. *stabulum* seit 3. Jh. n. Chr. (Ri. 87); § 157 dafür literarisch φάτνη, ebenso wie εἱστήκει für hiesiges ἕστηκεν von στήκω (Ri. 25). Zur Schreibung vgl. ταυλίζειν § 190.

§ 11. Hell. belegt sind sowohl ἐν- wie ἐσοπτρίζομαι. Zu dem ionischen ἐ- statt εἰ- der letzteren Form vgl. B-D § 30, 3 u. Ri. 80, zu dem mangelnden Augment (in β) B-D § 67, 2 Anh.; Ri. 24.

§ 12. Ähnlichkeit der Pointe mit § 127 notiert Eberhard.

§ 13. Das erste πατραλοῖαι, gestützt durch die Parallelfassung § 152. A, wo es Eberhard gleichfalls gestrichen hat, macht Schwierigkeiten im Verhältnis zu dem zweiten: ‚Vatermörder' können die Menschen vor der Tat nicht heißen. Nun sind die Wörter πατρ- und μητραλοίας mehrdeutig: das Töten kann darin ebenso ausgedrückt liegen (Aeschyl. Eum. 153, 210) wie das ‚bloße' Schlagen und Mißhandeln (Lysias X 8; Plat. rep. VIII 569 b). Es ist aber mißlich, daß das Wort π. in derselben Geschichte verschiedene Bedeutungen haben sollte: in § 152. A ist πατραλοῖαι – πατροκτόνοι klarer, s. dazu. An der zweiten Stelle in unserem § wird man unbefangenerweise π. als ‚Vatermörder' verstehen, obwohl es als lustige Litotes gelten könnte, wenn der Kalmäuser sagte: „damit wir nicht pietätlos genannt werden": aber wegen der Doppeldeutigkeit der Vokabel könnte niemand diesen Feinsinn empfinden. Entweder ist das erste hiesige π. aus der Parallelfassung, wo es ohne Zweifel echt ist, hier eingedrungen, oder das zweite hiesige π. ist durch πατροκτόνοι zu ersetzen. Die beiden jungen Leute, um die es sich handelt, sind keine ‚gewöhnlichen' σχολαστικοί (über deren paarweises Vorkommen vgl. oben S. 22), ihr menschlich abnormes Verhalten (das weit über §§ 24, 38 u. ä. hinausgeht) bedarf eines erklärenden Zusatzes: das spricht gegen Eberhards Athetese.

Deliberative Frage nach θέλεις, βούλει u. ä. wird sonst nur im Konjunktiv belegt, ohne derartige Einleitung begegnet auch der Indikativ Fut.: K-G I 221–223 § 394, 6; B-D § 366. Eine Vermischung dieser beiden Ausdrucksweisen scheint möglich, andernfalls würde die Konjektur ἀποπνίξῃ die leichte itazistische Rechtfertigung haben.

§ 14. παρακύψας (A) gestützt durch § 33 (bis) und § 242, immer in A; προκύπτειν (β) nicht wieder im Φ. Die Bedeutung ist gleich. – Am Schlusse ist die Kürze von A entschieden besser: man muß einen Augenblick überlegen, um auf die Analogie von Kleid oder Hut zu kommen. Da ist ἡ οἰκία nur störend (im Deutschen liegt infolge anderer Wortstellung die Pointe auf jeden Fall in dem letzten Wort).

§ 15. Zu dem Witztypus vgl. oben S. 22, zu der Vermischung von Traum und Wirklichkeit §§ 124, 207, 243; Brecht 83 f. – ἕτερος und ἑταῖρος, in Aussprache und Bedeutung ähnlich, lassen sich nicht überall sicher scheiden. Hier und in § 43, wo auch der Zweiterwähnte ein Dummkopf sein soll, ist ἕτερος besser; vgl. auch §§ 34, 39. – κοιμᾶσαι (auch § 117) hell. für κοιμᾷ (§ 172): B-D § 87; Ri. 32. Die unklassische Form hat zu der Glossierung in P geführt, die oben S. 157 besprochen ist.

Die Konstruktion ἰδὼν πεπατηκέναι befremdet (Ri. 62), aber β scheint der natürlichen Ausdrucksweise δόξας π. (A) deswegen auszuweichen, weil er seinen pedantischen Zusatz καὶ δόξας ἀλγεῖν nachbringen will: hier bezieht sich das δοκεῖν auf den wachen Zustand und konnte darum πεπατηκέναι nicht auch noch regieren. Dafür ist A umständlicher mit πυθόμενος . . . καὶ γνούς. Da πυνθάνομαι im Φ. nur ,fragen', nicht ,erfahren' heißt, war der Zusatz von γνούς notwendig, aber die Erwähnung der Frage von der Situation her unnötig, vgl. β. Zu A stimmt § 43. Vielleicht ist der Begriff des Fragens durch den verbreiteten Typus induziert, der oben S. 23 gekennzeichnet ist. – Die Einleitung δικαίως μωροὶ καλούμεθα läßt richtige Einsicht des Unterredners erwarten und erhöht darum die Wirkung der folgenden Dummheit: die Kürzung in β geht auf Kosten der Substanz.

§ 16. αὑτοῦ: Über den Gebrauch als reflexives Possessivum vgl. das Wörterverz. – μαρούλιον byz.-neugriech. ,Salat', von spätlat. *amarula*. – τὴν στολὴν τῶν ἱματίων: Zu dem umständlichen Ausdruck führt Boissonade aus Eunap. Vit. soph. VI 7, 8 als Parallele an: τὴν στολὴν τῆς ἐσθῆτος. Seine gesamte Kleidung verliert man entweder nachts durch Straßenräuber, vgl. Thalheim Λωποδύτης RE XIII 1429, oder in öffentlichen Bädern, vgl. Hitzig *Furtum* RE VII 403, 39, aber auf keinen Fall zu Hause. – καί konsekutiv, s. zu § 86.

§ 17. Über die Variante ἑταῖρος: ἕτερος vgl. zu § 15; ersteres ist durch φίλος (β) gestützt. – ἵνα zur Einleitung eines abhängigen Aufforderungssatzes: s. Wörterverz.; B-D § 392; Ri. 63.

ἀπαντήσας nach Rückkehr von einer Reise auch § 67 und überhaupt ein häufiges Wort, vgl. das Wörterverz.; auch die beiden asyndetischen Partizipien stellen einen normalen Fall dar, vgl. zu § 19. Man sieht keinen Grund, warum das Wort in M sowohl in § 17 wie in § 44 b ausgelassen ist, vgl. oben S. 165; dafür συνοψίζεσθαι (in dieser Bedeutung byz.: Ri. 93) mit gewöhnlichem

Synonymentausch β. – κομίζεσθαι vom ‚Empfangen' (vgl. § 139) eines Briefes, durch Papyri belegt: BGU III 814, 3; LSJ s.v. II 2.

Der Wortlaut von β stimmt mehr zu A 17, die Stellung zu § 44 b, vgl. oben S. 178. In A reist der Freund, in β der Kalmäuser, und es ist natürlicher, daß man dem Reisenden den Auftrag gibt (vgl. § 12). Nun gar daß die Bücher gerade in Griechenland gekauft werden sollen, ist eine Angabe in β, die trotz dem unklassischen Gebrauch von εἰς (vgl. Wörterverz. u. Ri. 37; oder ist ὄντι zu tilgen?) Vertrauen erweckt. Vermutlich ist sie aus der A-Rezension durch Trivialisierung verschwunden, und zwar schon vor der Verdoppelung, vgl. oben S. 182. Für die Vertauschung von Auftraggeber und Reisendem in A ist kein Grund ersichtlich, vielleicht entstand sie durch irrigen Bezug des (verstellten?) Partizips ὄντι auf αὐτῷ, oder ἀποδημῶν aus vorauszusetzendem ἀποδημοῦντι durch Angleichung an ἑταῖρος. Das mittlere Stück bringt in A mit ἐπανελθεῖν den treffenden Ausdruck, diesem scheint β durch ungelenke Umschreibung auszuweichen; über den Gen. absolutus anstatt des Particip. coniunctum (auch §§ 188, 240, 265) vgl. B-D § 423, 4 mit Anhang. Man würde, wenn obige Erwägungen nicht zu Recht bestünden, urteilen, daß β hier einfach auf dem Text von A fußt, während so der Fall zweifelhaft bleibt.

§ 18. Über die Mängelhaftung beim Verkauf von Sklaven wird in dem Digestentitel XXI 1 im Anschluß an das *edictum aedilium curulium* gehandelt: auch Charakterfehler müssen dem Käufer benannt werden, z. B. wenn der Sklave einmal entflohen ist (1,1) oder gestohlen hat (52, mit Einschränkung). fr. 54 (Papinian) erwähnt den Fall *si mancipium ... fugerit, quod ante non fugerat*, das ist also die hier gebrauchte Einrede. Natürlich ist auch Krankheit (1, 1 u. 53) zu deklarieren, von der unser Held vernünftigerweise reden müßte. Der Todesfall wird in fr. 31, 11 u.a. erwähnt. – Im Witz ähnlich und von Reich 467 verglichen ist ein anonymes Mimen-Fragment (5 Ribbeck com.³ p. 377; p. 7 ed. Bonaria) *quamdiu ad aquas fuit, numquam est mortuus*; darin scheint *fuit* durch hiesiges ἦν gestützt zu werden, ist aber m. E. trotzdem durch *ivit* (*iit*) zu ersetzen.

§ 19. ἑστῶτας bezeichnet das ‚Sitzen' der Vögel im Grunde treffender; doch die uns geläufige Vorstellung seit Homer (H 59, τ 520); Aristot. HA 614a 34. – ὑπεισελθών: -εισ- scheint für das Hingehen nicht ganz zu passen, doch werden mit ὑπ-επι- keine Verbalkomposita gebildet; ὑπελθών? Drei asyndetische Partizipien in β scheinen etwas viel, doch sind es immerhin auch zwei in A; ferner vgl. § 75. Gehörte das verirrte καί in A eigentlich vor ἁπλώσας? Indes ist das Asyndeton für die zeitlich etwas auseinanderliegenden Handlungen ganz gut, vgl. §§ 8, 17, 21, 40, 44 u. ö. Der (in A fehlende) Begriff des heimlichen Anschleichens bringt die Note hinein, daß der Dummkopf es gerade recht schlau machen will. Andererseits setzt das Anschleichen die Überlegung voraus, daß Spatzen keine Birnen sind. Was besser ist, läßt sich kaum sagen.

§ 20. Σχολαστικοὶ δύο oben S. 22. – Zu den Witzen über gesellschaftliche Formen vgl. ebendort, zur Sache und zum Ausdruck Theophrast. char. 7, 5 προπέμψαι καὶ ἀποκαταστῆσαι εἰς τὰς οἰκίας. Die hell. Formbildung –ιστῶντες steht im Φ. allein gegenüber vielen Beispielen der klass. Flexion, Ri. 31. – κατὰ τιμήν in gleicher Bedeutung § 197.

§ 21. κελεύω m. Dat. auch § 212. A: B-D § 187, 5; Ri. 49. Danach der passive Infinitiv wahrscheinlich als Latinismus: B-D §§ 5, 3b u. 392, 4; Ri. 64.

Eustath. Odyss. 1669, 55 (κ 552) erwähnt unter anderen literarisch verewigten Narren καὶ τὸν ἐν τῷ καθεύδειν θέμενον ὑδρίαν κενὴν ὑγροῦ πρὸς τῇ κεφαλῇ, καὶ θλιβόμενον τῇ σκληρότητι, καὶ διὰ τοῦτο ἄχυρα παραβύσαντα καὶ τὸ σκεῦος πλήσαντα, ἵνα οἱ δῆθεν μαλακὸν εἴη προσκεφάλαιον.

§ 22. Das Verhältnis der verschiedenen Textfassungen ist oben S. 191 besprochen. Über Scholastiker-Paare (β) vgl. auch oben S. 22.

§ 23. λούει τὸ βαλανεῖον ‚ist in Betrieb, funktioniert', vgl. CIL III 1805 (Dessau 5695) *thermas* ... *lavantes* ‚in betriebsfertigem Zustand', danach zu verstehen XI 721 (D. 5721) [vgl. XIV 4015 (D. 5720)] *balineum* ... *lavat*. Aesopica ed. Perry I Urbana 1952 p. 287 § 149 = Αἰσώπου Κοσμικαὶ κωμῳδίαι § 6: βαλανεῖον ἔχω καὶ οὐ λούει· εἰ εἶχεν, ἔλουε halte ich für Kritik an einem Prahler, der sagt: „Ich habe ein Bad, es funktioniert bloß nicht", Kommentar: „Wenn er eins hätte, würde es auch funktionieren" (ἔλουεν ἄν zu verstehen, vgl. B-D § 360, 1; anders V. Jernstedt, Opuscula, St. Petersburg 1907, 187). – μή, durch § 130 nicht gestützt, halte ich für falsch, vielleicht aus μηδένα wiederholt. Nach dem Vorgang des Schreibers von M faßt Eberhard den Satz interrogativ: ‚Funktioniert das Bad etwa nicht?' was die Kraft des Witzes unnötigerweise schwächt; dasselbe gilt gegen die grammatisch ebenfalls mögliche (K.-G I 225 § 394 Anm. 7; Stahl 367, 1) Auffassung des μή als befürchtend-vermutend.

§ 24. κακὲ δοῦλε auffallend als Beschimpfung eines Freien, nach Perry 165 interpoliert. In der Tat ist der ‚Schalksknecht' der Bibel (ev. Luc. 19, 22 πονηρὲ δοῦλε, vgl. Matth. 18, 32 u. 25, 26) ein wirklicher Sklave; näher liegt es, daß die Spartanerin ihre Söhne, die feige geflohen sind (δραπετεύσαντες), verächtlich κακὰ ἀνδράποδα nennt: Plutarch. mor. 241 b (vgl. c; apophth. Lacaen. 4 u. 7). Hiernach könnte die Fassung von A wohl alt sein, zumal da man zur Entlehnung des δοῦλος aus § 23 (so Perry) keinen Anlaß sieht. - κληρονομεῖν m. Akk. ‚beerben', hell. statt Genitiv: Ri. 50.

§ 25. πλέειν (auch § 120) restituierte offene (‚ionische') Form hell. Zeit: B-D § 89, Ri. 26. - Zu der testamentarischen Freilassung von Sklaven Weiß *Manumissio* RE XIV 1372. Das Verhältnis zu § 30 ist oben S. 200f. besprochen. Das Motiv vom Seesturm auch §§ 30, 80, 81, 256.

§ 26. οἴκημα ‚Grab' entspricht christlicher Vorstellung: Ri. 83 nach A. Bees, Glotta 3, 1912, 204ff.; die Übereinstimmung mit Herodot II 86, 7, von Boissonade hervorgehoben, ist eher Zufall. - μνῆμα zur Glossierung, wohl aus der verwandten Geschichte § 73; sicherster Fall einer Glosse im Φ.-Text (vgl. zu § 83), wo ἤγουν nicht wieder vorkommt. - δέ anakoluthisch wie nach ἠρεύνα. Vgl. Ri. 64 Anm. 151 u. das Wörterverz. - ὧδέ που eigentlich ‚hier irgendwo': der Scholastikos ist in Begleitung der τινές vorgestellt. Im Motiv gleich, aber anders eingekleidet ist § 73, so daß der Charakter als ‚Doublette' zweifelhaft ist, vgl. oben S. 171.

§ 27. ἐν τῷ πυρέττειν: ττ gestützt durch §§ 186, 258: ein Grund freilich von zweifelhaftem Wert. Es dürfte sich um die *febris tertiana* (§ 175) handeln, bei welcher der Genuß von Wein erst *post febrem* gestattet war: Cels. med. III 14, 3 (15, 1 ebenso über die *f. quartana*); allgemein von Krankheit spricht Theophrast. char. 13, 9. - δέ dialogisch, indem das ἐπιτιμᾶν der Gattin so zu denken ist: „Du willst dich wohl noch kränker machen?" - Lukillios AP XI 171 kombiniert die Motive von §§ 27 und 104 zu dem Bilde eines Geizhalses. Herkunft des hiesigen Motivs aus diesem Bereich wäre möglich (vgl. Horat. sat. II 3, 156f.), doch ist es als Dummheitswitz hübscher. Fast dieselbe Erzählung wie hier, aber mit ernsthafter Moral, bei Äsop. fab. 34 Hausr.

Daß jemand aus Sparsamkeit lieber immer krank bleiben (oder gar, wie bei Lukillios, sterben) will, schien dem Urheber der Fassung § 79 b so undenkbar, daß er die schöne groteske Pointe durch einen Schuß ‚Lebenswahrscheinlichkeit' vermittels θᾶττον verdarb; vgl. zu § 9. – δώσειν als Schlußwort der Geschichte in § 27 ist gewiß versehentlich aus dem ersten Satze wiederholt, denn das Futurum läßt sich nicht rechtfertigen.

§ 28. Der bekannte Trost, daß es schlimmer hätte kommen können, in täppischer Verwendung. Vielleicht soll an die Analogie gedacht werden, wenn sich z.B. ein Kind mit Farbe beschmiert hat: die Hände usw. werden wieder sauber, aber das Kleid wäre hin. – ἂν εἴη: nach Ri. 58 einziger Fall des Opt. potentialis im Φ.; Minas schrieb ἂν ἦν, was auch die Konzinnität herstellt.

§ 29. Das Verhältnis der Rezensionen ist oben S. 192f. besprochen.

§ 30. Vgl. zu § 25.

§ 31. Wegen des Fehlens von ποταμόν auch in § 91 b ist die Doppelung nicht alt, vgl. oben S. 181.

Der umständliche Ausdruck von A zerlegt das Handeln des Helden in die beiden Komponenten: Mitnahme des Pferdes auf das Schiff, die offenbar sachdienlich und vernünftig ist, und das Nicht-Absteigen. Man sieht nicht, was durch diese Genauigkeit gewonnen wird. – κάτεισι präsentisch gegen den att. Gebrauch: B-D § 99, 1.

§ 32. Es entspricht dem Feingefühl gebildeter Menschen, die leiblichen Genüsse beim Gastmahl als *minimum* (Cicero Cato m. 45) zu betrachten gegenüber Geselligkeit und Unterhaltung (Athen. X 419/20); vgl. Hug *Symposion-Literatur* RE IV A 1273 ff. Um nicht als gieriger Banause, wie der Kyniker bei Athen. VI 270 b, zu erscheinen, verfällt der Kalmäuser in das andere Extrem. Vgl. zu den Höflichkeitswitzen oben S. 22.

§ 33. μή bei Partizipien jeden Sinnes seit hell. Zeit: B-D § 430. – οἰκοδεσπότης im eigentlichen Sinne in § 215, dagegen in § 200 zu bloßem ‚Herr' verblaßt, und so wohl auch hier, obwohl die Anrede ‚Herr Hauswirt' auch sinnvoll wäre, denn der Brunnen ist auf fremdem Grundstück gedacht (vgl. auch zu § 85); Ri. 74. Vgl. οἰκοδέσποινα § 251; οἰκοκυρός § 194. – Pausanias IX 31, 7 über Narkissos: τοῦτο μὲν δὴ παντάπασιν εὔηθες, ἡλικίας ἤδη τινὰ ἐς τοσοῦτον ἥκοντα . . . μηδὲ ὁποῖόν τι ἄνθρωπος καὶ ὁποῖόν τι ἀνθρώπου σκιὰ διαγνῶναι, ferner (von Reich 462 Anm. 1 verglichen) Zenob. I 53 (Paroemiogr. I 21) ἡ γὰρ Ἀκκὼ γυνὴ γέγονεν ἐπὶ μωρίᾳ διαβεβοημένη, ἥν φασιν ἐσοπτριζομένην τῇ εἰκόνι ὡς ἑτέρᾳ διαλέγεσθαι.

§ 34. Die verschiedenen Fassungen des Textes sind oben S. 191 f. besprochen. Über ἕτερον (β) vgl. auch zu § 15; es kann hier schon wegen der Wortstellung nicht richtig sein. Zu καταχθονηθέντος (G) ist das Verbum sonst nicht belegt, also wohl καταχθονισθέντος zu schreiben: hierfür ist die erforderliche Bedeutung ‚bewußtlos‘ gesichert durch des Papstes Zacharias (741–752) griechische Übersetzung der Dialoge Gregors d. Gr. IV 31 (PL 77, 370 C) *diu iam mutus ac rigidus iaceret*, Zach. ἐπὶ πολὺ καταχθονισμένος ἔκειτο (vgl. den entsprechenden Gebrauch von *sepultus* seit Plaut. Amph. 1074). – νοσῆσαι anstatt Futur, vgl. zu § 2.

§ 35. ἀμφῶτα, in der Doublette § 158 ἱμάτια. Hesych. α 4167 (Latte) ἄμφωτα· χιτῶνος εἶδος, Etym. Magn. 93, 15 ἀμφώτας· χιτών τις. Ri. 90 erörtert auch die Schreibung in M ἐμφῶτα, was ein anderes Wort zu sein scheint.

§ 36. Für den netten Sport des Scholastikos kenne ich sonst keinen Beleg. Die Betroffenen ärgern sich natürlich, weil nach dem vulgären Urteil Kleider Leute machen: Otto Sprichw. s. *cultus*. – τούτου: wie § 202; die Konjektur von Minas ist durch §§ 44, 168, 171 gestützt. – τινων: Zu dem Fortgang der Geschichte paßt eigentlich besser die Lesart von M τινος, doch stellt der Plural keine Schwierigkeit dar; M könnte auch mechanisch an nahestehende Wörter angeglichen haben. – οὐδ᾽ ὑπὸ ἀνθρώπου Eberhard: „non videtur sanum; num significatur ‚ergo per diabolum‘ ‘‘? Derselbe trägt p. 76 für ἀνθρώπου (das in A ohne Kürzung geschrieben ist) die Konjektur ἄλλου vor, die wohl besagen soll, daß der Vater den Vorwurf selbst erfunden habe: dazu paßt die vorsichtige Verwendung von ἴσως, ebenso οὐδέ. Diesen Sinn jedoch ergibt wohl auch die überlieferte Lesart, da ἄνθρωπος (wie altlat. *homo*) ähnlich wie ein Pronomen verwandt werden kann: B-D § 301 (ohne näher vergleichbare Fälle). Sinn also: ‚von niemandem‘, Wortstellung wie Xen. Cyr. II 3, 10 οὐδὲ παρ᾽ ἑνός. Eine Einfügung wie ὑπὸ ⟨σπουδαίου⟩ ἀνθρώπου paßte schlecht zu ὑπὸ διαβολῆς und dürfte sich nicht auf die Scriptio plena ὑπὸ ἀ. in A berufen, die auch sonst vorkommt: §§ 150, 207 u. ö. – ἔφησεν: Der Aorist sonst nicht im Φ. – Über das Verschnappen s. im folgenden, über die soziale Voraussetzung der Glaubwürdigkeit zu § 149; vgl. den Begriff des *locuples testis*.

§ 37. Der Witz beginnt wie § 4, und auch das Unverständnis des Verkäufers ist ähnlich: hier versteht er zwar βόλος richtig von den Zähnen, deutet aber das Interesse des Kauflustigen daran falsch. Bei dem Beruhigen des andern, daß das Pferd gewiß ein tüchtiger Fresser sei, verschnappt sich der Dumme in einer Weise, die man mit §§ 36, 58, 68, 173 vergleichen kann. – καταμανθάνειν (nur hier u. 158 b) ‚untersuchen, erforschen‘, in der Bedeutung verschieden von dem Verbum simplex, das in die β-Überlieferung wohl durch Korruptel gekommen ist. Über die folgende Variation in τηρεῖν (β) kann man verschieden urteilen; das Wort heißt im Φ. sonst ‚behüten, bewahren‘.

§ 38. Kränze als Schmuck der Totenbahre oder der Aschenurne oder im Leichenzug getragen: J. Köchling, De coronarum apud antiquos vi atque usu (RGVV XIV 2) Gießen 1914; Daremberg-Saglio I 1526 „Couronnes funéraires"; K. Fr. Hermann – H. Blümner, Lehrbuch d. griech. Privataltertümer, Freiburg-Tübingen 1882, 363; Ganszyniec *Kranz* RE XI 1597. – Zu dem makabren Höflichkeitswitz vgl. oben S. 22.

§ 39. Zwei σχολαστικοί sind hier für den Witz nicht nötig, vereinfachen aber die Erzählung; vgl. oben S. 22. – ὁμοῦ, in β fehlend, ebenso in der ähnlichen Einleitung von § 42, ist trotzdem nicht unwillkommen. – Schwarz als Farbe der Trauer ist alt bei Griechen und Römern, vgl. Herzog-Hauser *Trauerkleidung* RE VI A 2225. – μέλαινα, von β hier nacheinander als acc. sg. fem. und ntr. pl. geboten, findet sich auch sonst gelegentlich als vulgäre Mischform, vgl. Ri. 23, auch zu § 227. – ἀδελφέ: neugriech. Betonung (irrig Schwyzer I 555), und schon bei Ammon. diff. 405 s. πόνηρον als gemeingriech. vorausgesetzt gegenüber att. ἄδελφε (so hier Eberhard). – ἀλέκτωρ dringt aus der Poesie in die nachklass. Prosa und ist auch neugriech.; Ri. 66. – Die pedantische Erklärung am Schlusse von β ist oben S. 196 besprochen.

§ 40. ἀπαντᾶν: hier ‚sich einfinden‘, aus der Gerichtssprache. – ἐξουσίαν: so treffend Eberhard. Man verlangt eine Erklärung für die Menschenmenge, da *parvi manes* (Stat. Theb. VI 71) sonst kein großes Begräbnis erhalten. Boissonades Vermutung περιουσίαν ‚Reichtum‘ ergab schon einen ähnlichen Sinn, schwächer desselben παρουσίαν ‚persönliche Anwesenheit‘, denn vornehm und reich ist der σχολαστικός nur im selteneren Falle, darum muß es erst gesagt werden: vgl. oben S. 19, und zu dem makabren Höflichkeitswitz S. 22. β hat außer jener Angabe (die ihm vielleicht

213

korrupt als ἀπουσίαν vorlag) auch den Begriff des κῆδος weggelassen, so daß man sich allzu viel selbst hinzudenken muß. –
Falls der klass. Bedeutungsunterschied der beiden Konstruktionen der Verben des Sichscheuens (K-G II 73 § 484, 21) noch
gilt, spricht der Kalmäuser in β im Haus zögernd zu seinen Angehörigen, in A heraustretend zu der Menge, was wohl beides gleich
gut ist.

§ 41. εἰς ,als' vertritt hell. den Prädikats-Akkusativ: B-D
§ 157, 5; Ri. 36. – Zwischen A und β bestehen hier (wie in § 151)
keine Varianten; über diejenigen zu § 156 vergleiche dort.

§ 42. Σχολαστικῶν δύο: der Fall liegt wie in § 39; δύο hell.
auch für den Genitiv: B-D § 63, 1. – μίλιον müßte ,Meilenstein`
miliarium sein, ebenso in § 60, wo aber auch in der (seit Polyb.
belegten) Bedeutung ,(röm.) Meile'. Die Parallelversionen sagen
(§§ 131 u. 132) κίων μιλίων, und es ist möglich, daß die gegen-
ständliche Bedeutung, die anderweit nicht vorzukommen scheint
(Ri. 73), hier und in § 60 durch Korruptel bzw. Nachlässigkeit entstanden ist. Darauf weist hier vielleicht der Artikel ἐν τῷ μ., der,
dem Sinne nach schwer begreiflich, aus § 132 ἔν τινι κίονι τῶν μιλίων
verschleppt sein könnte (s. aber dazu). – παρά wie § 6.

§ 43. Typus des Witzes wie § 15 (nur schwächer), vgl. oben
S. 22. – ἔρχεται: Straton AP XII 186, 5 ἥξει σοι πώγων, 191,
1–2 ὁ πώγων ἤλυθε. Philostr. ep. 13 τὰ γένεια ἐπέλθη. – καὶ γνούς
zu § 15. – εἰ ,ob nicht' vgl. K-G II 533 § 589, 14; mit Unrecht hat
Minas ⟨οὐκ⟩ eingeschoben.

§ 44. Ähnlich (auch im Motiv) wie in § 87, wird eine anspruchs-
lose Pointe durch eine längere Vorerzählung ermöglicht. – Aufhängen der Trauben, um sie zu konservieren: vgl. Kießling-Heinze
zu Horat. sat. II 2, 121 pensilis uva; André zu Plin. NH XIV 16. –
Zum Verbergen des Lichtes unter einem Gefäß erinnert de Rhoer
an Apul. metam. V 20 lucernam ... subde aliquo claudentis aululae
tegmine und an das ,,Licht unter dem Scheffel" ev. Marc. 4, 21
ὁ λύχνος ... ὑπὸ τὸν μόδιον τεθῇ ἢ ὑπὸ τὴν κλίνην (hierzu die
Kommentare und Jeremias, Zeitschr. f. d. neutestam. Wissensch.
39, 1940, 237, dessen Auffassung durch unsere Stelle widerlegt
wird). – ἔρεγχε: über Nichtverdoppelung der Liquida zumal in der
Flexion B-D § 11. – πατρὸς αὐτοῦ: zu § 87.

In β ist die sinnlose Korruptel ἔτρεχε (E) durch spätere Ver-
schlimmbesserung in ἔτρωγε (V) zu einem Musterfall vom Wert
der Lectio difficilior geworden. καμμύων könnte erst nach der

214

Korruptel eingefügt sein, doch erwartet man die Angabe eigentlich auch neben dem Schnarchen. Die Bemerkung über das
‚Ärgernis‘ ist seltsam auch wegen des biblischen Ausdrucks (vgl.
oben S. 15), anstatt etwa νοήσαντος. Es ist vermutlich eine
Folge der umständlichen Vorgeschichte, daß in beiden Rezensionen der zweite Satz nicht glatt abläuft, doch ist in A die
Anakoluthie auf δέ beschränkt, das auf den Gen. absolutus folgt
wie anderwärts auch das Particip. coniunctum, vgl. zu § 26 und
das Wörterverz. Der stärker gestörte Satz in β beginnt mit dem
Gen. absolutus, den er mit A gemeinsam hat, setzt ihn aber nicht
korrekt fort. Vielleicht führte der Wunsch, das Subjekt von ἀνέστη
klar zu bezeichnen, zunächst zu dem umständlichen Infinitiv-
Ausdruck ἐν τῷ κτλ. und mochte dann der syntaktisch kurz-
atmige Redaktor nicht mehr zu der angefangenen absoluten Konstruktion zurücklenken.

§ 45. ἐπανίστασθαι belegen LSJ s. v. II 2 so seit Theopomp. –
ἐπί m. Dat. örtlich auch an der sinnverwandten Stelle § 145. Der
A-Schreiber dachte an das gebräuchliche ὀργίζεσθαι ἐπί τινι
(ähnlich §§ 13 u. 90) und erzielte auch einen möglichen Ausdruck,
aber die kürzere Fassung ist besser, σύν auch sonst nicht im Φ.

§ 46. Der auffallend große Unterschied der beiden Rezensionen ist oben S. 199f. behandelt. Die Erklärung geht davon aus,
daß zwar der Witz in A und β derselbe ist, nämlich von dem Fluß
wie von einem Menschen geredet wird (Eberhard), der etwas
‚weggenommen‘ hat – ein deutscher Kalmäuser würde etwa
fragen: „Darf der das denn?“ – die Verkennung aber in den Worten βιάζεται ἡμᾶς unmittelbar zum Ausdruck kommt, bei τί λέγω;
dagegen nur dann deutlich wird, wenn man die Worte an einen
rechtskundigen Berater gerichtet denkt. Es fragt sich, ob ein
solcher durch πραγματευτής bezeichnet werden kann. LSJ belegen das Wort aus hell. Zeit in der Bedeutung ‚Bevollmächtigter‘
(zum Einziehen von Geld: Tebtunis Pap. II 1907, p. 450.) ‚Vertreter, Verwalter‘: das nähert sich wohl dem, was wir brauchen,
auch wäre ein ‚Verwalter‘ (freilich mehr im Sinne von ‚Gutsver-
walter‘, was in § 47 anders heißt) geeignet, dem Scholastikos die
Nachricht von der Naturkatastrophe zu überbringen. Andererseits läge zur Bezeichnung des Mannes, der juristisch konsultiert
wird, die Konjektur πραγματικός nahe: Quintil. inst. III 6, 59
Graeci πραγματικούς *vocant iuris interpretes*; Wilkins zu Cic. de
orat. I 198. πραγματευτής bezeichnet seit Plutarch einen Händ-

215

ler (so noch neugriech.), diese Bedeutung kann in § 132 vorliegen. In § 227 wird ein Kneipenwirt, κάπηλος, nach der Fassung β πραγματευτά angeredet; Ri. 84. Sollte selbst πραγματευτής im hiesigen Text echt sein, so wurde es doch wohl bald nicht mehr richtig verstanden, wofür der Ersatz durch ἔμπορος in P bezeichnend ist. Als Modus von λέγω kommt Konj. oder Indik. in Betracht, vgl. zu §§ 90 u. 244, B-D § 366. – ἀπεκρίνατο λέγων (ähnlich § 234) nicht bloß biblisch, sondern älter: B-D § 420. – βιάζεται ἡμᾶς: die Feststellung, daß Gewalt geübt wird, als letzte Warnung vor gerichtlichem Vorgehen, öfters auch übertragen gebraucht; vgl. Plaut. Rud. 733 *vi agis mecum*; Otto Sprichw. s. *vis*.

§ 47. ὡς εἴωθε: pedantische Erklärung für Stadtmenschen. – Ἰδών befremdlich, vielleicht ist davor ⟨καὶ σκιρτῶντα⟩ ausgefallen. – προσπαίζειν absolut, seit Platon. – σωτηρίαν: vgl. zu § 10; σοί sc. ὄμνυμι. – Der σχολαστικός ist hier, wie in § 51, als Eigentümer von Grundbesitz gedacht, den er durch Verwalter bewirtschaften läßt und selten aufsucht. Dem ‚Urlaub' der Schafe sind vergleichbar die *esuriales feriae* Plaut. Capt. 468 (‚Feiern' von Magen und Kehle).

§ 48. Unverständlich nach Boissonade und Eberhard, und schon von Pontanus weggelassen. Die Überlieferung ist schwerlich anders zu deuten, obwohl κλάσητε für -σετε keine gewöhnliche Korruptel ist; die einfache Form des reflexiven Possessivs ist normal: B-D § 283; ἐπεί ‚denn sonst' s. zu § 113. – τρίζειν vom Knarren der Schuhe wahrscheinlich auch bei Philostr. ep. 37, wo τρύζοι überliefert, corr. Boissonade. Das Verbum bezeichnet mancherlei Geräusche von leblosen oder lebenden Subjekten, darunter auch das Zirpen einer Art von Heuschrecken bei Aristot. mirab. 844 b 26. Da andererseits bekannt war, daß das Geräusch der Heuschrecken durch Reiben der Beine an den Flügeln zustande kommt (Plin. NH XI 266 *feminum* nach Aristot. hist. anim. 535 b 11 πηδαλίοις, Meleagr. AP VII 195, 4 ποσσί), besteht vielleicht die Möglichkeit, daß die Schuhe unausgesprochen mit Heuschrecken (Grillen) verglichen werden. Voraussetzung wäre 1. daß τρίζειν in stärkerem Maße charakteristisch gerade für Heuschrecken war, als in unserer überlieferten Literatur zum Ausdruck kommt, die das Wort auch auf Vögel, Mäuse, Fledermäuse u. a. anwendet; 2. die Annahme, daß sich die Heuschrecken bei zu heftigem Zirpen die Beine abbrechen. In Wirklichkeit ist dies

216

gewiß nicht der Fall, doch könnte man bei dem Halten gefangener Grillen in kleinen Häuschen (Gow zu Theokrit I 52 u. Dalmeyda zu Longus I 10, 2 ἀκριδοθήκην; O. Keller, Die antike Tierwelt II Leipzig 1913 u. Hildesheim 1963, 458) auf den häufigen Verlust von Beinen aufmerksam geworden sein, ohne zu bemerken, daß sie sich diese selbst abbeißen.

§ 49. ἐν (A) fehlt in M, und diese Lesart zieht Eberhard vor, vermutlich weil so der Sinn genauer mit β übereinstimmt. Doch ist die Schattierung unwesentlich und kann gegenüber den vielen Fehlern von M (auch Auslassungsfehlern) nicht gelten.

Der kindliche Witz, auch heute noch beliebt, wird gewöhnlich so erzählt, daß der Sprecher, entweder vom Dorfe in die Stadt oder aus seiner Heimatstadt in eine andre Stadt gekommen, sich wundert, daß auch da ein Mond ist. Zu der ersteren Situation scheint ἐν τῇ πόλει (β) zu passen, aber sonst nichts. Die zweite würde ἐν ἄλλῃ oder ἀλλοτρίᾳ πόλει erfordern: das könnte in β korrumpiert und dann in A weggelassen sein. In A tut der σχολα-στικός seine Äußerung ohne Anlaß: das ist matt, aber möglich, und dazu paßt das πυνθάνεσθαι (nicht θαυμάζειν) beider Rezensionen. Sollte das also gemeint sein, so ist ἐν τῇ πόλει in β ein störender, wohl pedantischer Zusatz, da man aus dem Gegensatz der ‚anderen Städte' ohnehin folgert, daß der Sprecher sich in einer Stadt befindet.

§ 50. Von dem Seedarlehen, *fenus nauticum* oder *pecunia traiecticia*, handelt der Digestentitel XXII 2; Klingmüller *Fenus* RE VI 2200. – ἐνετέλλετο: die Handlungen der Witzpersonen werden überwiegend im Aorist berichtet, so daß es begreiflich ist, daß dem kopierenden Minas unwillkürlich ἐνετείλατο (A') in die Feder kam. Doch gibt es auch bei solchen Handlungen, die gewiß nur einmal gedacht sind, das Imperfektum, wie § 11 ἐνωπτρίζετο, § 19 ἔσειε und mehr, besonders bei Verben der Bedeutung ‚befehlen, bitten' u. ä.: B-D § 328. – Über fertiggekaufte Särge, auch im überseeischen Bezug (Prokonnesos – Smyrna) Friedländer SG III 90. – παιδικὰς sc. σοροὺς richtig begründet von Kurtz 368, dessen weiteren Bemerkungen ich jedoch nicht beipflichten kann. – δικαίου μέτρου ὡς εἰς αὔξησιν: die ganze Wendung, die sonst nicht nachgewiesen scheint, dürfte aus der Schneidersprache stammen. δίκαιον μέτρον· τὸ ἴσον muß der Antiatticista Bekkeri anecd. I 90, 20 aus der lebenden Sprache gekannt haben, der Herodot II 149,3 αἱ ἑκατὸν ὀργυιαὶ δίκαιαι vergleicht. – ὡς vor der Präposition phraseologisch wie § 126. Die Wendungen ὡς εἰς bei annähernder Zahlangabe (Mayser II 2, 365, 34) und ὡς πρός in der Bedeutung ‚in Richtung auf' (B-D § 453, 4 Anh.) und ‚im Verhältnis zu' entsprechen nur äußerlich; vgl. auch zu § 1. – In Sache und Witz ähnlich ist § 97.

§ 51. Über den σχολαστικός als Grundbesitzer vgl. zu § 47. Die dortigen Einleitungsworte machen wahrscheinlich, daß ἐν hier (β) „hyperkorrekt" für εἰς steht (B-D § 218), was sonst nicht im Φ. (Ri 37): vielleicht aus Fassung A? – ἰδίῳ in β abgeblaßt ‚suo', vgl. zu § 180. – Im folgenden zeigt sich eine gewisse Unentschiedenheit in β, ob ἐρωτᾶν ‚fragen' oder ‚bitten' (so oft hell.) bedeuten soll; mit ἠρώτα πιεῖν wird der Begriff des Trinkens schon eher ins Spiel gebracht: das ist schlecht, weil der σχολαστικός schwerlich auf seinen lächerlichen Irrtum verfallen wäre, wenn er selbst hätte trinken wollen. — γεωργῶν in β ausgefallen? Doch vgl. zu § 176. – Ri. 63: „Der Wechsel zw. ἵνα und ὅτι erklärt sich aus der Möglichkeit kons(ekutiver) wie kausaler Deutung". Zu ἵνα consecutivum (wie § 159) B-D § 391, 5 m. Anh., eben der nichtfinale Sinn führt auch zu dem Gebrauch mit Indikativ (Eberhard). – πίνειν εἰς βάθος (β): vulgär für ἐν ‚aus', ähnlich wie bei Trinkgefäßen, lat. *bibere in*: LXX I. Machab. 11, 58 πίνειν ἐν χρυσώμασι (Ri. 37 Anm. 10). Eine ähnliche Szene, aber mit besserem Witz, gibt Athen. VIII 352a aus Stratonikos.

§ 52. πρὸς ἑαυτόν echt? Es schmeckt ein wenig nach Pedanterie. – μωρός εἰμι: Von solcher impliziten Selbstkritik, zu der wohl öfter Gelegenheit wäre, ist dies das einzige Beispiel; anders § 181.

§ 53. τῷ πατρί: Der Witz setzt die Anwesenheit der ganzen Familie voraus. – θριδακίνη: Stadler *Lactuca* RE XII 367: nach Theophrast. hist. plant. VII 2, 4 (Plin. NH XIX 122) sind die Nachwuchstriebe des Salats wohlschmeckender, erscheinen allerdings erst nach Abschneiden des Haupttriebes, so daß hier wohl um des Witzes willen der Botanik Gewalt geschieht. Jedenfalls denkt der σχολαστικός hier seinem Vater etwas besonders Gutes zu (καλούς). Zu dem Ausdruck θύρσος (nicht bei Theophrast) vgl. *lactuculae thyrsum* Sueton. Aug. 77. μήτηρ heißt der Weinstock im Verhältnis zu den Reben usw. schon bei Aeschyl. Pers. 614, technisch in den Geoponika IV 3, 9; 13, 2; V 18, 1; *matrix – suboles* von Palmen Sueton. Aug. 94, 11.

§ 54. Athen als Ort rhetorischer Studien: H.-I. Marrou, Gesch. d. Erziehung im klass. Altertum, Freiburg 1957, 275 ff., 362, 440; O. Seeck, Gesch. des Untergangs d. antiken Welt IV Berlin 1911, 224 ff. – κεφαλικὴ δίκη: Lehnübersetzung aus *causa capitalis*. – δείξω: hist. Aug. VII 1, 8 *scurram denique et gladiatorem perfectum ostenderet* (Commodus).

§ 55. σχολαστικός: hier Berufsbezeichnung ‚Student‘, da der Held vielmehr εὐτράπελος ist, vgl. oben S. 18. Dieses Übergreifen in ein anderes Kapitel der Sammlung hat β durch Änderung in ἀμαθής beseitigt, mit offenbarer Ungerechtigkeit gegen den jungen Mann, falls nicht etwa im etymologischen Sinne gar gemeint ist: ‚der nicht lernen wollte‘. Doch bezeichnet ἀμαθής in der Regel einfach den Dummkopf, wie auch in § 254, und dieses Wort, das auf alle Kalmäuser zutreffen würde, ist hier in β ohne Zweifel nur zu dem polemischen Zwecke gesetzt, εὐτράπελος zu verdrängen. – δαπανήματα heißen in späterer Zeit außer den Ausgaben auch die Mittel, um sie zu bestreiten: Polyb.(?) IX 42, 4 τῇ τῶν δαπανημάτων ἐνδείᾳ. – ἡμῖν: Zu dem Plural in der Selbstbezeichnung des Briefschreibers vgl. Mayser II, 1, 40 ff. – Obwohl der Witz ohne weiteres verständlich ist, möchte ich annehmen, daß er auf einer Redeweise fußt, in der man im gewöhnlichen Leben einem ungebildeten Vater klarmachte, daß er seinem Sohn lieber teure Studienbücher als einen Acker o. ä. kaufen solle: „Diese Bücher werden ihn dereinst (besser) ernähren" (vgl. Petron 46, 7 f.).

§ 56. μείναντες (A) wie *manere* ‚übernachten‘, ev. Luc. 24, 29 u. ö.; Wilh. Schulze, Graeca Latina, Univ. Progr. Göttingen 1901, 22 f. = (Sussidi Eruditi 14) Roma 1958, 116. In β fehlt das Wort samt den drei vorhergehenden; daß aber eine Angabe über den Grund der Nachtwache tatsächlich erwünscht ist, kann man aus der Übersetzung bei Zincgref sehen (der nur β kennt): „Als sie nun nachts im Wirtshaus vbel trawten/vnd einer vmb den andern wachen solt." – πρός zum Ausdruck der Befristung: B-D § 239,4 – βιγλεύειν: seit der ‚Taktik‘ Leos des Weisen (um 900) belegt, bezeichnet, seinem lat. Ursprung entsprechend, ein militärisches Wachen (vgl. neugriech. βίγλα ‚Schildwache‘) und enthält damit auch den Begriff des Behütens. Es scheint deutlich, wie das Bestreben, das vulgäre Wort fremden Ursprungs durch klassische Sprache zu verdrängen, zu dem umständlichen Ausdruck ἀγρυπνῆσαι καὶ τ. σ. τηρῆσαι geführt hat, der hier also sekundär ist. Praktischer wäre φυλάξαι gewesen, das aber dem Redaktor erst einen Augenblick später einfiel. – ἔλαχε unpersönlich ‚fiel durch das Los zu‘, seltener, doch schon altgriech. Gebrauch. – μετεωρίζεσθαι, ‚sich einen Spaß machen‘, bei SophL belegt seit 5. Jh. n. Chr., μετεωρισμός seit 4. Jh. (Ri. 86); Bedeutungsentwicklung zweifelhaft. – ξύρω (A; vgl. § 198) und ξυρίζω (β) sind als seltene Nebenformen zu ξυρέω bekannt, das sich zumal in β leicht herstellen ließe. – κάθαρμα als Scheltwort ‚Auswürfling‘ seit Aristophanes, vgl. v. Leeuwen zu Plut. 454; μέγα κάθαρμα Lucian. Demon. 30; Hamburg Καθαρμός RE X 2514, 44 ff.

§ 57. οὕτως ‚dann‘, vgl. zu § 3.

§ 58. ψυχρῷ: Zu dem Doppelsinn vgl. außer den Wörterbüchern auch N. Zink, Griech. Ausdrucksweisen für Warm und Kalt im seelischen Bereich, Diss. Mainz 1962, 65–72.

§ 59. σιτευτάριος: Die vox hybrida, von σιτευτός ‚gemästet‘ (z. B. χήν: Athen. IX 384a/b) mit lateinischem Suffix gebildet, begegnet nur im CGIL II 15, 34 = Gloss. Lat. II Philox. AL 78 in der Form σιτευτάρις· τροφεύς. Wegen eines Schreibfehlers des Minas in A' bevorzugte Eberhard die korrupte Form σιτευτωρίῳ, die in M durch Verlesen des α (mit hochgezogenem Schlußstrich) von A entstanden sein dürfte; danach auch LSJ.

§ 60. ἀπό hier und § 131 entsprechend dem lat. *a milibus passuum octo*, aber nicht unbedingt Latinismus, vgl. (mit Ri. 77) B-D § 161, 1; Schwyzer GG II 445 f. u. 98 c. – μίλια: vgl. zu § 42, auch btr. § 131.

§ 61. χαμαιδιδάσκαλος: Bei diesem Worte spätrömischer Bezeugung könnte man an die orientalische Sitte denken, daß Lehrer und Schüler auf dem Boden sitzen. Doch ist für das gleichzeitige χαμαιδικαστής ‚Hilfsrichter‘ (*iudex pedaneus*) ein gleiches nicht vorstellbar, daher wird in beiden Fällen der niedrige Sitz gegenüber dem Thronen auf hohem Tribunal bzw. Katheder gemeint sein; vgl. M. Wlassak Χαμαιδικαστής RE III 2102. – Διονύσιος: Der Name muß typisch für Schulgeschichten gewesen sein, wie die Beispielsätze für syntaktische Erscheinungen bei Apollonius Dyscolus zeigen. Diese sind teils aus dem elementaren Unterrichtsleben gegriffen wie synt. I § 111 (Uhlig) ὁ ἀτακτήσας παῖς τυπτέσθω, teils verwenden sie die Namen der berühmten Grammatiker Ἀρίσταρχος, Τρύφων, Ἀπολλώνιος und eben auch häufig Διονύσιος, womit ohne Zweifel der bekannte ‚Thraker‘

gemeint ist. Es gibt Vermischungen beider Typen wie synt. II § 141 Διονύσιος ἔτυψεν Θέωνα, pron. 89 A ἐμὲ Διονύσιος ἔπαισεν, die hier augenscheinlich nachwirken. Gewiß würde dieser Witz gut zu einem ‚grammatischen' Verfasser Philagrios passen, doch sind Schulgeschichten zu allen Zeiten so verbreitet, daß dieser Hinweis schwerlich gegen andere Erwägungen aufkommt (vgl. oben S. 189). – δέ wie § 44. — Zum Witz Boissonade: ,,Simile dictum consiliarii cuiusdam audivi relatum a Genevensibus. Magni Consilii praeses Robertum quemdam allocutus: M. Robert, votre avis. – Je suis de l'avis de M. Le Fort. – Mais M. Le Fort n'y est pas. – Eh bien! quand il y sera." Doch scheint mir in unserer Geschichte, neben der Dummheit, noch mehr von dem Schulmeister zu liegen, der unbedingt recht behalten will.

§ 62. ἐτηρίς, sonst nirgends belegt, scheint okkasionell aus χιλιετηρίς (im Hinblick auf viele ähnliche wie τριετηρίς) abstrahiert und ein Unwort ohne weitere Geltung geblieben zu sein. Die Feier, die unter dem Kaiser Philippus Arabs am 21. April 248 nach Chr. begonnen wurde, stellt eine der wichtigsten Zeitmarken unserer Sammlung dar, vgl. oben S. 13; E. Stein *Julius 386* RE X 763. – Zur Sache vgl. Sueton. Vitell. 2, 5 *huius et illa vox est: ‚saepe facias', cum saeculares ludos edenti Claudio gratularetur.* – ἄλλην: τῇ ἄλλῃ ἡμέρᾳ Xen. Hell. I 1, 13; τῷ δὲ ἄλλῳ ἔτει ib. 2, 1; LSJ ἄλλος II 6. Der Akkusativ könnte temporal sein (B-D § 161, 3), bezeichnet aber wohl eher das innere Objekt wie in Ὀλύμπια νικᾶν.

§ 63. δεξιόπηρος zu πηρός ‚gelähmt, blind', ἅπαξ λεγόμενον, doch vgl. ἀριστερόπηρος aus spätem Papyrus bei LSJ. – ἑώρα als (auffallend frühe) Nebenform zu αἰώρα von manchen Kritikern bei Sophokles, Oed. tyr. 1264, in der Bedeutung ‚Schlinge zum Aufhängen' anerkannt und auch anderwärts überliefert, müßte hier ein Rebengehänge bezeichnen. Das sah richtig Boissonade (,,vitis ex arboribus suspensa"), einen Beleg scheint es nicht zu geben. Der richterlich fungierende ἡγεμών (zu § 202) nimmt zu einer Ortsbesichtigung – der Weinberg wohl Streitobjekt – seinen Assessor mit; über dieses Amt vgl. Friedländer SG I 188. – ἀρέσει: zu der seltenen aktiven Bildung Ri. 56. – Die Bemerkung des Assessors ist witzig (vgl. S. 199 Anm. 16), auch besteht kein Anlaß zu der Annahme, daß der Sprecher dumm und nur aus Versehen geistreich ist, wie § 251 behauptet wird. Eine Äußerung, die zu einer normalsichtigen Person leichthin gemacht werden könnte –

denn natürlich ändert sich beim Rückweg das Panorama und erscheint manches anders – gewinnt eine boshafte Bedeutung. Verspottung eines Einäugigen wird als besondere Rohheit angesehen von Persius sat. 1, 128; in § 185 bewitzelt er sich selbst, wie Antigonos bei Plutarch. mor. 633 c (q. conviv. II 1, 9).

§ 64. Richtig verstanden von Kurtz 368: durch das Pechpflaster, δρῶπαξ, werden die Haare ausgezogen und somit der Umfang des Körpers an der wesentlichen Stelle verringert. Über das Tragen von Hosen bei den Römern seit trajanischer Zeit vgl. Daremberg–Saglio s. *Bracae*; Mau 'Αναξυρίδες RE I 2100. – δέ (zu § 26) hier insofern auffallend, als es in einen Nebensatz eingeschoben ist; ἐπειδή (Eberhard) kommt sonst nur in § 97 vor, wo der Sinn kausal ist. Eher ist δέ zu tilgen.

§ 65. ἐχθρός in § 203 der private, hier der militärische Feind, der sonst auch im Φ. πολέμιος heißt; auch in klass. Sprache kann ἐχθρός militärisch gebraucht werden. – Der Anonymus von 1789 (zit. oben S. 149) merkt an: ,,Das Possierliche liegt in der Zweideutigkeit des Ausdrukks χωρις κεφαλης, welches auch bedeuten kann, wenn er seinen eigenen Kopf nicht mit zurükkbrächte.'' In der Fassung β wird die Pointe unnötig unterstrichen, vgl. oben S. 196; dagegen ist ἀγαγεῖν (β) wohl als Einsparung zu werten, denn die Fassung von A bereitet den Witz besser vor.

§ 67. ἐπανερχομένῳ: Die Lesung als Dativ in A ist sicher auch durch das Akzentzeichen, aber die Wortstellung für Φ ungewöhnlich: deshalb sind M und Minas (A') unabhängig voneinander auf die Änderung in -χόμενος verfallen. Doch steht auch manchmal das Partizip an dieser Satzstelle dem Substantiv voran, wie § 62 ἡττηθέντα ἀθλητήν, und sachlich ist es wohl gleich gut, daß der eine wie daß der andere fragt. Vielleicht ist τῷ πενθερῷ vor ἐξ zu stellen. – ὁ δέ s. zu §§ 44 u. 225. – An der zweiten Stelle hat gewiß richtig Eberhard αὐτοῦ für ἑαυτοῦ eingesetzt, das in dieser Stellung zweimal, nämlich §§ 45 und 55, durch β widerlegt wird; Ri. 68.

§ 68. συνηγορούμενος ,Defendend, Klient' LSJ seit 1.Jh. n. Chr. – συνεκτικός ,wesentlich' (*quae rem maxime continent* Liv. XXXIX 48, 2): gute Belegstellen bei LSJ. Nach Ernesti, Lexicon technologiae Graecorum rhetoricae, Lipsiae 1795 u. Hildesheim 1962, s. v. zitiere ich ungeprüft Ulpian. ad Demosth. Olynth. I sub fin.: δεῖ ἐκ τῶν ἰσχυρῶν ἀεὶ καὶ τῶν συνεκτικῶν . . . τοὺς ἐπιλόγους λαμβάνειν. Den Gegnern einige unwesentliche Punkte zu verraten, wäre nicht schlimm, aber in dem Eifer, sich selbst zu rechtfertigen, gibt der σχολαστικός zu, daß seine Rede nur aus solchen besteht. Über dieses Verschnappen vgl. zu § 37.

§ 69. ἠπόρησας ist ein auffallend schwacher Ausdruck, selbst wenn man die spärlichen Belege für kausativen Gebrauch von ἀπορεῖν bei Lampe s. v. gelten läßt, denen in klass. Zeit bereits Beispiele von ἀπορεῖσθαι, ἠπορημένος (LSJ s. v. IV) vorangehen. Darum spricht viel für Boissonades Konjektur (so auch Ri. 77 Anm. 22). – ἐτύφλωσας: Eurip. Androm. 406 εἷς παῖς ὅδ' ἦν μοι λοιπὸς ὀφθαλμὸς βίου.

§ 70. ἀπῆλθεν, wo wir im Deutschen uns an den Zielpunkt versetzen, an dem die folgende Handlung spielen soll; vgl. mit Eberhard (der aber Bedenken äußert) § 224 ἀπελθὼν εἰς κηπουρόν ‚kam zu einem Gärtner', auch § 238. – ἔξω „i. e. elatus, sepultus" Eberhard. Der Euphemismus scheint sonst nicht nachgewiesen; vgl. § 77 ἐκκομίσας. – ἐρεῖς: Das Futurum pro imperativo dürfte hier nach Lage der Dinge eher höflich (K-G I 176 § 387, 6) als strikt (B-D § 362) sein.

§ 71. ἀκρόπτυχα ist ἅπαξ λεγόμενον. Die Form kann Acc. Sing. von *ἀκρόπτυξ oder Acc. Plur. von *ἀκρόπτυχον sein. Der etymologische Zusammenhang mit πτύξ, πτύσσω weist auf ein Stück Stoff (Eberhard: „genus quoddam amiculi vel lintei in mensa ponendi"; danach LSJ), was sachlich gut passen würde, unklar aber bleibt ἀκρο-, unklar auch, warum darauf nicht πρίασθαι o. ä. folgt, sondern εἰσκομίσαι. Dieses Verbum, sonst nicht im Φ., aber gewiß nicht schwer zu verstehen, scheint mit ζητῆσαι glossiert(?). Minas' (versehentliche?) Änderung in ζητήσας ergibt bei Verbindung mit ἐπυνθάνετο (Eberhard) eine pleonastische Wendung ähnlich wie ἀπεκρίνατο λέγων (§ 46 A), die erst zu belegen wäre. – ὑπόδειγμα ‚Muster', wie παράδειγμα, also etwa ein längerer und ein kürzerer Stoffstreifen. Ri. 76 vermutet „Maß", und sicherlich läßt sich der Witz so am besten erzählen: „Man gab ihm die Maße für Länge und Breite, und er fragte ..."; doch ist diese Wortbedeutung nicht gesichert. – ποῖον für πότερον, vgl. § 206 (Eberhard); Apollon. Dysc. synt. I § 32 f. Uhlig.

§ 72. γάμοις: Den Plural zur Bezeichnung der Feier belegen LSJ seit spätatt. Zeit. – Zum Höflichkeitswitz s. oben S. 22. Ominös klingt an die Hochzeitsfeier der gebräuchliche Geburtstagsglückwunsch „many happy returns"; für diesen zahlreiche

lateinische Beispiele bei Wilh. Schmidt, Geburtstag im Altertum (RGVV VII 1) Gießen 1908, 28 Anm. 6; Censorin. 2, 1 *idque
quam saepissime facias exopto*; vgl. auch zu § 62 (Sueton).

§ 73. ὁ αὐτός: Zu dieser Übergangswendung vgl. oben S. 175.
Sie begegnet häufig im Gnomologium Vaticanum, wo Apophthegmen nach ihren Urhebern geordnet sind; ebenso *idem* Macrob.
Sat. II 3, 3 u. ö.   Ein besonderer Grund ist hier nicht erkennbar,
was an dem Exzerptencharakter der Sammlung liegen kann. Vgl.
zu ἄλλος § 217. – Σκρηβωνίας μνῆμα muß ein bekanntes Bau-
werk sein. Da bietet sich als berühmter Name Scribonia (η dann
itazistischer Fehler, da Besonderheiten wie Σκηπίων Κυρήνιος
hier fern liegen). Die erste Gattin des Octavian und Mutter der
Julia lebte noch unter Tiberius (Fluß *Scribon. 32* RE II A 891),
wird also unter diesem Kaiser gestorben sein, den verschiedene
Familiengründe zur Errichtung eines ansehnlichen Grabmals
veranlassen konnten. Allerdings ist von einem solchen nichts
überliefert oder erhalten. Der Name erweist § 73 dem § 26 gegenüber als ursprünglicher; vgl. oben S. 177 u. S. 14, wo auch auf καλόν
‚schön' hingewiesen ist. – τόπῳ: Ri. 44 Anm. 53 gibt Literatur
für den Gebrauch ohne Präposition nach dem Vorbild von lat.
loco. – οἰκοδομῆσθαι: Belege für οἱ- ohne temporales Augment
oder ebensolche Reduplikation bei B-D § 67, 1 Anh.

§ 74. Der schwächliche Witz, an dessen Pointe Eberhard
(p. 76) überhaupt zweifelte, wäre klarer, wenn wenigstens beide-
mal dasselbe Verbum verwendet würde; denn von einem Supple-
tivverhältnis βλέπω – x – ὁρᾷ ist nichts bekannt. Entfernt ähnlich
ist § 185. – ὁρᾶν: Ri. 92 übersetzt zweifelnd mit „gehören"
und erinnert an einen byz. staatsrechtlichen Gebrauch ‚zu jemandes Amtsgewalt gehören, ihm zukommen.' Eher ist lat.
spectare zu vergleichen, das eine Neigung oder Tendenz auch
unbelebter Subjekte bedeuten kann wie Cels. med. V 26, 20 A
ulcere iam ad sanitatem spectante.

§ 75. Drei asyndetische Partizipien wie § 19. β, hier durch
εἶτα gemildert. – ὥραν Accus. temporis B-D § 161, 3, gleichsam:
‚es wurde „noch nicht um vier Uhr" gemeldet'. Korrekter wäre
der Nominativ. – κομισθῆναι: zu § 21.

§ 76. Σαραπεῖον: vielleicht das berühmte von Alexandria,
da die Stadt auch in § 171 genannt wird und ἀνελθόντι zu dessen
Lage auf einer Anhöhe und den 100 Stufen gut passen würde;
Roeder *Sarapis* RE I A 2410, 20. Freilich lagen auch die Sara-

peen in Rom hoch: ebd. 2416f., und vermutlich noch anderswo. Das alexandrinische Sarapeion wurde 391 n. Chr. zerstört: ebd. 2411, 42; Ri. 75. - θαλλόν: Dionysios Thrax περὶ τῆς ἐμφάσεως bei Clem. Alexandr. strom. V (8) 45, 4 (p. 356, 15 Stählin) kennt neben anderen Sinnbildern τὸ τῶν θαλλῶν τῶν διδομένων τοῖς προσκυνοῦσι (σύμβολον), vgl. C. A. Lobeck, Aglaophamus II Regimontii Pruss. 1829 = Darmstadt 1961, 835, der insbes. für den Sarapiskult auf Sueton. Vesp. 7, 1 verbenas verweist. - κύριος als Götterbeiname: Williger Kyrios RE XII 176; Kittel III 1049. Nach letzterem ist der Beiname gerade bei Sarapis am häufigsten. Zur Phraseologie vgl., nicht speziell auf Sarapis gehend, die Epiphoneme ἵλεως ἡμῖν κύριε und κύριε ἱλεώς μοι γενοῦ bei C. Wessely, Mitteil. a. d. Samml. der Papyrus Erzherzog Rainer II Wien 1888 S. 123 u. 138. Andererseits ist κύριος als ‚Herr eines Sklaven‘ seit Demosthenes belegt (Kittel 1041), und noch in der Kaiserzeit verrät die Anrede κύριε an einen Höhergestellten Sklavensinn nach Arrian. Epict. IV 1, 57, vgl. Friedländer SG IV 83. Der Kalmäuser fühlt sich also beleidigt durch das Ansinnen, einen κύριος zu haben. Wie er jedoch seinem Unmut Ausdruck gibt, ist nicht sicher wegen Unverständlichkeit der Überlieferung παρίω. ‚Meinem Sklaven‘ könnte der Sinn sein, den man erwartet, aber beispielshalber παιδίον heißt im Φ. immer nur ‚(freies) Kind‘; liegt ein Παρμένωνι zugrunde? (zu dem Namen aus der Komödie vgl. Δημέα § 102). Doch wäre für den Witz ein kräftigerer Ausdruck willkommen. Das leistet Boissonades Vorschlag τῷ χοιρίῳ μου, der allerdings darauf beruht, daß in Minas' Abschrift (A') das π von παρίω etwas spitz geraten ist und von B. als χ gelesen wurde. Am einfachsten wäre, wenn irgendein Tier nach der Insel Paros genannt wäre, etwa eine Hunderasse, wie solche vielfach nach ihren Ursprungsländern heißen; doch ist davon nichts bekannt: Rubensohn Paros RE XVIII 1798. [Zusatz b. d. Korr.: πατρί oder πάτρῳ erwägt H. J. Mette (briefl.), womit der Sprecher sich als Sohn oder Neffen eines Unfreien bloßstellen würde, vgl. Petron. 41, 8 (umgekehrt Catull 84, 5).]

§ 77. Makabrer Höflichkeitswitz, vgl. oben S. 22. Der Witz § 257 (β 25) ist ähnlich, entspricht aber nach der Analyse nicht dem § 77, vgl. oben S. 144; über seine Qualität vgl. zur Stelle.

§ 78. Vellei. I 13, 4 (L.) Mummius tam rudis fuit, ut capta Corintho cum maximorum artificum perfectas manibus tabulas ac

*statuas in Italiam portandas locaret, iuberet praedici conducentibus,
si eas perdidissent, novas eos reddituros,* verglichen von Boissonade; vgl. oben S. 8. Aus dem anekdotischen Ursprung erklärt sich die verschwommene Bedeutung von λαβών, vgl. oben
S. 19. Juristisch kann bei gebrauchten Möbeln o. dgl. – woran
der Sprecher vermutlich denkt – nur der Wert zur Zeit der Be-
schädigung oder kurz vorher verlangt werden, was für den Fall
des *damnum* Gai. inst. III 217f. erörtert. Die Drohung, daß man
den ‚Neuwert‘ bzw. Ersatz durch neue Gegenstände gleicher
Art fordern werde, liegt weniger im rechtlichen als im konven-
tionellen Bereich und mag sich bei Schadenersatz für getragene
Kleider oder Schuhe oft von selbst verstehen. Darin, daß dies
auf die Bilder alter Meister übertragen wird, liegt die besondere
Dummheit, die mir F. Münzer *Mummius 7a* RE XVI 1200 nicht
recht zu würdigen scheint.

§ 79. παιδαγωγός: der die jungen Sklaven für ihren Dienst,
besonders bei Tische, einübt, hier offenbar auch während des
Aufwartens die Aufsicht führt, so daß man sich bei ihm beschweren kann, wie heute über den Kellner beim Geschäftsführer.
Solche *paedagogi* sind besonders in kaiserlichem Dienst bekannt
(Friedländer SG I 63), kamen aber auch in großen Privathaus-
haltungen vor (CIL VI 7290 = Dessau 7446), weshalb Seneca
epist. 123, 7 die Gesamtheit solcher junger Sklaven *paedagogia*
nennt. Der σχολαστικός ist hier als Tischgast eines reichen Mannes gedacht. Ärger über unaufmerksame Bedienung bei Juvenal
5, 60ff.; das schimmlige Brot, das dort v. 68 erwähnt wird, oder
einen unsauberen Becher (Horat. sat. II 4, 79) konnte der er-
boste Gast vernünftigerweise auf dem Tisch warten lassen, bis
der Pädagog kam.

§ 80. Über das Motiv des Seesturms vgl. zu § 25. – Nach
einem solchen *iactus* („Seewurf‘ oder ‚große Haverei‘) wurde
der Schaden umgelegt nach der Lex Rhodia, worüber der Digestentitel XIV 2 handelt; Berger *Iactus* RE IX 546. – ὁ δέ : zu § 44.
– μυριάδες sc. δηναρίων, eine Rechnungsweise aus der Zeit stark
gesunkenen Geldwertes (4./5. Jh.), von Wessely als chronologisches Indiz erkannt, vgl. oben S. 14, und § 97, wo ein Sarg
fünf Myriaden kosten soll; K. Regling *Myriadenrechnung* RE
XVI 1090. – τὰς πεντήκοντα als Teilzahl nach der Nennung des
Ganzen (anders § 196) mit Artikel: K-G I 638 § 465, 13 ζ. – ἴδε in
adverbieller Erstarrung bei Anrede mehrerer, klass. (K-G I 85

§ 371, 4) u. hell. (B-D § 144 Anh.), ähnlich dem geläufigeren ἰδού; Akzentuation außerhalb des Attischen auf der vorletzten Silbe, wie auch §§ 235 u. 241; B-D § 101 s. ὁρᾶν. - χρήμασιν: Diese Konjektur erwägen Boissonade und Eberhard nur, um sie zu verwerfen (dem ersteren zufolge hätte sie schon Pontanus wohl ,im Sinne' gehabt). Doch unannehmbar sind die Rechtfertigungsversuche beider Gelehrter für κύμασιν, das seine Entstehung dem maritimen Inhalt der Geschichte verdanken dürfte. χρήματα bezeichnet bekanntlich sowohl Geld wie allerlei geldeswerten Besitz, paßt also in die Witzsituation hier allein, nicht κτήμασιν, das Eberhard auch erwägt. Sachlich verwandt ist § 161.

§ 81. χειμαζομένων: Da das sachlich auch für den σχολαστικός gelten muß, ist der Bezug auf τῶν συμπλεόντων nicht ganz logisch, was Eberhard bemerkte. Vielleicht ist χειμ. als subjektloser Gen. absolutus abzutrennen (K-G II 81 § 486 A. 2; B-D § 423, 6 m. Anh.); eher liegt eine nachlässige Ausdrucksweise vor. - Ἀττικάς mit Auslassung von δραχμάς und mit diesem gleichbedeutend, vgl. Aesop. fab. 28 I (cf. III) ἀττικὰς χιλίας ... δραχμὰς χιλίας u. Ps. Lucian. asin. 46. - πλείονας: konstruiert wie Plat. leg. XI 932 c γυναῖκες δὲ δέκα πλείοσιν ἔτεσιν κολαζέσθωσαν, ,gemäß einer Altersgrenze von 10 weiteren Jahren'; B-D § 244, 3 Anh. - δούς: ⟨δι⟩δούς? Dann wäre der Lohn bloß vereinbart und erst am Ende der Fahrt zu zahlen, und der κίνδυνος käme deutlicher heraus. Doch wird man nicht zu viel Logik verlangen dürfen. - Über das Motiv vgl. zu § 25.

§ 82. οὐ θέλεις, von Eberhard richtig interrogativ gefaßt, muß den Sinn einer scharfen Aufforderung haben: ,willst du wohl gleich ...?' Die Worte scheinen dafür geeignet, ein Beleg fehlt mir. - καθαρῶς als Bezeichnung eines sportlich ,fairen' Kampfes, ohne unerlaubte Praktiken, wird durch den Witz vorausgesetzt, wie Boissonade bemerkte, und ist aus der bekannten moralischen Bedeutung (δικαίως καὶ καθαρῶς Demosth. IX 62) leicht ableitbar. einen Beleg kenne ich ebenfalls nicht. Philostrat. gymn. 12 erwähnt νόμους πυκτικούς des Olympioniken Onomastos; L. Ziehen Olympia RE XVIII 30. - πυκτεύειν für beliebiges Kämpfen belegen LSJ aus Heliodor Aeth. X 31, 2 und inschriftlich. Erheblich später hat dieses Verbum also die Entwicklung von lat. pugnare, vielleicht unter dessen Einfluß, wiederholt. Der sportliche Ausdruck wird hier für den Witz benötigt.

§ 83. Ῥήνῳ: Nördliche Gegenden spielen sonst in der Sammlung keine Rolle, vgl. die geographischen Namen am Anfang
des Wörterverzeichnisses. – Die Schlußworte von οὐ an hat
Eberhard als Glosse gestrichen, vgl. oben S. 197. Als Erklärung
hat sie ohne Zweifel der letzte Schreiber verstanden, doch gibt
es l. keinen anderen Fall von so ausführlicher Glossierung im
Φ., sicher ist nur die kurze Glosse § 26; und muß 2. die genau
kalmäuserhafte Dummheit des angeblichen Glossators wohl in
andere Richtung weisen. Wie schon in der Übersetzung angedeutet, vermute ich eine ursprüngliche Form des Witzes mit
einem Kalmäuserpaar wie §§ 15 u. 43, etwa in folgender Fassung:
⟨ἕτερος δὲ ἰδὼν εἶπε πρὸς αὐτόν·⟩ Οὐ συνίεις ὅτι ... κατάγεις;
(συνεὶς A gleich συνεῖς? vgl. B-D § 94, 2). Wahrscheinlich ist
nach zufälligem Verlust der eingeklammerten Worte der Witz
planmäßig umgestaltet worden. Vielleicht ist davon auch der
erste Satz berührt worden. denn der Ausdruck ἀνωθεῖσθαι ἐνόμιζεν
überrascht, wo es heißen müßte: „er wollte es hochdrücken",
und νομίζειν kommt in der Sammlung so nicht wieder vor. –
ὑπ-ερείδειν in der erforderlichen Bedeutung wird mit LXX Iob
8, 15 belegt: ἐὰν ὑπερείσῃ τὴν οἰκίαν αὐτοῦ, Vulg. *innitetur
super domum suam.*

§ 84. ὁ αὐτός nicht verständlich als Anknüpfung an § 83, also
vielleicht an § 82, vgl. oben S. 175. Die Doublette § 134 bezeichnet
den Offizier deutlich. – καθέσθητε (vgl. § 240) hell. zu καθέζεσθαι
B-D § 101 s. v.; synonym καθίσατε in § 134. Der Befehl, dem
man wohl auch einen vernünftigen Sinn abgewinnen könnte,
wird so verstanden, daß die Marschpausen schon im voraus gemacht werden sollen.

§ 85. καθήρας (so Cobet 8 vor Eberhard z. St. u. p. 76): *purgatas
areas* Tacit. ann. XV 43, 2, ebenfalls von Neubauten. Ferner
liegt καθείρξας. – κόπρια: *stercus fundere, conicere* u. ä. in den
verwandten Warnungen CIL I² 401, 591, 838 (Dessau 4912,
6082, 8208). In diesen öffentlichen Aufschriften werden einfach
Strafen angedroht. Der Privatmann σχολαστικός müßte mit
Meldung bei der Polizei drohen, kündigt aber lieber eine Vergeltung an, die Sinn hat bei Gegenständen von irgendwel-
chem Wert: wenn jemand hier Baumaterialien ablädt, Kleidungsstücke über den Zaun hängt, wenn Kinder ihren Ball
in das Grundstück werfen (§ 33), werden die Dinge ihnen weggenommen.

§ 86. κἀγώ: καί consecutivum nach Befehl (auch §§ 16 u. 152): K-G II 248 § 521, 5. – ἀγοράζω pro futuro (das Minas herstellte) in bestimmter Zusicherung, besonders im Bedingungsverhältnis: K-G I 138 § 382, 5b; B-D § 323.

§ 87. σεκούτωρ *secutor*, der gegen den *retiarius* kämpfte; auf Abbildungen (Nachweis K. Schneider *Gladiatores* RE Suppl. III 777; dazu Kl. Parlasca, Die röm. Mosaiken in Deutschland, Berlin 1959, Tfl. 89, 1) ohne Beinschienen, aber das rechte Bein bandagiert. Der Helm hat eine charakteristische Form. Liebrecht 235 fände die Sache noch witziger, wenn der lesende Studiosus den geschlossenen Helm des Blindfechters (*andabata*) trüge, und vermutet eine Verwechslung. Der Genitiv wird auf griechische Weise mit -o- gebildet: nach Meinersmann 117 ist dies die Regel (gegen Boissonade). – τοῦ πατρὸς αὐτοῦ nach blossem τοῦ πατρός ebenso wie in § 44 (A), der in Motiv und Erzählweise ähnlich ist.

§ 88. ὅθεν d.h. ἐνταῦθα, ὅθεν oder durch Attraktion für ἐντεῦθεν, οἷ (vgl. zu § 169). – Der Text würde bei Weglassung von ὡς π. mit Minas' leichter Änderung ὤδευον befriedigen, doch ist παρῄειν ὁδεύων vielleicht gut aus der Psychologie des Wanderers, der an den Gegenständen, bei welchen er vorbeikommt, ein Straßenstück wiedererkennt. Mißlich sind Herstellungen, die den Sinn ‚nach drüben, in anderer Richtung' ergeben (Eberhard, Ritter), denn darauf darf der Kalmäuser gerade nicht achten. – Der Schlußsatz καὶ πῶς ... γέγονε; verbreitet nur, was in ἐθαύμαζε schon liegt. Man darf vermuten, daß die Geschichte, wenn sie in β aufgenommen wäre, ihn dort nicht haben würde.

§ 89. ὥρα richtig in M, wohl aus dem später folgenden ὥρας gewonnen. Über die doppelte Weglassung von εἴη in M s. oben S. 165f. – στοχάζομαι m. Akk., Ri. 51: „Der, für unsere Bed(eutung) ‚berechnen' natürliche, tr(ansitive) Gebrauch tritt in der LXX auf." – χρόνῳ Dativ anstatt des Akkusativs der Zeiterstreckung hell. neben Objektsakkusativ, dem auf diese Weise ausgewichen wird: B-D § 201.

§ 90. σοφιστής bezeichnet an und für sich keinen bestimmten Beruf (K. Gerth 2. *Sophistik* RE Suppl. VIII 723); vgl. §§ 175b u. 183; hier ist wohl an einen städtischen Lehrer der Redekunst zu denken, der auch bei familiären Anlässen gegen Honorar die Ansprache übernimmt: E. Rohde, Der griech. Roman u. seine Vorläufer, Leipzig ²1900, 326–329; Schmid-Stählin II 2 § 685. –

ἀποθνῃσκόντων pro perfecto wie Herodot IV 190 θάπτουσι δὲ
τοὺς ἀποθνήσκοντας κτλ. K-G I 137 § 382, 4 d. – οὖν führt im Φ.
meistens die Erzählung weiter, steht seltener im 1. Satz direkter
Rede; hierbei ist der Sinn meist deutlich konklusiv (§§ 13, 70,
89, 140, 187; zu § 257 s. den Komm.). Das ist hier auch anzunehmen, wo nur οὖν in den vorangestellten Nebensatz gezogen
ist (wie auch in § 70): ,,Wollt ihr also ...?" als Folgerung aus der
Beschwerde. – ἄν: Diese kontrahierte Form für ἐάν findet sich
im Φ. nur noch in § 259: dort geht -αι (ä) voraus wie hier ε, so
daß wahrscheinlich Haplologie vorliegt. – λέγω: Minas' Lesart
λέγων ergibt einen glatten Text, wobei βούλομαι mit ἵνα konstruiert wird (bei SophL belegt seit 4. Jh. n. Chr.; vgl. i. übr. zu
§ 17). Ri. 63 Anm. 147 verteidigt λέγω als Konjunktiv der konsultativen Frage. Hierbei ließe sich das ungewöhnliche Präsens
(statt Aor.; B-D § 366, 4) wohl rechtfertigen (iterativ; vgl.
auch § 46): ,,Soll ich jedesmal aus dem Stegreif reden?"
wenn nicht der ἵνα-Satz, den Ri. für adverbial hält (,,damit ich
mich blamiere"), dann doch die Aoristform brächte. Besonders
aber ist βούλεσθε schwer unterzubringen (überliefertes -σθαι
vollends unbeziehbar): wo in konsultativen Fragen βούλει oder
θέλεις verwandt wird, stehen diese Ausdrücke wohl immer dem
Hauptverbum voran, jedenfalls bringen die Handbücher (K-G
I 221 § 394, 6; Stahl 230; B-D §§ 366, 3 u. 465, 2) nur solche
Beispiele. Darum nimmt Ri. a. a. O. βούλεσθε parenthetisch, gibt
aber keine Parallele.

§ 90 b. Wegen der wörtlichen Gleichheit mit § 30 möchte
Ri. 102 A. 7 eher an ein ,,technisches Versehen" als an eigentliche Doppelung denken. Dem widerspricht die Gruppierung,
vgl. oben S. 177.

§ 92. In der Übersetzung sind, um gebräuchliches Deutsch
zu bieten, die Maße übertrieben. In Wahrheit ist die κοτύλη
ungefähr ein Viertelliter: Viedebantt *Kotyle* 2 RE XI 1546. –
Über die Parallelen vgl. zu § 136.

§ 93. Zu dem Gen. absolutus ohne Subjekt vgl. K-G II 81
§ 486 Anm. 2; B-D § 423, 6. – Die Analogie ist, wie J.-M. Jacques
mir freundlich bemerkte, vom Zeitmaß genommen: Aufstieg auf
den Berg drei Stunden, Abstieg weniger. Daß man das nicht
auf räumliche Verhältnisse übertragen darf, weiß jeder; ausgesprochen hat es zufällig Quintil. inst. VIII 4, 28 *totidem sunt
ascendentibus quot descendentibus gradus.*

230

§ 94. ἀπεψία und ἀπεπτεῖν begegnen auch bei nichtmedizinischen Schriftstellern, bleiben aber als technische Vokabeln einem sehr primitiven Verständnis, wie es scheint, unzugänglich. Da nicht. wie in verwandten Fällen (z. B. § 4), positiv herausgestellt wird, was der Kalmäuser sich bei den Wörtern denkt, bleibt der Witz auffallend schwach. – Zur Sache vgl. ἀπεψία ὀξυρεγμιώδης bei Galen, De methodo medendi VIII 5 (X 579 Kühn) u. ö.

§ 95. τέως ‚für eine Weile‘, ‚vorerst‘, so wie man sich ohne ein Kleid, Gerät o. dgl., das man abgegeben hat, behilft, bis sich etwas anderes findet. – οὕτως ‚bloß so‘, deiktisch mit privativem Bezug, LSJ s. v. IV; eigentlich wohl auch von Kleidung oder Werkzeug: „‚so‘ ausgehen“ = ohne Mantel; „die Nuß ‚so‘ aufknacken“ u. ä.

§ 96. δύο: s. oben S. 22. – σχολαστικοί ... ὁ μὲν κτλ. Appositio partitiva, K-G I 286 § 406, 7. – ἐπὶ τὸ ... ἀρύσασθαι final anstatt ἐπὶ τῷ, wie Minas in A′ korrigierte und wie in § 71 (ebenfalls final) überliefert ist: Ri. 38–40, der auch auf ἐπὶ τό in § 152. β verweist. – κρυβόμενος (vgl. ὀρύγω § 146): B-D § 73. – δειλοί folgen als besonderer Typus in § 206 (s. dazu) ff. Hier aber ist die Dummheit das Wesentliche, die Geschichte also richtig eingeordnet. Diese ist trotz ihrer Länge mangelhaft erzählt. Die στρατιῶται könnten Feinde sein und die Kalmäuser dann vielleicht selbst Soldaten (vgl. § 82); daneben bestehen andere Möglichkeiten.

§ 97. μυριάδων: s. zu § 80. – ὁ δέ: zu § 44. – προσείληψαι: richtig zuerst Kurtz 368 „du bist durch den Eid gebunden“. Die Bedeutung ‚anbinden, befestigen‘ belegen LSJ s. v. II 2 u. a. mit Aristot. part. anim. 670a 14: Leber und Milz οἶον ἧλοι πρὸς τὸ σῶμα προσλαμβάνουσιν αὐτήν (τὴν μεγάλην φλέβα). – λάβε: Akzent so in A und allgemein hell.: B-D § 101 s. λαμβάνειν, vgl. zu ἴδε § 80. – εἰς ‚als‘, s. zu § 41. – μου von seinem Bezugsnomen getrennt an zweiter Stelle des (Neben-)Satzes wie σου § 192 u. ö. – Das makabre Thema ähnlich § 50, besonders aber Nikarchos AP XI 170 Δακρύει Φείδων ὁ φιλάργυρος, οὐχ ὅτι θνήσκει, ἀλλ' ὅτι πέντε μνῶν τὴν σορὸν ἐπρίατο. τοῦτ' αὐτῷ χαρίσασθε καὶ ὡς τόπος ἔστιν ἐν αὐτῇ, τῶν πολλῶν τεκνίων ἔν τι προσεμβάλετε.

§ 98. Die Erklärung, die ich oben S. 22 gegeben habe, scheint mir notwendig, doch kann ich die betreffende Höflichkeitsphrase sonst nicht nachweisen. Auch an politischen Erfolg ist zu denken.

§ 99. βίρρος: ein Kapuzenmantel: Mau *Birrus* RE III 498. – μέχρις zur Vermeidung des Hiatus (nicht § 79). – Zur Leihe von transportablen Gegenständen (oder Transportmitteln) gehört eine Abrede darüber, wie weit sie gegebenenfalls vom Ort verbracht werden dürfen; deren Überschreitung interessierte als *furtum usus* die Juristen: Gai. inst. III 196; Hitzig *Furtum* RE VII 387f. – Eine schlechtere Wiederholung der Pointe gibt § 137.

§ 100. ἀναλαμβάνειν ‚sich erholen‘. In dieser Bedeutung und absoluten Konstruktion belegen die Lexika nur die Aktivform. nicht das Medium (§ 128). – ἔφυγον nähert sich schon der neugriech. Bedeutung von φεύγω ‚weggehen‘. – τὸ δραμεῖν μὴ δυνάμενον: Der Artikel, wenn man ihn beibehält, scheint den Worten einen rhetorischen Nachdruck zu geben: ‚er, der nicht laufen kann.‘ – Die Doublette § 128 nennt einen Σιδόνιος ἔπαρχος. Bei gleicher Anlage des Satzes ist in A am Ende von § 100 ein Fragezeichen gesetzt, nicht aber nach ἵσταται § 128. Da in der Tat beides möglich ist, habe ich diese Verschiedenheit beibehalten.

§ 102. Δημέα: Name aus der Komödie, besonders Menander. Die Witzfiguren im Φ. sind sonst immer anonym; in der verwandten Geschichte § 5 steht κύριε σχολαστικέ. – ἐνθάδε klingt nicht natürlich, die normale Äußerung wäre: ‚Ich habe (vorgestern) von dir geträumt‘; vgl. § 5. ἐνθάδε scheint eingesetzt, um den Witz zu ermöglichen, macht ihn aber in Wahrheit schlechter. Er beruht, ohne ἐνθάδε, auf der Gegenüberstellung von ἐν ὕπνοις und ἐν ἀγρῷ, so als ob der zweite ‚Ort‘ den ersten ausschlösse. Darum ist wohl der Ausdruck ἐν ὕπνοις gewählt gegenüber dreimaligem καθ’ ὕπνους (§§ 5, 15, 243e; freilich doch ἐν ὕπνῳ § 207).

§ 103. δύο: zu § 42. – ὅτι μή anstatt ὅτι οὐ hell. geläufig, B-D § 428, 5. Anh. – σφάζω ionisch seit Homer, dann hell. – ἔριον: zu der vermuteten Variante ἔρια, die ebenfalls dem Sprachgebrauch entsprechen würde, Perry 162: „it is important to note that the scribe of cod. 690 [= A] shows a peculiar fondness for arbitrarily changing singulars to plurals, a strictly individual tendency which is manifested throughout his text of the Aesopic fables and which sometimes results in nonsense“, vgl. Hausrath CFA I p. IX. – Zu den Speisen vom Schwein i. allg. Orth *Schwein* RE II A 808. *iecur* (*porcelli*) Plin. NH VIII 209. Das Kochbuch des Apicius behandelt *iecinera porcelli* IV 5, 2 (*ficatum* VII 3); *sumen* VII 2 u. ö.; *vulva* VII 1. - Die Akzentuation in A βουλβάν verteidigt Eberhard; unentschieden Ri. 79. - Das Motiv (ohne Witz) auch bei Aesop. fab. 87 Hausr. und Aphthon. fab. 30 (Hausrath CFA II p. 147) sowie Petron 56,5; vgl. die pythagoreische Vorschrift bei Ovid. met. XV 111 ff. und Diog. Laert. VIII 20 nach Aristoxenos (fr. 29a Wehrli), dazu J. Haußleiter, Der Vegetarismus i. d. Antike (RGVV XXIV) Berlin 1935, 116 Anm. u. 391. In der Doublette § 129 spricht ein Σιδόνιος ῥήτωρ.

§ 104. Zu der Überschrift in A (M) vgl. oben S. 166 u. 203.

φιλάργυρος: zum Typus vgl. oben S. 24. - διαθήκας: A G Plural (wie §§ 30 A β u. 25), im Sinne gleich dem Sing. (β), vgl. auch das folgende Zitat. Die Beurteilung durch B-D § 141, 8 Anh. scheint mir nicht richtig. - Lukillios AP XI 171 θνῄσκων Ἑρμοκράτης ὁ φιλάργυρος ἐν διαθήκαις αὐτὸν τῶν ἰδίων ἔγραφε κληρονόμον, vgl. zu § 27; Martial V 32; Brecht 79.

§ 105. ἐρωτώμενος auch § 219, vgl. § 262; häufiger die Aoristform (β). - οὐθέν: hell. Form, in nachchristl. Zeit bald auslaufend: A. Thumb, Die griech. Sprache im Zeitalter des Hellenismus, Straßburg 1901, 14; im Φ. sonst nicht. - ὄψον können Oliven wirklich sein, Plat. rep. II 372 c, daher richtig β, während A an ἀντὶ ξύλου assimiliert hat (Oliven als ärmliche Speise z. B. Diog. Laert. VI 50, vgl. Gnomol. Vatic. 169). Umgekehrt scheint der schließende indikativische Satz origineller als die drei finalen Glieder in β. - ἑαυτοῦ für ἐμαυτοῦ im Φ. nur hier; B-D § 64, 1. - σφογγισάμενος: Der unerklärte Wechsel zwischen σπ und σφ bereits att.: B-D § 34, 5. Hier ist die Bedeutung allgemein ‚abwischen‘, wie neugriech. σφουγγίζω. In β das klassische Wort, mit εἰς ‚an‘ konstruiert z. B. bei Aristot. hist. anim. 624 b 1, danach im Text ergänzt. Die Partizipialform ist in beiden Rezensionen gleich, daher die Veränderung in ein Verbum finitum (Eberhard) nicht erlaubt, vgl. auch das Komma am Ende des Textes in V. Es bleibt kaum eine andere Wahl als die vorgeschlagene Ergänzung, die freilich zur Tautologie führt. Doch wäre auch die Annahme mißlich, daß μὴ ἀπονίψωμαι erst nach Verstümmelung des Schlusses eingefügt wäre. - Über das Salben nach dem Bad vgl. Marquardt-Mau 289; A. S. Pease *Oleum* RE XVII 2463 „Öl wurde zum Teil so wie heute Seife verwendet". Daß der Geizhals nun gleich das ganze Bad in der öffentlichen Anstalt - oder nach β das Waschen überhaupt - ‚spart‘, ist eine mehr lustige als logische Konsequenz in diesem sonst so sinnreich erdachten Übertreibungswitz.

§ 106. Über den Typus des Großtuers s. oben S. 24, über den πτωχαλαζών handelt ein kurzes Kapitel (VI 17) bei Athen. 230 a–d, der auch aus Alexis νεανίσκον ... ἐπιδεικνύμενον τὸν πλοῦτον τῇ ἐρωμένῃ (fr. 2) erwähnt. Ribbeck, Alazon (zit. oben S. 24 Anm. 48).

πεπανόπτωχος: Das ἅπαξ λεγόμενον ist durch G gesichert, leider nicht der Fortgang der Geschichte. πέπανος ist seit Pausanias als Nebenform zu πέπων ‚reif‘ bekannt. Hiernach könnte man sich unter πεπανόπτωχος einen Bettler denken, der jeweils zur Reifezeit einer bestimmten Sorte von Obst, Nüssen od. dgl. zu den Gartenbesitzern kommt, um Früchte aufzusammeln. Bildung ähnlich wie ψωμοκόλαξ (Aristophanes). – εἰς für ἐν „bei": B-D §§ 205 u. 207; Ri. 37. – ἄφνω τὴν φίλην: zu dem unmöglichen Plural der Überlieferung vgl. Perry, zit. zu § 103. – φιβλατώριον: duo saga fiblatoria, hist. Aug. XXIV 10, 12 als Geschenk zwischen hohen Offizieren, müssen als saga jedenfalls eigentlich militärische Kleidungsstücke sein, mag es sonst auch andere Verwendungen für das fiblatorium geben (Stellen im ThesLL und bei LSJ Supplem. s. v. φιβλατώριον und ἰμφειβλατώριον). Wenn nun ein spezieller Bezug des Offiziersrocks zu der Tätigkeit des πεπανόπτωχος vorauszusetzen ist – worauf u. a. der Zusammenhang mit der gut erfundenen Geschichte § 107 weist – so stelle ich mir vor, daß der im Garten hingelagerte und essende Schnorrer den Eindruck eines Offiziers im Einsatz oder im Manöver erwecken will und deswegen seinem imaginären Burschen den betreffenden Befehl zuruft. Dieser wird durch δὲ ... καί als letzter einer vielleicht längeren Reihe von Befehlen gekennzeichnet; δή, was Eberhard konjizierte, kommt im Φ. sonst nicht vor. πέμψον bedeutet die Verwendung eines weiteren Sklaven als Überbringer.

§ 107. ἄλλος bildet den Übergang nur noch § 217; über die entgegengesetzte Wendung ὁ αὐτός s. zu § 73. – τὲ ... καί findet sich im Φ. gerade nur in den benachbarten §§ 107 und 110 und könnte hier allenfalls von jener Stelle antizipiert sein. Doch stehen ‚arm‘ und ‚krank‘ einander begrifflich nahe, und auf den Ausdruck des Gegensatzes zwischen Prahlerei und Armut kann verzichtet werden, wenn § 106 vorhergegangen ist. Mit oder ohne Eberhards Konjektur kann das Gewirr von acht Partizipien nicht befriedigend durchkonstruiert werden. Über δέ s.

zu § 26. – καὶ δόκιμοι: Die ungewöhnliche Nachstellung dürfte rhetorischen Wert haben. – ψιαθισθῆναι selbstverständlich ἅπαξ λεγόμενον, improvisiert nach dem Klang technischer Vokabeln wie δρωπακίζειν (§ 64), βδελλίζειν, ἐμετηρίζειν, συρμαΐζειν zu ἡ ψίαθος ‚Binsenmatte‘, als einfache Lagerstatt öfters erwähnt.

§ 108. ἀλαζών: vgl. zu § 106; die technische Vokabel für den Typus erst hier. – παῖδα könnte auch ein Kind bedeuten, was noch ärmlicher wirken würde; doch paßt die Szene eher zum Diener. – ποιοῦσι: Über „starkes Schwanken" im Numerusgebrauch nach Neutr. Pl. B-D § 133. – ἴσταται byz. und neugriech. ‚steht‘, Ri. 55; richtig Eberhard im Apparat, mir unklar der Grund seiner Bedenken p. 76.

§ 109. μωρός: s. oben S. 186. – Selbstmord auch §§ 112, 231, 248.

§ 110. Abderiten: s. oben S. 16.
οἵ τε als Apposition zu μέρη im Kasus inkongruent (B-D § 137, 3), weil der Anschluß an πόλις (civitas) ebenfalls sinngemäß war. – ἐφορμᾶν ‚angreifen‘ klass. m. Dat.; Ri. 45. – ἐπί mit εἰς synonym, Ri. 38 f. – δυσικός für δυτικός ‚westlich‘, byz. „Neubildung nach δύσις ... in Analogie zu hell. ἀνατολικός?" Ri. 89; vgl. φυσικός.

§ 111. λαθών seltenere Konstruktion, doch auch schon alt, vgl. K–G II 66 § 482 A. 14. – ἔλαιον: Über den mannigfachen Gebrauch beim Sport A. S. Pease *Oleum* RE XVII 2463 f. – Derartige Exekutionen fanden wirklich statt: Plin. NH VIII 47 *Polybius* (XXXIV 16, 2) ...... *refert ... (leones in Africa) cruci fixos vidisse se cum Scipione, quia ceteri metu poenae similis absterrerentur eadem noxa*. Ähnlich im privaten Bereich an Mäusen (Geopon. XIII 4, 6) und Spitzmäusen (Plin. NH XXX 148). Vgl. § 138.

§ 112. καί anakoluthisch wie nach ἐβούλετο, so wie δέ § 26. – κατά m. Gen. ‚auf‘, selten, aber alt: K-G I 475 § 433 a β I 1 b. – Selbstmord: s. § 109.

§ 113. εὐνοῦχον: bei dem nach § 116 ein Bruchleiden unglückliche Ausnahme ist. Hier stört das Wort nur und ist offenbar, wegen Gleichheit der umgebenden Wörter, aus § 114 antizipiert. – κηλίτην: Die Schreibung mit ι, im Φ. ohne Ausnahme (§§ 117, 118, 119, 262), „ist nicht ohne weiteres als itazistisch abzuweisen", nämlich gegenüber att. κηλήτης, Ri. 81 mit Literatur und Hinweis auf Häufigkeit des Suffixes -ίτης. Freilich könnte Angleichung an Ἀβδηρίτης vorliegen, vgl. auch überliefertes

235

κυβερνίτης § 141, -ίτου §§ 81, 89. Bei dem Wasserbruch, ὑδρο-
κήλη, kann *multus umor* (Cels. med. VII 21, 2) im Skrotum sein,
nach heutigen medizinischen Lehrbüchern bis 26 Liter. - ἐπε
‚denn sonst‘, erkannt von Hertlein 188, klass. u. hell. nach
B-D § 456, 3 m. Anh.; im Φ. noch §§ 48 u. 168. - Pointe
wie § 119. Zum Motiv des *herniosus* vgl. oben S. 25; Brecht 96.

§ 114. Der erste von drei Eunuchenwitzen (vgl. oben S. 25),
da § 113 nicht zählt. αὐτῶΓ als αὐτῶν verstanden von Perry
163, vgl. zu § 103. - μὴ δύνασθαι hell. statt οὐ δ. (B-D § 429),
vgl. § 115. - ὑπολαβών ‚antwortend‘, oft beim Erzählen von
Dialogen z.B. bei Platon, aber sonst nicht im Φ., obwohl oft
Gelegenheit wäre. - Minas' Ergänzung ist in A′ mit roter Tinte
geschrieben, also bestimmt ohne Überlieferungsgrundlage; als
wohl gelungen mit Recht anerkannt von Perry a.a.O. und Ri.
104.

§ 115. ὁμιλοῦντα selbstverständlich in harmloser Bedeutung.
Daß gewisse Eunuchen auch koitieren konnten und sogar heirateten,
ist hier nicht berücksichtigt; vgl. Hopfner 395f. - ἄρα bezeichnet
den Inhalt einer Frage als Folgerung aus der vorliegenden Situation: K-G II 323 § 543, 8. - μή s. zu § 114.

§ 116. Die Dummheit des Abderiten hat hier, zumal neben
dem ‚Unglück‘, nichts zu suchen. Die Geschichte § 252 ist roh
dem Abderitenkapitel eingepaßt, das sonst keine Doubletten
aufweist.

§ 117. κηλίτου: über die Schreibung s. zu § 113. Gemeint ist
auch hier der Wasserbruch mit dem ballonartig aufgetriebenen
Skrotum, vgl. Anthol. Lat. 138. - πρὸς ἑαυτόν: Die Redensart,
von Liebrecht 235 richtig verstanden, scheint sonst nicht vorzukommen, ist aber als Euphemismus wohl begreiflich: jemand
steht auf, um hinauszugehen; man fragt, zu wem er will, aber
er sucht niemandes Gesellschaft. ἀνίστασθαι prägnant auch das
Weggehen umfassend, daher mit Zielangabe: LSJ s. v. B II. -
κατακράζω: In dem Präverb (auch § 241; Simplex § 52.β) scheint
zu liegen, daß sich das Schreien gegen jemand richtet. Der
s-Aorist, anstatt des attischen ἔκραγον, seit LXX: B-D § 101
s. v.; Ri. 28. - κατακέφαλα Adv. ‚kopfunter‘, vielleicht seit
2. Jh. vor Chr. (Ri. 90) und noch neugriech. - κοιμᾶσαι: zu
§ 15.

§ 118. περιπατῶν unerheblich für den Witz und darum vielleicht aus § 119 antizipiert. - κηλίτην: zu § 113.

§ 119. γενναίως: Das Adjektiv in abgeblaßter Bedeutung belegt LSJ s. v. II. – Witz (Diebstahl von Badewasser) wie § 113. γομοῦν „beladen, befrachten" seit Babrios. Man denkt an die alte Warnung, nicht den Wagen (aus Habgier) zu schwer zu beladen (Hesiod, Erga 692f.), doch hier von der Last, die einer mit dem eigenen Körper tragen will (Korn, Früchte od. dgl.); eine Anspielung auf Weintrinken (Boissonade, Eberhard, Ri. 79) höre ich nicht heraus.

§ 120. κρόμυα: Zur Schreibung mit 1 oder 2 μ vgl. die Wörterbücher. – βολβοί: die eßbaren Zwiebeln einer Art Traubenhyazinthe (Muscari comosum): Olck Βολβός RE III 669. – πλέειν: zu § 25. Die Konstruktion zum Ausdruck von ‚während' hell. beliebt, B-D § 404, 1, z.B. ev. Marc. 27, 12 ἐν τῷ κατηγορεῖσθαι αὐτόν... οὐδὲν ἀπεκρίνατο. Auch hier der Subjekts-Akk. αὐτόν ohne Rücksicht auf das Subjekt in ἐκρέμασεν. – Witz wie § 141, s. dazu und zu § 121.

§ 121. πέτεσθαι von schnellem Lauf seit Homer gebräuchlich; von einem Läufer: Lukillios AP XI 208. Der ganze Satz könnte bewundernd über einen Sportler, ein Rennpferd od. dgl. gesagt werden, der oder das im Lauf immer schneller wird. Die Anwendung auf den Sklaven, der hoch am Kreuz schwebt, bringt erst den Witz zustande, der also von Haus aus epilogisch ist (s. zu § 145), auch nicht zu dem dummen Abderiten paßt; vielmehr ist der Sprecher ein Witzbold (εὐτράπελος), wie auch der nächste (§ 122). Da auch § 120 ein umgearbeiteter εὐτράπελος-Witz zu sein scheint (vgl. zu § 141), dürfte hier eine Dreiergruppe aus anderem Zusammenhang eingesprengt sein. Vgl. oben S. 199 Anm. 16.

§ 122. Eine Sklavin entläuft aus Angst vor der ungewissen neuen Herrschaft, an die sie beim Verkauf geraten wird. Die Antwort ist witzig, vgl. zu § 121. Wenn die Frage des Kauflustigen in ursprünglicher Form vorliegt, so ist sie auch schon als Spaß gemeint, und der Antwortende setzt auf einen Schelm anderthalben.

§ 123. κατὰ τὸν νόμον: Zusatz aus christlicher Zeit? – ἐάν: Vorboten der neugriech. Verdrängung von εἰ durch ἐάν (ἄν): B-D § 372, 1a Anh., vgl. das Wörterverz. Der Gleichmäßigkeit halber ist vielleicht βούλει (§§ 13, 27) zu schreiben. – Zu der Art des Witzes vgl. oben S. 22; etwa gleich im Kaliber ist § 38.

§ 124. διυπνίζειν intransitiv wie § 175b und ἐξ- § 243d, trans. δι- § 56. Ri. 79. – Die Geschichte ist hübsch wegen des Schwankens zwischen Traum und Wirklichkeit; ähnlich § 15 (s. dazu) und, unfein, § 243.

§ 125. ἐάν: s. zu § 123, auch inhaltlich ähnlich § 202. – στρου-θίον: Der *passer mortuus* Catulls (3, 3) war eine Blaudrossel nach M. Schuster, Wien. Stud. 46, 1928, 95; also vielleicht auch dieser hier. – Dasselbe Motiv ernsthaft bei Plaut. Rud. 744 (nach Diphilos) *iam tanta esset* (*filia*), *si vivit*; Eurip. Ion 354.

§ 126. ὡς ebenso phraseologisch vor der Präposition wie § 50. – ὀσμᾶσθαι mit Akk. anstatt des attischen Gen. seit Galen: Ri. 83. – Daß ihre Insel nach der Rose benannt sei, glaubten auch die Rhodier selbst und prägten die Rose auf Münzen: Hiller von Gärtringen *Rhodos* RE Suppl. V 740.

§ 127. παρεκάλει ἵνα wie § 168, vgl. zu § 17. Hier in prägnanter Bedeutung „ut sibi liceret illi praebere" nach Eberhard, der § 225 ᾔτει δοῦναι vergleicht. – Ähnlich ‚mathematische' Witze sind §§ 12, 175, 222. In Wahrheit sind Maulesel teurer als Esel: Olck *Esel* RE VI 644 u. 662. Die diesbezügliche Dummheit des Ab-deriten zu verdeutlichen ist wohl der Zweck des Deminutivs ὀνάριον (sonst nur ὄνος im Φ.): eine Unterstreichung der Pointe, die eher stört, vgl. oben S. 196.

§ 128. Σιδόνιοι: Die Schreibung mit ο bietet A in Überschrift und Geschichten durchweg, im ganzen 13 mal. Man wird sich (mit Ri. 108 u. ö.) bedenken, von dieser konstanten Bezeugung (mit Boissonade und Eberhard) zugunsten der üblichen Prosaform mit ω abzuweichen, zumal die Dichtung seit Homer (dann besonders Vergil) auch die Kürze des o-Lautes je nach metrischem Bedürfnis kennt. – Zum Sachlichen s. oben S. 16 mit Anm. Eine Besonderheit dieser Gruppe ist, daß alle Sidonier Berufe haben, mit mehr oder weniger Bedeutung für den Witz. Die Gruppe beginnt, ähnlich wie die der Kymäer, mit 5(– 6) Doublet-ten, vgl. oben S. 174.

ἔπαρχος *praefectus*, auch § 202. Mit dem hohen Amt soll die Dummheit kontrastieren. Die übrigen Unterschiede zu § 100 be-deuten nichts für den Sinn.

§ 129. ῥήτωρ: Zu dem Rechtsanwalt und seinen Freunden paßt die Betrachtung über das δίκαιον. ἦν mit verschobenem Tempus wie nach den Verba sentiendi, was neugriech. „ausnahms-weise" auch vorkommt nach A. Thumb, Handb. d. neugriech. Volks-sprache, Straßburg ²1910 § 268, 2. In § 103 korrekt ἐστί. Das Um-gekehrte § 254. – παρέχουσαν: Wenn der Text im Anschluß an

Eberhard richtig hergestellt ist, hat in A das (dadurch gesicherte) folgende παρέχοντα zurückgewirkt. – νεφρία: über Schweinsnieren. *renes*, Apic. VII 8.

§ 130. σοφιστής: vgl. zu § 90; der Beruf im Witz ohne speziellere Funktion als in § 128. – λουόμενος: Daß der Sophist bereits badet und trotzdem folgert: οὐ λούει, ist unglaubhaft und verdirbt den Witz. Es ist wohl εἰσελθών (§ 23) hier ausgefallen und die Lücke ungeschickt ergänzt worden; denn auch neben Eberhards λουσόμενος vermißt man den Begriff des Hineingehens. – ἔσωθεν: § 23 ἔσω; über den Promiscue-Gebrauch der Ortsadverbien B-D §§ 103 u. 104, 2. – ἰδίους in A schwach leserlich (aber unzweifelhaft). Deshalb las Minas δύο (A′), aber Eberhard kam durch Konjektur auf das Richtige. – οὐ λούει dürfte die Phrase der Umgangssprache gewesen sein, τὸ βαλανεῖον in § 23 ein mehr literarischer Zusatz.

§ 131. σχολαστικός: hier Berufsbezeichnung „Gelehrter", vgl. zu § 128 und oben S. 176. Im übrigen vgl. zu § 60.

§ 132. πραγματευτής ‚Händler', vgl. zu § 46; der Beruf soll wohl die meilenweite Wanderschaft begründen. – προσαπομένω fehlt bei LSJ. Eberhard vermutet προσυπέμεινεν, wofür ein paar Belege existieren. Aber ἀπομένειν ‚fernbleiben' ist u. a. aus Alkiphron nachgewiesen, und die Überlieferung gibt guten Sinn: er blieb ‚zusätzlich' weg, d. h. länger als nach Schätzung des Weggenossen zu dem Geschäft nötig war. – ἀφῆκεν ‚ließ ihn (unbeachtet)'. – τινί: Wegen des Widerspruchs des folgenden Artikels τῶν zu dem Indefinitpronomen zieht Eberhard die Lesart von M τῇ vor, die zu § 42 ἐν τῷ μιλίῳ paßt. Freilich daß man sich gerade an einem Meilenstein trennt, ist vorher nicht gesagt und leuchtet nicht ein; eine Vermutung s. zu § 42. Man könnte τῶν oder, mit Eberhard (der Eindringen aus § 131 vermutet), κίονι athetieren. Der erhaltene Teil von § 42 ist flotter und doch klar erzählt.

§ 133. Ähnlich angelegt wie § 135. In beiden Fällen nimmt ein Gewerbetreibender etwas übel. Hier ist es eine Frage, wie die Inversion (nach neugriech. Art) zeigt und Minas (A′) bemerkte. Jemand will, wie es scheint, von einem Fischer Krabben (Taschenkrebse) kaufen – was gibt es da übelzunehmen? Die Frage wird verzwickt formuliert: es scheint wesentlich, das Wort κυρτίν ins Spiel zu bringen, womit die Reuse des Fischers gemeint ist, Deminutiv zu altgriech. κύρτος oder κύρτη. In seiner groben Antwort kontert der Fischer mit στῆθος, also hat er anstatt des

Deminutivs von ‚Reuse' einen Körperteil verstanden. Das führt, worauf mich J.-M. Jacques hinwies, auf Adj. κυρτός ‚gekrümmt, bucklig'; κυρτίον ‚Teil des Wagens' bei Pollux I 143, vermutlich der gleich im folgenden τὸ κυρτούμενον genannte, also ‚Krummholz'. Dieses κυρτίον (m. E. so zu betonen, Pollux hat nur den Genitiv) muß einen vulgären Ausdruck für ‚Buckel' → ‚Rücken' abgegeben haben, vgl. die vulgärgriech. Endung -ιν (im Φ. nur noch ψωμίν § 244; s. oben S. 195 Anm. 13; Ri. 16; nach Schwyzer Gr. I 472, 9 schon frühhell.); er scheint in der Glosse CGlL II 33, 51 κυρτήν *gibbus* vorzuliegen, wo demnach κυρτίν zu schreiben und *gibbus* substantivisch zu verstehen ist. Daß der (freilich sidonische!) Fischer einen Ausdruck, der ihm aus seinem Gewerbe vertraut sein muß, mißversteht, ist sonderbar, geschieht aber entsprechend auch in § 192 (und § 135, s. dort) – ut fiat iocus. Auf die ‚Krabben' repliziert er καρκίνους, mit dem Doppelsinn gleich καρκινώματα und ebenfalls als medizinischer Fachausdruck belegt: insofern als παγούρους keine solche ominöse Nebenbedeutung hatte, überbietet also der Fischer die Schärfe der vermeintlichen Beleidigung. – μανείς für ὀργισθείς (§ 135), bei LSJ aus einem Zenon-Papyrus (3. Jh. vor Chr.) belegt und neugriech. fortlebend, volkstümlich wie unser ‚wütend'. – Der Sprecher wäre hier und in § 135 eher δύσκολος, wie § 192.

§ 134. vgl. zu § 84.

§ 135. parallel zu § 133, s. dazu. – κηρουλάριος byz. seit 9. Jh., entlehnt aus lat. *ceriolarius* (zu *cereus*) ‚Kerzenmacher'. – κῦρι in A 7 mal überliefert und stets so akzentuiert, daneben κύριε. Belegt erst nachchristl.: oben S. 195 Anm. 13; Ri. 16. – ἀπόκαυμα 1. ‚an- oder abgebranntes Stück (Holz), Brandscheit'. Dimitrakos glossiert ἀπ. mit ἀποκαΐδι, was neugriech. z. B. auch den Zigarettenstummel bedeutet. Bei dem Gewerbe des κηρουλάριος kommen wohl nur Kerzenstümpfe in Betracht. Wie kann man ihn vernünftigerweise nach solchen fragen, d. h. sie bei ihm kaufen wollen? (zur Frage vgl. § 238). Ich stelle mir vor, daß der κηρουλάριος Lichtstümpfchen von den Leuten zurücknimmt, um neue Kerzen daraus zu gießen, daß aber ärmere Leute solche Stümpfe dem κηρ. abkaufen, um sie im Haushalt zu Ende zu brennen. 2. Bedeutung von ἀπόκαυμα ‚Brandwunde, Brandblase': solche konnte sich ein Lichtzieher bei der Arbeit wohl holen, ja sie konnten für sein Gewerbe charakteristisch sein wie die blauen Hände beim Färber. Jedenfalls fühlt sich der Mann durch die scheinbare Frage nach

240

einem körperlichen Schaden geneckt, wie in § 133, und repliziert ähnlich wie dort, mit Doppelsinn: ἀνθράκωμα ‚Verkohlung' (so neugriech.; antik belegt nur als ‚Holzkohlenfeuer') wäre im buchstäblichen Sinne eine Überbietung von ἀπόκαυμα l., ist aber hier, wie Boissonade sah, im Sinn von ἀνθράκωσις = ἄνθραξ ‚Karbunkel' (Geschwür) zu nehmen; vgl. § 143.β.

§ 136. γραμματικός: hier Elementarlehrer: LSJ s. v. II; Ri. 79; mit διδάσκαλον nicht verträglich. Zwar fragt in § 92 der Jüngere den Älteren, aber in der Schule in der Regel der Lehrer den Schüler, außerdem ist γραμματικός als Berufsangabe unmittelbar hinter dem Ethnikon durch die Parallele sämtlicher Sidoniergeschichten gesichert. Das Verhältnis zu § 92 (dazu über das Sachliche) und § 265 ist oben S. 200 f. besprochen. Vgl. auch zu § 196.

§ 137. Das Motiv von § 99 ist (im Gegensatz zu der Ansicht von Körte 547) hier schlechter verwertet. Die Situation der hiesigen Bitte ist schwer vorstellbar, während das Ausleihen eines Kapuzenmantels, wenn man bei Regenwetter aufs Land gehen will, einleuchtet. Ein Messer, das bis Smyrna reicht, ist utopisch, nicht aber ein Mantel, der bis zum Erdboden reicht.

ἕως als Präposition (bes. mit Adverbien: B-D § 216, 3) hell. für (§ 99) μέχρι. – φθάζω, aus ἔφθασα rückgebildet, ist byz. (10. Jh.), die abgeblaßte Bedeutung von φθάνω ‚reichen' hell. (seit LXX): Ri. 94.

§ 138. κεντουρίων centurio für älteres (noch NT) κεντυρίων: B-D § 41, 1. – φέρειν ‚ducere', sogar von Menschen, § 149 und schon neutestamentlich (Eberhard), z. B. ev. Marc. 7, 32. Über Einschränkung des Wagenverkehrs in den Städten Friedländer SG IV Kap. 4, wo S. 25 auch unsere Stelle berücksichtigt ist. – τυφθῆναι: über die Passivformen vgl. zu § 21. – νόμον: Lex Porcia, vgl. Chr. Habicht provocatio RE XXIII 2448. – βόας anstatt attisch βοῦς hell. als Ionismus oder durch Ausgleich: B-D § 46, 2. Exekution an Tieren wie in § 111, s. dazu.

§ 139. λεγᾶτον neben ληγᾶτον jüngere Form der Entlehnung von legātum, wegen des Itazismus, unter italien. Einfluß: G. Meyer III 38; Psaltes 15; Fr. Dölger Byz. Z. 36, 1936, 112; Ri. 82. – ὑπό: wo man παρά oder (so Minas in A') ἀπό erwartet; ähnlich klass. manchmal neben ἔχω, τυγχάνω, λαμβάνω (mit geeigneten Objekten): K-G I 522 § 442 I 2a. – αὐτοῦ possessiv: „a patiente suo (ut vocant)" treffend Pontanus, dem Boissonade beistimmt. – ἐκφερομένου δέ: zu § 26. – ὀλίγον: Enttäuschung über zu kleine

Vermächtnisse muß ein häufiger Fall gewesen sein, da ihn sogar ein Briefsteller berücksichtigt: pap. Bononiensis 5 = CPL 279. - ἐμπαρείς von ἐμπείρειν ‚hineinstecken', passivisch ‚sich verwickeln, hineingeraten', die übertragene Bedeutung seit 6. Jh. n. Chr.: Ri. 90, der Corn. Nepos V 3, 4 in morbum implicitus vergleicht. - εἰς prädikativ: zu § 41. - καταλείψῃς: Der s-Aorist hell. verbreitet; Ri. 28 erwägt, weil κατέλιπεν vorausgeht, daneben die Lesart καταλείψεις von M mit irregulärem ἐάν, s. zu § 123. - An der Erzählung fällt unnötiger Wortreichtum auf; zum Motiv vergleicht Brecht 48 f. Lukillios AP XI 382.

§ 140. Zum Typus des εὐτράπελος s. oben S. 23, zu der verschiedenen Plazierung in A und β S. 188. Weitere Vertreter §§ 262–264. Die meisten einschlägigen Witze sind Anekdoten, zu denen schon von den früheren Herausgebern die Parallelen beigebracht wurden.

ἀφυῆ: ein eigener Typus, aber der Witz ist hier richtig eingeordnet, weil in den anderen Geschichten (§§ 196–205) die ἀφυεῖς selbst die lächerlichen Aussprüche tun. - εἰπόντος ὅτι «οὐκ ἐπίσταμαι» Boissonade u. Eberhard, vgl. Wörterverz. ὅτι; derselbe Zweifel ist auch bei §§ 4 = 155 und 147 möglich. Da aber § 234 ihn nicht zuläßt, ist wohl überall, wo „warum?" gefragt ist, ὅτι als „weil" zu verstehen; vgl. auch im folgenden Hercher. - Diogen. epist. 35 (Hercher) ἧκον εἰς Μίλητον τῆς Ἰωνίας, διαπορευόμενος δὲ τὴν ἀγορὰν παρήκουσα παίδων μὴ εὖ ῥαψῳδούντων. προσελθὼν οὖν τῷ διδασκάλῳ ἠρόμην αὐτόν· Διὰ τί κιθαρίζειν οὐ διδάσκεις; – ὁ δὲ ἀπεκρίνατο· Ὅτι οὐκ ἔμαθον. – Εἶτα, ἔφην, πῶς τοῦτο μέν, ὅτι οὐκ ἔμαθες, οὐ διδάσκεις, γράμματα δέ, ἃ μὴ ἔμαθες, σὺ διδάσκεις;

§ 141. τί φυσᾷ muß wohl eine gängige Wendung gewesen sein für die Frage nach der Windrichtung, die ihrem Wesen nach häufig ist. Unter dieser Voraussetzung ist der Witz ganz gut, besser erzählt als § 120, wo die Einfalt des Abderiten nicht glaublich ist. Dort siehe auch über die Schreibung κρόμυον. Der Doppelsinn von φυσᾶν auch bei Henioch. com. fr. 4, 8; Philostr. vit. soph. I praef. p. 203. – φάβα aus lat. faba, nach Theognostos bei Cramer Anecd. Ox. II 78, 16 (Herodian. gramm. ed. Lentz I 351, 20 appar.) dekliniert: τὸ φάβα, τοῦ φάβατος, bezeichnet kollektiv die Bohnen, oder den Brei.

§ 142. Vgl. Aesop. fab. 57 Hausr. I. Γραῦς καὶ ἰατρός. Γυνὴ πρεσβῦτις τοὺς ὀφθαλμοὺς νοσοῦσα ἰατρὸν ἐπὶ μισθῷ παρεκάλεσεν. ὁ δὲ εἰσιών, ὁπότε αὐτὴν ἔχρισε, διετέλει ἐκείνης συμμυούσης καθ' ἓν ἕκαστον τῶν σκευῶν ἀφαιρούμενος. ἐπεὶ δὲ πάντα ἐκφορήσας κἀκείνην ἐθεράπευσεν, ἀπῄτει τὸν ὡμολογημένον μισθόν· μὴ βουλομένης δ' αὐτῆς ἀποδοῦναι ἤγαγεν αὐτὴν ἐπὶ τοὺς ἄρχοντας. ἡ δὲ ἔλεγε τὸν μὲν μισθὸν ὑποσχέσθαι, ἐὰν θεραπεύσῃ αὐτῆς τὰς κόρας, νῦν δὲ χεῖρον διατεθῆναι ἐκ τῆς ἰάσεως ἢ πρότερον· Τότε μὲν γὰρ ἔβλεπον, ἔφη, πάντα τὰ ἐπὶ τῆς οἰκίας μου σκεύη, νῦν δ' οὐδὲν ἰδεῖν δύναμαι.

In der Version des Φ. ist geschickt das Wesentliche der Fabel zusammengefaßt. Anstatt des gesamten Hausrates erscheint die Lampe, denn wenn man diese (nämlich wenn sie brennt) nicht sieht, müssen die Augen ganz schlecht sein. Der schweren Korruptel im Φ. liegt vermutlich die itazistische Verschreibung von χρίσας → χρήσας zugrunde, woraus auf dem Wege üblichen Synonymentausches (s. oben S. 194f.) δανείσας wurde. (Entstehung von δανείσαντος aus ἀλείψαντος, vgl. § 151b, ist weniger wahrscheinlich). Falls μοι richtig und nicht aus με umgesetzt ist, versteht man: ,mir die Augen'. αὐτόν ist die letzte Zutat. Mit den eingeschmierten Augen kann man zunächst nicht sehen: ἐκείνης συμμυούσης in der Fabel (I) oder deutlicher in deren III. Fassung: ἐκείνης μηδαμῶς ἀναβλέπειν ἐχούσης τὴν ὥραν ἐκείνην ὑπὸ τοῦ χρίσματος. Daher Horat. sat. I, 3, 25 cum tua pervideas oculis mala lippus inunctis als Ausdruck für ,Blindheit'; scherzhaft ähnlich Straton AP XI 117, wo der Patient u.a. einen brennenden Leuchtturm nicht mehr sieht; grotesk adesp. AP XI 126, vgl. Brecht 48. Ein diebischer Arzt AP XI 333 (Kallikter?). Gestohlene Gegenstände sind ,nicht mehr zu sehen': Lukillios AP XI 315. – μιᾷ allein, im Sinne von ἐν μιᾷ τῶν ἡμερῶν (ev. Luc. 5, 17), belegt SophL um 500 n. Chr., vgl. Syntipas fab. 24 (Hausrath CFA II p. 164). – εἰς könnte hier leicht durch Dittographie entstanden sein, vertritt aber bisweilen schon klassisch den Accus. limitationis: K-G I 471 § 432, 1, 3c.

§ 143. Der Anfang ist in β den Nominativen der übrigen Geschichten typisierend angeglichen. – ἄνθραξ s. zu § 135. – κτήσῃ: ,wenn du dir kaufst', vielleicht witziger als ,wenn du hast', wie man wohl den Text von β verstehen müßte (über ἐάν für εἰ s. zu § 123). Im folgenden kann man zweifeln, ob ,einen Kessel' (β) oder ,irgend ein Gefäß' besser ist. – θερμόν sc. ὕδωρ wie § 58, die Konstruktion λείπει τί μοι bei LS λείπω A II 2 seit Polybios; intrans. ,fehlen' auch § 254. In A mit σε konstruiert nach Vorbild von ἐπιλείπειν. – οὔποτε (Eberhard) sonst nicht im Φ., οὐδέποτε § 167.

§ 144. Spott über langsame Läufer AP XI 82–86, 208, 431; Brecht 50 f. – χρήζω mit Akk. des pronominalen Objekts kann richtig überliefert sein: LSJ s. v. 2; fehlt bei Ri. 50 f. – ὁ κύριός μου οὗτος ‚ce monsieur‘, mit der gleichen Sinnentleerung des Possessivs, das in der Anrede (§ 235) sinnvoll und verhältnismäßig alt war: κύριοί μου Dio Cass. LXI 20, 1; dann in 3. Person ὁ κύριός μου ὁ ἄρχων (monsieur le préfet) Pap. 4. Jh. bei Preisigke, Wörterb. I 853. Im Φ. noch § 208 und schon deswegen hier nicht mit Korsch durch ὠκυσμοῦ zu ersetzen. – Der Situation nach erwartet der Spielgeber eine fachmännische Bemerkung des Sinnes, daß dem Läufer noch eine bestimmte Technik ‚fehlt‘, daß er noch des und des Trainings ‚bedarf‘.

§ 145. κάπηλος: vereinigt die Berufe von Krämer und (§ 227) Schankwirt, vgl. Hug Καπηλεῖον RE X 1888. – ταξεώτης *cohortalis* bezeichnet seit dem 4. Jh. n. Chr. niedere Staatsbeamte in verschiedener Funktion: A. E. R. Boak *Officium* RE XVII 2047; „Gerichtsdiener“ übersetzt Wessely 7; auch den Liktoren entsprechend, also vielleicht ‚Polizist‘. Jedenfalls soll das Amt in erstaunlichem Gegensatz zu der illegalen Handlung stehen. Zu der Bildung (neben ταξιώτης pap., wie λεγεών u. a.) Ri. 87. – εὕρηκα ὃ οὐκ ἐζήτουν· ἐπὶ τῶν οἷς οὐκ ἤθελον περιπεσόντων nach Diogenian IV 90 = Apostol. VIII 13 (Paroemiogr. I 247 u. II 429). Das ergibt keinen Witz, da die Unerwünschtheit des Vorfalls selbstverständlich ist, außerdem bleibt die Berufsangabe κάπηλος ohne Funktion. Nun bedeutet in der Kaufmannssprache ζητεῖν ‚einen Preis fordern‘ (§ 124), das komplementäre εὑρίσκειν ‚einen Preis erzielen‘, öfters von der Ware ausgesagt (LSJ s. v. V) in deutlich übertragener Verwendung, also vermutlich auch vom Kaufmann. Hiernach könnte die Phrase wohl bedeuten: „ich habe Geld eingenommen, das ich (oder soviel Geld wie ich) nicht gefordert hatte“. Sie würde also auf ein *günstiges* εὕρημα gehen, und ihre hiesige entgegengesetzte Anwendung wäre witzig. Freilich mit den Parömiographen könnte man sich nur durch die Annahme abfinden, daß ihnen bereits eine scherzhaft verdrehte Anwendung, ähnlich unserer Stelle, vorgelegen hätte. Daß der Witz jedenfalls nicht in den Worten selbst liegt, sondern in der Situation, in der sie geäußert wurden, betont K. Bürger, Hermes 27, 1892, 362, der eine Grundform der Geschichte mit vertauschten

Gliedern annimmt in der Art der sogenannten epilogischen Witze (Otto Sprichw. XXX m. Lit.): ‚so und so sagte der und der – nämlich bei der und der Gelegenheit.' Vgl. zu § 121.

§ 146. ὄρυγε (β) späte Bildung von dem gleichfalls nicht att. starken Aor. pass. aus, wie κρυβόμενος § 96; byz.: Psaltes 244. Der Witz, von Eberhard richtig verstanden, hat den Pointensatz in A und β in auffallend verschiedener, doch gleich guter Formulierung, vgl. oben S. 199. – Auf ein gestohlenes Schwein Dionysios AP XI 182.

§ 147. κακόηχον: ἠχεῖν kann jeden Klang, auch den der menschlichen Stimme, bezeichnen, muß aber hier, schon um der Tautologie zu entgehen, (gegen Ri. 90) von der Zither verstanden werden, vgl. Anacreont. 23, 4 ἁ βάρβιτος δὲ χορδαῖς ἔρωτα μοῦνον ἠχεῖ. Das Wort κακόηχος – statt hell. κακοηχής – ist nur in der Suda belegt. – κοκκύζειν vom Hahn (statt Kuckuck) schon bei Kratinos. – ἐγείρεσθαι: Hier ergibt nur die Bedeutung ‚aufstehen' den Witz (Eberhard), wie § 3 (so δι- Aesop. fab. 191, 5 Hausr.); Act. Ap. 9, 8 u. ö., auch neugriech.

§ 148. Ein Apophthegma des Königs Archelaos von Makedonien nach Plutarch. mor. 177a (reg. et imp. apophth. Archel. 2) ἀδολέσχου δὲ κουρέως ἐρωτήσαντος αὐτόν· Πῶς σε κείρω; – Σιωπῶν, ἔφη. Im Wortlaut leicht verschieden (doch auch ἀδολέσχου) mor. 509a (de garrul. 13). – πῶς: Verschiedenheiten des Haarschnitts bei Plaut. Capt. 268.

§ 149. προσφέρειν (προφ. Gnomol., s.u.): über φέρειν mit personalem Objekt s. zu § 138. – προσάγειν (Minas) vom Vorführen von Zeugen bei LSJ s.v. 8 aus einem Papyrus des 3.Jh. vor Chr. belegt; vgl. andererseits *testes producere* bei Cicero p. Planc. 54 u.ö.; Quintil. inst. V 7, 10. In β die klass. Ausdrücke καλεῖν und παρέχειν. – παρα- (A) und περιχύτης (β) sind in gleicher Bedeutung belegt. – ἀποβάλλεσθαι ‚verschmähen': das Medium (Plat. leg. VII 802b u.a.) erscheint dem Sinne angemessen, daher der passive Ausdruck in β vielleicht sekundär. – ἀξιοπίστους: Paul. sent. V 15, 1 *testes, quos vitae humilitas infamaverit, interrogari non placuit*; vgl. § 36. – μᾶλλον im superlativischen Sinne wie μείζονα und βαρύτερα § 161; B-D § 244. – Δούρ(ε)ιος: Beide Formen sind belegt.

Gnomolog. Vatic. 241 Ὁ αὐτὸς (sc. Δημάδης ὁ ῥήτωρ, ib. § 233) λέγων ποτὲ κρίσιν ἐν πανδοκείῳ ὑβρισμένου μάρτυρας προεφέρετο (προέφερε cod. Vindob.) τοὺς πανδοκέας. τῶν δὲ κρινόντων οὐκ ἀξιοπίστους εἶναι φασκόντων· Τοιοῦτος γάρ, φησί, καὶ ὁ τόπος ἦν, ἐν ᾧ ἡ ὕβρις ἐπετελέσθη· εἰ δὲ ἐν τῷ Δουρ(ε)ίῳ ἵππῳ ὕβρισε, τοὺς ἀριστεῖς ὑμῖν ἂν παρειχόμην μάρτυρας Μενέλαον καὶ Διομήδην καὶ Ὀδυσσέα. Für ὑβρισμένου schreibt Sternbach (der die Parallele aus Φ., nach Diels, notiert) ὑβρισμένος und merkt an: „verba tradita haudquaquam significare possunt, accusationem violati loco a Demade susceptam esse". Doch ist diese Prozeßvertretung auch in β angenommen, die Überlieferungen stützen einander. Zu A (der Witzige selbst ist beleidigt worden) stimmt die Variante der Demades-Anekdote (wohl im cod. Vatic. Gr. 1144) πανδοκείῳ καὶ ὑβρισθεὶς μάρτυρας, durch das törichte καί nicht empfohlen. Da außerdem der Anfang mit Εὐτράπελος in A typisiert wirkt, beruht diese Übereinstimmung wohl auf Zufall. Für πανδοκεῖον erscheint βαλανεῖον im Φ. gewiß in Angleichung an § 150 (fehlt in β). In der Phraseologie stimmt Gnomol. teils zu A, teils zu β.

§ 150. ξύστρων in A so akzentuiert und als das (schwächer bezeugte) Neutrum gefaßt, vgl. Ri. 83; ἡ ξύστρα seit Hippokrates. – Die Herkunft ermittelte Ri. 110: Plutarch mor. 534 b (de vitioso pudore 14) Θεόκριτος (gewiß der Chier, Laqueur Th. 2 RE V A 2025) δυεῖν παρ' αὑτοῦ ἐν βαλανείῳ στλεγγίδα κιχραμένων, τοῦ μὲν ξένου, τοῦ δὲ γνωρίμου κλέπτου, μετὰ παιδιᾶς ἀμφοτέρους διεκρούσατ' εἰπών· Σὲ μὲν οὐκ οἶδα, σὲ δ' οἶδα.

Im Φ. wird schlecht erzählt, wobei die anakoluthische Wiederholung des Stichwortes εὐτράπελος nach den absoluten Genitiven nicht ins Gewicht fällt. Aber verfehlt ist der Bezug von δύο (vgl. zu § 42) anstatt auf die Männer auf die Schaber, da es auf deren Mehrzahl, mag sie auch in der Literatur erscheinen (Pers. 5, 126; Juvenal 3, 263), doch keinesfalls ankommt. Und die Pointe wird stumpf infolge Vertauschung der Glieder, wodurch das Paradox seine Endstellung verliert (oben in der Übersetzung rückgängig gemacht). – Zum Typus der Antwort vgl. auch Valer. Max. VI 4, 2.

§ 151. μέλαιναν nennt Alexis fr. 98, 17 eine Hetäre vom brünetten Typ, in demselben Sinne *puellam … nocte nigriorem* Martial I 115, 4. Doch paßt zu dem Witz wohl besser eine Negerin (Äthiopen μέλανες z. B. Diodor. III 8, 2), vgl. Ostrakon bei Preisigke, Sammelbuch griech. Urkunden aus Ägypten I Straßburg 1913, 5730 Διογένης ὁ κυνικὸς φιλόσοφος … ἰδὼν Αἰτίοπα (sic) καθάριον (Weißbrot) ἔσθοντα εἶπεν· Ἡ νὺξ τὴν ἡμέραν τρώγει.

§ 151b (260). Über die versehentliche Auslassung in A' s. oben S. 193, über das merkwürdige Verhältnis der Rezensionen S. 200. – ὑπαλείφοντα: Augensalbe, § 142. – ὄρα, in β fehlend, ist in der Tat entbehrlich; μή absolut, befürchtend-vermutend (K-G I 224 § 394, 7; B-D § 370, 4), ist aber in β wohl nur durch Textverlust entstanden; denn Fassung A wird gestützt durch das vermutliche Vorbild Gnomol. Vatic. 49 Ἀριστοτέλης ὁ φιλόσοφος ἰδὼν νέον σπουδάζοντα περὶ τὰς θέας· Ὅρα, εἶπεν, ὦ (ὦ om. cod. Pal. Gr. 297) νεανίσκε, μὴ σπουδάζων περὶ τὸ θεᾶσθαι ἑτέρους αὐτὸς μηδὲν ἄξιον σχῆς θέας. – ὄψιν gibt in β nur dann einen Gegensatz zu βάθος, wenn man es als „thing seen" (LSJ s.v. I 2) versteht: Menand.(?) fr. 936 ψυχὴν ἔχειν δεῖ πλουσίαν· τὰ δὲ χρήματα ταῦτ' ἔστιν ὄψις, παραπέτασμα τοῦ βίου u.ä.

§ 152. Siehe hauptsächlich zu § 13, auch oben S. 172. Der makabre Vorschlag paßt eher für Dummköpfe, die sich wenigstens annähernd Ähnliches leisten (§§ 38, 123), als zu den absichtlichen Witzen, unter denen nichts Vergleichbares ist. – πρὸς τὸ φονεῦσαι zu ἐδυσφόρουν nicht passend, die vermutliche Entstehung veranschaulicht § 13 ἐπὶ τῷ ζῆν, daraus ἐπὶ τὸ in β durch Aussprachefehler. Da man dies final verstehen mußte, wurde ζῆν kühn durch φονεῦσαι ersetzt, später ἐπί im Synonymentausch durch πρός. – γονεῖς hell. für -έας (so § 69); wohl nur Abgleiten im Ausdruck anstatt πατέρας (§ 13), was nach Ausweis der folgenden Singulare gemeint sein muß. – λογισθῆναι ἔχομεν (β) ‚werden gerechnet werden' spätröm.-byz. nach Art vulgärlat. umschriebener Futurbildungen, die im Romanischen fortdauern (vgl. auch zu § 208): Ri. 57. Byz. ist auch (Ri. 51) der Genitiv im Sinne des Akk. nach φεύγω (A) und die Wiederkehr der homerischen Konjunktive pro futuro in ἐκφύγωμεν (?), § 222 φάγω, § 243g ἀνέλθω: Ri. 56, der für das überlieferte ἐκφύγομεν noch andere Möglichkeiten erörtert. – καί konsekutiv, s. zu § 86.

§ 153. πηλά heteroklitischer Plural zu πηλός, nach Ri. 93 (vgl. Eberhard) auch als neugriech. Dialektform belegt. – ἀπάλαιστος gleich manchen Wörtern dieser Bildungsweise (ἄκλαυτος u. dgl.) doppeldeutig, bei Pindar passiv ‚im Ringkampf unbezwinglich', dagegen aktiv ‚der nicht gerungen hat, im Ringen unerfahren' Straton AP XII 222, 7; sonst in dieser Bedeutung verdeutlichend ἀπάλαιστρος, was man hier einsetzen könnte. – Einschlämmen des Körpers spielte tatsächlich bei den Übungen der Ringer eine Rolle, vgl. Lucian. Anach. 28; Jüthner zu Philostr. gymn. 53 (178, 19).

§ 154. Κυμαῖοι: zu den Bewohnern des äolischen Kyme s.o. S. 16, die hauptsächliche Stelle ist Strabo XIII 3, 6 p. 622.

ὀψικεύειν ‚am Trauerzuge teilnehmen‘ byz. seit etwa 600; zu ὀψίκιον ‚Gefolge‘ aus lat. *obsequium* ‚Dienst‘, unter Einfluß von *officium* und *exsequiae*: E. Kurtz ByzZ. 14, 1905, 348; Ri. 92. – τίς: zu der Frage vgl. § 247. – στραφείς: Der Sprecher schritt also vor den Leichenträgern im Zug, wie nach solonischer Bestimmung in Athen alle Männer (Mau *Bestattung* RE III 336), in Rom die Würdenträger (Marquardt-Mau 356 Anm. 3).

§ 155. δευτεροβολεῖν fehlt bei LSJ, das entgegengesetzte πρωτοβολεῖν ist als technische Vokabel belegt. – Im übrigen vgl. zu § 4.

§ 156. ἐκβάλλειν in der neugriech. Bedeutung ‚herausnehmen‘, volkssprachl. βγάζω. Der Vorschlag von Hertlein 188 ἐκλαβών erledigt sich dadurch. Im übrigen vgl. zu § 41.

§ 157. ἐπί statt ἐν vermutete Hertlein 188 wegen der Bedeutung von φάτνη. Doch ist φ. wohl nur eine mißlungene ‚Übersetzung‘ von σταῦλος, das dem Schreiber wahrscheinlich allein geläufig war (§ 10), anstatt ἱππεών. Im übrigen vgl. zu § 10.

§ 158. διὰ τό m. Inf. final (vgl. ἵνα μή in der Parallele § 35) wie auch § 164, seit 1.Jh. v. Chr.: Ri. 62.

§ 158b. Vgl. zu § 37.

§ 159. ἄλωνα metaplastisch für ἅλων (att. Dekl.) seit Aristoteles. – καιρός nur noch in § 6. β; hier wohl in älterer Bedeutung „bei Gelegenheit“ (Ri. 36). – ἵνα konsekutiv, zu § 51.

Worin soll der Witz, d.h. die Dummheit bestehen? Auf der Tenne, also einem freien Platze, kann freilich nichts zwischen Auge und Gegenstand treten und insofern die Größe zunächst nichts ausmachen. Erst auf sehr weite Distanz versagt entweder die Unterscheidungskraft des Auges oder schiebt sich die gekrümmte Erdoberfläche dazwischen. Letzteres wurde aus Erfahrungen der Schiffer geschlossen: Strabo I 1, 20 p. 12; Plin. NH II 164. Ersteres gar ist so allgemein bekannt, daß jeder das μόλις der Frau so versteht: infolge des weiten Abstandes. Mindestens μόλις müßte man athetieren, wenn man den Witz hierin suchen wollte. Unbestritten dumm ist am Schlusse μήτε – μήτε, da natürlich das

248

Sehen gegenseitig ist. Aber wenn das der ganze Witz sein soll, begreift man nicht die Notwendigkeit der langen Einleitung.

§ 160. ἐπιζητῶν in derselben Besuchssituation wie das Simplex § 193. – φίλον: in der deutschen Übersetzung geändert, um den Anruf durch „Herr" ebenso deutlich charakterisieren zu können wie durch den griechischen Vokativ. – ὃ ᾔδει erregte Eberhards Zweifel. Es ist wohl nicht eine pedantische Bemerkung, sondern soll besagen: ‚den wahren, richtigen Namen' und ist ja auch nicht länger als z. B. ἀληθινόν.

§ 161. ἐπιβουλεύων: der Sache nach Einbruchs- (oder Einsteig-)Diebstahl, und der Ausdruck wirkt wie eine halbwegs technische Vokabel, doch fehlen mir Belege. – μείζονα und βαρύτερα superlativisch wie μᾶλλον § 149. – Wessely Altersind. 5: „Bei dieser Erzählung erinnere man sich der verschiedenen feineren und gröberen Papyrussorten: je wertvoller eine Schrift, desto feiner der Papyrus; um so größer ist die Torheit des Kymäers, der die Schwere der Schulden und die Schwere der Schuldurkunden mit einander in Proportion bringt." Diese Pointe ist mir freilich nicht sicher. Zur Sache vgl. noch § 80.

§ 162. Λολλιανός: offenbar reicher Privatmann, so daß hohe Offiziere oder Verwaltungsbeamte des verbreiteten Namens ausscheiden. Der berühmte Sophist P. Hordeonius Lollianus (Schissel *L. 15* RE XIII 1373), zu dessen sonstigen Lebensumständen die Anekdote wohl passen könnte, stammte aus Ephesus und lehrte in Athen; vgl. oben S. 12 Anm. 22. – κορτίνα byz. Entlehnung aus spätlat. *cortina* ‚Vorhang' (woraus deutsch ‚Gardine'), dann im Festungsbau das Verbindungsstück zweier Bastionen ‚Zwischen-' oder ‚Mittelwall', ital. *cortina*, franz. *courtine* usw. – ὀργισθέντες: Warum? Vielleicht hatte sich Lollian geweigert, die gestifteten Mauerteile auch noch auf eigene Kosten in Stand zu halten. Aber auch alle anderen Gründe sind möglich. – ἵνα wie § 17. – ἀλλά ‚außer' B-D § 448, 8.

§ 163. κάγκελλος oder -ον ‚Schranke, Gitter', neugriech. τὸ κάγκελο ‚Gitter', von lat. *cancellus* (meist plur.). Da ein Gitter seinem Wesen nach Öffnungen hat, scheint τρητόν – gewiß richtig hergestellt – eine pedantische Erklärung zu sein.

§ 164. διά final, s. zu § 158. – κατέδυ: Dieser noch heute oft wiederholte Witz wird niemals anders erzählt. Daß der Kymäer κατέβη ‚ins Tiefe ging' (das man sich durch Stufen vom Nichtschwimmerbecken getrennt denken könnte), macht das Gemeinte nur undeutlich und stumpft die Pointe ab.

§ 165. Man wird in dem mehrsitzigen Reisewagen (Hug *Raeda* RE I A 41) – wie heute im Eisenbahnwagen oder Omnibus – um die günstigen Plätze gestritten haben, und mancher behauptete da wohl, daß er den Blick nach Süden, gegen die Sonne, nicht ertrage. Mir ist wahrscheinlich, daß eine solche Analogie zugrunde liegt. Denn wenn man bloß sagen will: βλέπειν klingt wie ein menschliches Tun, also muß es auch eine Fähigkeit oder Nicht-fähigkeit dazu geben – so ist das etwas dürftig.

§ 166. ἐπικαθήμενος gebilligt von Ri. 44, der auf hellenistische Parallelen verweist. – κηπωροῦ in C auch § 224; vgl. Aesop. fab. 96 III, 121, 122, 190 Hausr.; Zusammenhang dieser Spät-form (Psaltes 53) mit älterer Belegung (seit Alter Komödie: LSJ s. κηπουρός; Frisk Etym. Wb. s. κῆπος) ist fraglich; vielleicht Konträrform, vgl. zu § 189 κλουβίον, oder analog zu θυρωρός u. a. Die Schlußpointe ist als Paradox ganz hübsch, setzt aber außerdem das Sprichwort ἀπ' ὄνου καταπεσών voraus, zitiert schon bei Aristoph. Nub. 1273, wozu die Scholien auf den Doppelsinn ἀπὸ νοῦ verweisen, also ,vom Verstand gefallen'. Weitere Anspielungen bei Plat. leg. III 701 c und Apollinarios AP XI 399, falsche Er-klärungen bei Zenob. II 57 u. Apostol. III 54 (Paroemiogr. I 47 u. II 299). Sobald das Wortspiel (ursprünglich eines εὐτράπελος? s. zu § 167) hier im Φ. nicht mehr verstanden wurde, entstellte die übliche Variantenspielerei den Text. – ἔπεσα: B-D § 80 f.

§ 167. κουρεῖ: Die ,christliche' Korruptel, die nach εὐχαριστῶ nahe lag, erkannten unabhängig voneinander Bursian 740, Haupt 28 = 497 und M. Schmidt 214 Anm. 1 u. 344. – Die Be-merkung ist eher witzig als dumm; vgl. zu § 166 und oben S. 199 Anm. 16.

§ 168. θανάτῳ wie bei ζημιοῦν, Ri. 49; ebenso Diodor XIII 101, 7. – ἵνα wie § 127. – ἐπεί wie § 113. – Zum Delinquentenwitz s. oben S. 22.

§ 169. ὁ αὐτός: vgl. oben S. 175. Die Anknüpfung ist hier nützlich, um Worte zur Einführung eines zweiten Delinquenten-witzes zu sparen. – μὴ ὑποστρέψω: Die Selbstverwünschung zum Zwecke des Beteuerns erscheint im § 179 als Optativ, im § 188. β als Imperativ (188. A Konj. Aor.). Hier würde man wegen der 1. Pers. Sing. das erstere, also ὑποστρέψαιμι, erwarten, findet aber hier ebenso wie in § 259 (wo gleichfalls der Witz des unpassen-

den Schwures) den Konj. Aor., der als Ersatz- und Ergänzungs-
form zu dem Imperativ in gewissen (hier nicht zutreffenden)
Fällen seit langem gebräuchlich ist; formal ähnlich ist die horta-
tive Verwendung, B-D § 364. Der allgemeine Rückgang des
Optativs im Hellenismus (B-D § 384) dürfte sich auswirken; vgl.
Ri. 58, der unsere Stelle nicht berücksichtigt. Eberhard setzt
Fragezeichen nach ἐσύλησα, nicht versehentlich, wie seine Anmerkung zeigt. Die Auffassung als konsultative Frage ist grammatisch einfach, aber was soll der Sinn sein? – ἔνθεν: Die Rela-
tivkonstruktion mit ὅθεν in § 88 ἐπανερχόμενος ὅθεν ἀπεδήμησε
verlangt entweder das Subintelligieren des demonstrativen Orts-
adverbs, wie Xen. Hell. VI 5, 1 ἐπάνειμι ἔνθεν ἐπὶ ταῦτα ἐξέβην
‚dahin, von wo ...‘, oder es liegt eine Attraktion des Relativ-
adverbs vor wie bei Thukyd. I 89, 3 διεκομίζοντο εὐθὺς ὅθεν ὑπεξ-
έθεντο παῖδας καὶ γυναῖκας ‚von da, wohin ...‘, vgl. K-G II 410
§ 555 Anm. 6, auch B-D § 437. Der Sinn ist im Effekt derselbe, und
der Witz, daß der Todeskandidat unpassend schwört, kommt auf
beide Arten heraus. Doch liegt es hier wohl näher, mit Kurtz 369
an den Hinrichtungsort, von dem, als an den Gerichtsort, zu dem er
nicht zurückkehren wird, zu denken. Vgl. eine Inschrift im Garten
des Thermenmuseums in Rom, die nicht veröffentlicht zu sein
scheint: (Inventar Nr. 115 211) *scriptor candidatorum* (zur Sache
Friedländer SG II 72 Anm. 1) *ita quo iis salvos revertarus ut tu
hic n[omen nullum scripseris]*, wo Sinn fraglos ‚inde, quo is‘.

§ 170. μένειν ‚wohnen‘, vgl. LSJ s.v. I 2b; Ri. 73; wohl auch
§ 191. – Δρακοντίδης: Träger des Namens in RE (auch Suppl. VIII)
sind fast nur Athener, einer aus Iasos, keiner ist ῥήτωρ. – ἐργαστήριον: Die Angabe kann ursprünglich wohl nicht gefehlt haben,
daß der Kymäer ein Handwerker war, und was für einer (Schuster
§ 180, Schneider § 190). – ἀπελθών: wohl nicht ‚weg von der Werkstatt‘, sondern nur ‚gehen‘ (allgemeiner als § 70, s. dazu).

§ 171. ἐπ' 'Αλεξανδρείᾳ: Es kann doch wohl nur dasselbe wie
ἐν 'Α. gemeint sein. Diese Verwendung von ἐπί m. Dat. ist mit
wenigen Papyrus-Zeugnissen bei Mayser II 2, 472 belegt. –
δέδωκε müßte Perfekt im aoristischen Sinne sein (B-D § 343),
wovon aber kein weiteres Beispiel einer finiten Form im Φ. besteht: Ri. 53f. Es liegt nahe, die aoristische Lesart von C vorzuziehen, doch läßt sich angesichts der Ähnlichkeit der Formen und
des willkürlichen Charakters von C schwer urteilen. – τοῦ δέ bezeichnet den Mann, an den er sich wendet (vgl. zu § 176), τοῖς ταρι-

χευταῖς die ganze Firma oder Einrichtung. Kaum nötig Eberhards Vorschlag τῷ ταριχευτῇ oder τοῦ δὲ ⟨ταριχευτοῦ⟩ von Boissonade. – σημεῖον versteht der Kymäer als ‚besonderes Kennzeichen der Person‘ (LSJ s. v. I 9), wobei er nur leider ein ungeeignetes nennt. Der Leichenbesorger meinte nach Ri. 106 „Mumienetikette". Das mußte nun freilich auch der Dümmste verstehen, wenn der Mann wirklich nach der θήκη ‚Grab‘, d. h. Mumiensarg gefragt hatte. Wessely Altersind. 4 sucht durch die Annahme zu helfen, daß θήκη „die Mumie samt ihrer Umhüllung" bezeichne, wie er es selbst für den ähnlichen Ausdruck ταφή in den „Mitteilungen aus der Sammlung der Papyrus Erzherzog Rainer" Wien 1892 (nicht 1889) S. 14 ff. nachgewiesen hat. Das würde offenbar, auch wenn es sicher wäre, nicht nützen. Der im übrigen glänzende Witz von der makabren Sorte ist in diesem einen Punkte schlecht erzählt, daß unnötigerweise nach der θήκη gefragt wird, wo der Zurichter genau so gut ὁ πατήρ σου hätte sagen können (ganz gleich ob er wirklich das Etikett mit Namen und Herkunft meinte oder doch körperliche Merkmale der Person wie Länge, Dicke, außen aufgemalten grauen Bart od. dgl.). Ich habe das in der deutschen Übersetzung so hergestellt und vermute in θήκη das Werk eines Redaktors, der durch dickes Unterstreichen (der Dummheit) die Pointe verdirbt.

§ 172. μύρμηξ ein Gerät der Boxer, nach E. Mehl *Pygme* RE Suppl. IX 1316, 51 ff. ursprünglich eine Art Hantel, die man „mit einiger Einbildungskraft" einer Ameise ähnlich finden konnte; später als Riemen (den heutigen Boxhandschuhen entsprechend) verstanden. Die Annahme, daß das Wort schließlich auch den Boxkampf selber bezeichnete, kann Ri. 83 nicht belegen; er schloß es wohl aus dem Singular, der hier den schwächlichen Witz eher stört (Plur. § 210). Der Doppelsinn auch bei Lukillios AP XI 78; Brecht 50.

§ 173. Ein Beweis für besondere Güte des Honigs ist, daß sich der Kymäer eigentlich nicht von ihm trennen wollte. Zum Verschnappen vgl. § 37.

§ 174. Ιατρός: Wenn der Arzt nicht Hauptfigur ist, kann das Nomen mit dem Artikel versehen werden wie in § 7 „der Arzt hatte ihm verboten". Doch geschieht das nicht immer (z. B. nicht §§ 186, 189, 222 u. a.), so daß kein Grund besteht, in unserer Geschichte die Lesart von M ὁ Ιατρός vorzuziehen. – ἀπήλπισεν:

hoffnungslos Kranke auch §§ 176 u. 248, eingeführt mit Ausdrücken, für die ebenfalls Belege bei LSJ. – Zu der unvollständigen Überlieferung Eberhard: „infinitivus vel ὅτι requirerent t(empus) futurum". Doch vgl. das Präsens „in bestimmten Versicherungen" (B-D § 323) bzw. „der zuversichtlichen Behauptung" (K-G I 138 § 382, 5b–c): die Zuversicht des Arztes soll wohl gerade verspottet werden. Vgl. auch αὔριον ἀποθνήσκομεν LXX Jesaia 22, 13 → Paul. I. Cor. 15, 32. – δέ (A) entspricht einem geläufigen Typus, vgl. zu § 44, kann aber aus dem Anfang wiederholt sein. – Im Motiv ähnlich § 6.

§ 175. ἡμιτριταῖον sc. πυρετόν oder τρόπον. Diese Art bedeutet natürlich eine Verschlechterung gegenüber der *febris tertiana*, nicht nur wegen der Häufigkeit der Anfälle: θανατωδέστατος Hippocr. Epidem. I 24. Kind *Malaria* RE XIV 835 identifiziert sie mit Malaria tropica. Änderung von der *febris quartana* zur *f. cotidiana* hält Celsus III 15, 6 für möglich *culpa vel aegri vel curantis*. – Zur Mathematik des Witzes vgl. zu § 127.

§ 175b. σχολαστικός ist für die Erzählung (= § 3) ohne Belang, daher Verschleppung aus § 3 wahrscheinlich; möglicherweise war dort das Anfangswort schon assimiliert wie in M (und wie es jederzeit geschehen konnte): σχολαστικός τις ἰατρῷ κτλ. Die Priorität von § 3 gegenüber § 175b wird hierdurch wahrscheinlich. – σοφιστά Anrede des Arztes wie § 183; vgl. K. Gerth 2. *Sophistik* RE Suppl. VIII 723, und über die spätantike Bezeichnung ἰατροσοφιστής ‚medicinae professor' (lehrend und ausübend) Stephanus s. v. – διύπνισον s. zu § 124. Zu dem Witz paßt aber nur ‚stehe auf!' Es wird sich am einfachsten um Mißverständnis von ἐγείρου § 3 (s. dazu) handeln.

§ 176. ἀπεγνωσμένον: zu § 174. – ἐνεματίζω, zu ἔνεμα ‚Klistier', belegen LSJ Suppl. aus dem Mediziner Herodotos (1. Jh. n. Chr.). – ἐκέλευσε κτλ.: noch nicht überzeugend hergestellt, obwohl Gesamtsinn klar. Am einfachsten schiene mir ⟨ποιῆσαι⟩ ἰδεῖν, doch kann ich diese Ausdrucksweise für ‚faire voir' nicht belegen. – τὰ ἐκκεχωρημένα mit auffallendem Passiv, unbelegt, nach ἐκκεκριμένα? Fraglich Eberhards Konjektur ἐκκεχωρισμένα nach Aristot. hist. anim. 551a 7, wo anderer Text bei Dittmeyer. – τοῦ δέ: ein Ausdruck wie νοσοκόμου oder υἱοῦ kann nach δέ oder vorher als Objekt zu ἐκέλευσε ausgefallen sein. Doch vgl. § 51.β τῶν δέ, § 171 τοῦ δέ. Gezwungen scheint Eberhards Auffassung: ‚Als der Zeigende außerdem ⟨καί⟩ be-

merkte, daß ...'– λακεῖν: bei Aristophanes διαλ- ‚zerplatzen'
(Nub. 410 von einer Wurst), dann besonders von Mensch oder
Tier mit Todeserfolg, so Act. Ap. 1, 18 von Judas Ischarioth
ἐλάκησεν μέσος = Vulg. *crepuit medius*. Mit *crepare*, gleich dem
λακέω (Dialektform st. λη-; zu λάσκω ἔλακον) ein Schallwort
zu sein scheint, hat letzteres die späte Bedeutungsentwicklung
zu bloßem ‚Krepieren' ohne Rücksicht auf die Todesart (ital.
crepare, franz. *crever*) durchmessen, ohne, wie es scheint, viel
Belege zu hinterlassen: mir steht nur die unursprüngliche Lesart
von § 194. A zur Verfügung. Vgl. Ri. 82, der noch griech. vulgär
ψοφεῖν erwähnt. Auf den beiden Bedeutungen beruht der be-
scheidene Witz. Der Arzt hat den Todkranken durch den Ein-
lauf erleichtert, um ihm die qualvolle Todesart des Zerplatzens
zu ersparen. ‚Krepiert' ist er freilich doch, und die hochheilige
Versicherung im Irrealis klingt komisch in den Ohren der Angehörigen, die das Verbum in diesem Sinne verstehen. – Das
todbringende Klistier auch bei Kallikter AP XI 118 (vgl. Hedy-
los ebd. 123), 119 und 122, dazwischen desselben Epigr. 121, wo
nach Todeserfolg einer Operation Trost des Arztes, wie hier, im
Irrealis: diese Motive scheinen hier zusammengezogen; vgl. auch
Aesop. fab. 116 Hausr.

§ 177. Cels. med. V 26, 5 *peius est, quod etiam conlisum quam
quod tantum discissum est, adeo ut acuto quoque quam retunso
elo vulnerari commodius sit.*

§ 178. καταχρῆσθαι ‚aufbrauchen' wird klass. mit Akk. verbunden, hell. auch mit Dativ: Mayser II 2, 312. – ἤγοντο wohl
reziprokes Medium, vgl. Stahl 56, 5 u. Mayser II 1, 105, wo
keine sehr ähnlichen Beispiele. – ἄρχοντα: s. zu § 180.

§ 179. Zu dem Anfang vgl. Aristot. rhet. 1415a 30 τὸν.. ἀπο-
λογούμενον.. ἀναγκαῖον ἀνελεῖν τὰ κωλύοντα, ὥστε λυτέον
πρῶτον τὴν διαβολήν. – παρ' ὑμῶν beim Passiv s. zu § 6. Da das
versammelte Volk den Prozeß durch Abstimmung entscheidet,
nicht bloß als Publikum dabeisitzt, ist ὑμῖν unhaltbar; Eberhard
p. 76 „i. e. vobis iudicibus" ohne Beleg für diesen Gebrauch
neben einem Passiv, das Bezeichnung des Urhebers verlangt. –
τούτων: Die Überlieferung τούτοις ist insofern ärgerlich, als das
ja schließlich auch möglich wäre, der normale Vorwurf bei solchen politischen Prozessen aber doch natürlich in dem besteht,
was der Angeklagte dem Volke, nicht was er seinen Gegnern an-
getan hat. – Die Vorrede ist unnötig lang für den Schluß, der den

Witz bringt, kombiniert aus zwei Unsinnigkeiten: 1. daß das Freilichttheater einstürzen soll wie ein überdachtes Gebäude oder der Himmel, vgl. Theognis 869 ἔν μοι ἔπειτα πέσοι μέγας οὐρανὸς εὐρὺς ὕπερθεν.. εἰ μή.. 2. daß dabei nur er allein zu Schaden kommen soll, dies entnommen aus der Kautele der altrömischen Eidesformel bei Polyb. III 25, 8 πάντων τῶν ἄλλων σῳζομένων ... ἐγὼ μόνος ἐκπέσοιμι, vgl. R. Hirzel, Der Eid, Leipzig 1902, 138f.; Steinwenter *Jusiurandum* RE X 1253ff.

§ 180. ἄρχων ... ἔφοροι: Über die Verfassung von Kyme weiß man wenig: Bürchner *Kyme* RE XI 2475f. ‚Ephoren' in der Stellung der spartanischen sind nur aus dorischen Städten bekannt, sonst wird der Name in allgemeinerem Sinne gebraucht. – βύρσαι sind speziell Rindshäute (LSJ s. v.), die also hiermit den Ephoren auch noch beigelegt werden: das überlastet den Witz beinahe, δέρματα wäre besser, und so ist bei der Übersetzung ins Deutsche verfahren worden. Über Anspruch der Priester auf das Fell bes. bei staatlichen Opfern vgl. Ziehen *Opfer* RE XVIII 619. – οἱ βουλευταί im Sinne eines Vokativs, att. bes. Untergebenen gegenüber: B-D § 147, 3. Es ist dies keine allgemeine Regelung wie die anderen, in präsentischer Form gegebenen, sondern als Heroldsruf zum Beginn der Ratssitzung gedacht; das ist bei Eberhards Vorschlag εἰσελθέτωσαν .. βουλευέσθωσαν nicht beachtet. Auffallend ist die willkürliche Anordnung der κηρύγματα. βουλεύεσθαι, was die βουλευταί doch eigentlich tun sollen, kann, wie unser ‚sich bedenken', ein Zögern bedeuten: Demosth. XXXVII 13 παραχρῆμα οὐδὲ βουλευσάμενος. Die Herren werden also um ‚ungesäumtes' Erscheinen zur Sitzung gebeten. – ἴδιος zum Ausdruck des einfachen Possesivverhältnisses §51.β u. 130, sonst prägnanter; hier „zur Erzielung des Witzes zugleich stark und schwach betont" Ri. 71. – ὀστέα ‚ionisch' unkontrahiert auch hell. (B-D § 45), aber § 105 ὀστοῦν. – μικρούς sinnlos übertragen von den Vorschriften über Maße und Gewichte (da ja der Leisten auch eine Art von Maß ist): Ehrenberg *Metronomoi* RE XV 1485; Marquardt RStV I 167; Juvenal X 101 *vasa minora frangere*.

Mit den mißverständlichen Sätzen über Häute und Knochen stimmt Aesop. fab. 47 Hausr. im Motiv überein.

§ 181. ἀπαντᾶν ‚sich einfinden' bes. bei öffentlichen Anlässen, vor Gericht u. dgl. – αἰτιωμένους: den überlieferten Nominativ müßte man im Rahmen des Witzes (s. unten) so zu verstehen suchen: ‚indem sie die Schuld (für das Ausbleiben der andern) dem Weg zuschoben, beimaßen'. Die gewöhnliche Bedeutung von αἰτιᾶσθαι gibt das schwerlich her, und der Witz würde unnötig matt, wenn sich die Kymäer nicht wenigstens auf Äußerungen der anderen berufen könnten. – μὴ μωροί κτλ. zuerst interrogativ gefaßt von Boissonade. Die allitterierende Wendung ist m. W. sonst nicht nachgewiesen. μή in der abwehrenden Frage auch hell.: B-D § 427, 2. Daß die Dummköpfe selbst von Dummheit reden, z.B. § 15 u. bes. § 52. – ἐάν c. indic. für εἰ: zu § 123; infolgedessen οὐ für μή: B-D §§ 426 u. 428.

Ein Witz ergibt sich nur unter der Voraussetzung, daß die Abstimmung, an der auch die Bürger bestimmter (τῶν) anderer Städte teilnehmen, in Kyme selbst stattfindet. Bei dem Ausbleiben vieler Auswärtiger haben die Kymäer den Stimmvorteil (was sie in ihrer Dummheit nicht bedenken). Es fragt sich, unter welchen Verhältnissen das möglich ist. Strabo XIII 3, 6 p. 622 μεγίστη δέ ἐστι τῶν Αἰολικῶν καὶ ἀρίστη Κύμη καὶ σχεδὸν μητρόπολις αὕτη τε καὶ ἡ Λέσβος τῶν ἄλλων πόλεων περὶ τριάκοντά που τὸν ἀριθμόν, ὦν ἐκλελοίπασιν οὐκ ὀλίγαι berücksichtigt, wie der Schlußsatz zeigt, Zustände einer früheren Periode. Unter den Kreisstädten der Römerzeit wird Kyme nicht genannt: Marquardt RStV I 333 ff.; J. Deininger, Die Provinziallandtage der röm. Kaiserzeit (Vestigia 6) München 1965.

§ 182. χειρουργηθείς ‚operiert', LSJ aus Galen. Die Wortstellung in dem abhängigen Fragesatze (Inversion) ist ungewöhnlich, τό (A) nicht verständlich, ὁπότε (C) als indirektes Fragepronomen wäre für die nachklass. Sprache eine Seltenheit: B-D § 300, 1. Ich vermute, daß τό aus einem Verweiszeichen entstanden ist, das πότε vor διά rangieren sollte. – ἐκρεύσει: zu dem hell. akt. Futur vgl. B-D § 77; Ri. 56.

§ 183. Δύσκολοι: s. oben S. 24.

σοφιστά: zu § 175 b. – οὔτε nach einfachem οὐ verbreitet in Papyri nach Mayser II 3, 173, der die Fälle teilweise anerkennt. – λείπει (das hier die unpassende Bedeutung ‚fehlt' ergeben würde) an Stelle des Passivs. SophL kennt τὸ λεῖπον „the rest" aus Justinus Martyr, apol. I 32 (PG VI 380 A) u. 52 (404 D); mir scheint an beiden Stellen die Bedeutung ‚das Fehlende' auch möglich.

§ 184. καθῆσθαι und ἐκβάλλειν von Eberhard richtig als Euphemismen für χέζειν erkannt. Die Übernahme der transitiven

Rektion des gemeinten Wortes durch καθῆσθαι läßt sich mit
deperire alqm. = *amare* vergleichen: Hofmann-Szantyr 33 § 42
I c. Die derbe Fassung von β scheint also ursprünglich. Wohl
könnte man daran denken, den Patienten κάθημαι und den groben
Doktor χέσῃς sagen zu lassen, doch bietet die Überlieferung
keinen Anhalt. Der Wechsel der euphemistischen Verben in A
rührt vielleicht daher, daß man sich der Konjunktivform von
κάθημαι nicht sicher war. – Den dürftigen Witz liefert das Wortspiel mit dem Gleichklang χολᾶς-χολᾷς ‚du bist wütend‘, das
den Ausgleich der Akzentqualitäten zeigt: Schwyzer GG I 392.
Der Plural χολάς, zumal neben αἷμα, wohl nur des Witzes halber. –
ἔντερα vgl Plaut. Curc. 241; Aesop. fab. 47 Hausr.

§ 185. ὡς βλέπεις: *sic sum ut vides* Plaut. Aul. 323. – ἐάν für
εἰ; wegen der anderen Beispiele (s. Wörterverz.) ist ἔχῃς wohl als
ἔχεις zu verstehen. – Ein ähnlicher Scherz des Theokritos von
Chios bei Plutarch. mor. 633 c (q. conviv. II 1, 9); vgl. zu § 63.

§ 186. κακά: Die ungewöhnliche Konstruktion ist geschützt
durch κρείττω in der Antwort, übrigens für den Witz nicht notwendig, der sich mit den Adverbien ebenso machen ließe. Doch
ist κρειττόνως in C nicht ursprünglich, wie vorhergehendes
πολλά jedenfalls durch seine Endung zeigt. Von Beispielen
solcher adjektivischer innerer Objekte (K-G I 310 § 410 Anm. 5;
Mayser II 2, 319) steht am nächsten Plat. rep. III 404a μεγάλα
νοσοῦσιν; vgl. § 9.A. Der Vorschlag κάκ⟨ιστ⟩α vereinigt Adjektiv-
und Adverbialform. Hor. sat. II 5, 107 *male tussiet.* – Damit der
Witz nicht unmöglich für heutige Ansprüche erscheint, sei ausnahmsweise zitiert („Der Hausfreund‘ der Mainzer ‚Allgemeinen
Zeitung‘ 12./13. XI. 1966): „Dein Schnupfen gefällt mir gar
nicht.“ – „Ich habe keinen besseren.“

§ 187. ἀστρολόγος A, ἀστρονόμος β: Das Durcheinandergehen
dieser Bezeichnungen wird überwiegend (Hultsch *Astronomia*
RE II 1829) in dem Sinne belegt, daß ἀστρολόγος auch den
Wissenschaftler bezeichnet; doch vgl. LSJ ἀστρονομικός III
und den Titel *Astronomica* des Manilius. §§ 202, 204 μαθηματικός. – γένεσις auch § 202, t. t. für das Horoskop; γέννησις,
in der Bedeutung ‚Geburt‘ damit zusammentreffend, wird in
astrologischem Sinne nicht belegt; die Wörter als Varianten auch
ev. Luc. 1, 14. Die Korruptel ist hier älter als die Trennung
A-β. – ὡς an Stelle des (entbehrlichen) ἔσεσθαι von β, aber
schwerlich daraus entstanden, könnte eher von einer Variante

(μητρ)ός zu μητρί stammen, vgl. β. – ἐλθόντι fehlt in β und ist entbehrlich, doch vgl. Plaut. Merc. 770 *cras petito: dabitur;* ders. Pers. 311 *venito.* – ἀπόλλω = ἀπόλλυμι, von SophL seit 3. Jh. n. Chr. belegt; mit ἀποθάνῃ geht es (im Gegensatz zu β ἀπολέσω) schlecht zusammen, doch ist vielleicht nach Vorbild von β das καί zu streichen und ἀπόλλω dann ein selbständiger Fragesatz im Präsens: „verliere ich dann ...?" oder auch affirmativ. – Die Antwort verletzt das Gefühl der Mutter, im übrigen ist der Astrolog nicht minder ἀφυής als sein Kollege § 202.

§ 188. ἐκχυθῇ verteidigt von Ri. 58, vgl. zu § 169. Zu dem Schwur vgl. Phaedr. app. 8, 11 *sic ... oculi exstillescant mihi, si vidi.*

Der Gen. absolutus (A) anstatt des Nominativs (β) ist ungewöhnlich (vgl. aber zu § 17), vielleicht aus einem Anfang wie von § 190 versehentlich übernommen und mechanisch durchgeführt. Typisierender Angleichung an das häufige ἐρωτηθείς wird auch die Aoristform bei ‚fragen‘ verdankt, denn hier kommt es auf das wiederholte Gefragtwerden an, das den Grobian, wie den menandrischen Dyskolos (500 ff.), in Wut bringt: die starke Reaktion auf eine einzige Frage wäre nicht verständlich. Die Mehrzahl der Frager deutet ὑμῖν an, das auch A noch hat. (Vgl. auch zu § 262.)

§ 189. ψιχίον (neutestam.) und ψιχίδιον Deminutiva zu ψίξ m. oder fem. ‚Brosame‘, das schon durch den Mausnamen Ψιχάρπαξ der Batrachomyomachie vorausgesetzt wird. – στρούθιον oder στρούθειον bezeichnet eine Art Quitte (στρ. μῆλον) oder aber das Seifenkraut (Saponaria officinalis), beides als Heilmittel auch innerlich gebraucht (Plin. NH XXIII 103; XXIV 96 f.). Im Genitiv ergibt der Akzent Homonymie mit στρουθίον ‚Spätzchen‘. – κλουβίον Demin. zu κλωβός ‚Vogelkäfig‘ und mit diesem vulgären Vokalismus (neugriech. κλουβί, vgl. C) seit spätestens dem 3. Jh. nach Chr. belegt: LSJ s. v.; Ri. 81. Die Artikel τό (fehlt in M) und τοῦ besagen, daß der Grobian, ebenso wie der sentimentale Abderit § 125, ein Hausvögelchen hält. – Motiv ähnlich § 222.

§ 190. ταυλίζω d. i. ταβλίζω (zur Schreibung vgl. σταῦλον § 10) byz. von τάβλα *tabula.* Frühester Beleg ist wohl die Rücklatinisierung *tablista* Anthol. Lat. 333. – κατεπέτασσε: Es ist Minas’ Verdienst, das antike (?) Wort für ‚kiebitzen‘ erkannt zu haben. Dessen Entstellung in β führte wohl zur Weglassung der Worte ἀργὸς καθήμενος, die freilich nicht unentbehrlich, aber willkommen sind. In κατ-(επ-έτασσε) findet Eberhard die Häufigkeit (der ‚Befehle‘, die den Spielern gegeben werden) ausgedrückt, ebenso in § 210 κατηρώτα – aber wo ist das sonst der Fall? – τέχνης: wohl partitiv-possessiv, dem lat. Gen. qualitatis sich nähernd wie τῆς αὐτῆς γνώμης εἶναι u. ä., K-G I 373 § 418, 1 b. – αὐτοῦ: Minas' Konjektur, freilich auch gegen β, ist erwägenswert, da der Begriff ‚suum‘ ähnlich wie in § 33 hervorgehoben werden sollte; denn bei aller Grobheit kann doch nichts anderes gemeint sein. – Der Schluß ist in β lebendiger stilisiert.

§ 191. In der deutschen Übersetzung ist die Auffassung von Reich 465 wiedergegeben, der sich über den Text nicht äußert, aber wohl ἐκεῖ ⟨ὅ⟩θεν gemeint hat. Das ist einfach und gut, doch heißt μεταβαίνω z. B. in den Evangelien immer ‚weggehen‘ und befremdet in der entgegengesetzten Bedeutung. Boissonade: „Respondet quasi interrogatus de loco unde veniret“, ergibt keinen Witz. In A ist das Wort μεταβαίνω ganz rechts allein auf eine Zeile geschrieben, die im übrigen leer und außerdem die letzte der Seite (181ʳ) ist. Man könnte eine Lücke vermuten, doch ist der Schluß von § 147 auf S. 179ᵛ ebenso geschrieben und be- stimmt vollständig. – ποῦ μένεις; wie ev. Joh. 1, 39 (de Rhoer); vgl. zu § 170.

§ 192. ὁ ἐπίπλους (-πλοος) 1. Heranfahren (an ein feindliches Schiff od. dgl.) – 2. (auch τὸ ἐπίπλοον) omentum, das ‚Netz‘ im Bauch der Menschen und Tiere als Teil des Gekröses, geschätzt als fettreiche Speise. Eberhard beweist aus Athen. III 106 e εἰσεκομίσθη ταγηνιστὰ ἥπατα περιειλημένα τῷ καλουμένῳ ἐπίπλῳ u. 107 e den sachlichen Zusammenhang von Netz und Leber, der die Antwort erträglicher macht. Das (läppische) Mißverständnis wie §§ 133, 135, die Verteilung auf Σιδόνιοι und δύσκολοι erscheint willkürlich.

§ 193. Cicero De or. II 276 erzählt von (*P. Cornelius Scipio*) *Nasica, qui cum ad poetam Ennium venisset eique ab ostio quae- renti Ennium ancilla dixisset domi non esse, Nasica sensit illam domini iussu dixisse et illum intus esse. Paucis post diebus cum ad Nasicam venisset Ennius et eum ad ianuam quaereret, exclamat Nasica se domi non esse. Tum Ennius ‚quid? ego non cognosco vocem‘ inquit ‚tuam?‘ Hic Nasica ‚homo es impudens: ego cum te quaererem, ancillae tuae credidi te domi non esse, tu mihi non credis ipsi?‘* Hier bestätigt *quaereret* die Lesart ἐζήτει (A) gegen das ebenso sinngemäße ἐφώνει (β). - οὐκ εἰμὶ ἐγώ (β) unpassende Antwort, vielleicht infolge Übereifers, das Paradox herauszuholen. - εἶχες ἂν πιστεῦσαι A als Konditionalis (vgl. β) nach spätlateinisch-romanischer Manier (dicere habebant: Hofmann-Szantyr 315 § 175g), mit zusätzlichem ἄν, nicht wieder im Φ. (doch s. zu § 208). Vgl. (mit Ri. 60) Joh. Malalas chron. 128, 5 εἶχον δὲ καὶ τὰς ἡμῶν ναῦς καῦσαι οἱ βάρβαροι, εἰ μὴ νὺξ ἐπῆλθε. - Die graziöse Geschichte Ciceros, die selbstverständlich einen εὐτράπελος verrät, ist durch den groben Zusatz ὦ κάθαρμα (s. zu § 56) hier eingepaßt; auch der Irrealis der Argumentation ist nicht vorteilhaft, doch läßt sich die Erzählung so kürzer abmachen.

§ 194. σκάλα aus lat. scala, schon von Pollux I 93 (als Seemannswort) verzeichnet; κλῖμαξ §§ 52, 93. - οἰκοκυρός byz.-neugriech.. vgl. § 251 κυρά, für sonstiges (§ 33 u. ö.) οἰκοδεσπότης. - τοῦ ἐνοικίου Gen. pretii zu ἐνοίκιον ‚Mietzins'. Der Grundsatz: ‚‚Wenn ich meine Miete bezahle, kann ich in meiner Wohnung machen, was ich will'' leuchtet ein, und ein solcher ‚Fall' kann ja nicht wohl im Mietvertrag untersagt sein. - τί πρὸς σέ; ev. Joh. 21, Vers 22 u. 23; B-D § 239, 6.

In β passen Frage und Antwort zusammen. Das richtige ἔπεσεν ist vermutlich mechanisch verstümmelt und dann zu ἔνι (= ἐστίν) ergänzt worden: an sich nicht schlecht, doch fehlte das Verbum zu dem Gen. pretii in der Antwort. Darum wurde dort ἐλάκησα (vgl. zu § 176) beigefügt, zu grob (‚bin krepiert') und zu der ἔνι-Frage nicht passend.

§ 195. μικρόν adverbialer Akk., temporal: LSJ s. v. III 4. Durch Mißverständnis als maskulines Prädikativum entsteht der kümmerliche Witz. - συντυγχάνειν im Sinne des früheren ἐντυγχάνειν, ‚‚to speak to, to converse with'' belegt SophL seit 7. Jh., auch einmal (10. Jh.) mit Akk. statt Dat., was hier nicht angenommen zu werden braucht.

§ 196. ἀφυεῖς: über die ‚Unfähigen' s. oben S. 26. γραμματικός wie § 136; als Witzobjekt: Brecht 32ff. - δύο: Mayser I 2, 73 ‚‚Der Dativ hat niemals (so wenig als der Genitiv) die klassische Form δυοῖν, sondern in der Regel das hell. δυσί, daneben das indeklinable δύο''. Auch im Φ. niemals δυοῖν, wie es denn hier nicht einmal erwogen wird. Vgl. zu §§ 42 u. 239. - δέ wie § 26. - τοὺς δύο, von zehn, zu § 80. - Ähnlich bei Gellius X 1, 7 die Streitfrage consul tertio oder tertium und Ciceros salomonischer Ausweg (Hinweis v. K. H. Chelius).

§ 197. τίς: *quae vocatur?* Plaut. Bacch. 473 u. a. Die Frage setzt auch uns in Verlegenheit, da nach v. d. Kolf *Priamos* RE XXII 1844 mindestens sechs Namen zur Auswahl stehen. Vexierfragen des Kaisers Tiberius an Grammatiker, z. B. *quae mater Hecubae*, Sueton. Tib. 70, 3; vgl. Juvenal 7, 232 ff. u. dazu Friedländer. – κατὰ τιμήν wie § 20. – κυρίαν: i. allg. s. zu § 5. Wessely Altersind. 5 hebt hervor, daß diese Anrede hier noch als etwas Besonderes betrachtet wird: „Das Resultat, daß höherstehende Personen diese ehrende Ansprache genossen, ergab sich mir aus Papyri des 2. bis 3. Jh. n. Chr."

§ 198. κουρεύς als Witzobjekt auch § 148; Brecht 49. – πλήτ-τειν für das Beibringen blutiger Wunden seit Homer. – προσετί-θει: „ἐτίθει M, nescio an rectius" Eberhard nach § 221, wo A ἐπέθηκεν, β ἐτίθει, und § 112 θείς; das Bild ist also nicht einheitlich, und M hat bekanntlich viele Auslassungsfehler. – ξυρά-μενος (zu § 56) kausatives Medium: K-G I 108 § 374, 7; B-D § 317.

§ 199. παρωνυχίς: öfter ἡ παρωνυχία, lat. *paronychium* und mittelalt. mit seltsamer Entstellung *panaritium* ‚Entzündung des obersten Fingergliedes‘, die meist durch kleine Verletzungen entsteht. Hier müßte es die Verletzung selbst sein, vgl. allerdings zu § 200. Regierendes Verb ist dort wie hier ποιεῖν, aber in verschiedenem Sinne. Vielleicht ist die Phrase hier antizipiert und ein anderer Ausdruck durch sie verdrängt. – ὀνυχίζειν privativ wie σαρκίζειν ‚das Fleisch abschaben‘; deutsch ‚köpfen‘ u. a.: A. Debrunner, Griech. Wortbildungslehre, Heidelberg 1917 § 268. – ἐπιστάτα ‚Meister‘ (wie im NT: ‚Rabbi‘), gesichert durch § 200; deshalb muß von dem Kunden in 3. Person die Rede sein. – Wie jeder andere Lehrling faßt es auch der Barbierlehrling als sein gutes Recht und notwendigen Teil seiner Ausbildung auf, zunächst etwas zu verpfuschen, wogegen sich das lebende ‚Werkstück‘ freilich sträubt.

§ 200. οἰκοδεσπότης „Herr": zu § 33. – καὶ κλαίω ist überflüssig; zur Erklärung kann ich nichts beitragen. – ποιεῖν als byz. Ausdruck für das ‚Bekommen‘ einer Krankheit zu § 252 nachgewiesen. Also muß παρωνυχίς (vgl. zu § 199) hier jedenfalls die Entzündung sein, die doch nicht sofort eintritt. Die Prügel sind aber natürlich heute noch zu gewärtigen, denn der verletzte Kunde wird mit seiner Beschwerde nicht warten, bis die Entzündung kommt. Es ist hier, wie beim klassischen ὕστερον πρό-

τερον, mit der Folge in der Zeit nicht genau genommen, denn
die Hauptsache soll der Kausalnexus sein, den der ahnungsvolle
Knabe unentrinnbar abrollen sieht, verteilt auf drei Personen:
ich – du – der Meister. Daß der Lehrling mit der Möglichkeit,
es richtig zu machen, gar nicht rechnet, wirft dasselbe Licht auf
den Betrieb wie in § 199.

§ 201. ἔχει: wie in § 6. β. Es ist das personal konstruierte
ἐστίν, das dafür einzusetzen Eberhard mit Recht widerrät. –
οὐδέν verteidigt Ri. 97 im Sinne von ‚(gar) nicht‘, doch ist der
Gebrauch neben einem Objekts-Akkusativ ungewöhnlich. Allerdings ist οὐδέν in byz. Zeit generalisiert worden zu neugriech.
δέν ‚nicht‘. Doch fällt auf, daß sich der Fall eines solchen οὐδέν
in keinem der zahlreichen negativen Sätze des Φ. wiederholt.
οὐδέ (Minas) entspricht dem Sprachgebrauch: ev. Joh. 8, 42 οὐδὲ
γὰρ ἀπ’ ἐμαυτοῦ ἐλήλυθα Vulg. *neque enim a me ipso veni.* –
Daß eine genaue Kenntnis über diesen Punkt nicht einfach zu
erlangen ist, weiß man seit Homer α 215f., woran Boissonade
erinnert.

§ 202. μαθηματικός gleichbedeutend mit ἀστρολόγος § 187,
wie auch die Tätigkeit dieselbe des γένεσιν λέγειν ist. Die beiden
Geschichten sind auch im Motiv ähnlich, doch bevorzugt der
hiesige Nicht-δύσκολος die höfliche Manier. – ῥήτωρ nach Friedländer SG I 180 hier ‚Redelehrer‘, mit Verweis auf Philostratos,
wo aber der Ausdruck σοφισταί gebraucht wird. Es ist wohl
wie in § 54 ein Rechtsanwalt gemeint. – ἔπαρχος *praefectus* in
einer der möglichen Bedeutungen, J. Oehler ἔπαρχος RE V 2715,
gleich darauf ἄρχων genannt. – ἡγεμών jedenfalls im Rang höher,
kaiserlicher Provinzialstatthalter *praeses:* O. Hirschfeld, Die
kaiserl. Verwaltungsbeamten bis auf Diokletian, Berlin ²1905,
384; oder Militärbefehlshaber *dux*: Ri. 80, der darauf hinweist,
daß sogar ‚Kaiser‘ gemeint sein könne; als Richter tätig §§ 63,
264. Wessely 5 erinnert an eine ähnliche Prophezeiung (anderer)
hoher Ämter bei dem astrologischen Schriftsteller Hephästion
von Theben I p. 61, 23. – μνήμην: Seneca controv. VII praef. 7
iura per patris memoriam. Der Wahrsager hat sich sofort auf die
neue Sachlage umgestellt. – ἐάν für εἰ: zu § 123. – ἔζησε ‚am
Leben geblieben‘ wie § 174.

§ 203. ἔρχεται anstatt eines Futurum besonders in Prophezeiungen: B-D § 323, 1; der hiesige Gebrauch stimmt nicht genau
überein, kann aber daran angelehnt sein, da das Präsens nach

ἥξει auffällt. – μεθ' ἡμέρας LXX Judic. 15, 1 = *post aliquantulum temporis* Vulg. – οὐδέν macht den Ausdruck volkstümlich-kräftiger als bei der Congruentia generis: Diphilos fr. 104 πένητος ἀνδρὸς οὐδὲν εὐτυχέστερον, und oft altlat., z. B. Plaut. Men. 631 *nihil hoc homine audacius*. – ἄχρωμος: der kein Erröten kennt = ἀναιδής (Suda), seit Hippokrates.

§ 204. μοιρολογεῖν „explorata genesi eventa alicuius hominis definire" M. Haupt 28 = 497 anstatt des überlieferten μακρο-λογεῖν, das sich zur Not als satirischer Ausdruck rechtfertigen ließe, aber dem Besseren weichen muß. μοιρολογεῖν τινα belegen LSJ aus Pseudo-Kallisthenes (spätröm. Zeit): Ri. 87. – „γένος pro γένεσιν ‚nativitatem' " Boissonade. – πρόσεχε αὐτοῖς, nämlich damit sie dir nicht sterben, um so wenigstens nachträglich den Schicksalsspruch zu erfüllen, an dem der unfehlbare Astrolog natürlich festhält, durch den Einwand seines Klienten keines-wegs aus der Fassung gebracht. Unwahrscheinlich Haupt a. a. O.

§ 205. ἀφυὴς μάντις, insofern er Selbstverständliches prophe-zeit, wie sein Kollege bei Lukillios AP XI 163 und Agathias ib. 365; Brecht 44. Aber wozu die Vorgeschichte? Der Sinn der hübschen Erzählung, zu der leider keine Parallele nachgewiesen ist, war wohl ursprünglich, daß der Seher, der sich als solcher bekannt hatte, um sein Leben zu retten (so richtig aufgefaßt von Eberhard), nun gezwungenermaßen den Feinden das Mittel zum Siege verraten sollte und sie durch die Antwort verhöhnte. Vgl. oben S. 199 Anm. 16. – Die zweite Hälfte benötigt auf-fallend viel Konjekturen, denn auch βλέψωσιν ist nicht über-liefert, sondern Ritters Angabe S. 97 Anm. 3 dahin einzuschrän-ken, daß in κλέψωσιν (wie in A oft) diejenige Form des κ ver-wendet ist, die sich von dem häufigen *u* = β nur durch die höhere linke Hasta unterscheidet. Gegen νικήσετε πόλεμον, wobei die Konstruktion – sofern sie nicht überhaupt belegt ist – an μάχην νικᾶν u. ä. Rückhalt fände, spricht der Sinn, da es sich nur um eine Schlacht und nicht um den ganzen Krieg handeln kann. Hinzu kommt, daß man sonst das Subjekt οἱ πολέμιοι ausdrück-lich ergänzen müßte.

§ 206. Über Feiglinge s. oben S. 26; Brecht 51. Von diesem Kapitel sind die beiden ersten Erzählungen unpassend, dafür folgen später noch §§ 217, 218; vgl. § 96 δύο σχολαστικοὶ δειλοί. Dieselbe Geschichte wird als Apophthegma unter wechselnden Urhebernamen erzählt (Ri. 108 nach anderen): Athen. VIII

350b nach **Hegesandros**: (Στρατόνικος) ἐρωτηθεὶς δὲ ὑπό τινος, τίνα τῶν πλοίων ἀσφαλέστατα, τὰ μακρὰ ἢ τὰ στρογγύλα· Τὰ νενεωλκημένα, εἶπεν - Diog. Laert. I 104 ('Ανάχαρσις) ἐρωτηθείς, τίνα τῶν πλοίων εἰσὶν ἀφαλέστερα, ἔφη· Τὰ ν. - Apophthegmata Vindobonensia (bei C. Wachsmuth, Festschr. 36. Philologenvers., Freiburg-Tübingen 1882) § 131 Φιλιστίων ἐρωτηθείς, ἐκ τῶν στρογγύλων καὶ μακρῶν ποῖα ⟨πλοῖά add. Wachsmuth⟩ εἰσιν ἀσφαλῆ, ἔφη· Τὰ ν. Von dem halb sagenhaften **Anacharsis** abgesehen, ist **Stratonikos**, „bedeutender Kitharist und Witzbold, tätig etwa 410–360 v. Chr." (Maas *Stratonikos 2* RE IV A 326), der älteste Genannte. Von ihm hat **Athenaios** unmittelbar vorher einen Ausspruch desselben Typs mitgeteilt, wo auf eine Alternativfrage ein Drittes geantwortet wird. Er wird also wohl der Urheber des Wortes sein, das natürlich keine Feigheit (zumal des berühmten Umheseglers: Plaut. Rud. 932), sondern nur Witz verrät. **Philistions** Nennung bedeutet wohl, daß er den Ausspruch des Stratonikos in die Urform seines Φιλόγελως übernommen hatte (darüber s. S. 14 Anm. 25); dieser naheliegenden Annahme Reichs 456 widerspricht Körte 547, ohne zu überzeugen. - ποῖα s. v. a. πότερα, s. zu § 71. - στρογγύλα **Handelsschiffe**, von breiterem und stumpfem Bau: Köster *Seewesen* RE Suppl. V 917.

§ 207. Hier überzeugt die Einstufung noch weniger. Ein Jäger braucht sich keine Hunde zu mieten, er hat sie Tag und Nacht bei sich (Plaut. Cas. 319f.). Wer gegen einen Bären nicht ohne Jagdhunde angehen will, ist nicht feig, aber wenn es bloß ein geträumter Bär ist, vermischt er Traum und Wirklichkeit, wie die σχολαστικοί § 15 und der Abderit § 124. Wie in den folgenden Geschichten Boxer, in der Epigrammatik (Brecht 51) Soldaten als feig verspottet werden, deren Berufe eigentlich Mut erfordern, so wäre auch ein feiger Jäger eine mögliche Figur, der vor den Hasen davonliefe o. ä. Vielleicht gab es diese Gruppe in der verlorenen größeren Sammlung, aber geblieben ist nur das unglückliche Beispiel dessen, der sich von den Dummen hierher verirrt hat. - αὑτοῦ an Stelle des Reflexivs in Abhängigkeit von einer Präposition: B-D § 283, 2. - ἐκοίμιζεν M, s. oben S. 166.

§ 208. ἔχειν c. inf. aor. klass. ‚können', hell. auch ‚haben zu, müssen': B-D § 392, 2 m. Anh. Ri. 57 wertet (nach Eberhard) die hiesige Verwendung als Vorstufe der umschriebenen Bildung von Futur (§ 152.β) und Konditional (§ 193). - κυρίου μου ‚avec ce monsieur' vgl. zu § 144. Aber nicht bloß die Höflichkeit soll Beweis der Angst sein (so Boissonade), sondern man konnte offenbar den Sinn heraushören: der meiner ‚Herr zu werden' fähig ist, der es gewissermaßen schon ist: Plut. mor. 694 c (q. conviv. VI 8, 2) κύριος τῆς πόλεως γενόμενος (Brutus nach der Eroberung von Apollonia). Zu der Selbstanzeige des Feiglings vgl. diejenige des Pantoffelhelden § 250. – τοῦδε einzige Verwendung dieses Pronomens im Φ.

§ 209. ἀντίδικος ‚Prozeßgegner', in etwas erweiterter Bedeutung seit Aischylos, aber in so konkretem Gebrauch sonst nicht nachgewiesen; ἀντιπάλου Boissonade. Ebenso § 218. – κοσκινίζειν ‚sieben', wie frz. cribler (Boissonade) ‚durchlöchern', vgl. Lukillios AP XI 78, 1 an einen Boxer κόσκινον ἡ κεφαλή σου... γεγένηται, wo dann in V. 3 die μύρμηκες (§ 210) folgen. Obwohl der Witz mit den „vielen" Gegnern (vgl. § 218) dort nicht gemacht wird, besteht sicherlich ein Zusammenhang. – δέομαι mit Dat. aus Papyrusbrief einer ungebildeten Frau bei Mayser II 2, 233, 16; Vorbild könnte der hell. Dativ bei προσκυνέω sein, B-D § 151, 2. – Die Schlußworte bringen schon den Witz des § 218, aber zurückhaltender und kürzer, vielleicht besser; für sinnlos erklärt sie Perry 163. Der schlechte Sportler kann nicht glauben, daß die vielen Schläge von einem einzigen Gegner kommen (Haupt 29 = 498).

§ 210. κατερωτᾶν fehlt in LSJ, also ἅπαξ λεγόμενον. Das Präverb nach Eberhard hier und in § 190 (s. dazu) iterativ, wozu hier das Imperfekt passen würde. Über κατα- intensivierend Schwyzer GG II 476. – Witz wie § 172, wegen des Plurals hier etwas besser.

§ 211. ὀκνηροί in der Epigrammatik: Brecht 85; die Beispiele sind nicht sehr ähnlich. Grimms Märchen „Die drei Faulen" und „Die zwölf faulen Knechte" zeigen die fortdauernde Beliebtheit solcher anheimelnder Figuren; Nachweise über Herkunft (Gesta Romanorum) und Verbreitung bei J. Bolte-G. Polivka, Anmerkungen zu den Kinder- u. Hausmärchen der Brüder Grimm III Hildesheim ²1963, Nr. 151/151a, wo S. 213 auch Φ. § 213 zitiert.

ὁ σάγος, Demin. τὸ σαγίον, sagum Militärmantel, hier als Schlafdecke. – ὑποσύρειν ‚heimlich wegziehen', nicht ‚unten ...', denn das könnte erst für die Matratze gelten und würde hier den Witz stören. – φθάσον „hole ein" wie § 132. – ἀνάστα hell. nach bereits attischem κατάβα für -βηθι: B-D § 95, 3. – ἐπαίρειν ‚wegnehmen', spätröm.-byz.: SophL; Ri. 86.

Der gut gelungene Witz wird in β flotter erzählt, doch ist dort ὁμοῦ wohl ausgefallen. Das Subjekt (οὗτος) zu εἶπεν oder ἔφη ist vielleicht als selbstverständlich weggeblieben. In A ist τὸν κλέψαντα τὸν σάγον wohl pedantisch, verrät aber die richtige Überlegung, daß der andere, der bisher geschlafen hat, nicht wissen kann, wen er fangen soll.

§ 212. κελεύω m. Dat., zu § 21. – εἰς ‚zu' schon att. auch bei Einzelpersonen „mit dem Nebenbegriff der Wohnung" K-G I 468 § 432, 1, 1. – ἀπελθεῖν ‚hingehen', zu § 170. – χρήσασθαι von κίχρημι. – δίδει vereinzelte hell.-neugriech. Form neben mehreren att. gebildeten z.B. in § 219; B-D § 94, 1; Ri. 31.

Die Faulheit des Sohnes kommt überzeugend zum Ausdruck, doch fehlt der Witz. Aus diesem Grunde ist auch der Textausfall in β nicht sicher, da die zwei Ausreden des Sohnes in A eben auch nicht mehr leisten. Vielleicht soll deren unlogisches Hintereinander wirken: 1. der Nachbar verweigert die Axt, 2. er hat keine. Aber das ist dann nicht gut herausgearbeitet, und daß der Sohn der Nachbar zu sein behauptet, auf jeden Fall fade.

§ 213. ὑπαντᾶν mit Dat. (A) oder Akk. (β) wie in § 5; die hybride Perfektform (α statt η) in β kaum haltbar nach Ri. 24 f. (vgl. zu § 11). – μάπουλον ohne weiteren Beleg, mit auffallendem Genuswechsel von *mappula* (Ri. 91) ‚Taschentuch' (Schuppe *mappa* und *orarium* RE XIV 1413; XVIII 1, 866), worein man auch heute noch manchmal Geld knotet (richtig Liebrecht 235); in C ersetzt durch μανδύλ(ιον), das byz.-neugr. μαντήλιον, von lat. *mantele*.

A gebraucht mehr Worte, und zwar ἔκτεινον κτλ. entschieden zum Nachteil der Sache, vgl. oben S. 196, ferner S. 199 zu den Schlußworten, über die sich schwerer urteilen läßt. Doch werden die Faulen wenig reden, in manchen der Märchenparallelen gehört das gerade zum Witz. – ἔνθεν ‚hinc' (§ 169?), vgl. Aesop. fab. 9 II 7 Hausr., auch 52 II 5 πορευθῶμεν ... ἔνθεν, wo I ἐνθένδε, III ἐντεῦθεν; Gregor. Nyss. in Pulcheriam ed. Spira, vol. IX 465, 8 Jaeger-Langerbeck: ἔνθεν τὸ φυτὸν ἀνεσπάσθη, ἀλλὰ τῷ παραδείσῳ ἐνεφυτεύθη. – πληροῦν ‚befriedigen, bezahlen' mit persönlichem Akk.-Objekt (wie mit anderem Bild lat. *absolvere*), nach Preisigke Wörterb. im Passiv seit 1. Jh. v. Chr. ἐπληρώθην ist eine Art von mündlicher Quittung, wie *accepti latio* den Schulderlaß bedeutend.

§ 214. φθονεροί in Satire und Epigramm: Brecht 84. καί wird von Eberhard in Zweifel gezogen, gewiß wegen der ungleichen Zeitstufe der Partizipien. Die Frage ist zu wenig untersucht; vgl. zu § 107. – Zum Verfahren der Walker, Wolle mit abgestandenem Harn zu verseifen und dadurch zu reinigen, vgl. H. Blümner, Technologie u. Terminologie d. Künste b. Griechen u. Römern I² Leipzig-Berlin 1912, 175; Mnesitheos b. Athen. XI 484a.

§ 215. ἐκδιώκειν att. ‚vertreiben'. Glück der Mieter als Kündigungsgrund ist paradox, da sonst oft gerade Unglück und daraus folgende Zahlungsunfähigkeit dazu veranlaßt.

§ 216. γείτονα: der Nachbar als Gegenstand des Neides seit Hesiod, Erga 23. – ἄρκος für ἄρκτος seit LXX, Schreibung gesichert durch Ammianos AP XI 231. τὸ ἄρκος zu ἀρκέω, nur poetisch, bleibt außer Betracht. – Wie Boissonade erklärt auch Eberhard den Text für unverständlich. Eine Erklärung versucht Kurtz 370: „Ein Neidischer, der einen eifrigen Jäger zum Nachbarn hat, will denselben foppen und ihm einbilden, daß er eine Jagdbeute sehe; so ruft er denn dem Steuermann (sie befinden sich also auf oder neben einem Schiffe) zu: ‚Siehst du den Bären (scil. das Gestirn am Himmel)?'" Aber θηριομαχεῖν bedeutet nicht die Jagd im eigentlichen Sinne, sondern meint hier sicherlich das Auftreten als sogen. *venator* im Zirkus, was auch freie Leute taten (vgl. Pollack *Bestiarii* RE III 360), so daß die angenommene Szene nicht vorstellbar ist. Und wo soll der Neid stecken? Zuzugeben ist, daß der ‚Bär' sowohl zu dem Tierkämpfer wie zu dem Steuermann paßt. Das spricht gegen die sonst naheliegende Annahme der mechanischen Vereinigung zweier Geschichten durch Textausfall (wofür man sich sogar darauf berufen könnte, daß in A mit λέγει die Kolumne 182ʳ sin. endet). Darum schließe ich mit Eberhards Worten: „corriget qui intellexerit." Vgl. auch zu § 217.

§ 217. Ohne ersichtlichen Grund werden die δειλοί wieder aufgegriffen. Eberhard vermutet Zusammenhang mit der Störung in § 216. Wenn man sich das (im Anschluß an Kurtz) ausmalt, könnte der größere Teil von § 216 Rest einer Feiglingsgeschichte sein: Ein feiger Tierkämpfer läuft auf einer Schiffahrt ängstlich davon, als der Kapitän dem Steuermann zuruft: „Großer Bär!"

(d.h. genau nach Norden halten!). Aber zwischen den πύκται der §§ 210 und 217 ist das wenig glaublich. ἄλλος als Übergang nur noch § 107; in beiden Fällen ist kein Grund für die Besonderheit ersichtlich. Hier ist ἄλλος sc. πύκτης zu verstehen, also wie nach § 210 (oder 218), aber διὰ δειλίαν ist wohl erst eingesetzt worden, nachdem die Geschichte hinter § 216 verschlagen war. - τῶν καιρίων nach Eberhard partitiv, wie schon die Wortstellung zeigt, sc. ἐστί ‚gehört zu‘: K-G I 372 § 418, 1a. Xen. eq. 12, 2 ἐπεὶ δὲ καὶ ὁ αὐχήν ἐστι τῶν καιρίων „da aber auch der Hals zu den Teilen gehört, die lebengefährlichen Verwundungen ausgesetzt sind" (E. Pollack, Xenophons Schrift π. ἱππικῆς, Gymn. Progr. Meißen 1912; ähnlich Kl. Widdra, Xenophon, Reitkunst, griech. u. deutsch, Darmstadt 1965).

§ 218. ~ 209. Wenn man sich §§ 211–216 wegdenkt, muß die Duplizierung auf geringen Abstand besonders überraschen; vgl. oben S. 185f. Über das Verhältnis s. zu § 209; παιόμενος trivial gegenüber κοσκινιζόμενος. Unser Held wäre, wenn man ihm glauben will, wohl fähig, es mit jedem einzelnen der vermuteten vielen Gegner aufzunehmen.

§ 219. λιμόξηρος, bei LSJ außer Φ. nur durch CGIL II 70, 24 = Gloss. Lat. II 187 Philox. FA 46 *famelice* λιμοξήρως vertreten, muß zwar etymologisch ‚vom Hunger ausgedörrt, ausgemergelt‘ heißen, doch sind die hiesigen Typen nicht bettelarm – man denke nur an den ὕπαρχος § 261! – sondern gefräßig. Zugehörig ist auch § 261. Über die Behandlung dieses Lasters in Komödie, Satire und Epigramm vgl. Brecht 71ff.

εἰς prädikativ, zu § 41. In der Sache ähnlich § 261.

§ 220. κρεμάμενον: vermutlich zum Schutz gegen Mäuse, wie heute Wurst, Speck u. dgl. Der Zusatz ἔν τινι ὕψει in β besagt vielleicht, daß die Sitte da nicht bekannt ist. - ἀπαγγέλλειν ‚aufsagen, rezitieren‘, τὰ ποιήματα schol. Aristoph. Vesp. 1109 (Ri. 89); ein Nachweis aus Chorikios bei LSJ s. v. I 3. Den Zusammenhang hat Boissonade erklärt: der Lehrer redet das Brot an wie einen Schüler, der irgendwo herumklettert, anstatt seine Lektion aufzusagen. Das paßt schlecht zum ‚Turnlehrer‘, überhaupt nicht gut in die Schule, sondern zum häuslichen Unterricht durch den παιδαγωγός (β). Der παιδοτρίβης (A) ist vielleicht wegen der Kletterei hineingekommen (vgl. auch zu § 258). - ἀπαρτίζειν (mit gesuchtem Anklang an ἄρτος nach de Rhoer) ‚fertig machen‘, aber (trotz lat. *conficere*) gewiß nicht in der heute umgangssprachlichen Weise übertragen (die mir nur gerade für die Übersetzung willkommen war), sondern wie Oxyrh. Pap. 724, 11 „educate ... thoroughly" nach LSJ s.v. II; ebenso hier Boissonade: „que je te donne une bonne leçon, que j'achève ton éducation." Er und Eberhard setzen am Schluß Fragezeichen, doch ist Konj. Praes. in konsultativen Fragen ungewöhnlich: B-D § 366, 1.

§ 221. τρύπη oder τρῦπα ‚Loch': darin liegt selten ein Brot (A), öfter ist eines durch ein Ast- oder Schlüsselloch z.B. der Speisekammertür sichtbar: das ergibt den Vorzug für β, vgl. übrigens auch zu § 223. – ἐκσυρτικὸν ἔμπλαστρον: „extrahens emplastrum" de Rhoer, offenbar sachlich notwendig und der Ableitung nach begreiflich, doch wird kein Beleg beigebracht; LSJ kennen nur unsere Stelle und übersetzen unpassend „depilatory" (das wäre δρῶπαξ). Cels. med. V 19, 12 *emplastra nobilia ad extrahendum, quae... ἐπισπαστικά nominantur*: dies der gebräuchliche Ausdruck, aber ἐκσυρτικόν scheint nicht schlechter und ist schwerlich korrupt.

§ 222. ἄληξ oder nach Ri. 85 richtiger ἄλιξ, lat. (*h*)*alica*, eine Art Grütze, die aus verschiedenen Getreidearten bereitet werden konnte; sie selbst oder der Schleim davon als Heilmittel geschätzt: Olck *Alica 2* RE I 1478. – τράγος, eine andere Art Grütze, ebenfalls in der Medizin gebräuchlich; Plin. NH XVIII 93 nennt die Ursprungspflanze *tragos*, das Produkt ib. 76 *tragum*, und so τράγον vielleicht auch hier Neutrum, das aber bei LSJ nicht geführt wird. Vgl. noch Orth *Spelt* RE III A 1600 mit schwieriger Diskussion. Über den Grund des Namens, der hier das Wortspiel ermöglicht, Vermutungen bei R. Strömberg, Griech. Pflanzennamen, Göteborg 1940, 142. – Es kommt hier wohl nicht darauf an, daß *alica* als Medikament besser ist und *tragum* ein Notbehelf, sondern ἄληξ wird nur genannt, damit man τράγον im richtigen Sinne versteht, und zur Vorsicht hinzugesetzt, daß beides ein πόμα sein soll. – εἰς prädikativ, zu § 41; Ri. 86 Anm. 39: „daß er Weizengrütze als Trank zubereitet bekomme", aber γενέσθαι ist merkwürdig (wie nach Vorbild von *fieri* ‚gemacht werden'; vgl. zu § 261); danach normal ποιῆσαι. – φάγω coniunctivus pro futuro, s. zu § 152. – Zu dem ‚mathematischen' Witz vgl. § 127 u. dazu.

§ 223. ἐν ὑπερθύρῳ. Wie das Brot da hinaufkommt, braucht man nicht zu fragen, aber die schlechtere Erfindung gegenüber §§ 220, 221 fällt doch auf. Jene beiden Witze sind wohl Grundlage der hiesigen christlichen Variante, die sonst gut gelungen ist. – θεέ (A) seit LXX, neutestamentlich nur in dem bekannten Kreuzeswort ev. Matth. 27, 46: B-D § 44, 2 (sonst ὁ θεός: ebd. § 147, 3); κύριε (β) häufig. – ὑψοῦν und ταπεινοῦν als Gegensätze geläufig durch ev. Luc. 14, 11 πᾶς ὁ ὑψῶν ἑαυτὸν ταπεινωθήσεται καὶ ὁ ταπεινῶν ἑαυτὸν ὑψωθήσεται und die zahlreichen Parallelen, vgl. die Konkordanzen unter ταπεινοῦν. Zwar liegt das Gegensatzpaar wörtlich schon bei Polyb. V 26, 12 vor und erscheint z. b. auch in einer angeblichen Antwort des Chilon an Äsop(!) im Gnomol. Vatic. 553, von Zeus ausgesagt, doch ist wegen θεέ bzw. κύριε hier wohl der christliche Anklang gesucht. Über sonstige biblische Anklänge vgl. oben S. 15. In β ist ἐξάλειψον auch biblisch, LXX Exod. 32, 32, aber hier sinnlos (vage Erinnerung an Daniel 12, 1?). Eberhards Vermutung ἐξανύψου (unbelegt) mißfällt durch das Tempus.

§ 224. ἀπελθών ‚kam‘, vgl. zu § 70. – εἰς ‚zu‘, vgl. zu § 212. – συκῆ behält auch hell. seine att. Form (B-D § 45), daher συκᾶς (Aristoph. Pax 558 u. ö.). – πολλὴν ὥραν ‚lange Zeit‘ belegt SophL seit Epiphanios († 403). – ἐπικειμένων plastisch-übertreibend: die den Untenstehenden gewissermaßen auf die Schulter reichen. – ὡς temporal: B-D § 455, 2; wohl iterativ gleich ὅταν, wie ev. Luc. 12, 58 ὡς ὑπάγεις ‚wenn du gehst‘, also ‚jedesmal beim Herabsteigen‘. – Motiv wie § 225, Szenerie wie § 243.

§ 225. ἤτει δοῦναι prägnant ‚bat geben zu dürfen‘, wie § 127 παρεκάλει ἵνα παράσχῃ (Eberhard). – χορτάζειν im Sinne des Reflexivs byz. bei SophL sogar mit Akk.- Objekt (A) belegt, was Ri. 94 billigt. – τούτῳ anstatt αὐτῷ wohl um dem indirekten Reflexiv, das so lauten würde, auszuweichen. – ὁ δέ trotz gleichgebliebenem Subjekt: K-G I 657f. § 469, 2. Vielleicht liegt jedoch einfach anakoluthisches δέ wie in § 44 vor und sind vorher die überflüssigen Worte ἤρξατο τρώγειν zu streichen. Die glattere Konstruktion in C (wo ἑστώς nur versehentlich fehlen dürfte) kann nicht primär sein, da jetzt wiederum ἀρξάμενος als Rest des Alten stört. – ὅτι (om. C) vor dem Imperativ durch klass. Beispiele gestützt: K-G II 367 § 551, 4; Stahl 565. – προβολή ‚Auslagebrett‘ am Bäckerladen: Georg. Kedrenos I 678 (illustriert durch Theophanes 234, 20); vgl. Ph. Kukules, Βυζαντινῶν βίος καὶ πολιτισμός II 1, Athen 1948, 182. Der κόφινος scheint höher zu stehen und Vorräte zu enthalten, aus denen das Verkaufte auf der Auslage ergänzt wird. Man könnte auch an einen Straßenhändler denken, der das Brett vor den Leib gebunden und den Korb auf dem Rücken trägt. – Ähnlich § 224.

§ 226. εἰσελθεῖν t.t. vom Auftreten zu künstlerischer Darbietung: LSJ s.v. εἰσέρχομαι II; Dio Cass. LVI 47, 2 ἐς τὸ θέατρον ἐσελθεῖν. – Den Text hatte Minas (A′) mit der Änderung ἐπιορκοῦντες λέγωμεν gegeben. Hierin erkannte Boissonade von ἠρίστησα an die Verse. Eberhard druckte den Text nach Cobet 8 = Fr. Com. Graec. V 1 p. CCCLXIX fr. CDXLVII Meineke = Com. Att. Fr. adesp. 421 Kock (= Edmonds) in der Form ἐπιορκῶν λέγω· ⟨ἐγὼ⟩ μὲν κτλ. Ich habe meine Vermutung, daß der Anfang der menandrischen Συναριστῶσαι vorliegt, unter Hinweis auf Plaut. Cist. 10 ff. begründet in den Studi Urbinati n.s. B 35, 1961, 113–115. Demnach spielte der Sprecher die Rolle der Φιλαινίς, vgl. T. B. L. Webster, Lustrum 11, 1966, 27. – Schauspielerwitz auch § 239, Zitat aus Bühnenstück wohl auch § 242.

§ 227. μέθυσοι: Über das Fehlen eines besonderen Kapitels in β s. oben S. 186, wo auch über die Stellung unserer Geschichte.

αὐθέντης ,Herr‘, schon von Phrynichos (2. Jh. n. Chr.) gegenüber δεσπότης verworfen, neugriech.; genügt hier (anders § 194. β) nach κάπηλον, während β ein Wort einspart, indem der speziellere Ausdruck πραγματευτής verwandt wird. Über diesen s. zu § 46, über die Einheit von Kneipe und Kramladen zu § 145. – μελανός metaplastisch in spätröm. Zeit, doch μελανώτεροι schon Strabo XVI 4, 12 p. 772 (Ri. 23). Über die Mischform μέλαινα (β) s. zu § 39, ebda. über Schwarz als Farbe der Trauer. μέλας οἶνος seit Homer ε 265, wozu Eustath. 1534, 45 τὸν δὲ ἐνταῦθα μέλανα οἶνον πρὸ ὀλίγου (165) ἐρυθρὸν ἡ Καλυψὼ εἶπε. – κερνῶ (β), für κιρνῶ = κεράννυμι, bei SophL aus Achmet (9. Jh.?) belegt; die (neugriech.) Bedeutung ,einschenken‘ bei κεράννυμι seit NT (SophL). Vgl. § 245; Ri. 91.

§ 228. ὁ δέ: vgl. d. Wörterverz. – ἀπό kausal anstatt ὑπό: B-D § 210, 1. – ὄψεις: ein wirklich geistvolles Spiel mit den beiden Bedeutungen ,visus‘ und ,facies‘. Doppeltsehen der Betrunkenen: Heinze zu Horat. sat. II 1, 25 *accessit fervor capiti numerusque lucernis*; Straton AP XII 199. Der μέθυσος sieht an seinem Gegenüber eine doppelte *facies*, weiß aber, daß doppelter *visus* die Trunkenheit anzeigt. Indem er beides gleichsetzt, zieht er für den andern den Schluß, der für ihn selbst gelten müßte.

§ 229. τρυγητός ‚Weinlese‘ eignet sich begrifflich für den Dat. temporis (A), doch bieten die Handbücher (z. B. Mayser II 2, 297) nichts näher Vergleichbares. Zur Akzentuation (endbetont in A β) vgl. LSJ s. v., a. E.

„κληρονομήσας utique melius est quam κτησάμενος quod qui cum v. ἀτυχής cohaereat non perspicitur" Eberhard übertrieben, denn der plötzliche Tod vor dem Genusse ist auf jeden Fall ein Unglück. Aber da die Erbschaft ihrerseits ein Glück ist, mag das wirklich besser sein, κτησάμενος eine achtlose Trivialisierung. – Die verschiedene Stellung der beiden Anfangsworte in A und β hängt ohne Zweifel mit dem Fehlen der Rubrik μέθυσοι in β zusammen. Wie die Tabelle oben S. 145 zeigt, steht dieser einzig verbliebene μέθυσος von β grundsätzlich auf demselben Platz wie in A. Trotzdem scheint in dem Anfangswort ἀτυχής etwas Altes bewahrt zu sein, vgl. § 252 ἀτυχὴς εὐνοῦχος, in der Doublette § 116 geändert in ᾽Αβδηρίτης εὐνοῦχος δυστυχήσας. Ich erschließe eine ehemalige Gruppe von ἀτυχεῖς, die ich so veranschaulichen möchte: „Was ist Pech? – Wenn man Eunuch ist und einen Wasserbruch bekommt. – Wenn man einen Weinberg erbt und vor der Lese stirbt." – Es gibt verwandte Typen von Scherzfragen im Deutschen: „Was ist Schnelligkeit?" – „Was ist peinlich?" und eben auch „Was ist Glück?" und „Was ist Pech?" Vgl. Diog. Laert. I 86 ἔλεγε δὲ ἀτυχῇ εἶναι τὸν ἀτυχίαν μὴ φέροντα (Bias) und gleich darauf τί δυσχερές; (Gnomol. Vatic. 154), ib. 87 (Gnomol. Vatic. 155) τί γλυκὺ ἀνθρώποις; Gnomol. Vatic. 189 (Diogenes Kyn.) ἐρωτηθείς, τί κακὸν ἐν βίῳ κτλ. Entfernter ähnlich der Typus der superlativischen Rätselfrage, vgl. W. Schultz *Rätsel* RE I A 110. Man kann sich Witzsammlungen mit dieser Einteilung – mehr nach Erlebnis- oder Handlungstypen – denken, die aber nicht in die Φ.-Sammlung – nach Eigenschaften – paßten; sie konnten wohl einige Witze abgeben, doch mußten diese umetikettiert werden.

§ 230. καπηλεῖον: zu § 145. – ἀνοίξας ‚eröffnete‘: LSJ s. v. (I 1) b. – Von manchem Wirt sagt man wohl, er sei „selber sein bester Gast", dieser will aber sein einziger Gast bleiben. An Stelle eines scharfen Hofhundes, der einzelne beherzte Durstige vielleicht doch nicht abschrecken würde, kettet er die wilde Bestie an, um ganz sicher zu gehen. Der Witz ist hübsch durch seinen grotesken Einschlag: warum ‚eröffnet‘ der Mann sein Lokal überhaupt?

§ 231. Zum Thema der ὀζόστομοι in Satire und Epigrammatik Brecht 94 f. In β ist diese abstoßende Gruppe beseitigt bis auf einen umtitulierten Rest § 239, vgl. oben S. 186 f.

ἰδίῳ θανάτῳ ἀποθανεῖν kennen LSJ ἴδιος I 6 b als *sua morte* ‚eines natürlichen Todes', während die Anwendung auf Selbstmord sonst nicht belegt ist: Ri. 50 u. 80. Über Selbstmord vgl. zu § 109.

§ 232. Plaut. Cas. 230 *mea Iuno*; Curc. 192 *meam Venerem*. Zum Gebrauch des Artikels (B-D § 147, 3) vgl. Heliodor. Aeth. I 10, 2 περιβαλοῦσα· 'ὁ νέος 'Ιππόλυτος, ὁ Θησεὺς ὁ ἐμός' ἔλεγε. – Joh. Tzetzes π. κωμῳδίας Pa 40 p. 19 (Kaibel Comic. Gr. frr. I 1) über Wortkomik κατὰ ἐναλλαγήν, ὡς τὸ 'ὦ Βδεῦ δέσποτα' ἀντὶ τοῦ ὦ Ζεῦ, von Boissonade verglichen, der auf Grund des damals bekannten Textes eine noch größere Ähnlichkeit annahm. – ὀζεύς unbelegt, gewiß Momentanbildung.

§ 233. κωφῷ: der ein Wort nicht von einem Naturlaut unterscheiden kann und sich auf seine übrigen Sinne verlassen muß. – φῦ: vgl. auch zu § 238; φῦγε C vermutlich Konjektur, zu φεύγω; φῦ-γε wären an und für sich gut, vgl. εὖγε. – εἰρηκότος anstatt des normalen Aoristes (der im Φ. sehr häufig) nur hier (Ri. 54) zwischen zwei εἰπ-Formen aus stilistischem Grunde; über sonstiges Vorkommen vgl. B-D § 343, 1; auch unten zu § 240 εὐρηκώς.– γάρ: „miratur enim cur ille de eo quod dixerit exclamaverit ‚fu', quasi ‚turpe dictu'!" Eberhard. – βδέω: Aor. mit ε auch §§ 240, 241, von Minas konsequent in ευ verlesen, das über die Ausgaben auch in LSJ gelangt ist. – Zur Sache vgl. § 241; Nikarchos AP XI 241 u. 242; Kroll zu Catull 97; L. Radermacher πορδή RE XVII 235.

§ 234. λέγων: zu § 46. – κυρία als Anrede der Gattin auch § 244, vgl. § 232; Epictet. enchir. 40 αἱ γυναῖκες εὐθὺς ἀπὸ τεσσαρεσκαίδεκα ἐτῶν ὑπὸ τῶν ἀνδρῶν κύριαι καλοῦνται. Vgl. Friedländer SG IV 87, der auch unseren Witz berücksichtigt. – φιλεῖς 1) ‚amas' als Gegensatz zu μισεῖς, vgl. Plat. rep. I 334c; 2) ‚oscularis' wie ev. Marc. 14, 44 (§ 232 καταφιλεῖν). Das Wortspiel und fast dasselbe Thema bei Nikarchos AP XI 252 (εἰς βαρύοδμον) Εἴ με φιλεῖς, μισεῖς με, καὶ εἰ μισεῖς σύ, φιλεῖς με· εἰ δέ με μὴ μισεῖς, φίλτατε, μή με φίλει.

§ 235. κύριέ μου: vgl. zu § 144. – ἴδε: zu § 80 über den Akzent. – σταφυλή: Cels. med. VII 12, 3 A *uva si cum inflammatione descendit*; vgl. zu § 7. – κῶλος, der neugriech. Name für den Anus,

273

viell. aus klass. τὸ κόλον ‚Grimmdarm‘ mit Anlehnung an κῶλον und lat. *culus*. Ri. 91. – Der Arzt ist δύσκολος wie seine Kollegen § 183 ff.

§ 236. ἐμβρωματίζειν ‚füttern‘ byz., doch schon 1./2. Jh. n. Chr. pass. ‚einen Imbiß nehmen‘: das spricht auch für αὐτό (A) gegen αὐτῷ (C). – τατά: Als kindersprachlicher Ausdruck für ‚Vater‘ ist τατᾶ (so) überliefert bei Myrinos AP XI 67, 4; lat. *tata* bei Martial I 100 u. a. – κακά: Der Witz verlangt die Bedeutung (und Schreibung?) von kindersprachlich κακκᾶν Aristoph. Nub. 1384, Subst. ἡ κάκκη.

§ 237. λουκάνικον *lucanicum* (sc. *intestinum*) ‚Wurst‘ ursprünglich einer bestimmten Art, *sumptum est enim nomen ab inventoribus Lucanicis* Charis. GL I 94, 16; neugriech. das allgemeine Wort für ‚Wurst‘ unter Beibehaltung des lat. Akzentes, den auch A bietet. Ri. 86. Honigmann *Lucania* RE XIII 1543. – ἐπὶ πολύ temporal: LSJ πολύς IV 4 b. – ἡνίκα muß Konjektur von Boissonade sein, dessen Behauptung „videtur esse in A [d. h. A′] ηνίκαν‟ offenbar auf irrtümlicher Erinnerung beruht, da auch Minas klar κϋνέαν geschrieben hat. ἡνίκα (sonst nicht im Φ., aber z. B. LXX) ergibt guten Sinn, unerklärt bleibt die Entstellung zu κυνέαν. – Der Witz von § 233, daß man die Gerüche ab ore und ab ano nicht unterscheiden kann, wird hier zu einer gequälten Pointe verarbeitet und deren Exposition wiederum so knapp gegeben, daß die Sache bisher kaum verstanden ist (Eberhard; Ri. 86 Anm. 43).

§ 238. ἀπελθών: zu § 70. – εἰς: zu § 212. – ἔχεις, κῦρι: zu § 135. – σχάδας byz. mit vulgärer Aphärese für ἰσχάδας (§ 178) ‚getrocknete Feigen‘; Ri. 93. Der Nom. Sing. kann als σχάς (CGlL VI 182 s. *Carica*) oder σχάδα (Du Cange) angesetzt werden. – Zur Aussprache von οι als *ü*, worauf der Witz beruht, vgl. Schwyzer GG I 195; φῦ wie in § 233.

§ 239. ὀζόχρωτος *hircosus* CGlL II 379, 42 zu χρώς ‚Haut‘ gebildet wie πλησίφωτος u. ä. zu φῶς: Ri. 22 f., der auch Richtigkeit von ὀζόχρωστος (A) erwägt (Ablenkung durch Formen von χρώννυμι, χρῴζω), gegen § 240 und die Glosse schwierig; vgl. zu § 240. Die Korruptel in β ist unerklärlich. – κῦρι: zu § 135. – οἴμοι τί δράσω; wie Sophokles Ai. 920 (de Rhoer) und öfter, auch bei Euripides. – Eberhard erkannte den Vers und bemerkte, daß er wegen τραγῳδός (analog zu § 226) wohl tragisch sein müsse, aber wegen δυσί und μερίζομαι „comici versus speciem‟ habe. δυσί

(§ 196) fehlt auch in der Komödie. Wenn klassisch, müßte δυσί wohl aus τρισί des Originals abgewandelt sein, obwohl Zweizahl der Übel, zwischen denen zu wählen, der normalere Fall ist (für Kom. vgl. Plaut. Cas. 970f; Heinze zu Horat. sat. II 2, 64). Zweifelnd aufgenommen von Nauck Trag. Gr. Frr. als adesp. 279. Über die verschiedene Klassierung des Witzes in A und β s. oben S. 186 f. In A ist die inhaltliche Bindung zu der folgenden Geschichte eng. ἠγαπήθη (A) ist im Tempus schlecht für die Exposition.

§ 240. Von den anakoluthen Partizipialkonstruktionen der beiden ersten Sätze liegt die zweite auch in § 188 vor. Die erste, konfusere, hat Boissonade trotzdem geduldet. Eberhard stellte durch die Änderung καθεζόμενοι einen Nominat. pendens (B-D § 466, 2–4) her, methodisch bedenklich. Wenn überhaupt, müßte m. E. in ὀζοστόμου geändert werden, das an die Nominative der meisten Geschichten leicht angeglichen werden konnte; dann auch ὀζόχρωτος in den Gen., falls dies nicht (trotz § 239) schon die Genitivform ist, nach der normalen Flexion der Wörter wie μελάγχρως usw.: bei dieser Annahme hätte ὀζόχρωτος, sekundär als Nominativ empfunden, auf ὀζοστομ- zurückgewirkt. – καθεσθῆναι vgl. § 84. – ἔβδεσεν : zu § 233, ebenso btr. εὑρηκώς, das vielleicht zwischen 2 Aoristen στραφείς stilistische Abwechslung bringen soll.

§ 241. μωρός: s. oben S. 186. In der Pointe stimmt § 233 überein, dort vgl. auch btr. ἔβδεσε. – κατακράξαντος wie § 117. – πῶς nähert sich dem Sinne von ὅτι: B-D § 396; so neugriech.

§ 242. μία μία χαρεῖς: Boissonade faßt das wiederholte Zahlwort distributiv (B-D § 248, 1), liest χάρις und versteht: „un plaisir après l'autre", d.h. mache auch den unteren Göttern einmal das Vergnügen, sie anzuhauchen. Eberhard: „μία μία χάρις ἐστίν ἣν χαρίζεσθαί σε κελεύω, vernacule ‚thu mir den einzigen Gefallen – auch drunten gibt es Götter'"; vgl. Aesop. fab. 198 III γ 3 Hausr. χάριν δὲ μίαν αἰτῶ σε. Ri. 73 erwägt χαρεῖς als Futur zu χαίρω (medial belegt von SophL aus LXX Zachar. 4, 10 χαροῦνται) s.v.a. „scher dich", vgl. LSJ χαίρω III 2 b über χαιρέτω u.ä.; dazu μία μία in der angeblichen Bedeutung „halt, halt", deren (zweifelnde) Ableitung durch Ri. ich nicht verstehe. Eberhard schließt: „versus videtur latere"; ein solcher scheint dem Ζεὺς τραγῳδός angemessen und wird mehr umfaßt haben als die Worte nach der Penthemimeres καὶ . . . ἔχεις. Zur Vervoll-

ständigung scheinen mir folgende Gewaltkuren möglich: μίαν χάριν δός – χάρις μι᾽ ἧδε – μὴ μὴ χάνῃς μοι. Beachte jedenfalls die
Interpunktion hinter χαρεῖς in A!

§ 243. (a) λείξουρος: die einzige Geschichte von diesem Typus,
wohl wegen ihrer Saftigkeit hierher gestellt, würde zu den
λιμόξηροι passen, deren Name ähnlich klingt. Das Wort ist nur
byz. und zwar lexikographisch belegt: Moschopulos π. σχεδῶν
p. 167 λείχω τὸ τῇ γλώττῃ ἀποψῶ, ἀφ᾽ οὗ λείξουρος κύων. Nach
Zonaras' Lexikon ist λείξουρος· πλεονέκτης und λειξουρία· λαι-
μαργία, πλεονεξία. Die Glosse Hesych. λ 530 (Latte) ist korrupt.
Neugriech. (makedon.) nach Andriotis Glotta 27, 1939, 121.
Ri. 91. Nach M. A. Triandaphyllidis, Die Lehnwörter der mittelgriech. Vulgärliteratur, Straßburg 1909, 123 ist λειξουρία aus
luxuria entlehnt; dann also λείξουρος rückgebildet, -ει- unter
Einfluß von λείχω (Moschop.). – ἵνα wie § 17. – Traum und
Wirklichkeit vermischt: zu § 15.

(d) ἀπλήστως φαγών aus dem Anfang (a) wiederholt, vielleicht absichtlich, um unnötigerweise den zweiten Drang zu erklären, hemmt nur die Erzählung, die trotz ihrer Länge flott ist,
und malt eine falsche Situation.

(g) ἀπάρτι ‚nunmehr‘ (NT). – οὕτως ‚dann‘, zu § 3. – ἀνέλθω
pro futuro, s. zu § 152; vielleicht ebenso χέσω (zu ἔχεσον oder
-σα) aufzufassen, da sonst das Fut. mediale Endungen hat: Ri. 56
mit Diskussion von Palladas AP VII 683, 8.

§ 244. οὖσαν ἀσελγῆ: lehrhafter Zusatz, der dem Witz schadet
und darum in der Übersetzung wegbleibt; vgl. zu § 245. – κυρία:
zu § 234. – ποιοῦμεν κτλ. anstatt des Konjunktivs in der konsultativen Frage „ganz selten“ nach B-D § 366, 4, z. B. ev.
Joh. 11, 47 τί ποιοῦμεν; Vgl. auch zu § 46 (β). – ἀριστοῦμεν (-ῶμεν
edd.) gedeckt durch ἀριστοῦμαι (-μεν?) bei dem sogen.
Eusebios von Alexandreia (6. oder 7.Jh.) serm. 21, 8 (PG 86, 1,
433c). – ψωμίν: das neugriech. Wort, im 4. Jh. n. Chr. aufkom-
mend: Ri. 88; Endung: zu § 133. Wie die Übereinstimmung ACV
beweist, ist ἄρτον E puristische Neuerung (die, falls der Witz zum
älteren Bestand gehört, mit dem Ursprünglichen wieder zusammentreffen könnte). – ἔστιν: Das Symbol ⁚ stand in A neben
einem Fenster im Pergament das, wie die Schrift der Rückseite
zeigt, schon vor der Beschriftung vorhanden war; doch ist um die
Ränder noch etwas abgebröckelt, wodurch der rechte Punkt verloren ging.

§ 245. καπρ(ι)ᾶν eigentlich von Säuen, doch schon bei Aristoph. Plut. 1024 γραῦς καπρώσης. Den derben Ausdruck mildert β durch byz.-neugriech. ἐρωτεύομαι ‚verliebe mich‘, ἐρωτευμένος ‚verliebt‘. Vgl. zu § 244 und oben S. 199. – οἰκείους zu ‚suos‘ verblaßt wie sonst ἰδίους (vgl. zu § 180); Mayser II 2, 73. – κεράσατε: vgl. zu § 227, aber hier mit persönlichem Akk.-Objekt ‚jn. mit Getränk traktieren‘, bei Boissonade sowie bei Dimitrakos und Tzoukanas s. κερνῶ so aus dem Neugriech. belegt. – οὐ διψῶμεν: um so erstaunlicher, als die alten Weiber sonst wegen ihrer Trunksucht verrufen sind: H. G. Oeri, Der Typ der kom. Alten in der Komödie etc., Basel 1948, 13 ff., 39 ff. u. ö. Aber die andere Leidenschaft ist stärker.

Die Unterschiede zwischen A und β betreffen nichts Ernsthaftes, auch nicht der Austausch der Anfangsworte, deren Stellung in A wegen § 244 wohl älter ist. μίαν (A) paßt zu δύο, das in β fehlt, doch wird sich wohl auch β nicht mehr als zwei Frauen vorgestellt haben.

§ 246. μισογύναιος (seit Philon statt μισογύνης) überall A, μισογύναικος ebenso β, letzteres sonst nicht nachgewiesen, doch durch ein byz. φιλογύναικος gestützt: Ri. 21.

ἀτελώνητος ‚ohne Zoll oder Steuer zu entrichten‘; στερέσιμος ‚verwirkt, dem Fiskus verfallen,‘ CGIL II 106, 4 *commissum* στερέσιμον: zu στέρεσις ‚Beschlagnahme‘, Preisigke Wörterb. Da die Analogie natürlich von dem Verkauf von Sklaven genommen ist, kommt entweder der Einfuhrzoll auf Güter aller Art, oder die vierprozentige Steuer vom Preis jedes verkauften Sklaven in Betracht; vgl. Marquardt RStV II 276–279, zu ersterem auch Marcian. Dig. XXXIX 4, 16, 3 *quotiens quis mancipia invecta professus non fuerit sive venalia sive usualia, poena commissi est.* Die letztere Möglichkeit ist wohl lustiger, weil absurder: denn die Steuer kann ja erst beim Verkauf fällig werden, aber er kündigt deren Hinterziehung von vornherein an, um die Frau, die ihm doch niemand abkaufen wird, auf dem Verwaltungswege loszuwerden. Eberhard (Appar.) ist mehr für den Einfuhrzoll.

§ 247. τίς ἀνεπαύσατο; die neugierige Frage von § 154 τίς ὁ τεθνηκώς; ist hier in eine schonende Form gekleidet, die den Witz ermöglicht. ἀνεπαύσατο ‚starb‘ Herodian. hist. I 4, 7; die Formel auf Grabschriften, nicht bloß christlichen, doch in älterer Zeit selten: Friedländer zu Petron. 71 *hic requiescit*; Kaibel, Epigr. Gr., index s. v. ἀναπαύεσθαι, auch ebd. Nr. 520, 5; IG XIV 824. –

ὁ ταύτης στερηθείς ist notwendig, weil der Frager den Zusammenhang erfahren muß, um die Pointe zu verstehen, außerdem wohl ironisch von dem ‚Verlust‘, vgl. Eurip. Alc. 200 ἐσθλῆς γυναικός … στερηθῆναι u.a. bei Stephanus. Den Anfang erzählt A umständlich und mit Anakoluth (wie § 249, in eadem re!); B-D § 423,2.– κηδεύειν ‚begraben‘ ist noch neugriech., daneben att. in Bedeutung ‚heiraten‘, die A wohl durch seinen Zusatz ausschließen wollte.

§ 248. ἐν ἀπογνώσει: vgl. zu § 174. – δέ: vgl. Wörterverz.; in derselben Funktion καί in β, ebenso § 256. – Zu dem Euphemismus vgl. LSJ πάσχω III 2; das deutlichere ἀποθάνῃς korrespondiert in β mit dem Fehlen von ἐν ἀπογνώσει. – ἀναβλέψας von einem angeredeten Schwerkranken auch Phylarchos FGrHist 81 F 11 b. Athen. VI 251 c. – ζῶντί μοι … χάρισαι mit anderem Witz adesp. AP XI 8, 3.

§ 249. γλωσσώδης ‚geschwätzig‘ seit LXX. – Anakoluth wie § 247, δέ wie § 26. – ἐπὶ θυρεοῦ nach der bekannten spartanischen Sitte: Plutarch. mor. 241 f (apophth. Lacaen. Damatria 16), wo ἀσπίς. – Zum Motiv der streitsüchtigen Frau s. Brecht 59.

§ 250. ⟨εἰ⟩ ausgefallen wegen der bekannten Wendung ἐρωτηθεὶς ὑπό τινος (nicht Φ.) – χέζειν vor Furcht: Aristoph. Eq. 1057 χέσαιτο γὰρ εἰ μαχέσαιτο. Dasselbe χ. als Geste der Verachtung ist wohl nicht geradezu gemeint εἰς τὸ στόμα μου (so Kurtz 370, der den Witz richtig versteht), aber im Sinne von Aristoph. Eccl. 640 ἐπιχεσοῦνται, Damoxenos fr. 2, 15 Kock μινθώσας ἄφες. Mehr auf die Sache bezogen (‚drauf‘) ist es heute in vielen Kultursprachen verbreitet und auch hier anwendbar. Durch den Doppelsinn verrät sich der junge Mann als Pantoffelhelden; zu der Selbstanzeige vgl. § 208. Zu dem konsekutiven Asyndeton verweist Eberhard auf Herodot III 12, 1 u. dazu Abicht.

§ 251. οἰκοδέσποινα: von der Grundbedeutung weniger weit entfernt als οἰκοδεσπότης § 200 (vgl. zu § 33), da in Bezug zu Gesinde und Hausstand, also ‚Matrone, *mater familias*‘ (bloß ‚madame‘ bei Aesop. fab. 261 Hausr.). – ἐμφανῆ „dubito an corruptum sit“ Eberhard; Bursian 740 vermutet ἐπιφανῆ, ohne die angenommene Bedeutung „ansehnlich, stattlich“ zu belegen. ἐμφ. als ‚deutlich sichtbar, offen‘ könnte vielleicht die Gelegenheit zu der Beobachtung (ἰδοῦσα κτλ.) bezeichnen, die doch nicht selbstverständlich ist. Jedoch bleibt schwierig, daß ἔχω τινὰ ἐμφανῆ wohl eine Autopsie bedeuten könnte, man aber in ἔχουσα zunächst die Angabe ‚sie hatte' erwartet, beides aber nicht wohl in dem einen Worte liegen kann. Andererseits ist ἐμφανῆ (in diesem Sinn) als dauernde Eigenschaft des Sklaven auch kaum vorstellbar, mag es sonst auch in dem Hause bunt zugehen. Vielleicht kann ἐμφανῆ ⟨ποιησαμένη⟩ den Sinn ‚bei einer Leibesvisitation' vermitteln. - ἀδροκέφαλος ‚mit festem Kopf', in eigentlicher Bedeutung bei Soran. IV 11, 3 u. Paul. Aegin. VI 74, 3, muß hier Deck-Ausdruck für Härte der glans sein, für welch letztere der Euphemismus *caput* im ThesLL s.v. 410, 66 ff. seit den Priapea öfters belegt ist. - φιμάριον ‚Theatermaske', Deminutiv zu φῑμός ‚Maulkorb', vgl. Heraeus, Rh. Mus. 80, 1931, 201 ff., auch in lat. Glossen als *fimarium*, ThesLL s.v. *fimirium*. Die Bedeutung „kl. Sack" (Ri. 94) ist unwahrscheinlich wegen ὀρχηστής. - (συμ)παίζειν durch folgendes ἐβίνησα erläutert; vgl. Aesop. fab.299 Hausr. ἐνέπαιζεν. - συνεισῆλθεν „sc. in aedium partes interiores, ubi domino occurrit: ut non opus sit reponere συνῆλθεν" Eberhard. Bei dessen Deutung empfindet Bursian 740 einen Widerspruch zu ἐν τῷ παίζειν und empfiehlt doch συνῆλθεν, vgl. LSJ συνέρχομαι II 3b, wonach dann παίζειν das bloße ‚Tanzen' (LSJ s.v. I 2) wäre. Man fragt dann aber nach einem Grund für die plötzliche Anwesenheit des Herrn, der doch nicht wohl von Anfang an zugeschaut haben kann; und gerade das leistet Eberhards Deutung. Man hat wohl das παίζειν als ein bewegtes Spiel, einen ‚Tanz mit Einlagen' vorzustellen. Doch bleiben mir Zweifel. - κῦρι: zu § 135; κυρά byz.-neugriech.: LSJ κύριος B 2; SophL; Ri. 92, vgl. οἰκοκυρός § 194. - ὀρχηστής: Über pantomimische Tänzer unter der Sklavenschaft reicher Privathaushalte vgl. Friedländer SG II 138; E. Wüst *Pantomimus* RE XVIII 3, 861 f., wo auch über die sittliche Anrüchigkeit. - ἔσωθεν = ἔνδον ‚im Hause' Soph. Trach. 601; denn einer ehrbaren Frau darf kein unziemlicher Anblick zugemutet werden; Tacit. dial. 28, 4 von einer ‚Tante': *coram qua neque dicere fas erat, quod turpe dictu, neque facere, quod inhonestum factu videretur.* Der Sklave scheint sich also zu entschuldigen, er habe das getan, ohne zu wissen, daß die Frau im Hause sei: die Wahrheit liegt natürlich in ἔσωθεν „sc. ἐν τῷ ὀρχηστῇ ‚in der Verkleidung': sub mimi vestibus latebat domina" Eberhard; ev. Matth. 7, 15 οἵτινες ἔρχονται πρὸς ὑμᾶς ἐν ἐνδύμασι προβάτων, ἔσωθεν δέ εἰσιν λύκοι ἅρπαγες. Der μωρός οἰκέτης würde aus Dummheit so doppelsinnig reden, was mir so wenig einleuchtet wie bei dem σχολαστικός § 63. Eher vermeidet er kunstvoll seinem Herrn gegenüber zugleich die Lüge und das Verstandenwerden der Wahrheit; vgl. das Gedicht „Die junge Frau im Beichtstuhl" von Just. Friedr. Wilh. Zachariä (1726–1777). Siehe auch S. 199 Anm. 16.

§ 252. ποιεῖν für das ‚Kriegen' einer Krankheit, faire une maladie (Boissonade), belegen D. Tabachovitz, Ein paar lexikalische Bemerkungen zur Historia Lausiaca des Palladius, ByzZ 30, 1929/30, 228, und St. Linnér, Studien zur Historia Lausiaca des Palladius, Uppsala 1943, 107 aus byz. Autoren mit den Objekten ἕλκος, σκώληκας, ἀπόστημα, χοιράδα u.a. Die Auffassung von Kurtz 369, daß der Eunuch sich den Bruch absichtlich anlegt, würde m. E. die Medialform erfordern. Das wäre vielleicht eine abderitische Dummheit, aber der Witz ist als § 116 gebracht worden gewiß nur wegen der Motivverwandtschaft mit den dort ringsum stehenden Geschichten über Brüche (zu § 113) und Eunuchen. Freilich ist seine hiesige Plazierung ohne nachbarschaftlichen Bezug und überhaupt auffällig, einem Nachtrag gleichend (vgl. auch oben S. 186): so läßt sich über den ursprünglichen Ort nichts sagen. Dagegen scheint in dem Beginn mit ἀτυχής etwas Altes vorzuliegen, wie zu § 229 ausgeführt. – Zur Sache vgl. Horat. sat. I 1, 105 *est inter Tanain quiddam socerumque Viselli*, wozu Porphyrio: *Tanais spado fuit … Viselli socer autem herniosus. ex Graeco proverbio … ἢ σπάδων ἢ κηλήτης.* Das Sprichwort, dem Horaz eine eigene Wendung im Sinne der Ethik des μέσον abgewinnt, prägt, von den griech. Parömiographen nicht verzeichnet, in burlesker Form die Erfahrung von dem allgemeinen Leid im Leben: „Was der eine zu wenig hat, hat der andere zu viel" (R. Heinze). In anderer Art originell ist die Wendung im Φ., nach der man das besondere ‚Pech' haben kann, das Zuwenig mit dem Zuviel zu vereinigen. Denn wenn beim Entmannen durch Zerquetschen der Hoden deren Hüllen (Tuniken) erhalten bleiben, kann sich dort auch die Bruch-Flüssigkeit ansammeln. Das Wort εὐνοῦχος sagt nichts über die Art der Operation aus, vgl. Hopfner 386–389, wo der hiesige Fall nicht berücksichtigt ist.

§ 253. Über die Stellung in der Analyse vgl. zu § 6. – συγχωρεῖν ‚verzeihen' samt συγχώρησις spätröm.-byz.

§ 254. ’Αμιναίαν: Über die wechselnde Schreibung vgl. ThesLL s. *Aminneus*. Nach Olck *Aminaea* RE I 1835 umfaßt diese Sortenbezeichnung kampanischen Weins auch das *vinum Falernum* mit (wegen seiner Bekanntheit für die Übersetzung bevorzugt). Zu dem auffallenden Femininum wäre nach Korais στάμνος zu verstehen; oder λάγυνος? πιθάκνη? Eberhard: „ἀμιναία sc. σταφυλή dicitur de cado vini Amynaei, ut nostrates quoque loquuntur", ohne Beleg. - τῶν σημάντρων ἐόντων σώων Herodot II 121 β 1 (Boissonade). Versiegeln der Weingefäße: Q. Cicero fam. XVI 26, 2; Horat. epist. II 2, 134; Martial IX 87. - ἐλαττοῦται: die seltenere Art der Zeitgebung (statt Imperf.) nach einem Verbum affectus: Stahl 586, 1. Das Umgekehrte § 129. - ὅρα μή m. Indik. vermutend (K-G II 395 § 553b, 6), ein Mittelding zwischen Final- (§ 151b) und Fragesatz (§ 210).

§ 255. Die Lebensdauer wurde noch weit länger angenommen: Gossen *Rabe* RE I A 21.

§ 256. καί wie § 248. β. - ἑκάστου ohne Einfluß auf den Numerus: K-G I 286f. § 406, 7. - περιπλέκεσθαι finde ich nur mit Dativ nachgewiesen. Der überlieferte Genitiv σκεύους hätte Stütze an (περι-)ἔχεσθαι, doch paßt zu dem medialen Aorist (anstatt klass. περιπλακῆναι) besser die direkte Transitivierung (μίαν). - Motiv vom Seesturm: zu § 25.

§ 257. λοιπὸν οὖν ‚übrigens‘, dessen „nachträglich ergänzende bzw. berichtigende Funktion" Ri. 82 in Schutz nimmt. Die konklusive Bedeutung ‚demnach, also‘ (seit Polybios, neugriech.) ergäbe grotesken Unsinn. Auch ohne dies ist § 257 eine schlechte Variation zu § 77. - καθηγητής hell., die neugriech. Bezeichnung des Professors.

§ 259. λούπης spätröm.-byz. (zu früh Ri. 83) mit ἰκτῖνος und (λούππις) *milvus* glossiert (LSJ), nach G. Meyer III 39 „zu lat. *lupire*, das den Naturlaut der Weihe [*milvus*] bezeichnet". - ῥήγνυμι bei LSJ s. v. C ‚losbrechen‘ in mancherlei intrans. Verwendungen, ohne näher Vergleichbares. - „ὡς σὺ γένωμαι explicaverim ex usu recentiorum: ‚ich will doch gleich wie du werden‘ " Eberhard p. 76. Konj. in der Selbstverwünschung, die den Eid bewirkt, wie § 169. Der usus recentiorum ist mir nicht geläufig, verbindet aber in einleuchtender Weise Drohung mit Beleidigung: „Ich will ein Lump sein wie du, wenn ich mir das gefallen lasse" könnte jemand sagen. Anstatt ὡς erwartet man οἷος, da aber hell. οὕτως prädikativ im Sinne von τοιοῦτος vorkommt (B-D § 434, 1; Menand. fr. 42), kann das Entsprechende für ὡς gelten. Die Drohung der Vergeltung an einem andern, wenn man des Täters nicht habhaft werden kann – unedel, aber begreiflich – geht schlecht mit dieser Art des Schwörens zusammen, denn wer so handelt, wird ja dadurch gerade ‚wie der Täter'. Demnach läge der Witz in dem unpassenden Eid, wie § 169, außerdem in dem Rechten mit einem Raubvogel, wie Plaut. Aul. 319 (nach Menander?), dem man ja auch bei bestem Willen nicht ‚gleich' werden kann. Von diesen Pointen läßt keine die andere recht aufkommen.

§ 261. ὕπαρχος: Musterkarte von Bedeutungen bei LSJ; hier im Hinblick auf ἔπαρχος (§ 202) wohl *subpraefectus*. – γενέσθαι ‚fieri' s. zu § 222. Das Geschaffenwerden vermittelt den Begriff der Bewegung, daher πρός m. Akk. Zur Sache vgl. § 219.

§ 262. κηλίτης: zu § 113. – σου: von de Rhoer und Eberhard in μου geändert, aber sinnvoll und pikanter, wenn an die Frau gerichtet. Dabei braucht ἡρωτᾶτο nicht, wie in § 188. β, das wiederholte Fragen zu bedeuten, vgl. (Wörterverz.) das häufige ἡρώτα ohne iterativen Sinn; B-D § 328. – προσκεφαλάδιον Deminutiv zu προσκεφάλαιον ‚Kopfkissen'; der Ableitung gemäß ist, ohne hs.lichen Anhalt, ᾳ zu schreiben, wie περικεφαλάδιον (LSJ add.) u. a., vgl. P. Kretschmer-E. Locker, Rückläufiges Wörterbuch d. griech. Sprache, Göttingen 1963, 148.

§ 263. ἀνέχεσθαι: die seltenere Fügung zum Genitiv att. LSJ s. v. C II 3. Dieselbe Konstruktion bei dem überlieferten ἀντέχεσθαι ist freilich gebräuchlicher (Ri. 48 Anm. 70), aber der Sinn unbefriedigend: um spontanes ‚Festhalten' handelt es sich gerade nicht. – Plutarch. mor. 235e (apophth. Lacon. divers. 58) Λαβών τις μοιχὸν ἐπ' αἰσχρᾷ γυναικί· ᾽Άθλιε, εἶπε, τίς τοι ἀνάγκα; Die schneidende lakonische Kürze ist im Φ. allerdings beseitigt, der Sarkasmus aber insofern größer, als die Häßlichkeit keine Rolle spielt.

§ 264. Plutarch. mor. 178f (reg. apophth. Phil. 25) über Philipp II. von Makedonien: Μαχαίτᾳ δέ τινι κρίνων δίκην καὶ ὑπονυστάζων οὐ πάνυ προσεῖχε τοῖς δικαίοις, ἀλλὰ κατέκρινεν. ἐκείνου δ' ἀναβοήσαντος ἐκκαλεῖσθαι τὴν κρίσιν διοργισθείς· 'Επὶ τίνα; εἶπε. καὶ ὁ Μαχαίτας; 'Επὶ σέ, βασιλεῦ, αὐτόν, ἂν ἐγρηγορὼς καὶ προσέχων ἀκούῃς. Plutarch als Vorlage wird auch durch §§ 148 u. 263 wahrscheinlich gemacht, die Ausdrücke βοᾶν und ἐκκαλεῖσθαι stimmen überein. Andere Wörter verwendet ein ähnlicher Bericht ἐκ τῶν Σερήνου bei Stobaeus III 13, 49, wo die Prozessierende eine alte Frau ist (ebenso bei Valer. Max. VI 2 ext. 1, wo Philipp außerdem betrunken). Doch stimmt die Antwort bei Serenos ἐπὶ Φίλιππον ἐγρηγορότα besser zu Φ. als die Breite Plutarchs. Man wüßte gern, ob Φ. durch eigenes Verkürzen (un-

282

gefähr) auf den Ausdruck des Serenos verfallen ist oder Plutarch
die Geschichte noch an anderer Stelle kürzer erzählt hatte.
Zu dem Reiz der ursprünglichen Anekdote gehört, daß vor dem
obersten Richter verhandelt wird, von dem von Rechts wegen
an kein anderes Gericht appelliert werden kann. Falls Φ. das
empfunden hat, ist unter ἡγεμών der Kaiser zu verstehen (vgl.
zu § 202), denn von einem ἡγεμών (*procurator*) wie Porcius
Festus ist Appellation an den Kaiser möglich (Act. Ap. 26, 32).
Wahrscheinlicher aber hat man bei Übernahme der Geschichte
den König Philipp durch den damaligen Oberherrn von Makedonien, den römischen ‚Statthalter‘ (Prokonsul) ersetzt.

§ 265. ἐρωτηθέντος anstatt des konjunkten Nominativs (zu
§ 17), in dem kurzen Sätzchen auffallend hart. – ξέστης *sextarius*,
der 48ste Teil der *amphora*, die rund 25 Liter faßt. „48" ist also
die Antwort auf die Frage, die vernünftig gestellt ist. Die Gegen-
frage wäre berechtigt, wenn es sich um die Relation von Raum
und Gewicht handelte, vgl. Viedebantt *Sextarius* RE II A 2033;
H. Chantraine ξέστης RE IX A bes. 2112 f. Das Carmen de pon-
deribus Anthol. Lat. 486, 91—101 kennt einerseits die Gleichheit
des spezifischen Gewichtes von Wasser u. Wein, andererseits sub-
tile Unterscheidungen von Fluß- und Quellwasser usw. und
Weinen verschiedener Lagen. – Das Verhältnis zu § 136 ist oben
S. 200 f. besprochen.

WÖRTERVERZEICHNIS

Der Wortschatz ist vollständig verzeichnet mit Ausnahme von δέ καί ὁ ἡ τό, von denen nur besondere Gebrauchsweisen aufgezählt werden. Erfaßt sind auch Wörter aus Über- und Unterschriften (*tit*, *subscr*), ferner aus dem kritischen Apparat in Auswahl auch korrupter Text, wenn die Wörter oder Formen im Griechischen möglich sind; hier wird gegebenenfalls der Gleichmäßigkeit halber ι subskribiert. Formen mit beweglichem ν oder ohne dasselbe werden ungetrennt aufgeführt.

In **kleineren** Artikeln wurde praktischen Gesichtspunkten oft vor strenger Konsequenz der Vorzug gegeben, indem ungetrennt blieben

Nominativ und gleichlautender Vokativ;

Nominativ und Akkusativ beim Neutrum;

gleichlautende Formen desselben Casus in verschiedenen Geschlechtern beim Adjektiv und Pronomen.

In **längeren** Artikeln ist Genus und Casus entweder aus der Anordnung der Formen erkennbar oder eigens bezeichnet.

Bedeutung der Zitate:

266 = § 266 im Text; wo dieser in mehreren Fassungen abgedruckt ist, betrifft das Zitat entweder alle Fassungen oder diejenige von A

266 A = Apparat zu § 266, Lesart von A

266 β = § 266 im Text nach Fassung β, oder Apparat zu § 266, Lesart von β

266 G = § 266 im Text nach Handschrift G, oder Apparat zu § 266, Lesart von G

266 C, E, M, P oder V = Apparat zu § 266, Handschrift C oder E usw.

17 (44 b) = Apparat zu § 17, Wortlaut der Parallelfassung (Doublette) § 44 b.

Wörter, die innerhalb derselben Erzählung den verschiedenen Fassungen (A, β, G) an korrespondierenden Stellen gemeinsam sind, werden jeweils nur einmal, und zwar ohne Beisatz eines Buchstabens, verzeichnet.

Geographische und Eigennamen: Ἄβδηρα Ἀβδηρίτης Ἅιδης Ἀθῆναι Ἀλεξάνδρεια Ἀμιναία Ἄρτεμις Ἀττικός Ἀφροδίτη Δημέας Διομήδης Διονύσιος Δούρε(ι)ος Ἵππος Δρακοντίδης Ἑλλάς Ζεύς Ἥρα Ἱεροκλῆς Κόρινθος Κυμαῖος Κύμη Λολλιανός (λουκάνικον) Μενέλαος Ὀδυσσεύς Πρίαμος Ῥῆνος Ῥόδος Ῥωμαῖος Ῥώμη Σαραπεῖον Σιδόνιος Σικελία Σκρηβωνία Σμύρνα Φιλάγριος Φιλόγελως.

Lehnwörter aus dem Lateinischen: βιγλεύω βίρρος βουλβά βράκαι δηνάριον κάγκελλον κεντουρίων κηρουλάριος κορτίνα λεγάτον λείξουρος? λουκάνικον μανδύλιον μάπουλον μαρούλιον μίλιον ξέστης ὀψικεύω σάγον σεκούτωρ (σιτευτάριος) σκάλα σταῦλος ταυλίζω φάβα φιβλατώριον.

Wörter, die bei LSJ entweder garnicht oder nur mit einem Beleg aus „Hierocl. Facet." verzeichnet sind: ἀκρόπτυχα ἄληξ (s. ἄλιξ) ἀμφῶτα βιγλεύω βουλβά δεξιόπηρος δευτεροβολέω ἐκσυρτικός ἐρωτεύομαι ἐσοπτρίζω ἐτηρίς καταχθονηθέντος κατεπιτάσσω κατερωτάω κηλίτης (s. -λήτης) κηρουλάριος κυρτίν κῶλος λεγάτον μανδύλιον μάπουλον μισογύναικος ὀζεύς οἰκοκυρός ὀρύγω ὀψικεύω πεπανόπτωχος προσαπομένω σεκούτωρ σορίδιον σταῦλος (s. στάβλον) (ταυλίζω s. ταβλίζω) τράγον? (φιμάριον lat.) ψιαθίζω. Zu streichen ist σπεντώριος und unter βδέω die Form ἔβδευσα.

Ἄβδηρα] -οις 110. 111

Ἀβδηρίτης 112. 113. 114. 115. 116. 117. 118. 119. 120. 121. 122. 123. 124. 126. 127. -ου 125. -αι tit 110

ἀγαθός] βέλτιον 38. κρείττω 186. -όνως 186 C

ἀγανακτέω] -εῖς 198. ἠγανάκτουν 38. ἀγανακτήσας 224

ἀγαπάω] ἠγαπᾶτο 239β. -ήθη 239

ἀγγεῖον 143

ἄγκυρα] -ῶν 256

ἀγνώριστος] -ου 150

ἀγορά] -ᾶς 138. -ᾷ 108. 246

ἀγοράζω 86. -ων 165. 210. ἠγόραζε 97. -σω 12. ἠγόρασε(ν) 188. ἀγοράσῃ 17. -σαι 12. 17β. -σας 16. 64. 158. 188β. 255. 259. -σαντος 188

ἀγρός] -οῦ 99 bis. 108. -ῷ 51. 102. -όν 46β. 47

ἀγρυπνέω] -ῆσαι 56

ἄγω] ἤγαγεν 262. ἀγαγεῖν 65β. ἄγεται 62. ἤγοντο 178

ἀγωνοθέτης] -ου 144. -ην 226

ἀδελφός 29. -έ 39. -ῶν 29. -ούς 101

Ἄιδης] -ου 74. 109

ἀδροκέφαλος] -ον 251

ἀεί 72

ἀηδής] -ές 94

Ἀθῆναι] -ῶν 54

ἀθλητής] -ήν 62

αἰδέομαι] -οῦμαι 40

αἷμα 188 (nom.). 184 (acc.)

αἴρω] -οντος 254. ἦρεν 122 ἆρον 213

αἰσθάνομαι] -θομένου 211. 240. 241

αἰσχύνομαι 6β. 38. 40β. 174

αἰτέω] ᾔτει 30. 33 bis. [33]. 187. 213. 225. 226. αἰτήσαντος 166 C

αἰτία] -αν 6β. 15. 47. 174. 200. 240. 249

αἰτιάομαι] -ώμενοι 181 A. -ους 181. ᾐτιᾶτο 107. αἰτιασαμένου 198

αἴτιος] -ον 100

αἰφνίδιος] -ον 107

ἀκολουθέω] -ῶν 139

ἀκούω 193. -εις 241. ἤκουσα 22. ἀκούσῃ 160. -σωμεν 13. -σας 43. 59. 109. 120. 227. 258 bis. -σαντος 36. -σασα 122

ἀκρόπτυχα 71

ἄκων 117

ἀλαζών 108

ἀλγέω] -εῖν 15β. -οῦντα 177. -οῦντας 30β

ἀλεκτρυών 39. 147

ἀλέκτωρ 39β

Ἀλεξάνδρεια] -ᾳ 171

ἀλήθεια] -αν 201

ἄληξ] -κα 222 bis.

ἁλιάς] -δα 66

ἁλιεύς] -εῖ 133

ἀλλά 16. 26. 73. 105β. 121. 150. 152β. 254. ἀλλ' 13. 22. 159. 162. 178. 183. 235. 241. 243g

ἀλλάσσω] -ξαι 178. ἠλλάγη 88

ἀλλήλων 178 bis. -οις 178. -ους 13. 20. 110. 152

ἄλλος 13. 107. 217 (ubi v. comm.). -ου 103. 129. -ῳ 259. -ον 115. 152. -ων masc. 146β. -ης 239. -ην 62. -ων fem. 181. -αις 49. -ο 105. -α 63. 171. -ως 144

286

287

110. 127. 162. 178. 196. 222. 225. 228. 245. δυσί 196. 239
δυσικός] -άς 110
δύσις] -ιν 110
δύσκολος 185. 187. 188β. 189. 194. -ου 188. 190. -ῳ 183. 184. 192. 193β. 195. -ον 185C. 186. 189. 191. 193. -οι tit 183. -ων tit 184 VE
δυστυχέω] -ήσας 116
δυσφορέω] -φόρει 16. -ούντων 152β. ἐδυσφόρουν 13. 152
δυσωδία] -ας 240. -αν 240. 241
δωρεάν 263
ἐάν 2. 12. 52. 66. 70. 78. 97. 139. 143. 152β. 184. 185. 187. 188. 205. 222. 248. 250. c. indic. 123. 125. (139?). 181. 202. cf. comm. ad 143 et 185. cf. ἄν
ἑαυτοῦ 33 bis. 45A. 55 A. 67 A. 105 (1.pers.). 108. 244β. -ῷ 26. 52. -όν 52. 56. 75. 104. 117. -ῶν 152. 180. cf. αὑτοῦ
ἑάω] ἑᾶτε 258
ἐγγύς] -ύτερον 60. 131
ἐγείρω] -ονται 147. -ου 3
ἐγκαλέω] ἐνεκάλει 90. 139. -οῦμαι 264 V, sim. E
ἔγκλημα 168
ἐγώ 24. 76. 81. 89. 90. 139. 159 bis. 179. 184. 185. 187. 193. 193β. 194. 212. ⟨226⟩. 228. 243g. 247. (cf. κἀγώ). ἐμοῦ 7. 45. 47. 56. μου 4. 7. 10. 24. 45. 76. 77. 97. 105β. 125. 144. 155. 157. 167. 179. 188. 193. 194. 201. 208. 213. 232 quinquies. 235 bis. 246. 250. ἐμοί 18. 57. 179. 263. μοι 5β. 12. 17β. 18. 22. 36. 52. 59. 91. 97. 99. 106. 137. 142. 213. 227β. 239 bis. 241. 243f. 248. 253 bis (cf. οἴμοι). ἐμέ 4. 96. 155. 159. 223 (cf. κἀμέ). με 7. 22. 22G. 24. 27. 42. 45. 69 bis. 70. 107. 132 bis. 138. 167. 169. 199. 200. 217. 234 bis. 250. ἡμεῖς 53. 110. 181.

197. 245. -ῶν 13. 205 A. -ιν 55. 91. 188A. -ᾶς 25 A. 46. 55
ἐθέλω] -ων 8 EP. cf. θέλω
ἔθος 44β
εἰ condicion. c. indic. praes. 7. 13. 170. 186. 190β. imperf. 149β. aor. 24. 28. 96. 149. 169. 173. 176. 193. perf. 69. 179 bis. c. opt. aor. 27. 222. sine verbo 105β. 149β. interrogat. 4. 11. 14. 43. 49. 51. 93. 94. 115. 155. 159. 165. 203. ⟨250⟩
εἴθε 37. 158 b
εἴκοσιν 93
εἰκότως 43
εἰκών] -όνας 78
εἰμί 52. 76. 138. 170. 190. 193. 205. 212. ἔστιν 244. ἐστί(ν) 4. 6. 21. 22G. 45. 67. 70. 71. 100. 101. 103. 115 bis. 144. 184β. ἐστέ 81. εἰσίν 49. 93. 179. ᾖ 97. εἴη 10. 26. 28. 89 bis. 157. εἶναι 4. 73. 103. 129. 153. 193. ὤν 49β. 106. ὄντος 25. ὄντι 17β. ὄντα 65β. ὄντων 149β. 254. ὄντας 149. οὔσης 117. 120. οὖσαν 244. οὔσας 64. ἤμην 102. ἦν 18. 22. 51. 88. 129. 149β. 204. 249. 251. ἔσται 202. ἔσεσθαι 187β. 202
εἰς 2. 6β. 31. 33 bis. 40. 43. 47 bis. 50. 52. 58. 61. 63. 65. 76. 77. 78. 83 bis. 85. 89. 96 bis. 105. 110. 111 bis. 123. 126. 139. 153. 164. 168. 173. 175. 180. 181. 182. 189. 205. 212. 213β. 214. 219. 224 bis. 238. 240. 242. 243a. 251. 255. 259. c. gen. 74. (pro ἐν) 17β. 51β. 106. 159. 181. 221. 224. 230. 256. praedicative 41. 97. 139. 156. 219. 222. respectum signif. 142
εἷς 29β. 39β. 152β. 154. 162. ἑνός masc. 13. 65. 90. 103. 129. 150. 198. 211. ntr.: 198. ἕνα 12. 111. 225. μία 242 bis. -ας 239. -ᾳ 142. -αν 163. 245. 256. ἕν 245

292

298

302

304

309

BIBLIOGRAPHISCHE HINWEISE

(B-D =) Blass, Fr. - A. Debrunner, Grammatik des neu-
testamentlichen Griechisch, Göttingen [12]1965.

Blass, Fr. - A. Debrunner, A Greek Grammar of the New Testament and other Early Christian Literature. A Translation and
Revision ... by R. W. Funk, Cambridge 1961.
(Die §§. nach denen zitiert wird, sind in der deutschen und in der eng-
lischen Ausgabe übereinstimmend gezählt.)

Boissonade (Ausg.) zit. S. 150.

Brecht zit. S. 25 Anm. 50.

Bursian, C., Zu der Anekdotensammlung des Hierokles und
Philagrios, Jahrbücher f. class. Philologie 101, 1870, 740.

CFA s. Hausrath.

(CGlL =) Corpus Glossariorum Latinorum.

Cobet, C. G., Novae lectiones, Lugduni Batavorum 1858.

(CPL =) Cavenaile, R., Corpus papyrorum Latinarum, Wies-
baden 1958.

Curter(ius) (Ausg.) zit. S. 147.

Daremberg, Ch. - Ed. Saglio, Dictionnaire des antiquités
grecques et romaines I–IX Paris 1877–1912.

Dimitrakos (Δημητράκος), D., Μέγα λεξικὸν ὅλης τῆς Ἑλληνικῆς
Γλώσσης I–IX Ἀθῆναι 1956–1958.

Eberhard (Ausg.) zit. S. 150.

Friedländer, L. (SG =) Darstellungen aus der Sittengeschichte
Roms in der Zeit von August bis zum Ausgang der Antonine
I–IV Leipzig [9]/[10]1919–1921.

Gemoll zit. S. 7 Anm. 4.

Haupt, M., Varia, Hermes 5, 1870, 28–29 = Opuscula III 2,
Lipsiae 1876, 497–498.

(Hausrath CFA =) Corpus fabularum Aesopicarum ed. A.
Hausrath, Lipsiae I 1, 1957; I 2, [2]1959.

Hertlein, F. K., Zu griechischen Prosaikern, Hermes 12, 1877,
188.

311

Hofmann, J. B. - A. Szantyr, Lateinische Syntax und Stilistik (Handbuch d. Altertumswissenschaft II 2,2) München 1965.

Hopfner, Th., Das Sexualleben der Griechen und Römer I 1 (einz.) Prag 1938.

Kittel, G., Theologisches Wörterbuch zum Neuen Testament I-VII Stuttgart 1933-1964.

Körte zit. S. 7 Anm. 3.

(K-G =) Kühner, R. - B. Gerth, Ausführliche Grammatik der griechischen Sprache, Satzlehre I-II Hannover ⁴1955.

Korsch, Th., Emendationes, Nordisk Tidskrift for Filologi 3, 1877/78, 136.

Kurtz, Ed., Zum Philogelos des Hierocles (ed. A. Eberhard 1869), Blätter f. d. Bayer. Gymnasialschulwesen 23, 1887, 368-370.

Lampe, G. W. H., A Patristic Greek Lexicon, Oxford 1961 ff.

(LSJ =) Liddell, H. G. - R. Scott - H. St. Jones, A Greek-English Lexicon, Oxford 1961. - Dazu: A Supplement, by E. A. Barber, ebda. 1968.

Liebrecht, F., Zum Philogelos des Hierocles, Philologus 30, 1870, 235-236.

Marquardt, J., Das Privatleben der Römer (Handbuch d. röm. Altertümer VII), 2. Aufl. v. A. Mau, Leipzig 1886 = Darmstadt 1964.

Marquardt, J. (RStV =) Römische Staatsverwaltung (Handbuch d. röm. Altertümer V) Leipzig ²1884/85 = Darmstadt 1957.

Mayser, E., Grammatik der griechischen Papyri aus der Ptolemäerzeit I-II Leipzig 1906-1938.

Mehler, E., Miscellanea, Mnemosyne 6, 1878, 396.

Meinersmann, B., Die lateinischen Wörter und Namen in den griechischen Papyri, Leipzig 1927.

Meyer, G., Neugriechische Studien: Die lateinischen Lehnworte im Neugriechischen, SB Akad. Wien CXXX 5 (1904).

Minas zit. S. 130 f.

Molnar (Ausg.) zit. S. 147.

Needham (Ausg.) zit. S. 148.

Otto, A., Die Sprichwörter und sprichwörtlichen Redensarten der Römer, Leipzig 1890 = Hildesheim 1962.

Pearson (Ausg.) zit. S. 147.

Perry zit. S. 129.

Φ. = Philogelos

Pontanus (Übers.) zit. S. 152.

Preisigke, Fr., Wörterbuch der griechischen Papyrusurkunden mit Einschluß der griechischen Inschriften, Aufschriften, Ostraka, Mumienschilder usw. aus Ägypten I–III Heidelberg 1925–1931.

Psaltes, St. B., Grammatik der byzantinischen Chroniken, Göttingen 1913.

(RE =) Paulys Real-Encyclopädie der classischen Altertums-wissenschaft, Neue Bearbeitung v. G. Wissowa (u.a.), Stuttgart 1894 ff.

RGVV = Religionsgeschichtliche Versuche und Vorarbeiten.

Reich zit. S. 3 Anm. 3.

de Rhoer (Ausg.) zit. S. 148.

(Ri. =) Ritter zit. S. 13 Anm. 24.

Schier (Ausg.) zit. S. 148.

Schmid, W. – O. Stählin, Geschichte der griechischen Literatur (Handbuch d. Altertumswissenschaft VII) II 2, München ⁶1924.

Schmidt, M., Verbesserungsvorschläge zu schwierigen Stellen griechischer Schriftsteller, Rhein. Museum f. Philologie 26, 1871, 214–215.

Schwyzer, E. (GG =) Griechische Grammatik (Handbuch d. Altertumswissenschaft II 1) I–III München 1939–1960.

Sjöberg zit. S. 131.

(SophL =) Sophocles, E. A., Greek Lexicon of the Roman and Byzantine Periods, New York o.J. (1887).

Stahl, J. M., Kritisch-historische Syntax des griechischen Verbums der klassischen Zeit, Heidelberg 1907.

(ThesLL =) Thesaurus Linguae Latinae.

Tzoukanas (Τζουκανᾶς), A. A., Νέον Ἑλληνο-Γερμανικὸν λεξικόν, o.J. u. O. (Athen 1962).

Wessely zit. S. 14 Anm. 26.

Zincgref (Übers.) zit. S. 152.

NACHTRÄGE

Zu S. 9 unten:

Vielleicht älter ist die Nachricht von der privaten Anfertigung eines Witzbuches durch ein Komitee von 60 Spaßmachern (γελω-τοποιοί) in Athen im Auftrag des Königs Philipp von Mazedonien († 336), der dafür 1 Talent zahlte: Athen. XIV 614e aus einem attischen Lokalschriftsteller Telephanes (Maas, RE 7, 1020).

Zu S. 249 § 164:

Schon die Frösche des Aristophanes tanzen in der Wassertiefe Διὸς φεύγοντες ὄμβρον (246).

NACHWORT

Das Bedürfnis nach einer neuen Ausgabe des Philogelos wird im hundertsten Jahre nach der letzten keinem Zweifel unterliegen. Daß die Veröffentlichung in diesem Umfang geschehen konnte, verdankt man dem opferbereiten Wagemut des hochgeschätzten Verlags.

Der letzte Herausgeber mußte ohne Einblick in die wichtigste und ohne Kenntnis der ältesten Handschrift arbeiten. Um diesmal im Rahmen des Möglichen Vollständigkeit der ‚Heuristik‘ zu erzielen, durfte ich mich der hervorragenden Arbeitsmöglichkeiten an dem Institut de Recherche et d'Histoire des Textes in Paris bedienen: dafür sei Herrn Abbé M. RICHARD und seinen Mitarbeiterinnen an dem Institut aufrichtig gedankt.

Kollegialen und freundschaftlichen Rates mich zu erfreuen hatte ich mehr Gelegenheit, als hier ausgedrückt werden kann. Brachten doch Wilhelm Süss in Mainz und Jean-Marie JACQUES in Bordeaux sogar die Geduld auf, alle Witze einzeln mit mir durchzugehen! An der Beschreibung der Handschriften, Ausgaben und Übersetzungen hat Karl Heinz CHELIUS einen Anteil, der weit über das Redaktionelle hinausgeht. Allen zu danken ist mir Bedürfnis.

Mainz, am 2. November 1968

Andreas Thierfelder

INHALTSVERZEICHNIS

Titelvignette: Karikatur eines Greises. Teller um 500.

TUSCULUM-BÜCHER

zweisprachige Ausgaben antiker Autoren

Stand vom Herbst 1968

AISCHYLOS, Tragödien ed. Oskar Werner
Griechisch-deutsch. 768 Seiten. Leinen

ALKAIOS, Lieder ed. Max Treu
Griechisch-deutsch. 212 Seiten. Leinen

ANTHOLOGIA GRAECA ed. Hermann Beckby
Griechisch-deutsch. 4 Bände zus. 2964 Seiten. Leinen

APULEIUS, Der goldene Esel edd. Brandt-Ehlers
Lateinisch-deutsch. 608 Seiten. Leinen

ARCHILOCHOS, Sämtliche Fragmente ed. Max Treu
Griechisch-deutsch. 264 Seiten. Leinen

DER ARZT IM ALTERTUM, ed. Walter Müri
Griechisch-lateinisch-deutsch. 508 Seiten. Leinen

AUGUSTINUS, Soliloquien ed. Peter Remark
Lateinisch-deutsch. 224 Seiten. Leinen

CAESAR, Gallischer Krieg ed. Georg Dorminger
Lateinisch-deutsch. 544 Seiten. Leinen

CATULL, Carmina ed. Werner Eisenhut
Lateinisch-deutsch. 248 Seiten. Leinen

CICERO, Über das Alter ed. Max Faltner
Lateinisch-deutsch. 200 Seiten. Leinen

CICERO, An seine Freunde ed. Helmut Kasten
Lateinisch-deutsch. 1076 Seiten. Leinen

CICERO, Über das Fatum ed. Karl Bayer
Lateinisch-deutsch. 168 Seiten. Leinen

CICERO, An Bruder Quintus ed. Helmut Kasten
Lateinisch-deutsch. 340 Seiten. Leinen

CICERO, Über die Freundschaft ed. Max Faltner
Lateinisch-deutsch. 208 Seiten. Leinen

GRIECHISCHE INSCHRIFTEN, ed. Gerhard Pfohl
Griechisch-deutsch. 248 Seiten. Leinen

HELLAS, Ein Griechenlandführer ed. Georg von Reutern
Griechisch-lateinisch-deutsch. 288 Seiten. Pappband

HERAKLIT, Fragmente ed. Bruno Snell
Griechisch-deutsch. 56 Seiten. Leinen

HERODOT, Historien ed. Josef Feix
Griechisch-deutsch. 1440 Seiten. Leinen

HOMER, Ilias edd. Rupé-Stegemann-Höhne
Griechisch-deutsch. 980 Seiten. Leinen

HOMER, Odyssee ed. Anton Weiher
Griechisch-deutsch. 756 Seiten. Leinen

HORAZ, Sämtliche Werke edd. Burger-Färber-Schöne
Lateinisch-deutsch. 660 Seiten. Leinen

MENANDER, Dyskolos ed. Max Treu
Griechisch-deutsch. 152 Seiten. Leinen

MUSAIOS, Hero und Leander ed. Hans Färber
Griechisch-deutsch. 116 Seiten. Leinen

OVID, Amores — Liebesgedichte
Lateinisch-deutsch. 244 Seiten. Leinen

OVID, Fasti ed. Wolfgang Gerlach
Lateinisch-deutsch. 436 Seiten. Leinen

OVID, Liebeskunst ed. Franz Burger
Lateinisch-deutsch. 192 Seiten. Leinen

OVID, Metamorphosen ed. Erich Rösch
Lateinisch-deutsch. 776 Seiten. Leinen

PETRON, Satyrica edd. Müller-Ehlers
Lateinisch-deutsch. 472 Seiten. Leinen

PHILOSTRATOS, Die Bilder ed. Otto Schönberger
Griechisch-deutsch. 492 Seiten. Leinen

PINDAR, Siegesgesänge und Fragmente ed. Oskar Werner
Griechisch-deutsch. 576 Seiten. Leinen

PLATON, Briefe edd. Neumann-Kerschensteiner
Griechisch-deutsch. 236 Seiten. Leinen

PLATON, Ion ed. Hellmut Flashar
Griechisch-deutsch. 72 Seiten. Leinen

PLATON, Phaidros ed. Wolfgang Buchwald
Griechisch-deutsch. 192 Seiten. Leinen

PLINIUS SECUNDUS, Briefe ed. Helmut Kasten
Lateinisch-deutsch. 712 Seiten. Leinen

POMPEIANISCHE WANDINSCHRIFTEN, edd. Geist-
Krenkel
Lateinisch-griechisch-deutsch. 112 Seiten. Leinen

PROKOP, Werke ed. Otto Veh
Griechisch-deutsch. Leinen
Band I: Anekdota: vergriffen Band II: Gotenkriege 1288 Seiten
Band III und IV erscheinen später

SALLUST, Werke und Schriften edd. Eisenhut-Schöne
Lateinisch-deutsch. 552 Seiten. Leinen

SAPPHO, Lieder ed. Max Treu
Griechisch-deutsch. 252 Seiten. Leinen

SOPHOKLES, Tragödien und Fragmente edd. Willige-Bayer
Griechisch-deutsch. 1052 Seiten. Leinen

TACITUS, Dialogus ed. Hans Volkmer
Lateinisch-deutsch. 144 Seiten. Leinen

TIBULL UND SEIN KREIS ed. Wilhelm Willige †
Lateinisch-deutsch. 160 Seiten. Leinen

TUSCULUM-LEXIKON griechischer und lateinischer Autoren des Altertums und des Mittelalters. Bearbeitet von Wolfgang Buchwald, Armin Hohlweg und Otto Prinz.
544 Seiten. Leinen

VERGIL, Aeneis ed. Johannes Götte
Lateinisch-deutsch. 800 Seiten. Leinen

XENOPHON, Erinnerungen an Sokrates ed. Gerhard Jaerisch
Griechisch-deutsch. 392 Seiten. Leinen

1. Auflage 1968. Nr. 409

Gesamtherstellung bei Dr. F. P. Datterer & Cie. Nachf. Sellier OHG, Freising

www.ingramcontent.com/pod-product-compliance
Lightning Source LLC
Chambersburg PA
CBHW070328100426
42812CB00005B/1293